Hitler's Philosophers

ヒトラーと哲学者

哲学はナチズムとどう関わったか

Yvonne Sherratt

イヴォンヌ・シェラット 著

三ッ木道夫・大久保友博 訳

白水社

ヒトラーと哲学者

——哲学はナチズムとどう関わったか

本書をわが祖父母にささげる

目次

プロローグ　7
序章　10
主な登場人物　15

第一部　ヒトラーの哲学者……19

1　ヒトラー――「天才的バーテンダー」　20
2　毒入りの杯　62
3　協力者たち　96
4　ヒトラーを支えた法哲学者――カール・シュミット　132
5　ヒトラーの超人――マルティン・ハイデガー　147

第二部　ヒトラーの対抗者

第二部　ヒトラーの対抗者……177
6　悲劇——ヴァルター・ベンヤミン　180
7　亡命——テオドーア・アドルノ　221
8　ユダヤ人女性——ハンナ・アーレント　259
9　殉教者——クルト・フーバー　282
10　ニュルンベルク裁判とその後　311

エピローグ　355
訳者あとがき　357
謝辞　*60*
図版一覧　*59*
参考文献　*41*
原注　*11*
索引（人名、作品名・事項）　*1*

装丁　伊勢功治

プロローグ

一九七〇年代、サフォークの祖母の庭で遊び回っていた子供時代、兄と私は遺骸の一部を掘り出したことがあった。曲がりくねった小道の終点、きれいな薄紅色の茅屋の裏手にそれは埋っていた。幾層もの土の下に隠れるように横たわっていたのだった。骸骨のわきには、壊れかけた赤レンガの階段があり、廃墟になった防空壕に降りていけた。あれは誰なのかと考えていくうちに、私たちは防空壕で亡くなった犠牲者のものに違いないと決めてしまい、その人骨を意気揚々と、台所でグーズベリーの下ごしらえをしていた祖母のもとへ運んで行った。

祖母はその骨をいぶかしげに見ていたが、すぐに記憶が動き出した。第二次世界大戦のこと、祖父がアンダーソン式の簡易壕を使わずに、自分で防空壕を掘った様子を話してくれた。だが彼女は祖父の防空壕を信用せず、ナチの飛行隊が西海岸上空に飛来した時も、台所のテーブルの下に子供ふたりと潜りこんだのだという。敵機の爆音がことさら大きく聞こえた時の出来事も思い出していた。通っていた学校がちょうど休みだったため、娘は裏庭にいた。その娘を勝手口から台所に引き入れた後に、近所に爆弾が落ちたのだという。爆発音とともに瓦礫が庭に降って来る。その時頭上を通過していった敵機には、鉤十字《スワスティカ》の印がくっきりと描かれていたというのだった。

ほかの手がかりを探しに兄と私は防空壕に戻ったが、見つかったのは散乱した鉄屑ばかりで、それも手を触れると錆が剝がれ落ちた。祖母はあの人骨については何も知らなかった。だが私たちは子供じみた冒険熱にうかされ、なんとかしてあの骸骨の生前の姿を知りたいと願った。サフォーク海岸に沿って家族で散歩する時、私たちは古い防御陣地《トーチカ》に入り込んでは、そこに長時間身を潜めた兵士たちのことを想像していた。ヒトラーの侵攻を恐れながら、彼らは冷たい土と硬いコンクリートの中に潜んでいたのだ。

祖父についても、私ははっきりと記憶している。部屋のすみの肘掛け椅子に座っている祖父。パイプから立ち上る紫煙。ゆったりとした話し声が、息ができない時の、恐ろしい咽喉音で断ち切られる。祖父は咳き込んでは顔をバケツに向けていた。屋外でも私は祖父について回った。彼は草木の生い茂った庭をぶらぶら歩きながら、素焼きの鉢に鉄製のじょうろを傾け、枝垂れかかるフクシアの赤い花に水を遣っている。あの庭の静かな、湿った温室の中、大きく育ったゼラニウムや矮性種のオレンジの木に囲まれると、祖父は戦争の話をしてくれた。特に熱心になるのはナチの残虐行為について話すときだった。

後に私の大学生活は医学生として始まったが、最初のころ聴講した講義のなかに、英国医師会会長の講義があった。講師は受講生に向き合いながら、倫理上のディレンマを感じていた。つまり自分は人体に関する事実を、人命を救うことのできる事実を教えるべきなのだろう、だがそれは、第三帝国でユダヤ人に施された人体実験をつうじて得られた知識、そういう知識に依拠した事実なのだ、と。

この問いかけを私は何年も考え、それはやがて私の人生を変えることになった。私は専攻を医学から哲学研究に変えた。カリキュラムは、倫理上のさまざまなディレンマに正面から向き合うものだった。生きることの大きな謎に立ち向かった著名な哲学者たち、その名前とその優れた作品が私たちに示された。特にドイツの哲学上の伝統は豊かであり、わくわくさせるものだった。そのうちのいくつかは熱心なナチ党員の著作だったのだが、それは後になって教えられたことだった。

ドイツの多くの哲学者の過去、その歴史の不吉さは、祖母の庭の遺骸と同じで、正体が知れぬままだった。講壇から教授される思想のいくつかは、すでにヒトラーの協力者たちの精神に兆していたものだったという事実。それには誰一人として言及しなかった。学生の私たちは、哲学者たちはナチズムを拒絶したのだろうと想像していた。というのも、哲学とはつまるところ、〈道徳学《モラル・サイエンス》〉に由来するからだ。確かにナチズムに関わる事柄はみな、堕落の例証として教えられこそすれ、カリキュラムの中心になることなどなかった。祖父母を、さらに医学生の私が意識した問題を思い出しながら、私は自分の学友とともに学んできた。だが、この学知《アカデミー》の世界には恐ろしい秘密があった、つまり哲学が大量虐殺《ジェノサイド》に関わったという秘密の物語が隠されていた。研究をつうじて私にはそれが分かったのだ。

序章

七十年以上ものあいだ、世界はナチズムの恐怖に取り憑つかれてきた。ヨーロッパでは比べる者がないほど残忍な暴君の登場、ガス室の悪夢と民族大虐殺《ホロコースト》という蛮行のかずかず。この歳月は多くの物語を生み出したが、それはナチス協力者の、ヒロイズムの、悲劇と裏切りの物語である。戦争を知っているドイツ人はどの集団に属するにせよ、ほとんどがヒトラーという汚点に穢されている。多くの公務員、一般労働者、医師や学校教師、これらの人々は、罪のない傍観者どころか、暴君の権力を支える中核だったことが暴かれているのだ(1)。恥ずかしいことに美術家、音楽家までもが協力者の仲間入りをしていた。だが、およそ八十年前のヒトラーの権力掌握以来、いまだに誰も精査していない部分がある。それはもの静かで控えめな集団、哲学者集団が演じていた役割である。

哲学はドイツの文化にとっては象徴的な存在である。哲学はむしろこの国民の間では、北米の人間が法制度に対して抱くのと同じような文化的地位を保持している。哲学者は名士《セレブ》なのである。哲学者のなすこと、その振る舞い、彼らがどんな思想を広めるのか、これらはみなドイツ人の想像力に甚大な影響をおよぼしてきた。しかし、名士はその大半が俗人であるのに比べて、哲学者は普通、別世界の人間、天上の霊気《エーテル》のようなものに夢中になっている僧侶のような存在だと思われている。抽象的な思考に我を忘れ、象牙の塔に暮らすように見え、あたりまえの、利己的関心など超越しているとみられている。たしかに残虐さからは程遠いのだ。だが、彼らはいつも、不純な動機とは無縁な場所にいたのだろうか。この問いに答えるため、私たちはヒトラーの哲学者たちについて語ろうと思う。

「ヒトラーの哲学者たち」とは、ホロコースト以前以後を問わず、ヒトラーに関わりをもった一群の思想家を意味している。そこには意図せずに影響を与えた者、協力者も含まれている。さらにユダヤ系の大学人、もちろんヒトラーに対抗した学究たちについても私たちは論じていく。この思想家たちはドイツ文化の深部に根ざす共通の伝統を形成している。カントからニーチェへ、アルフレート・ボイムラーからマルティン・ハイデガーへ、ハンナ・アーレントからヴァルター・ベンヤミンへ、これらの哲学者はみな同じ思想を議論していた(2)。彼らの人生はたいていお互いに接点があった。彼らは学生であり、教師、同僚、友人であり、さらに恋人どうしの場合さえあった。

私たちの歴史物語は、一九三〇年代のベルリンを舞台に始まる。まず第一章ではヒトラーその人を紹介することにしよう。哲学がもっていたステータスをヒトラーは鵜呑みにしてしまい、この学科目に過ぎた思い入れをし、果ては自分自身が偉大な思想家であると夢想するに至る。実際、彼は自分を〈哲人総統〉と見なすようになっていく。この帰結として『我が闘争《マイン・カンプ》』が書かれ、そこであの慄然たる信条が告げられるのだ。そこではたしかに雑駁なやり方ではあるが、ヒトラーはドイツ的伝統の父祖、たとえばイマヌエル・カントとかアルトゥーア・ショーペンハウアーから引用して見せるのだ。彼はニーチェ崇拝を公言し、チャールズ・ダーウィンをドイツ的に解釈した著作を好んだ。晩年になるとヒトラーは自分の将軍たちに、自称親ドイツの、今ではぞっとするような知識人の名をあげてみせることがあった。彼はドイツ哲学のなかに反ユダヤ主義の素地を見つけだしては、人種、強さ、戦争に関する思想を都合のいいように手に入れ、自分の計画を正統なものと見せかけようとしたのだ。

第二章はヒトラーにいかがわしい影響を与えたものを発掘していく。その際、カント、ニーチェおよびドイツのダーウィン追従者の生き方や思想が明らかになるだろう。知性への彼らの贈物はたしかに素晴らしかったのだが、どうしてそれがヒトラーにとっても魅力的だったのだろうか。

ドイツの過去の哲学者たちの遺産については、ヒトラーにどう都合よく使われようと、本人たちにはどうにもならない。しかし第三帝国の時代に生きていた人々には、これは当てはまらない。第三章はこの協力者、ナチの悪党どもに立派な地位をあてがい、偽装させようと競い合った野心家たちの存在を暴く。キリスト教徒、優生学者、理想主義の哲学者たち、これらの人々がみな、ヨーロッパの土壌にかつて現れたものの中でも、最悪のプロパガンダのいくつかを普及させ、そこに名を連ねているのである。彼らが受けた報酬は、自分の利益に繋がる協力関係であり、ドイツの主要な大学の最高のポストを占めることだったのだが、私たちはボイムラーやクリークといった目立たない思想家、またシュミットやハイデガーなどの著名な思想家の肖像を描く。つまり彼らのバックグラウンドはなんだったのかという個人史、なぜ彼らは人種偏見と戦争に転向していったのか、である。第四章ではカール・シュミット、ナチの法制度を起草し、ヒトラーの法哲学者となった男について語ろう。第五章ではマルティン・ハイデガーを読み込む。ハイデガーはヒトラーに、その特殊なナショナリズムを正当化する拠り所を与えてしまった。しかし彼は、彼が権威に対して示したかつての賛美を第三帝国の支配から遠ざける、そんな活動をすることもまったくなかったのだ。

本書の第二部では、犠牲となったユダヤ人の生涯、対抗派の知識人が探求の対象となる。それまでのキャリアが失われる、収容所送りとなる、亡命を余儀なくされる、あるいは殺害されるという道を辿った人々である。第六章はヴァルター・ベンヤミン、人生の終わりが悲劇的だった文人に焦点をあてる。第七章はテオドーア・アドルノ。人生の多くを亡命者として過ごしたことで、彼にはどんな影響がおよんだのか。ヒトラー治下のユダヤ人としての経験は彼の仕事にどんな形を与え、どのようにして現代社会へのもっとも深みのある洞察の数々が生み出されたのか。これを見ていこう。ハイデガーの学生であり愛人だったハンナ・アーレント。いろいろと議論される人物だが、彼女が第八章の主題となる。彼女の物語は、抑留所からの脱出、さらにヨーロッパを飛び越える旅である。だが、ユダヤの大義に生涯身を捧げたこと、それと一人のナチ党員への愛とがこのユダヤ女性のなかにどうやって同居していたのだろうか。そして第九章ではクルト・フーバーに目を向けよう。彼は白バラ抵抗運動のメンバーにして殉教者であり、ナチに処刑された保守派の抵抗者である。

　ドイツの哲学上の共同体が持っていた絆を破壊したのは、第三帝国の勃興だった。それが壊滅していく時の余波のなかでは何が起こったのか。正義は行われたのだろうか。私たちはニュルンベルク裁判を語ることで、本書を締めくくるが、哲学者たちは果たして訴追されたのだろうか、ドイツの大学は一九四五年以降、ナチスの穢れから清められたのだろうか。これを検証していく。私たちは今日でも、ヒトラーの哲学者たちに向き合っている。マルクスやフロイトと同じで、あの哲学者たちの思想の多くが、日常の言い回しのなかに取り込まれているのだ。だが、どの言葉が処刑されたユダヤ人に、どれがナチ側の迫害者に由来するかなど、だれが知っていよう。ヒトラーの哲学者たちの人生を、彼らが文化のなかに残したものまで追及してようやく、私たちの歴史物語は終わるのだ。

　ここで本書のスタイルについてひとこと述べておきたい。本書は、歴史上の時代、そこに巻き込まれた個々人の事件、これらを蘇らせるドキュメンタリー・ドラマとして書かれた。ノンフィクションの仕事であり、注意深く研究し、文書舘資料、書簡、写真、絵、聞き取り調査と文献に基づくが、それらはみな細部に至るまで参照可能なものとなっている。だがしかし、本書のスタイルは語りである。目指すところは一九三〇年代ドイツの、活気に溢れ、かつ危険な世界に読者をいざなうことなのだから。

主な登場人物［五十音順］

アドルノ、テオドーア（一九〇三―一九六九）　有名なユダヤ系ドイツ人哲学者・社会学者・音楽学者、フランクフルト学派

アーレント、ハンナ（一九〇六―一九七五）　優れたユダヤ系ドイツ人政治哲学者、マルティン・ハイデガーの愛人、共産主義者ハインリヒ・ブリュッヒャーの配偶者

ヴァインライヒ、マックス（一八九四―一九六九）　ユダヤ人学者・言語学者、ドイツ語話者家庭出身、協力的ナチ学者を告発

ヴァーグナー、リヒャルト（一八一三―一八八三）　ロマン主義オペラ作曲家、ニーチェの友人・助言者

ヴント、マックス（一八七九―一九六三）　ナチ哲学者、テュービンゲン大学

カッシーラー、エルンスト（一八七四―一九四五）　優れたユダヤ系ドイツ人哲学者

カント、イマヌエル（一七二四―一八〇四）　啓蒙主義思想家、近代ヨーロッパ哲学の父祖

ギュンター、ハンス・F・K（一八九一―一九六八）　ドイツ人人種学者・優生学者

グラウ、ヴィルヘルム（一九一〇―二〇〇〇）　ナチ歴史家・思想家

クリーク、エルンスト（一八八二―一九四七）　ナチ哲学教授、ハイデルベルク大学

グルンスキー、ハンス・アルフレート（一九〇二―一九八八）　ナチ哲学教授、ミュンヘン大学

ゲーテ、ヨーハン・ヴォルフガング・フォン（一七四九―一八三二）　ドイツ人作家、その時代を代表する人物

シュペングラー、オスヴァルト（一八八〇―一九三六）　ドイツ人哲学者・歴史家、ヒトラーに読まれる
シュミット、カール（一八八八―一九八五）　哲学者・法学者、ヒトラーの法哲学者
シュルツェ＝ゼルデ、ヴァルター（一八八八―一九八四）　ナチ哲学教授、インスブルック大学
ショーペンハウアー、アルトゥーア（一七八八―一八六〇）　影響力の強いドイツ人哲学者、カントに影響を受けるも実存の中心に〈意志〉を置く
ショル、ゾフィー（一九二一―一九四三）　哲学学生、白バラ抵抗運動の一員
ショーレム、ゲアハルト（一八九七―一九八二）　ユダヤ人哲学者、ベルリン出身だがのちパレスチナ／イスラエルに移住、その地でゲルショムに改名
シラー、ヨーハン・クリストフ・フリードリヒ・フォン（一七五九―一八〇五）　ドイツを代表する詩人・劇作家・哲学者、カントの超越主義に強く影響を受ける
スピノザ、ベネディクトゥス・デ（一六三二―一六七七）　オランダ系ユダヤ人大思想家
ダーウィン、チャールズ（一八〇九―一八八二）　時代を代表する博物学者、進化論の始祖
チェンバレン、ヒューストン・スチュワート（一八五五―一九二七）　英国出身のドイツ人作家、ヒトラーに崇敬されたリヒャルト・ヴァーグナーの娘エーファの配偶者
トライチュケ、ハインリヒ・フォン（一八三四―一八九六）　右派の歴史家、ヒトラーに読まれる
ニーチェ、フリードリヒ・ヴィルヘルム（一八四四―一九〇〇）　ドイツ人哲学者、その時代最大級の創造的知性を持つと目される
ハイゼ、ハンス（一八九一―一九七六）　ナチ、ケーニヒスベルク大学総長
ハイデガー、マルティン（一八八九―一九七六）　現象学・実存主義哲学者、ナチ協力者、ハンナ・

アーレントの不倫相手
ハーゲマイヤー、ハンス・ヨーハン・ゲアハルト（一八九九―一九九三）　ローゼンベルクの「思想情報担当部」などに勤務
ヒトラー、アドルフ（一八八九―一九四五）　ドイツ首相（一九三三―四五）
ファウスト、アウグスト（一八九五―一九四五）　ナチ哲学教授、ブレスラウ大学
フィヒテ、ヨーハン・ゴットリープ（一七六二―一八一四）　ドイツ人観念論哲学者
フェルスター＝ニーチェ、エリーザベト（一八四六―一九三五）　ニーチェの妹、兄の死後ヴァイマールのニーチェ文書館《アルヒーフ》の管理者
フッサール、エドムント（一八五九―一九三八）　ユダヤ系ドイツ人哲学者、ハイデガーの指導教官、のちナチとなったその教え子に裏切られる
フーバー、クルト（一八九三―一九四三）　保守派のドイツ人哲学者・音楽学者、白バラ抵抗運動の一員、ナチスに処刑さる
フライスラー、ローラント（一八九三―一九四五）　〈ヒトラーの首つり裁判〉として知られる人民法廷の長官（一九四二―四五）
ヘーゲル、ゲオルク・ヴィルヘルム・フリードリヒ（一七七〇―一八三一）　代表的ドイツ人観念論哲学者
ヘーフラー、オットー（一九〇一―一九八七）　ナチ哲学者、ミュンヘン大学
ヘス、ルドルフ（一八九四―一九八七）　有名なナチ政治家、ヒトラーとともにランツベルクに収監
ヘッケル、エルンスト（一八三四―一九一九）　ドイツにおける社会進化論の確立者
ベーム、マックス・ヒルデベルト（一八九一―一九六八）　ナチ哲学者・社会学者、イェーナ大学

ベルクマン、エルンスト（一八八一―一九四五）　ナチ哲学教授、ライプツィヒ大学
ベンヤミン、ヴァルター（一八九二―一九四〇）　影響力のあるユダヤ系ドイツ人作家・思想家、アドルノやアーレントの親友
ボイムラー、アルフレート（一八八七―一九六八）　ナチ哲学教授、ベルリン大学
ホルクハイマー、マックス（一八九五―一九七三）　有名なユダヤ系ドイツ人哲学者、フランクフルト学派の創設者
マルクーゼ、ヘルベルト（一八九八―一九七九）　亡命ユダヤ系ドイツ人哲学者
メンデルスゾーン、モーゼス（一七二九―一七八六）　〈ユダヤのソクラテス〉として知られるユダヤ人哲学者
ヤスパース、カール（一八八三―一九六九）　ドイツ人精神科医・哲学者、妻がユダヤ人、ナチスによって免職さる
ラングベーン、ユリウス（一八五一―一九〇七）　ドイツ人保守系作家・ナショナリスト・反ユダヤ主義者、ヒトラーに読まれる
レーヴィット、カール（一八九七―一九七三）　亡命ユダヤ系ドイツ人哲学者、ハイデガーの教え子
レッシング、テオドーア（一八七二―一九三三）　ユダヤ系ドイツ人哲学者、ナチスに暗殺さる
ローゼンベルク、アルフレート（一八九三―一九四六）　ナチ党の代表的人物、人種理論家、知的指導者
ロータカー、エーリヒ（一八八八―一九六五）　ナチ哲学教授、ボン大学

第一部　ヒトラーの哲学者

1

ヒトラー――「天才的バーテンダー」

一九四〇年代前半、連合国は報復としてラインラントに断続的な爆撃を加える。ドイツの大都市は壊滅し、さながら聖書にでも登場しそうな光景が広がった。遠くに聞こえるかすかな爆音とは対照的な、一千台の軍用機が引き起こした蹂躙の痕。ケルンからベルリン、フランクフルトにミュンヘン、フライブルクやバイエルン・アルプスに至るまで、ドイツの文明が狩り出され、破壊された。

それよりおよそ二十年早い一九二三年、南ドイツはミュンヘンの静かな路上で、ひとりの男が同じ光景を想い描く。「我々がラインラントの都市を二ダース炎上させたところで、どうしたというのか。ドイツの未来が約束されるのなら、十万の死者とて取るに足らんよ」(1)。この戦争好きの男の顔かたちは至って平凡で、身なりはややみすぼらしく、灰色の舗道を歩む足取りは生真面目。ところが晩夏の日差しを浴びるこの男、当時は地方の一政治家にすぎなかったが、過激な妄想を内に秘めていた。男は炎が好きだった。その破壊力、鮮やかな光、鼻腔をつく煙、何世紀もかけて形作られたものを一瞬で破壊してしまう威力が好きなのだ。迅速・劇的なるものを好む短気な男だった。彼には延々としゃべるだけの優柔不断で、臆病者の、旧弊な政治家が歯がゆくてならないのだ。

黙示の終末を幻視するこの男の齢は三十五、穏やかなミュンヘンの遊歩道を歩きながら、友人であり教養ある上流階級のドイツ人実業家エルンスト・ハンフシュテングルと、自分の思想について語りあっている(2)。街は静まりかえり、ネオ・バロック様式の白亜の裁判所から照り返す陽射しは、広場周辺の空間に広がり、ゴシックやネオ・ゴシック様式の有名な建物、その暖かな薄茶色の玄関先まで届いていた(3)。歩行者をふらりと誘い込む公園があちこちにあり、市街でたまに見かけるのは、軒先の花活けカゴ《ハンギング・バスケット》、さらにたわわに夏の草花を枝垂れさせている窓辺のプランター。聞こえるのは路面列車の低い音、通りかかった人の籐ステッキが鳴る音。男ふたりの話し声のほかに聞こえるのはそれだけで、会話のなかに呑み込まれていく。自分の戦争幻想「ドイツは世界的強国になるか、あるいは全然存在できないかのどちらかである」(4)を言い立てたあと、次にその政治家は近頃ふたりで見た映画へとその思いを巡らせる。その活動写真を鑑賞した男は、その主だった特色を夢中になって論じている。その長い夏のあいだ、ずっとゼントリンガー・トア広場前の映画館で上映されていた『フリードリヒ大王（ライン悲愴曲）』のお気に入りのシーンを、その政治家は何度も反芻する。老王が皇太子の斬首を命じるか否かという場面だ。「ここがこの映画の最高潮だ。父がその息子への死の宣告に臨む、この瞬間こそ、まさしく罰なるものの最高の模範なのだ」(5)と言い切る男の目は歓喜に輝いている。炎上するラインラントのイメージは、ここに罰と暴政の幻想と結びつく。一大災禍をためらわずに引き起こせる能力こそ、力の究極的証明だというのが、この男の信念であった。「偉大な行いとは、その規模もまた無慈悲にならざるをえない」と男は断言するが、ハンフシュテングルは気が気でない――ふたりがいるのは公道で、民主主義の法治国家、ヴァイマール共和国のフリードリヒ・シラー像のそばをちょうど通り過ぎたところだったのだ(6)。

数ヶ月のち の一九二三年十一月、その政治家はヴァイマール警察に逮捕される。地方では議論がなかなか盛り上がらないことに失望して、彼はミュンヘン郊外のビアホールで催された集会に突撃し、銃を手に行動を迫ったのだ。会場に放火して建物全体と客全員を片づける手はずを整えていたが、その計画は途中で阻止され、彼は打破しようとしていた法の手中に落ちたのだった。

この政治家とは、むろんアドルフ・ヒトラーである。国民社会主義《ナツィオナール・ゾツィアリスムス》（国家社会主義）の名の下に行った急進的政治活動のため、国家反逆罪を言い渡され、有罪となった彼は、一九二四年の春にはランツベルク要塞に投獄される。ドイツ・バイエルン州南西にあるレヒ河畔のランツベルク刑務所だ。外から見ると、ランツベルク刑務所は典型的なバイエルンの建物で、壁は薄茶色のレンガでできており、オパール色のドームがついた円筒状の小塔が両側にある。外からは三つの階層が見えるが、世界と唯一通じる窓には斜め格子が入れられていた。赤い瓦が葺かれ、傾斜した屋根が小塔のドーム部分に接している。戸口部分は幅広で高いアーチになっており、スケールがもう少し大きかったとしても、やはり全体として素朴なデザインであった(7)。

七号室がヒトラーの部屋だった(8)。その部屋の窓は高く広く、左右二枚で壁の端から端まである。窓には木の枠があるものの、鉄格子がはめられ、囚人を外から隔離する金属カゴといった様子で、床をへだてた左右の壁に影が映っている。一方の窓のすぐ外には壁が見え、もう一方からは木の枝がまばらに見える。その向こうの風景は、そびえる樒の森、素敵な田園の樅の木が覆う丘を越えて伸びていく。隅にある白塗りの金属ベッドには薄いマットレス、少し離れたところに薄汚れた小型の机が壁に寄せられ、小さな椅子が置いてある。大きな姿見も壁に掛けられ、調度類は簡素なつくりの独房というより、むしろ学生寮の一室といった趣だった(9)。

アドルフ・ヒトラーの部屋、ランツベルク、1923 年

仲間のひとりは、かつてヒトラーの様子をこう表現した——本人におもねったものでないその描写は、刑務所内での彼の人気を窺わせる。

> ヒトラーには肉体にはなんら魅力的なところはなかった。そのことは［…］みんな知っている。［…］彼の深く青い瞳なるものについて党員やシンパの間に伝説ができあがっていた。実は、深くもなかったし、青くもなかった。眼は何かを凝視するか、死人のようにぼんやりするかだった。本物の生気の輝きもきらめきもなかった。濁った、異様な声の調子は、北ドイツ人には不愉快だった。声量はあったのだが、鼻でもつまっているように、耳ざわりだった。あの時以来、ごろごろしたり、威嚇したりしながら、この声は［…］苦悩を具現しているようだった。

人柄のもつ魔力。ここには、なにか独特のものがある。私は、自分についても他人についても気づいていたことだが、どうやら人がその魔力に屈するのは、そうなることを自分から欲している場合にのみ生ずるようだ。ヒトラーが、強烈な印象を与えるのは、極度に自己暗示にかかりやすいか、女性的な性質をもっているか、あるいは教育と社会的身分のためにへつらいと個人崇拝になれてしまったような性格の持主に対してであることが、はっきり目についた。ヒトラーの外観も、決して彼の人格が与える印象を高めるなどというものではなかった。引っこんだひたい。そこにたれる柔かな髪。小柄な、目立たぬ身の丈。それに似合わぬぶざまな手足。わずかばかりのチョビひげの下の印象に乏しい口元。——こういったところが、この世俗の男の特徴である。唯一の魅力はおそらく手にあろう。実に形が良く表情豊かであった。(10)

ヒトラーとて刑務所内では、破壊妄想を一時的に抑え、あらためて様子見をするほかなかった。窓辺の暗がりに立ち、外の南西ドイツをその鋼の瞳でにらみつける。直立不動の軍人然とした佇まいだった。視線の先にあるのは、自分であって景色ではない。しばらくすると右腕を窓の下枠に預け、外に背を向け、漆喰塗りの雑な色あせた壁に寄りかかる(11)。自分をレンブラントの自画像に見立てると、ふと思い出される。「レンブラントはユダヤ人地区で絵画を描いたが、性根は真のアーリア人であった」(12)。すると「黄金の兜の男」の絵の連想から、兵士の肖像がイメージとして浮かび上がり、彼は鏡に自分の姿を映して、うむ、と思いを巡らせる。「お前は自分にしかないものを持っている。その英雄的な軍人風の顔つきだ」(13)。

その独居房の様子は、ランツベルクにいる他の収監者のものに比べると、まったく別物であった。普通なら殺風景なはずの部屋が差し入れで賑やかになっている。実際、ここを訪れた者の記録にもこうある。「部屋はむしろ〔…〕高級食品店《デリカテッセン》の様相を呈していた。花屋でも青果店でもワインショップでも、そこに積み重なった色々の品物を使えば、開けそうなほどであった」。ドイツ中から人々は彼に貢ぎ物を送り、ヒトラー自身も、貰い物のために目に見えて肥えていった。さらに看守からも優遇され、こうして独房で贈物を受け取る自由もあった。彼も見返りに「このチョコレートの箱を、奥方に持って帰るといい」などと告げる。「ランツベルクで職員や看守に及ぼし得た権勢は、甚大なものだった。看守さえも彼の独房に立ち入るときには〈ハイル・ヒトラー〉と言ったという」(14)。

ランツベルク刑務所では、どう時を過ごしたのか。確かにヒトラーは看守らを魅了したが、内心は欲求不満で焦燥していた。せっかくの政治の才を無駄にしていると考えていたのだ。何時間となく苛立ち、政治の話をまくし立て、他の収監者に怒鳴り散らす。この国を治める阿呆どもは、いつまで閉じこめておくというのか。ただしヒトラーの猛烈な口吻はしだいに収まり、周期が来たかのように静まるのが常であった。そのあと落ち着きを取り戻した彼は、おのれの力への自信も戻り、面会に応じたり、手紙の返事に時間を費やしたりする。その手紙には個人や家庭を偲ばせるものもあり、友人や支援者に、もらった多くの差し入れの礼をしている。例を挙げよう。

レヒ河畔ランツベルク　一九二四年十月一日

ドイチェンバウアー様

先日ライヒャルト夫人より、貴女お手製のプラムケーキをお届け頂きありがたく存じます。兵士だった時分におそばで過ごした時間が偲ばれ、また今でもわたくしを覚えておいでだと知ることができました。このご親切に対する、心からの感謝を受け止めていただけると幸いです。

旦那様にもどうぞよろしく。

敬具

アドルフ・ヒトラー(15)

別の手紙では、助言として金言めいたスローガンを考え出してもいる。

レヒ河畔ランツベルク　一九二四年四月十日

ヘッツェンドルフ・グループへ

一同の信頼に感謝

我らの闘争が勝利に終わるのは義務ならびに必然である！

ドイツ万歳！

アドルフ・ヒトラー(16)

また大事な同志に対しては、ヒトラーも権威を誇示するような文体を採っている。

レヒ河畔ランツベルク　二四年十月二十日

愛国防衛同盟　上部オーストリア、フライシュタット地区司令部

地区司令　W・ホリッチャー殿

親愛なる地区司令

先般、愛国防衛同盟地区・フライシュタット地区旗につき、掲揚式の案内を受領せり。遅ればせ

ながら、行事祝辞と貴君より伝わり来る忠誠の誓いへの感謝を受け取られたい。かつての我が故郷が統一大ドイツなるドイツ諸州の栄えある繁栄へ組み入れらるる日の来たらんことを。それのみが、唯一の望みなり。

真のドイツ式挨拶とともに　敬具
アドルフ・ヒトラー(17)

とはいえ、返信をしたためることだけが、投獄中の気晴らしだったわけではない。のちに振り返ったヒトラー本人の言葉によれば、ランツベルク時代とは「国から罰として与えられた大学」(18)なのだという。確かに、「ランツベルクで強制された長期間の無為は、読書や熟考には理想的だった」(19)。ヒトラーは山のような文献を読み耽ることにし、自分の優れた精神を世界に示そうと決めて、ある計画に着手するのだった。

自分のことを何よりも行動の男だと考えていた彼だったが、他のことにも才能があると自負していた。外の世界では馬鹿者どもによって定めを果たすことが阻まれた、だからここで内的世界へと向かったのだと考えたのだ。傑作を、おのれの畢生の大作を打ち立てることが彼の使命となった。彼にとって十八世紀の大英雄である思想家フリードリヒ・シラーにしても、やはり同じ事をしたのだからと。看守から貸し出された古いタイプライターを置いて、ヒトラーは机に向かう。キーの上で震え出す手、悪意によって打ち出されていくその計画(20)、彼の「左腕・左足の震えは止まらず、肘から先も思うままにならなかった」(21)というのに。

この難事を見守らせるべくヒトラーが巻き込んだのが、のちの副総統ルドルフ・ヘスだった。ヒトラーと共に反逆罪で囚人となっていたヘスだったが、ヒトラーのお気に入りであったため、彼の独房では毎日そばに控えていた。落ち着きのない性分で、「座っている椅子をいじり回す癖があった。逆向きに座ったり、脚で挟んでみたり、背に腰掛けたり、椅子の脚を持って回してみたりと、これ見よがしの素人曲芸のようだった」(22)と面会人も記している。またヘスは、ヒトラーが自分以外の人の目にさらされるのを極端に嫌がった。ヘスの考えでは、自分は弟子でもあり師匠でもあるのだという――地政学、つまり地理と権力に関わる学問を修めていたからというのがその理由だ(23)。ヘスのシュプレヒコールにはこうある。「我々の下すその手段は、今以上に残酷になりえねばならぬ。我らが敵に応じるには、これをおいて他にない」とよく言ったものだった。「彼は『残虐な』(brutal)という言葉を愛していた。rを巻き舌にしたドイツ式の発音、ふたつの音節をどちらも強く発音するのだ。ヒトラーもまたこの響きに喜びを感じていたようだ」(24)。

一語一語見逃すまいとするヘスを横に、おのれの政治妄想に没入するヒトラーだったが、彼は演説の力に気づいていた。気分が乗ろうと乗るまいと、ヒトラーは書きながらも常に聴衆を意識していた。自分の思想の重要性にも自信があったが、想像上の大群衆をも、しっかりと心揺さぶることができると確信していた。

バイエルンの森なる独房から書き上げたヒトラーの著書とは、はじめ『虚偽・愚昧・怯懦に対する四年半(の闘争)』と題されていたが、要するに、のちに短く『我が闘争』となるはずの悪評高い、あの本のことである。そのなかでヒトラーは、おのれの様々な偏見を公にするとともに正当化し、生まれつつあった国民社会主義の理念を素描している。また自らの身の上も語っているが、その人生と背景は美化されていた。ヘスとともに取り組んだ第一巻(副題「論判」)は、「両親の家」(25)という章から始まっている。

ヒトラーは、一八八九年四月二十日、オーストリア＝ハンガリーの自治都市ブラウナウ・アム・インにある〈ツム・ポンマー〉旅館で生を受けた。著書の書き出しはこうだ。

> 今日わたしは、イン河畔のブラウナウが、まさしくわたしの誕生の地となった運命を、幸福な定めだと考えている。というのは、この小さな町は、二つのドイツ人の国家の境に位置しており、少なくともこの両国家の再合併こそ、われわれ青年が、いかなる手段をもってしても実現しなければならない畢生の事業、と考えられるからである。ドイツ・オーストリアは、母国大ドイツに復帰しなければならない。(26)

彼の幼年時代は不幸なものだった。税関吏であった父アロイス・ヒトラーは、幼い頃からヒトラーに暴力の手ほどきをし、度重なる殴打で彼に消しがたい痕を残したのだが、自著ではこのことに触れられていない。代わりにヒトラーは、建前として自分のルーツがドイツにあるという妄想をあえて力説する。「ドイツの苦悩という光に照らされたイン河畔のこの町に、血統はバイエルン人、国籍はオーストリア人たるわたしの両親が住んでいたのだ」(27)。彼は母のことを「家政に専念」すると記す一方で、暴力的な父についてはただ「義務に忠実な官吏」と書く。父の虐待を認めるというよりはむしろ「老人」と呼ぶだけで、「この当時のことはわたしの記憶にはあまり残っていない」と書き添えるのみだ(28)。しかし他者の観察にかこつけてヒトラーは、父親なるものは「ようやく日曜日の晩か、月曜日の晩になって、酔っぱらい凶暴になって[…]家にもどってくる。そこで往々にして、神よあわれみたまえ、という場面が演じられる」(29)ものなのだとして、個人的体験による洞察とも取れる言葉を残している。

残虐さこそ力の源なのだと、ヒトラーは確信していた。後年こう述べている。

> 路上でなぐりあいがあるとき人が集まってくるのを見たことがあるかね。残虐さには敬意がはらわれる。残虐と腕力。路上に集まる単純な人間は、腕力にしか敬意をはらわないのだ。まさに無慈悲さについては、女、もっと言うなら女と子供だ。連中は、癒しとなる恐怖を欲する。なにかを恐れたいのだ。おびえながら、だれかに服従することを欲している。〈ボクシング・マッチ〉のあとでは、どこでも、傷つけられた連中こそ、最初に入党したという事実を、諸君は経験しなかったかね。なぜ、残虐さについてくだくだおしゃべりしたり、拷問に対して腹を立てたりするのか。大衆はそれを欲しているのだ。彼らは恐怖の戦慄を与えてくれるものを必要としているのである。(30)

少年時代にはすでに、暴力は建設的なものだとヒトラーは信じていた。それこそが積極的な性格を育む力があるのだと、常に考えていたのだ。「当時すでにわたしの弁舌の才は、わたしの友人との多少とも暴力的な弁論の中で訓練されたと思う」(31)。

ヒトラーには、この環境を乗り越えた、辛苦から育った強い人間であるという自負があった。あまりに困難な人生で、弱い者であったら野垂れ死んでいたところを、〈自分〉は人生最初の試練に合格したのだと。一息ついて自分の独房を見回すと、その刹那、理不尽な思い出が一挙に甦ってくる。喉元に苦いものがこみ上げ、それとともに幼年時代、自分の偉大さを見誤った人々みなの顔が思い出される——苦難を乗り越えることと、無視に耐えることはまったく別物だ。パッサウ、ラムバッハ、レオンディング、リンツといったオーストリアやドイツの都市で過ごした小学生時分には、まだ物事がうまく回っていた。当初は才能を認められ——通っていた学校からも優の評点をもらえた。だがその後、リンツの中等学校（実科学校）の一年次には落第させられる。ところが烱眼の彼は、十六になる頃には、教育を担う〈小役人〉風情には自分のような特異な存在は手に余るのだ、と決めつけ、何の資格も得ずに退校してしまう。

一九〇五年以後ウィーンに居を移したヒトラーは、ふらふらした生活を送りながら、愛情深い母（父は一九〇三年没）からの仕送りで何とか暮らしていた(32)。このとき美術アカデミーを志望するが「絵画には不適格」と二度不合格になっている。代わりに建築分野には才があると言われたことを思い出し、その見識の正しさに感謝する一方で、自分の画才を見抜けぬとはなんと凡庸な、と憤るのであった(33)。

束の間の怒りから我に返ると、ヒトラーは身の上話をなおも書き出しながら、次に述べるのはもっと幸せな主題にしようと考える——つまり民族の誇りだ。ここで彼はヘスといっしょになって、プライドと知識をほのめかし合う。十代半ばに差しかかろうという頃、彼は普仏戦争（一八七〇〜七一）に関する父の蔵書を読んで、ふと疑問を抱いていたのだ。なぜ父をはじめドイツ系オーストリア人はこの戦中、ゲルマン民族のために戦うという責を果たさなかったのか、と。とはいえ聴衆への講演という形を常に意識するヒトラーは、『我が闘争』では、実父がゲルマン民族のために戦わなかったという事実を伏せ、自分がナショナリストに転向できたのは実父のおかげだとしている——そのように父が支援してくれたことなど一切なかったのだが。

ヒトラーは実父を、バイエルン地方の農民の理想像として作り直す。質実剛健、頑固一徹な働き者だ。こう書いている。

だからかれは、五十六歳で恩給生活にはいったとき、この隠退生活で「無為者」として日を過ごすことに耐えられなかった。[…] 土地を買い、それを管理して、長い辛苦にみちた一生を終え、ふたたび祖先のもとへ帰ったのである。(34)

たしかにヒトラーの父は農場を購入したが、それはすぐに売却された。大きすぎて自分の手に負えなかったからだ。代わりにリンツ近郊のレオンディングに、大きな庭つきの家を隠居用に買ったのだが、この不都合な事実を無視して、ヒトラーは、実父のありもしない「庶民的な」部分を受け継ぐべきものとして偶像化した。誇るべきアイデンティティを捏造したのだ。自分はオーストリアの爪弾き者ではない、真正の生活習俗を同じくする熱血のドイツのナショナリストなのだと。

ヒトラーのナショナリズムについては第一次世界大戦中に彼自身が述べていて、そこからより多くの証拠が取り出せる。彼は首尾よく、オーストリアではなくバイエルンの予備役歩兵連隊に入隊し、軍務についていたのだ。その年月をヒトラーは監房で思い出しては書き綴り、ヘスに自慢しては、両手を擦り合わせ自己満足に耽っていた。

『我が闘争』の目論見は、しかしたんなる自伝記述ではなく、それをヒトラーの政治見解を広める道具とすることだった。彼は刑務所の独房でもう一度鏡のまえに立ち、自らの堂々たる魅力を思い描いてみる。自分は何から始めたのか、そして自分の巧みなはずの弁舌がいかに党員たちを惹きつけてきたことか。その記述のなかで、ヒトラーが驚くほどの細かさで際立たせてみせたのは、人々に影響を及ぼす自分の能力、忠誠心ある党員を集団で獲得する能力、ドイツ浮揚にむけて軍事的戦術を発案する能力といった力であり、また分かりきったことだが、自分が劣等とみなした人間をすべて抹殺する計画だった。標的となったのは、社会民主主義者、自由主義者、反動的王政派、共産主義者、そしてユダヤ人だった。

ヒトラーの国民社会主義による政治運動は、はじめから敵を想定している。すぐに彼はこう宣言していた。「国民社会主義運動には達成すべき最大の任務がある。国際問題に関してわれわれは自らの目を人民に向けねばならない。現下の世界情勢にあって真の敵は誰なのか、これを人民に繰り返し思い出させなければならない。アーリア人、我らが共通の血で結ばれたアーリア人を憎むのではなく、汚らわしい人類の敵、我らの苦難の本当の元凶である敵、その頭上に永遠の怒りを呼び起こさねばならない」(35)。むろん彼はユダヤ人のことを言っていたのだろう。ヒトラー家の閉塞的で暴力的な家庭生活から、このような退廃した情緒とモラルが世界に向かって吐き出され、よくわからないスケープゴートが罰すべきものとして見つけ出された。ヒトラーはそれで気分爽快になったのだろう。

刑務所の独房からヒトラーは、自分の政治経歴がますます強力なものとして高まっていくようすを書き綴ったが、それは彼のナショナリズムとユダヤ人排斥とを喜び迎えるドイツ人の数が密かに増えていたためだった。内輪もめのただなか、一九二一年七月二十九日。ヒトラーは自分の最初の夢を叶えてしまい、ナチ党の指導者となった。自分の成功を称えながら、彼はランツベルクから、「指導者《フューラー》〈のちに〈総統〉〉」という呼称を公の場で使ったのはあれが初めてだったと反芻していた。あの肩書きへの途方もない野心が沸き起こってくるのを、大変な誇りをもって、ヒトラーは感じていたのだ。自分はどうやって弁舌の技巧を身につけたのか、ヒトラーは長広舌を弄しながら、一九二〇年代初めには自分が大衆の評価を得ていたことを反芻する。ことの外、一九二三年四月十日に、ミュンヘンでほぼ六千人の聴衆を前にした演説のことを思い起こしては悦に入っていたのだ。

聖書にはこういう言葉がある。「熱くも冷たくもなく、なまぬるいので、わたしはあなたを口から吐き出そうとしている」(ヨハネの黙示録3・16)と。今日まで、このなまぬるい連中がドイツの呪いだった。どんな経済政策も剣なしには不可能であり、権力なしにはどんな産業化も不可能なのだ。今日我らの手にはもはや剣はない。どうやったら経済を成功させられるのだろうか。(36)

外に広がっているドイツの風景を確かめながら、彼はあの光景を思い出している。森の木々を人間に見立て、もう一度あの大群衆を前にした自分の姿を想い描いているのだ。三階の独房の窓から見おろすと、彼の心には、一群の男たちが自分に向かって腕を斜めに差し出しながら敬礼する姿が見えてくる。群衆は魚の体に似て見える。男たちの青白い腕は光を反射する鱗のようだが、それらは右からも左からもある一点へと向けられ、その魚の目が何処にあるのかを暗示しているのだ。

大衆の心をつかむのには成功しても、権力に至る道は苛立つほど遠い。それをヒトラーは思い出している。その結果、憤怒と暴力を爆発させ、まずは一九二二年ミュンヘンのシュタデルハイム刑務所に幽閉される仕儀となった。さらにその一年後、二三年十一月八日、ヒトラーとナチ党の半軍事部門である突撃隊(SA)は公共集会を襲撃する。それはバイエルン王国の首相グスタフ・カールが主催した、ミュンヘン郊外の大きなビアホール、ビュルガーブロイ・ケラーで催された集会だった。ヒトラーは前将軍エーリヒ・ルーデンドルフとともに新政府樹立を宣言し、銃を突きつけながらグスタフ・カールとバイエルン王国軍幹部に支持を強要した。首都ベルリンの主導権を打倒するためである。政府軍が介入したため、エルンスト・ハンフシュテングルの故郷に逃れた彼は、自殺さえ考えるが、まもなく大逆罪のかどで逮捕される。裁判の間、答弁する時間がほとんど無制限に与えられたこともあって、彼の人気は高まっていった。彼は自分を弁護するとき、国民感情に訴えてこう語るのだった。

> 我々が作った軍隊は日々成長する。時々刻々、その成長はいっそう早くなる。いまこの瞬間も、私は誇らかに希望している。これらの未熟な（野生の）一団がいつの日か大隊となり、大隊が連隊になり、連隊が師団となる時がくる。かつての花形帽章が泥沼から頭をもたげる時、かつての軍旗が我々の前で再びはためく時がくるのだ。その後に、永遠の最後の審判——神の法廷——において和解がやってくる。その前に我々は我々の態度を示す用意がある。我々の骨から、我々の墓から、あの裁きの声が響いてくるだろう。その声だけが審判において我々の上に位置する権利がある。なんとなれば、裁判官諸君よ、我々に判決を言い渡すのは君たちではないからだ。歴史という永遠の法廷こそが、我々に告げられるその判決を我々に向けてもたらされる代価とするのだ。
>
> 　君たちが伝えようとする判決など分かっている。だが法廷は我々にこう問うことはないだろう、「貴君は反逆に加担したことがあるのか、ないのか」。法廷は我々を裁こうとする。ドイツ人としてその人民と祖国のための最善を想った我々を、戦い死のうと想った我々を裁こうというのだ。

千度でも我々に有罪を宣告するがよい。だが歴史という永遠の法廷を統べる女神は、公訴状と判決文を微笑みながら破り捨てるだろう。女神は我々に無罪を宣告するのだから。(37)

演説ののち、このミュンヘンの名士は国民全体に名の知れた存在となる。

一九二四年四月一日、ヒトラーは禁錮四年を申し渡される。だがその時は知らされていなかったが、回顧録に語られる限りでは、彼はほどなく減刑され、一九二四年十二月までには大赦の下る政治犯の一人として放免されることになる。再勾留の期間を含めても、彼は人生のうち一年足らずの服役で済んだのだ。

この一年の服役の間というもの、ヒトラーは自分の人生を思い出しては政治について声高に語り続ける。ランツベルク刑務所のデスクからこう書く。「今日私が確信を得たのは、基本的また全体的に創造的なアイデアはみな、我々が若い時期に出現するということだ。この青年期の天才性こそが未来を組みたてる素材や計画をもたらすのだ」(38)。彼は自分自身の天才性を示すあの非常に創造的な方向を、『我が闘争』が明確に示しつつあると信じている。しかもあの天才性の一部をなすのは、彼が思うには、政治的なアジテーションや行動だけではない。思想の受容力も含まれている。ランツベルクから彼はこう書いてくる。「この時期に私のうちに姿を現したのは、一つの世界像であり、わたしの後年の活動の堅固な基礎となった哲学だった」(39)。

刑務所の窓からヒトラーの眼は、南ドイツの広大な森の梢を見ながら、典型的にドイツ的な文化について熱弁を振るうのだった。彼は特にドイツの哲学者たちのことを考えていた。ヒトラーは哲学に重きが置かれるのを当然なことと考えていた。それは、国民文化が達成したものの頂点と見なされていた。つまりカント、ヘーゲル、さらにニーチェといった思想家は、ドイツ人には神聖な存在だったのだ。イギリス人にとってシェイクスピアやディケンズがそうであるように、アメリカ人にはトマス・ジェファソンやマーク・トウェインがそうであったような存在なのである。「いま一度、過去の偉人への畏敬の念が若者たちの心に打ち込まれなければならない。それは彼らの神聖な遺産となるはずだ」(40)。ヒトラーの、全ドイツ人のうちで最も真性なドイツ人でありたいという、燃えるような欲求が、これら象徴的な形姿を深く誘惑的な存在にしている。彼は哲学という学科を自分の圏域に組み入れようとし、ほどなく自分自身が偉大な思想家なのだというファンタジーを採用する。事実、自分を〈哲人指導者《フューラー》〉と見なすようになるのは間もなくのことなのである(41)。

　空想の雲に乗って、ヒトラーは熱弁を振るう。相当に尊敬されてきたドイツの天才たちをも自分が凌駕できたのは、知性と行動の両方に敬意を払って来たからだ、という。まもなくヒトラーは繰り返しこう考えるようになる。「教育の十分ではない人間というのは、知識や知性をたっぷりと詰め込まれたが、健康な本能は奪われ、活力も大胆さも欠けてしまった男たちのことだ」(42)。ヒトラーは、こうした「教育の十分ではない人間」、純粋な哲学者ではない。だがその代わり、彼の言葉によれば、「私は偉大な理論家であり偉大な指導者でもある。なぜなら指導力とは大衆を動かすことができるということなのだ」。実際、彼はこう続けるのだ。「理論家、オルガナイザー、さらに指導者が一個の人間の中で結びつく。これはこの世で滅多に見られるものではない。この結びつきから生まれるのが偉人なのだ」(43)。

　世界でもっとも優れた歴史家の一人、イアン・カーショーはヒトラーの虚栄心をこう要約してみせる。

ヒトラーは自らを「綱領起草者」と「政治家」、この両方の資質を兼ね備えた稀なる天才と見せかける。運動の「綱領起草者」は理論家であって、実践上の現実にはかかわらない。しかし偉大な宗教指導者たちと同じく「永遠の真実」にはかかわる。「政治家」の「偉大さ」というのは綱領起草者のアイデアを成功裡に適用する点にある。

「人類の長い歴史において」、とヒトラーは書く。「政治家が綱領起草者と一体となったのはただの一度だけである」。ヒトラーは自分のことを言っているのであり、理解するのはごく僅かな者だけという、諸々の目的のことを考えていた(44)。

だが、学校時代の後半、ヒトラーは際立って能力に欠けると見なされ、落第していた。これが現実だった。彼は学業になんの興味も示さない怠惰な生徒と言われた。ヒトラーはヨーロッパのたいそう洒脱な都市のなかで、落ちこぼれる。一九〇五年、ウィーンは〈漂流者〉には皮肉な背後風景となる。仄かに輝く黄金と大理石の舞台とを備えた、古《いにし》えのハプスブルク帝国の壮大なまでに瀟洒な都市は、贅沢で眩惑的だった。みすぼらしい身なりのアドルフは巨大な帝国建築のわきを所在なげに、エレガントなカフェや王宮が並ぶ通りをふらふらと歩いては、美しい並木道を歩いては暇をつぶしていた。ドナウ運河にはほっそりとしたライムの木、トネリコ、楓などの木々が影を落としている。新たに塵ひとつない、橡《カスターニエン》の木で縁取られた大通りのあるプラーター公園、輝くシェーンブルン宮殿、さらにカールス教会、大聖堂、環状通り《リンク》。これが若き挫折者ヒトラーの散歩道だった。だが暴行罪で収監された今、彼はみずからの知性の、さらに家族の過去の作り変えに勤しむことになる。

ヒトラーは「手に入るものならなんでも読んだ」と言う。「ニーチェ、ヒューストン・スチュワート・チェンバレン［…］マルクス」（この読書がしっかりしたものだったかどうか、これはたいそう疑わしいとされてきているが）(45)。彼は十八、十九世紀ドイツの優れた人々に依拠していると主張していた。なかでも「自分はマルクス主義の理論的文献に熱中した」と言い張るが、むろんこれにはケチをつけている(46)。「ウィーン時代の始め頃に知ったものがある。マルクス主義者の綱領と哲学だ」と自慢してはいる(47)。そのマルクスは後年の演説では罵倒される。たとえば「互いに相容れない見解をもつ集団に国民を分割したこと、これはマルクス主義の誤った綱領によって意図的に惹き起こされたものだ。この分割が共同生活の基本的な可能性を破壊したのだ」(48)。

ヒトラーが心酔した伝統は他にもある。驚くまでもないが、彼の考えには人種主義や偏向的著作物が入り込んでいる。ことにドイツの聖書学者パウル・デ・ラガルデ（一八二七〜九一）から深い印象を得ている(49)。

ラガルデの『ドイツ論集』をヒトラーも所蔵しており、下線を引いている。

ユダヤ人はドイツ人と同じ条件下に位置づけられたいと熱望している。そのくせ彼らが絶えず強調するのは自分たちの異質さであり、それはユダヤ教会堂《シナゴーグ》の作法に典型的に現れている。どういうつもりなのだろうか。名誉あるドイツ人名を名乗る権利を主張しながら、その一方で人間のもっとも神聖な建物をムーア人のスタイルで立てるとは。しかもそれは自分がセムの子、アジア人であること、つまりは異邦人であることを忘れないためだ、というのだ。(50)

ヒトラーが十分に読み込めなかった著作家は他に、チェンバレン（一八五五〜一九二七）(51)とユリウス・ラングベーン（一八五一〜一九〇七）がいる。ラングベーンはその『教育者としてのレンブラント』(52)のなかで、レンブラントをアーリア人男性の究極の完成形だと称える。そのうえで彼はドイツ土着のイメージとナショナリズムを組み合わせながら、「血と大地《ブルート・ウント・ボーデン》」(53)という概念を熱烈に支持していた。右派の歴史家ハインリヒ・フォン・トライチュケ（一八三四〜九六）(54)、オスヴァルト・シュペングラー（一八八〇〜一九三六）もまたヒトラーが貪り読んだ著述家だった(55)。一九一九年から二一年にかけて、彼はシュペングラーの著書を、右翼の図書館であるミュンヘン国民社会主義研究所から借り出しており、これはランツベルク刑務所に投獄される以前のことなのである。

ヒトラーのテクスト精読傾向は、投獄される何年も前から始まっていた。一九〇八年、十八歳のヒトラー少年は、級友アウグスト・クビツェクの記すところでは、「つねに勉学に没頭し書物が彼の世界となっていた」。このクビツェクの証言が本当かどうか疑わしいが、「ヒトラーは本の詰まったスーツケース四個を携えてウィーンにやって来た」という主張には、一考の価値がある。「リンツ在住時代のヒトラーは、三つの図書館の借出証をもち、ウィーンでは王宮図書館の常連になっていた」のである(56)。彼を知る別の同時代人はこう述べる。「彼には大きな書斎がある。彼は愛書家であり、特装本、美装本を好んだ。ミュンヘンの居宅の壁は書架で埋め尽くされている。ヘスの姉はヒトラーの蔵書の装本を手がける女職人だった」(57)。

ランツベルクでの一年が過ぎても、ヒトラーの読書欲が絶えることはなかった。堅牢な装丁で、豪華な挿絵の入った蔵書のうちには、ハンス・F・K・ギュンター(58)の『ドイツ人の人種形態学』(59)が含まれていた。さらには人種学者でも出版人でもあったJ・F・レーマンもヒトラーの読書欲を満たしてくれる主な供給源となっていく。この時期に彼は、ヘス経由で地政学的な力という考えを取り入れる。これはサー・ハルフォード・マッキンダーに由来するもので、この人は「中心となる地《ハートランド》」、「世界帝国の砦」にも言及するが、これこそが後年のヒトラーが希求したものだった。行動的な男性、たとえばナポレオン、フリードリヒ大王、チンギス汗などの伝記もヒトラーの想像力に火をつけた。こうした読書——人種論や軍事関係の著作——はどれも驚きではないが、これらに誰も躊躇いを感じなくなってしまう時代がやって来るのだ(60)。

しかし驚くべきは、ヒトラーが自分をドイツの偉大な哲学者に重ね合わせていることだ。刑務所での退屈な何ヶ月かの日々を紛らせながら、彼は特にカント、シラー、ショーペンハウアー、ニーチェ、ヴァーグナーに目を通したと言う。友人のクビツェクが後年語るところでは、ヒトラーの作った古典作家リストは印象的なもので、「ゲーテ、シラー、［…］ショーペンハウアー、ニーチェ」(61)が含まれていた。

始めのうち、つまり獄中生活が始まったばかりの頃のヒトラーは、ドイツの偉大な思想家たちとは相反的な関係にあった。自分の学業不振という記憶からくる劣等感が次第に煮詰まっていたことは疑いもないが、彼はむしろ「大学出タイプの人間たち」につねに腹を立て、ドイツの為政者を「教育を受けすぎた男たち」(62)と罵るのがいつものことだった。それでもなお、彼は服役中には「私にはたったひとつの愉しみ、つまり書物しかなかった」(63)、あるいは「私は大いに読書し学んだ」(64)と主張するのだ。

多くのタイトルのなかから、ひとり特にヒトラーを魅了した哲学者の名が記されている。十八世紀の啓蒙思想家、イマヌエル・カントである、「カントが我々のために果たした最大の貢献とは、中世の残存物にすぎない教義をきっぱりと否定したこと、教会の独断的な哲学を論破したことなのだ」(65)。この主張は他の点からも支持される。「おそらく私たちは人類のたいへん貴重な精神的財宝を知らないのだ。[…]ユダヤ人が私たちの住む世界から直ちに消去してしまいたい存在[…]それはカント」(66)。

理性の重要さというのは、ヒトラーが主張する何か、カントがヒントとなるような何かなのだ。後年の選挙運動の演説で彼はこうまくしたてる。

理性が決定的要因ではない、そうではなくあの別のはっきりとは評価できないものこそ思量すべきだ、と言う人が多くいる。私には結局のところ、理性に基づかずに価値があるものが存在するとは思えない。政治の世界では、理性に拠らない考えも誤りと言うべきではないとされるが、私は断じてそうは思わない。(67)

この叫びは表面的で素人むきのものだが、ヒトラーは該博な専門知識を見せつけ、大言壮語するに十分な資格があると思い込んでいる。彼がランツベルクの独房でどれほどまじめに読んだのか、読まなかったのか、これは確たることは誰にも分からない。仲間たちに映ったヒトラーは「生涯にわたってボヘミアンだった。遅くに起床し、いつも怠けたりうつらうつらして過ごした。集中して本を読むことが嫌いで、本一冊を読み通すことは稀だった。たいていは出だしの部分を読むだけだった」(68)。

カントと並んで、ヒトラーが好んで引用したお気に入りの偉人は、哲学者にして劇作家のシラーだった。一八七一年のドイツ統一以前から、シラーはゲーテより人気があった。作品がドイツ統一を鼓舞してくれるものだったからである。実際、シラーはヒトラーばかりでなくナチ全体から賞賛される運命にあった。シラーは大いに愛国的詩人であり、ドイツのナショナリストだったのである。ヒトラーの飛ばしたジョークには思い入れのこもることがあった。「我らがシラーは、スイスの射手を称える以外には何も思いつかなかったのだ」(69)。ヒトラーはスイスのナショナリズムを激賞する名作『ヴィルヘルム・テル』を考えているのだ。ヒトラーはシラー哲学への愛着を隠すことがなかった。「彼はオリュンポスの神々や観照的態度のゲーテより、演劇による革命を目指したシラーを好んだ」(70)と、親しい友人のひとりが書き留めている。ヒトラーはシラーへの愛着をこう説明する。「ゲーテの住居は何か血の通っていない印象を与える。死去する部屋で、彼は光を望んだ。いつでも、もっと光が必要なのだ」。「他方、シラーの家は今なおこの詩人の生活困窮ぶりを示していて、人を感動させる」(71)。事実、何年か後には、シラーはナチの将軍ご贔屓の天才詩人となっていく。将軍たちはシラー作品にちなんだ綽名を付けあうのだ。たとえばヒトラーの親友の一人はこう回想している。「ゲーリングでさえ私を〈野営地のクエステンベルク〉と呼んだ。これは一九二三年にゲーリングがひねり出した綽名だが、シラーの『ヴァレンシュタイン』の登場人物に関係する台詞なのだ」(72)。「強い男というものは、孤独なときこそ最強なのだ」。シラーの『ヴィルヘルム・テル』(第一幕第三場)からの引用で、よく耳にする台詞だが、『我が闘争』第八章第二節の表題となっている。これは後年の総統時代のモットーともなる。ヒトラーは第二次世界大戦中、ヴァイマールにあるゲーテ・シラー像を特殊なケースに収め保護したが、これは連合国軍の爆撃から護るためだった。だが、シラーとか他の高級文芸とならんで、それほどでもない文芸書も彼のナイトテーブルの引き出しに入れられていた(73)。

ヒトラーの刑務所での日課は、タイプライターを中心に経過していった。ヘスとの作業が中断されるのは、刑務所の庭での定時の体操か、他の囚人と一緒の食事時だけだった。食事はたしかにヒトラーが慣れっこになっていた兵営のオートミールや、ウィーンのボヘミアン時代の肉なしワンプレート食よりはましなものだった。晩には他の囚人と雑談に興じたが、傍らにはつねにヘスの姿があった。ヘスはヒトラーの言葉や身振りをすべて吸収していった。看守はヒトラーにタイプライターを貸し出した。この寛容に加えて、外部からは支援者たちがつねに一定量の紙とインクを届けていた。ヒトラーに共感する看守は消灯後の読書を許可し、求められれば夜更けまでヘスと議論することも許したのである。

ヒトラーは独房暮らしの間、他にもヘーゲルやフィヒテのような思想家たちから基礎的な書き抜きを作っている。ある注釈者はこう書き留めている。

　ヒトラーの考えは『我が闘争』に明確に述べられているが、これはより正統な保守的ドイツの政治思想家、哲学者に多くを負うている。たとえばヘーゲル（一七七〇～一八三一）は強力な国家の重要性を、〔…〕歴史における（運命の）存在を強調するが、これが、強国が小国にしかける戦争を正当化したのだった。(74)

ヘーゲルの歴史観、古代起源からみた国家形成に関する思想は、歪められた形でヒトラーお気に入りのテーマとなり、演説でも度々登場する。

なぜなら古代世界の国家はその都市によって滅ぼされたわけではない。〔…〕ローマ帝国はローマが都市だったという理由で倒れたのではない、なぜなら都市ローマなくしてローマ帝国など存在しなかったのだ。偉大な国家を形成するためのもっとも自然な方法――偉大な国家を台頭させる方法――とは、政治生活が、のちには文化生活が結晶した場所から始めることだった。それゆえ主都の名が国家の名前となることが多かったのだ。(75)

ヘーゲルがヒトラーに及ぼした影響は他の研究者も注目している。「ヒトラーの著作や演説の隅々にまでヘーゲルの国家観が大きな力を及ぼしたと考えることは可能だ」(76)。他の研究者が指摘するのは、ヒトラーの受けた教育が中途半端なものであったため、ヒトラー自身が影響のモザイク状態にあったことであり、ヨーハン・ゴットリープ・フィヒテ(一七六二〜一八一四)(77)のメシア主義的な複合観念も含まれていることである。ディートリヒ・エッカートは、フィヒテ、ショーペンハウアー、ニーチェを「国民社会主義の哲学三本柱」(78)と呼び、映画監督のレニ・リーフェンシュタールは、一八四八年刊のフィヒテ全集初版本をヒトラーに贈っている。この全集は淡黄色のベラム革装、金箔が貼り込まれた瀟洒な作りの八巻本だった(79)。

数年前の第一次世界大戦では、ヒトラーはフランスとベルギーで軍務についていた。その西部戦線の泥水まみれの塹壕の中、「私は大戦の間中ずっとショーペンハウアーの著作を携えていたのだ」と自慢げに語る。「彼から非常に多くを学んだ」(80)と。いたるところに悲惨さ、ひっくり返った荷車、木材の破片が見えるばかりのぬかるんだ道の真ん中で。若い戦死者が泥と石の土手に投げだされ、まるで風景の一部になっているかのような場所で。兵士が泥にまみれ傷だらけになっている場所で。察するにヒトラーは、こんな場所でも自分好みに装丁した叡智の書を持ち歩いていたのだ。弾薬は乏しく、糧食も貧しい、ガスマスクは四人に一個しか配給されない、砲弾はまわり中で炸裂する。そんなところでヒトラーは学んだ、と主張するのだ。彼はどうやら百年前の学者の言葉に打ち込んでいた。素手で塹壕を掘るような場所、以前なら木の枝が見えたところに有刺鉄線が張られている場所で、さらに刑務所のなかで自分は哲学を発見したと、ヒトラーは言うのだ。

だいぶ時間が経った第三帝国時代、総統ヒトラーは将軍たちに自慢げに語りかける。一九四四年五月十六日、ベルリンの豪華なレストラン。ワイングラスのふれあう音が聞こえ、銀の食器が燦めいている。「まさしくカントの知識論の上に、ショーペンハウアーはその哲学体系を築き上げた。ヘーゲルの功利主義《プラグマティズム》に無効宣告をしたのがショーペンハウアーだったのだ」(81)。『我が闘争』に向けた構想段階でのショーペンハウアー礼賛は、おそらくもっとも注目すべきものだろう。「というのもショーペンハウアー（一七八八〜一八六〇）は理性を越えた意志を賞賛していた」(82)。ドイツ語の純粋さという問題について、ヒトラーは「愛する」ショーペンハウアーを引き合いに出す。「天才ある書き手だけが言語を変容させる権限をもつ。過去の世代では実際のところ、これを敢行し得たのはショーペンハウアーをおいて他にない」(83)。しかし、ヒトラーは結局、哲学者たちの観照的態度にいらだちを覚え、「父のごとき友人」ディートリヒ・エッカートに不満を感じる。「ショーペンハウアーはエッカートには良いものではなかった。この哲学者はエッカートを懐疑するトマス［十二使徒の一人トマスはイエスの復活を疑った］にしてしまい、このトマスはひたすら涅槃を待つだけとなった。もし彼［ショーペンハウアー］の超越的講話をすべて聴いたとしても、私は迷うことなどないだろう。素晴らしい究極の知恵とは、すなわち、自分を欲望との意志の最小の状態にすることだ。ひとたび意志がなくな

SA 隊服で読書するヒトラー、ミュンヘン、1931 年

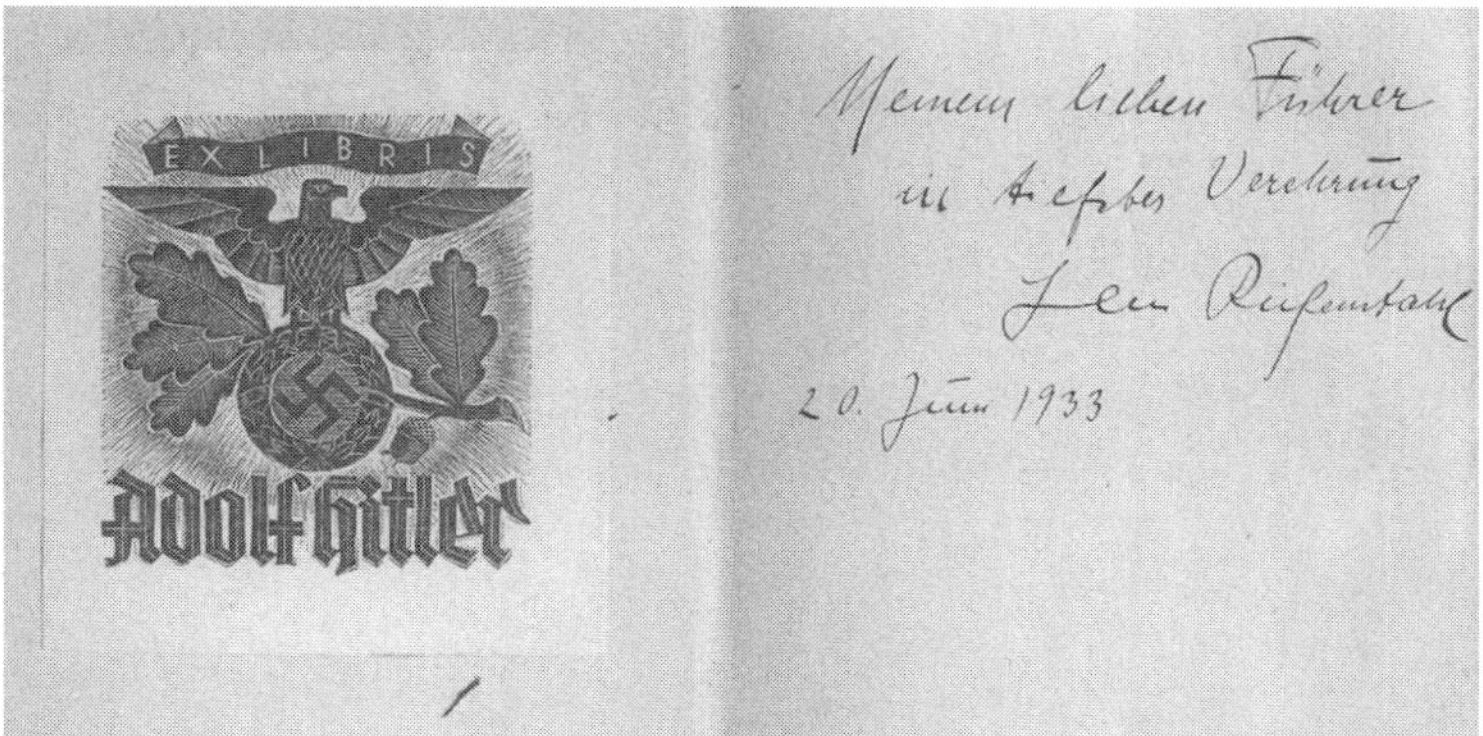

フィヒテ全集初版（1848）での、ヒトラー宛てリーフェンシュタールの献辞

ればすべてがなくなる。この世の生とは戦いなのだ」(84)。ショーペンハウアーは退場し、別のドイツ人哲学者の登場となる。こんどはどんな哲学者であろうか。

ヒトラーの仕事仲間のハンフシュテングルは彼がこう言ったのを聞いている。「現在ではドイツの未来への理想を照らし出してくれるのは悲劇的世界観だ」。ハンフシュテングルは「それは何か」と訊ねる。「ヒトラーのかつての哲学上の神だったショーペンハウアーではない。そうなのだ。それは新しい神、ニーチェなのだ」(85)。ヒトラーの忠節は何処か別のところに移ってしまっている。彼が表現するところによれば、「ショーペンハウアーのペシミズムはニーチェに大きく劣る。私がみるに、かのペシミズムはある面ではショーペンハウアー自身の哲学思想に、また別の面では彼自身の生活経験や主観的感情に由来するものだからなのだ」(86)。

ヒトラーの演説には、ニーチェ作品からもぎ取って来たような考えが散見されるようになっていく。第一に、いかにもニーチェ信者らしい古代への愛着、ことにギリシア崇拝である。ヒトラーはこう真似る。「ギリシアの生活様式、その風景や住民の姿を再現するのではなく、ギリシア精神の本質を告げ知らせるもの、それがギリシアの芸術なのだ」(87)。ニーチェのギリシア愛、西欧世界の古代起源に関するヘーゲルの描写、この組み合わせがヒトラーお気に入りの図式となる。このほかにヒトラーはダーウィニズムも援用して、ゲルマン人の生物学的祖先はこの古代人だと主張する。「我々の前はひとつの文化上の理想がある。この理想は今日なお、その芸術によって、また我々の起源によって（我々とこの理想とを結ぶのは我々の血なのだ）、人類発展史のもっとも美しい時期の一こまを分かりやすく見せてくれる。それはこの文化のもっとも光輝ある担い手たちを描いて見せてくれるのだ」(88)。

強靭さと美、この古代ギリシアの理想を賞賛するとき、ヒトラーはニーチェを真似た。彼の「生の肯定」といった常套句を真似ることとさえあった。「この二十世紀のドイツ人とは、生を肯定することに再び目覚めた人間、強靭さと美、それゆえ健康と強靭さを讃えることに魅せられた人間なのだ。美と強靭さ――それはこの新世代が奏でるファンファーレなのだ」(89)。

ナチスがみせた「公共の健康」への執着は、社会主義の理想ではなく、ニーチェのギリシア崇拝からヒトラーが無理矢理に引きだしたものだった。彼は全面的にニーチェの理想を崇拝する道をゆき、ナチスは現代における古代文化の復興《ルネサンス》なのだと説く。「第三帝国の巨大な仕事は、この文化復興の表現であり、いつの日か西欧世界のかけがえのない文化遺産となるだろう。それは今日の我々が西欧が過去に作り上げた偉大な文化を受け継いだのと同じことなのだ」(90)。

初期のナチ党員の一人、ヘルマン・ラウシュニングは、典型的なドイツ・ロマン派式の気分にヒトラーが浸っているのを何度も見ている。

彼は一人で歩くのが好きだった。彼は森に魅了されていた。そんな風に歩くことは、彼には神聖な務めであり祈りだった。雲が過ぎ行くのを眺め、針葉樹の枝から水が滴る音を聴く。彼は声を聴いているのだ。こんな気分に浸っているヒトラーに出会ったことがあるが、彼は誰かがいるとは思っていない。彼は孤独を欲している。人間社会から逃れる時間が彼にもあるのだ。(91)

この、山中を一人さすらう偉人、というイメージは、カスパル・ダフィット・フリードリヒの絵画から得られたものと言えるかもしれない。実際のところは直接的にはニーチェからの借り物であり、人生の大半は孤独を熱望する暮らしをし、山中を一人散策するのをヒトラーは人一倍好んでいた。しかし彼のヒーロー、ニーチェが鋭い感性を持っていたのに比べ、本人のほうは周囲の自然には無関心だった。分かっているのは自分の卓越性だけであり、自分が優位に立てない厭わしい連中から、つまり社会から逃れる必要性だけだった。

ヒトラーのニーチェ賛美《オマージュ》がランツベルク刑務所に始まることは、多くの研究者が指摘している。「ヒトラーは、ランツベルク要塞刑務所にいる間にニーチェの著作に親しんだと主張している」(92)。実際に、刑務所を出るとすぐに、「ヴァイマールのニーチェ博物館を何度も訪れるほどの感銘を受けており、その崇敬の念を表すポーズを取った写真を撮らせている。偉人の胸像をまじまじと見入るポーズである」(93)。

八十代の半ばを過ぎても活力に溢れた女性、婦人用の老眼鏡と帽子《ボンネット》を身につけた女性がヴァイマールのニーチェ文書館《アルヒーフ》でヒトラーを出迎えている。この老婦人こそニーチェの妹、兄より何年も長生きしたエリーザベトである（ニーチェは一九〇〇年に没している）。最初の訪問は一九三四年八月だったが、当日はニーチェが生きていれば九十回目の誕生日となる日であり、ヒトラーにすればランツベルクを出所した十年後となる。友人の一人がこれを覚えていて、後年次のように語っている。

ほんの数ヶ月前のことだが、彼が選挙活動の合間にそこを訪ねて行ったのを覚えている。ヴァイマールからベルリンに移動する間に、彼はニーチェが死去した館、今では八十六歳の妹が住んでいるヴィラ・ジルバーブリックを訪問している。外に残された私たちは一時間半近く待たされた。ヒトラーは乗馬用の鞭を持って入って行ったのだが、驚いたことに細長いものを手に飛び跳ねる

ニーチェ像を見つめるヒトラー、1931 年 4 月 21 日

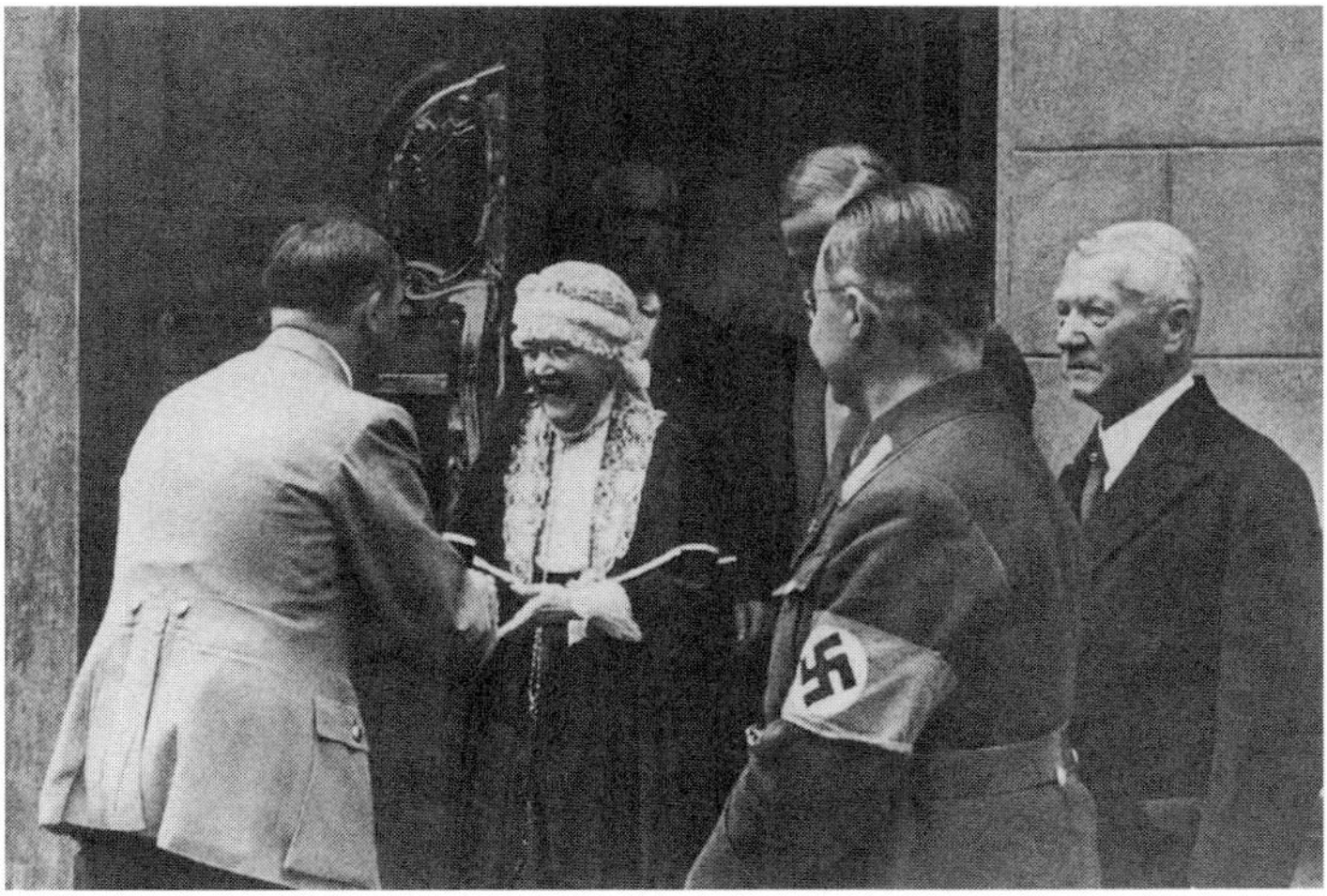

ニーチェ文書館前のヒトラーとエリーザベト・ニーチェ、1935 年

ようにして出てきたのだ。彼は作られてから百年は経っているようなステッキを指先に掛けている。「なんと立派な御婦人だ。老人とはいえ、なんという活力と知性だろう。あれこそ本当の人柄というものだ。兄さんの最後の散歩用ステッキを土産に持たせて下さったよ。」(94)

かくしてニーチェのきわめて私的な所有物のひとつが、ヒトラーの所有するところとなったわけなのだ。

この日からニーチェの言葉、権力への意志《ヴィレ・ツア・マハト》、主人民族《ヘレンフォルク》、奴隷道徳《スクラーベンモラル》などが、いたるところでキャッチフレーズとなっていく。それは英雄的な人生のための闘い、自分では何も出来ない形ばかりの教育に抗する闘い、憐憫というキリスト教道徳を批判する闘い、を指していた(95)。「地上の主」というニーチェが生み出した術語は、しかしすでに『我が闘争』のいたるところで使われていた。ニーチェは、「近代社会は〈神の死〉という結末をもたらすと説いた。[…]全体としてみるとヒトラーがニーチェの著作から理解していた（そう思っていた）ものというのは、民主主義政体への呵責なき批判、暴力と闘争の讃美、〈主人となる人種〉を導く万能の〈超人〉がやって来て、世界を統べるという予言だけだった」(96)。

時を経て総統《フューラー》となったヒトラーは、ランツベルク刑務所で得た考えから演説を展開する。一九四一年十二月十一日、日本の真珠湾攻撃の数日後、彼は国会でアメリカ合衆国に宣戦布告する。そこで「血の犠牲」という神話的観念が引用されるが、これは彼のニーチェ読書にそのまま由来する。彼はこう叫ぶ。「私の副官諸君、諸君は血の犠牲の偉大さを測るに最上の地位にいるのだ」。同じ演説で彼は、ヘーゲルの歴史哲学の考え、「生成」を用いて、ヨーロッパ侵攻を正当化する。「生成の全歴史において」ヒトラーは、「ドイツ帝国は［…］アメリカによって自らに強いられた戦争を戦うものである」と布告することになる(97)。ことほどさように、一年間の刑務所での沈思黙考によって、ヒトラーは西欧世界への戦争行為を正当化できる考えを見つけ、後年展開していったのだった。総統の「野蛮なニーチェ曲解」については、取り巻きの一人が後年述べている。「ロベスピエールはジャン・ジャック・ルソーの考えを曲解してギロチン処刑を肯定したが、ヒトラーとゲシュタポによって同じことが繰り返された。ニーチェ思想の中では相反している理論を彼らなりに単純化し政治的に利用したのである」(98)。

エルンスト・ハンフシュテングルが述べるように、ヒトラーは「天才的思想を生み出すのではなく、むしろ天才的なバーテンダーだったのだ。彼は目の前にあったドイツの（伝統的な）成分を取り上げ、自家製の錬金術によって調合し、ドイツ人の口に合うカクテルに作り変えたのだ」(99)。

むろんヒトラーの哲学愛好には、その他万般と同じく、多くのこけ脅しやはったりが含まれていた。ヘルマン・ラウシュニングはこう書き留めている。

ヒトラーには、気が嵩じやすく甘やかされたところ、貪欲で意地汚いところがあった。彼はむら気をおこさず働くことが出来ない。実際に彼には仕事が出来ない。アイデアが浮かんだり衝撃を受けたりはする。熱に浮かさされたようにそれを実地に移すことを命じるが、あっという間に取りやめにされた。ヒトラーには持続的に辛抱強く仕事をすることが何なのか分からなかった。彼のお気に入りの言葉を使うなら、やることなすこと「発作」だったのだ。ヒトラーに関することで自然なものは何ひとつない。彼の言う子供好き、動物好きはポーズにすぎなかった。(100)

人生を形作る要素がどれも空想の産物だったように、ヒトラーの哲学賞賛もその他もろもろの周辺事情と同じで、何ら現実的でも正当でもなかったのだ。

だが、現在のヒトラーはランツベルクの独房のなかを行ったり来たりしている。その彼が意識するのはまっすぐに歩くこと、自信に満ちた歩き方と自分では思っている足取りだった。それは、彼が生まれついての指導者だということを示すはずだった。さらにユダヤ人嫌悪と優越人種への熱望、その下絵を彼は描いていたのだ。自らの出自、アーリア民族とその優越性について熱弁を振るいながら、ヒトラーはドイツの卓越性を誇示するために哲学に立ち戻る。ドイツ精神を、のちにかれはこう自慢する。「リンツ図書館の大閲覧室には、カント、ショーペンハウアー、さらにはニーチェの胸像が置かれている。我らの偉大な思想家たちだ。彼らと肩を並べる人材など、英国人、フランス人、アメリカ人には思いもよらない」(101)。

しかしヒトラーの哲学読解は、古代ギリシアへの憧憬、ナショナリズムへの刺激、戦争肯定さえも越えて行く。ニーチェの複雑な道徳分析、ことに憐憫という思想、強者と弱者に関する分析は、ヒトラーの要約によって品のないものにされてしまう。ヒトラーはこう宣言する。

諸君に憐憫の情を捨てる覚悟がないのなら、目的に到達することはない。我々の敵にはその心構えがない。それは彼らが人間的、あるいはその類いのものだからではない。彼らはあまりに弱者なのだ。統治の権利は人間性にではなく——市民的な、狭い視野から見れば——犯罪の上に築かれる。テロリズムはつねに、絶対的に、必要なのだ。(102)

ランツベルクに収容される一年ほど前、ヒトラーは彼の最大のヒーロー、十九世紀ドイツの作曲家、バイロイトの偉大な音楽祭を創始した作曲家ヴァーグナーの家族に会っている。革の半ズボン、厚手の毛のソックス、赤青のチェックのシャツというバイエルンの伝統衣装に身を包み(103)、彼はヴァーンフリートの館に到着する。この館の作曲室と書庫でヒトラーはヴァーグナーのかつての所有物に驚きの声を上げる。「まるで大聖堂で聖遺物にふれるかのようだ」と畏れまじりに囁くように、ヒトラーは畏怖の念を語るのだった(104)。後年彼は、専用の桟敷席からヴァーグナーのオペラを観ることになる。彼は平土間にすわる。群衆の一人となるのを嫌っていた。謎めいた雰囲気を醸し出すために、つねにヒトラーは拍手が起こる前に姿を消していた(105)。

ランツベルク刑務所に戻るとしよう。彼はこう書く。「私は心を奪われてしまった。バイロイトの巨匠に対する私の感激は留まるところを知らなかった。彼の作品になんども心惹かれてきた。さらに私にはことさら幸運と思えたことがある。もっとも地味な地方都市での上演こそ、あとになって私の経験を強めるための余地を残しておいてくれたことだ」(106)。実際ヒトラーの賛嘆の声は留まるところを知らない。「オペラ芸術に今日の姿があるのはヴァーグナーのおかげなのだ」(107)、「誰がなんと言おうとヴァーグナーの代表作はトリスタンだ」(108)、「ヴァーグナーはルネサンスの人間」(109)、「ヴァーグナーは典型的なプリンス」(110)等などである。公の演説ではヴァーグナーの天才性」(111)に言い及び、歴史上の偉人の中から一人選ぶならヴァーグナーだというほどだった(112)。

音楽を越えたところでは、実際にこの作曲家へのヒトラーの賛美は、一種の模倣となる。ヴァーグナーが第三帝国という舞台にヒントを与えたのだ。「金色の装飾が施され、大理石を床材にした豪奢なヨーロッパのオペラ座で、ヒトラーは楽劇『トリスタンとイゾルデ』を三、四十回観ており、〈劇場と美々しさ〉という設えを第三帝国の軍事パレードに応用したのだった」(113)。

［ヴァーグナーのオペラの］構成法とヒトラーの演説のそれとの間には、はっきりとした並行関係のあることがわかる。ライトモチーフや装飾音の対比、音楽的な対照、表現の組み立て、これらすべてがそのまま演説のパターンに反映されている。構成という点では交響曲に似て、壮大な頂点を迎えて演説が終わる。ヴァーグナーでいえばトロンボーンがファンファーレを奏でるのと同じなのだ。(114)

『我が闘争』において、ヒトラーはヴァーグナーのことを国民社会主義の知的先駆者の一人に数えている。それは音楽だけでなく、その反ユダヤ主義に響き合うものと感じたからだった。ヒトラーは自分をヴァーグナーに心底、重ね合わせるようになっていき、ナチズムを理解するにはまずもってヴァーグナーを知らねばならない、と公言するまでになっていく(115)。

自分の偶像を崇拝しながら、刑務所の独房から彼は歌うように書き始める。自らのヒーロー作曲家への関心が見て取れる手紙である。一九二四年十月十日、ミュンヘンの友人、作曲家に宛ててヒトラーはこう記す。

長い間、お返事を差し上げることが出来ませんでしたが、なにとぞご寛恕のほどを。しかし私が書きたい事柄、それを書くのは許されませんし、書くのを許される事柄、そんなものなど私には書くつもりがないのです。ですから、まず貴方からいただいた本当に心のこもった言葉に、御礼申し上げます。むしろ奥様に御礼申し上げるべきでしょうか。X氏から聞き及んだところでは、奥様には私への援助活動に多大な時間を犠牲にしていただいたとのことでした。こうして貴方と奥様に新年のお祝いを申し上げることが、私にはどれほど嬉しいことか、貴方はご存知でしょう。私の恐れるのは、新たな年がドイツの歴史の中でも相当困難な一年となってしまうことです。

私は論判を書くことで怒りを脱しつつあります。弁論の少なくとも第一章は裁判も私の死後も生き延びることを願っています。その他には、トリスタンなどを夢見て暮らしております。

敬具

アドルフ・ヒトラー(116)

貴方と奥様に　心より

パウル・デ・ラガルデ、ヒューストン・スチュワート・チェンバレンなどの三流の思想家から人種論のアイデアを取り入れる一方で、ヒトラーは過去のドイツ哲学でもっとも権威ある人々を都合よく不正利用している。啓蒙思想からはカントとフィヒテ、十九世紀ではシラー、ショーペンハウアー、ニーチェ、そしてヴァーグナーである。これらの文化上、強力な得物を手にヒトラーは残りの刑期を生き延びていく。

この間に「ランツベルク刑務所から『我が闘争』の原稿の半分が密かに持ち出され、ヒトラーの仲間たちによって印刷の準備が進められた」(117)。『我が闘争』はドイツ哲学伝統のうわべだけの要約付きのかたちで、バイエルン州に行き渡った。ヒトラーが首相となる一九三三年までにおよそ四万部売れたのである。あっという間の権力掌握の後には、この本は法外なまでの人気を博し、事実上、ナチのバイブルとなった。戦争終結まで一千万部が売られ配布された（新婚カップルには前線の兵士と同じく、無料で献本されている）(118)。

一九二四年の秋、バイエルンの森は彩り豊かに紅葉していた。「哲学を勝利へと導くには、これを闘争運動に変換しなければならない」(119)と、ヒトラーはまもなく記す。さらに「哲学の綱領とは戦争宣言を作り出すことなのだ」(120)。これは結局、バイエルンの長閑な風景のうえに展開されていく。「新たな地質時代が到来すれば、地球の構造はすべて変わる。巨大な雪崩、新山脈の造成、峡谷、平原、大洋が生まれることによって。同じようにヨーロッパ全土の社会秩序もまた激しい爆発と崩壊に見舞われて、根こそぎにされることとだろう」(121)。

一九二四年九月、ランツベルク刑務所長はバイエルン法務局に報告書を提出する。これ以上は考えられないほどの好意的な書きぶりである。ヒトラーは「つねに協力的、振る舞いは控えめ、誰にでも、ことに刑務官には礼儀正しく接している」、さらにこの報告書は、「彼は服役中に以前よりはるかに大人しい人物、成熟し思慮深い人間となったことには疑いの余地はありません。現下の社会に対して、反対的な行動を取ることなど考えてはおりません」と述べている。ヒトラーの反応はこうだった。「所長も他の職員も、私がランツベルクを出所する時には泣いていた。私は違った。我々は自らの言い分のすべてにおいて彼らに打ち勝ったのだ」(122)。

かくして、ヒトラーは『我が闘争』の原稿の束とともに解き放たれる。むろん彼は大喜びだった。行動の人として収監されたのだが、〈哲人指導者〉として出所したと自分では考えていたのだった。

ヒトラーは一九二四年十二月二十日に出所、ミュンヘンに戻り大歓迎を受ける。支持者たちは愛犬ヴォルフの世話をしていた。主人の不在中に餌を与え養っていたのだ。自宅の部屋には食べ物、飲み物、花束、月桂冠が積み上げられていく。彼は贈物を喜び、ワインを飲み、チョコレートに舌鼓を打つ。友人たちは体重が増えてしまうのではないかとさえ言い合った。数限りない挨拶状に記された讃辞に目を留め微笑しながら、愉快に通常の生活に戻っていく。彼は愛犬を連れ歩いた。しかし時代は移り変わり、ヴァイマール共和国の政治はもはや見込みのないものではなくなっていた。ヒトラーのような狂信的人物は、以前より平穏になった時代には合わなくなっていたが、それでもなお彼は自分の言い分を熱く語り続けるのだった。

支持者グループを誘い、ヒトラーは仕事にとりかかる。政治活動を一緒にやり始めるのだ。政党のリーダーシップを取り戻し、委員会や集会を組織し、演説原稿を起草し、会議を呼びかけていった。これらすべては彼を指導者として、また行動の人として――彼がもっとも望んだのはこれだった――ヒトラーをしっかりと操縦席に戻したのだった。

しかしヒトラーは刑務所暮らしを忘れて、こうした政治活動にのめりこんだわけではない。むしろ、自分が読んだ資料を役立てようと決めた。自分のキャリアを上げていく過程でその資料の価値を示していった。世相が比較的落ち着いてきた時期に、知的な政治家を気取り、大衆に名をひけらかす――哲学者の名前はそれほどステータスの高い得物だったのだ。哲学者の思想の影響力、口髭を撫でる時の重々しい仕草、このふたつを組み合わせることで、彼は哲学の巨匠たちのお墨付きを得ていた。〈哲人指導者〉というイメージを他者にも自分にも植え付けるために、ヒトラーはミュンヘンの居宅では鏡の前でポーズを取る。ランツベルク刑務所でやっていたのと同じだが、今や自分が引用する強力な名前にそれなりの重さを持たせるべく、ヒトラーは身振りや表情の予行演習をするのだった。私的な会話をしながら、手紙を書きながら、そして演説をしながら、彼はドイツ国民の父祖たちが残した言葉を使っては覚えこんでいった。
一九二五年二月二十七日、ランツベルクからの放免後、ヒトラーは最初の演説をする。ミュンヘンのビアホールは五千人を超える聴衆で湧きかえっていたが、そこはまさにかつて不首尾に終わった一揆の場所だった。

我々はあの日、ドイツの運命を変えるべく決起した。初めて起ちあがったあの日を記念する祝いの時に我々は迎えられたのだ。あの企ての帰結は死者十六名、重軽傷者百名以上だった。[…]最初の裁判記録を読んだ時、私の心に喜びが溢れてきた。送られてきたミュンヘン新聞にはこう書かれていたのだ。「突撃隊の面々の堂々たる面持ちは、支配層のそれと同じだった」と。私はドイツが失われていないことを知った。あの精神はなんであれ、喰らいつきながら我が道を拓いていくのだ。(123)

一揆を興奮気味に思い出しながらヒトラーは、大事な原稿のテーゼを繰り返し聴衆に訴え、動かしていく(124)。彼はカント、ヘーゲル、ニーチェさらにドイツ観念論から取り出した独自版の思想を要約しながら、演説を飾りたてる。大聴衆の前では、彼はニーチェを借用し自分を預言者に仕立てていく。「私の最後の演説はいつか大いなる実現に至る。それを目にする日が来るなら、諸君はこう言える立場にあるだろう。私が預言者であり、未来への進展に向け、たったひとつの可能な道を示していたのだった、と」(125)。ヘーゲルを真似ながら、ヒトラーは「歴史に内在する力」という福音を伝える。「考えても見給え、我々はゲルマン人を追って歴史を二千年以上遡ることができる。だがこの民族は歴史上、思想という点でも行動という点でも、これほど統一ある形を取ったことはなかったのだ」(126)。ドイツ観念論からヒトラーは、世界史に生命を与える唯一の理念という考えを盗み取ってくる。「ドイツにこの力強い団体が生まれること、それは運動、理念の勝利であり、奇跡なのだ」(127)。

一揆を記念した演説の終わりに、ヒトラーは自分が刑務所で書物を読み、それを自家薬籠中のものにしたのだと主張する。猛勉強振りを述べ立てるだけでは十分でなかったのだ。知識人というポーズから著作家という栄光へ、万能の指導者へ向けて、ヒトラーの野望はいまや他者が見習うべき理想となることだった。単に哲学する人に留まるのではなく、ヒトラーは世界を変え、生きた哲学となることを誓うのだ。

> これが我々が成し遂げた奇跡なのだ。我々は幸運に恵まれている。なんとなれば我々は書物から学ぶ必要がない。我々は運命によって、いながらにしてこの奇跡を生きるように選ばれたのだ。英雄の伝説を聞き、英雄の遠征を学ぶ世代がある。我々はこの伝説を生きてきた。我々はたった一つの力強い出来事で固く結ばれている。これが残るものなのだ。(128)

2
毒入りの杯

ヒトラーは〈哲人指導者〉に成りすましたが、むろんそれは彼の空想の中だけのことだ。まだ他人を納得させる仕事が残っている。彼が名前をちらつかせながら口にしてきた著作家たちの考えというのは、単に野心と誤魔化しからできた、半ば狂気の産物だったのかもしれない。だがヒトラーの空想を準備するような何かを、かつての国民的思想家たちが実際に語っていたのだろうか。とてもそうとは思えない。カント、ヘーゲルそしてニーチェには、百年あるいはそれよりも後のナチズムという「強力な出来事」を用意するより、考えるべき、もっとましな事柄があったのだ。ヒトラーの主張がただの煽情に他ならなかったのかどうか、これを確かめよう。それには私たちは時計を二百年ほど戻さねばならない。

十八世紀、ドイツ国民国家建設以前の中欧には、大変異質な世界が存在していた(1)。プロイセンが重要な位置を占め、その首都ケーニヒスベルクはドイツの哲学者たちにはとほうもなく大きな意味合いを持っていた(2)。ケーニヒスベルク［現カリーニングラード］の冬の一日は、輝くばかりに晴れた空に始まるが、相当に寒い。かなりの高さから鳥瞰すれば、対照鮮やかな色彩の織物が見えたことだろう。粗い赤石造りの聖ニコラウス教会、冬の陽を浴びた市門の小塔が見え、入り組んだ街路の影は線を引いたように、王宮は光り輝いて見える。プレーゲル河と名高い七つの橋を一望できる城がある。この都市はつねに西欧とロシアとが出会う場所だった。ドイツ風の教会尖塔と西欧風の大聖堂に飾られた州都であり、南部ロシアとバルト海の中間に蹲るように位置していた。

何世紀も前から、ケーニヒスベルクは東部から西欧へのがれてくる多くのユダヤ人、知識人その他にとっては出入口と同じだった。だがこの都市は地理的には孤立していた。かつてひとりの哲学者がこう書いている。「ご存知のように私が住んでいるこの地では、外国の本、著作物は何年も経ってから、それこそ彗星のようにやってくるのです」(3)。別の人物はこう嘆く。私たちは「学識者用の流刑地、シベリアのように扱われている」。またフリードリヒ大王は一七三三年にケーニヒスベルクを訪れたとき、こう皮肉った。この都市は「学術の舞台にするよりも、熊を飼ったほうがいい」(4)。

しかし、こうした事情は一変する。近代哲学のうちもっとも偉大な著作がこの地で書かれることになるからだ。その書を着想し書いたのはイマヌエル・カントだった。

髪は金髪、生気に溢れた顔色、老境にいたっても頬は健康な赤みを帯びている。だが彼の目を表現するのに、私はどんな言葉を使ったらいいだろう。カントの目はまるで天空のエーテルでできているかのようだった。その目から、炎のような輝きは雲の光でさえぎられているとはいえ、この精神が深いものであることをはっきりと示していた。彼の外貌が私の感性に魔法のように作用した様を表現することは不可能だ。私は彼の前に腰を下ろしたのだが、にわかに彼は伏せていた目を私に向けるのだった。自分があの青いエーテルを通して知恵の神《ミネルヴァ》の至聖所を見ているかのよ

うに、私はいつも感じていたのだ。(5)

カントが生まれたのは穏やかに晴れた四月、一七二四年のことだった。カントが育った家庭環境はさほど余裕のあるものではなく、彼は子供九人のなかの五番目だった。敬虔主義のキリスト教徒として育てられ、厳格な宗教上の帰依、人間としてのへりくだり、および聖書を字句どおりに読むことが強調されていた。母親はカントがまだ十三歳のときに亡くなり、もっぱら厳格な父親のもとで長じることになったが、この父も十年と経たずに没する。身体的にカントは、小柄な、発育不全とさえ見える体つきの、目立たない青年であり、その性格も鬱々としたものだった。しかし彼には瞠目すべき自己鍛錬の気質があり、ほどなく品の良さ、機知および聞き上手話し上手といった美点を伸ばしていった(6)。彼は地元の大学に通い、六年後にはケーニヒスベルク大学を卒業する。

有名なことだが、カントは習慣の人だった。毎日、同じ時間、同じ樹の下に座って思索に耽る姿がつねに見られた。大学教員のポストを手にいれることができず、彼は裕福な家庭で個人教授をしながら、大学で働く許可の下りる三十一歳の誕生日まで待ったが、それでも給与のない地位を得たにすぎなかった。彼は擦り切れるまで同じコートを着るほかなく、友人たちが新しいのを彼のために買おうと申し出ても、彼はそれを断るのだった(7)。カントには都市生活よりも辺境の簡素な世界のほうがはるかに好ましく、それゆえ生まれ故郷の東プロイセンの町に住み続けたわけで、活気ある都会での高給のポストを辞退さえしたのだった。ついに、教授職に就く日がやってくるが、あっという間に彼は学生の一人が書きとめているような尊敬を得ることになる。聴講の座席を確保するには、講義の始まる一時間前、午前六時には大講義室に到着していなければならなかった、と(8)。

弁舌の人としてのカントの評判は、著作物による名声に先行していた。その講義に接した学生の一人、ラインホルト・ベルンハルト・ヤハマンはこう書いている。「カントは単に哲学者であることをやめただけでなく、同時に溌剌たる弁論家にもなった。一緒に聞き手の心と感情を拉しさり、同時に知性をも満足させたのだった」(9)。長いこと、カントは教授するばかりで、書き物はほとんどしなかったのだが、その内実豊かな思考はのちに代表作となるものへと組みこまれていった。すなわち『純粋理性批判』と『実践理性批判』である。

この時代のケーニヒスベルクは、相対的に平穏だったとはいえ、歴史上の事件に影響を受けなかったわけではない。のちにヒトラーが賞賛することになるフリードリヒ大王は、ロシアと戦争をする。七年戦争(一七五六〜六三)でプロイセン軍がグロース・イェーガースドルフの戦いで敗北を喫したのち、ケーニヒスベルクはロシアに占領される。この都市自体が戦闘の舞台となることはなく、かえって贅沢や消費は増え、利益さえもたらされた。「暮らし向きの良い家庭では、フランス料理がより伝統的な料理に取って代わった。ロシアの伊達男たちは社交界を変え、慇懃な物腰が風潮となった。パンチ酒が流行し、晩餐会や仮面舞踏会がありふれたものとなった」(10)。

ケーニヒスベルクはいよいよ近代的、世界市民的都市になっていく。この新たな時代は知的風土にも反映され、都市住民の多くが啓蒙主義という流行の思想に影響されたのだった。過去の伝統は挑戦を受ける側となり、偏見は克服され、影の部分は理性の新たな光におきかえられると考えられた。

科学のもたらした諸発見が近代のこの時代の先駆けとなった。科学が主張するのは、真の知識には具体的な明白証拠が必要であり、これが世界の確実性すべての基礎となり、単なる信仰や迷信に取って代わるということだった。神は観察されえず、その存在は証明されえない。そうなると信仰の土台は存在しなくなったのだ。こうした考えは教会には恐るべきものとなる。キリスト教信仰を蝕みかねないからである。科学はまた哲学にも挑みかかる。哲学は観察よりもむしろ思考に基づくからである。カントが『純粋理性批判』（一七八一）で正面から立ち向かったのはこうした傾向だったのであり、彼が展開した体系は、どうしたら科学、キリスト教信仰、哲学の三者すべてが調和しながら共存できるかを示していた。この著作が彼を世界的な舞台へと押し出したのだった。

カントの主たる関心は理性の重要さを確定することにあった。理性に適ったものだけが私たちの忠誠に値し、宗教も理性に適ったものでないなら、それはまったく宗教の名には値せず、迷信が原始状態でひとまとめになっているに過ぎないことになる。近代世界では宗教だけでなく、倫理もまた理性に適ったものでなければならず、これが重要なのだった。宗教の命ずるところに従う、慣習あるいは自分たちの心根に従う、それだけでは私たちは善良な人間にはなれない。両親、家族、友人、先祖、教会あるいは別種の共同体が教えるように行動するだけでは十分ではない。私たちは自ら考えなくてはならない。こうした考えを説明したのが彼の著作『実践理性批判』（一七八八）だった。

別の有名な短い論説「啓蒙とは何か」（一七八四）では、カントは自分の構想する世界、倫理的に完成された状態から生まれる世界を描きだしていた。理性に統治される社会では、平和、人間性そして自由がそのまま最高の統治原理となるはずであった。カントは、近代の前進的なリベラリズムの先駆者であることが予告されていたわけなのだ(11)。確かにこれが聴衆に影響を与えた理由だった。学生のヤハマンはこう書いている。

実際、彼の荘厳なまでに純粋な倫理学説を聴くのは天にも昇るほどの歓びだった。その学説は力強い哲学的な弁論に拠って、創始者の口から発せられたのだから。どれほど彼は我々を涙へと誘ったことか、どれほど我々の心をその深みまで導いたことか、どれほど我々の精神と感情を自己中心的な個人主義の束縛から解き放ち、純粋な自由意志の自覚という高みへ引き上げたことか。理性の法に対する絶対的服従へ、他者に対する我々の「道徳上の」義務感という高みへ、どれほど我々を引き上げてくれたことか。(12)

だが、二十世紀のために遺贈されたものはこれですべてだろうか。啓蒙主義の高潔な思想家が何かを、世紀を隔てたヒトラーのような出来の悪い人間に訴えかけるかもしれない何かを、書き残すことなどあり得るのだろうか。

カントは近代の、つまり「過去や迷信、偏見からは程遠い」思想家だった。だが、偏見を放逐するための原動力が、カントに彼ならではの偏見を差し出してきていた。原始的で理性に適わないことはなんであれカントを苛立たせ、ある古代宗教が彼の格好のターゲットとなった。ユダヤ教である。カントはこの宗教を進歩の遅れたものとみなし、ユダヤ人を迷信的で原始的、理性に適わない存在と呼んだのだった。この誹謗中傷はさらに酷くなる。宗教は理性の上に築かれねばならないのだから、ユダヤ教を宗教としてまったく否定するところまでカントは進んでしまう。宗教論である「単なる理性の限界内での宗教」(一七九三)で彼はこう書く。「ユダヤの宗教というのは実際のところ宗教などではまったくなく、ただのひと塊の一種族の人間たちからなる共同体でしかない」(13)。

ユダヤ教は、とカントは続ける。宗教に分類できないばかりでなく、倫理的なものであることもできない。理性に適っていることが倫理性の基本なのであり、ユダヤ人は理性に適っていないのだから、彼らは倫理に反することになる。結局、「臆病者はみな嘘つきだ」というのは真実ではなかったのか。「例えばユダヤ人は商売ばかりでなく公共生活においてもそうではないか」(14)。カントはさらに、ユダヤ人の永続的な反倫理性を嘆く。

我々のあいだに混在しているパレスチナ人〔ユダヤ人〕は、追放以来身につけた高利貸し精神のせいで、彼らのほとんど大部分がそうなのだが、欺瞞的だという、根拠がなくもない批評を被ってきた。さて詐欺師からなる一民族というものを想像するのはどこか奇妙な感じがする。かといって商人だけからなる一民族があって、彼らのうちの大多数の者が、自分たちのいま住んでいる国家に容認してもらっている古くからの迷信〔ユダヤ教〕によって団結しながら、その国の市民としての栄誉を求めるのでなく、その点での不利を、保護を受けている国の国民を欺いたり、ときに自分たち同士をさえ欺くことによって得る利益によって償おうとする、というのも同様にまた奇妙な感じがする。〔…〕この民族を〔…〕道徳化するという無駄な計画を練るかわりに、私はむしろこの風変わりな、商人の民族という体制の起源について自分なりの推測を述べてみたい。(15)

カントの考えは深いところで悪影響を及ぼすことになる。なぜなら彼は啓蒙主義思潮の最大の思想家として歴史に名が刻まれただけでなく、彼が最大の道徳家として名をなしてもいたからなのである。この名望ある哲学者、権威の礎が、ヨーロッパ文化のなかでユダヤ人を潜在的犯罪者とみなすための基礎を正統なものとして提供したのだった(16)。

これでも足りないと言わんばかりに、カントは、ユダヤ人には独立した存在としての権利を与えられないと主張する。ユダヤ教は時代遅れだという。彼は実際、純粋な倫理性はユダヤ教の安楽死に行き着くと宣言するのだ(17)。「啓蒙されたユダヤ人」という僅かな少数派は別として、残りは道徳的にも、それゆえ政治的にもドイツ人と対等ではない――彼らは締め出されるべきなのだ、と。手短に言うなら、地元の人間には毎日定刻どおり同じ樹の下に座っている姿を目撃されているような、この見たところ無害で内気な男が、ユダヤ人は物質主義者で反倫理的、時代遅れで政治上は余計者と考えていたのである。最近の研究者の言うところによれば、カントの「ユダヤ人を集団として記述するやりかたは、ユダヤ人を国家を弱体化する存在と考えた限りにおいては、反ユダヤ主義的なもので[…]このようにカントは政治的反ユダヤ主義を先取りしていたのだ」(18)。

一七九六年、カントは最終講義を行い、一八〇四年に死去する。ケーニヒスベルク在住者の多くが、ドイツ全土から人々がやってきては彼の墓前で賛辞を呈した。その死後も世紀を越えて、彼の名声は失われることなく、擬古典主義様式の柱廊《ポルチェ》には彼の遺物が祀られた。ブロンズ製の碑銘には彼の倫理学からの引用文がある。「ここに二つの物がある。それは――我々がその物を思念すること長くかつしばしばなるにつれて、常にいや増す新たな感嘆と畏敬の念をもって我々の心を余すところなく充足する、すなわち私の上なる星をちりばめた空と私のうちなる道徳法則である」(19)。これほど高尚な心情を、カントはユダヤ人を含めるまでには拡大しなかった。これは不面目というほかない。

ヒトラーにはカントは贈物だった。つまり彼はユダヤ人排斥を望んでいたが、それは彼らが理性に適わず、反倫理的、公民としての生活には相応しくないからなのだ。自分の主張に木霊を返してくれるような理論を、啓蒙主義の価値ある哲学者が提供していた。ヒトラーにはこれほど嬉しいことは他になかったのではあるまいか。万一ヒトラーがカントのうちにユダヤ人憎悪の理論的根拠を見出したにせよ、それは一回限りの出来事、特殊な哲学者の常軌を逸した偏見に過ぎなかったのだろうか。残念ながら、どうもそうとは思えない。

カントが生きた時代のすぐあとには、一七六二年ザクセン生まれのヨーハン・ゴットリープ・フィヒテが輝かしい評価を勝ち取ることになる。各方面から真実を照らし出す灯台とされたフィヒテは観念論の哲学者だったが、軍隊の価値を確信してもいた。一八〇八年、歴史的な講演「ドイツ国民に告ぐ」において、フィヒテは外国勢力の圧制に対して立ち上がるようドイツ人に呼びかける。そしてナポレオンに対する決戦の前夜、武装し準備する学生の前に、彼は姿を見せる(20)。「行動せよ、行動せよ」、「それこそ我々がここにいる理由なのだ」と宣言したのだった(21)。またフィヒテはドイツ人優越思想を言祝ぐ。ドイツ人とは他に類例のない民族であり、その理由はドイツ人の言語はラテン語ではなくゲルマン語に根ざしている点にあって、ドイツ人の純粋さは保持されねばならない、と主張する(22)。これらの考えが単純なナショナリズムの表現でしかなかったにしても、フィヒテには明らかに悪意に満ちた側面があった。彼はこう主張していたのだ。「私にはユダヤ人に公民としての権利を与える方法がまったく見当たらない。ひょっとして誰かが連中の頭を全部叩き切って、新しいのと取替えるというのなら別だ。その中にはユダヤ的な考えがひとかけらもないような新しい頭だ」(23)。

いっぽう十八世紀末になると、すでにフィヒテは新鋭の哲学者に追い越されてしまう。一七七〇年から一八三一年まで生きたゲオルク・ヴィルヘルム・フリードリヒ・ヘーゲルが、大きな影響力をもつイェーナ大学の哲学教授に迎えられるのだ。『精神現象学』（一八〇七）、『法哲学』（一八二一）といった重要著作とともにヘーゲルが主張したのは、カントがたんに理論上述べたものを歴史は実現するということだった。つまり時間の流れを超えて、より理性に適い、より倫理的となるために西欧世界は発展していくのだ、という。理性とは単なる理想ではなく、人類史の究極目標となる。世界をリードする新たな思想家ともてはやされ、ヘーゲルはカントを乗り越えたようにみえたのである。

だが、かつての偏見は残っていた。ヘーゲルはこんな風に書いている。「理性の神殿はソロモンの神殿よりはるかに高く聳える。[…]理性に適うよう建設されており、ユダヤ人がソロモンを手本にして建設したのとはまったく違う方法なのだ」(24)。またしてもユダヤ人は理性に適わない性向をもつとされている。かくしてヘーゲルは新たな、壮大な歴史観――彼は歴史の中に新たな夜明けの到来を予言するのだが――から、ユダヤ人を除外してしまう(25)。彼らをヨーロッパから除け者にするわけだが、ヘーゲルはユダヤ人を劣悪な地位、文明の外側へと追いやる。「ユダヤ人は自分たちの存在理由《レゾン・デートル》が消滅したあとでも長いこと生き残っている。事実、彼らは真正の歴史というものをもたず、単に彼らの消えてしまった本質の抜け殻として存在してきた」(26)。彼らが水準以下とみなされたのなら、彼らの神も同様となる。ヘーゲルは書く。「他の神々に寛容になれないのが、ユダヤ人だけの民族的な神なのだ。この民族の厳しい神はそれほど嫉妬深い」(27)。なんの疑いもなく高尚な考え方から、ヘーゲルもまた危険な要素を含んでいる別の考えを述べる。強い国家を擁護しながら、闘争《コンフリクト》による歴史の進歩を論じた。それゆえ闘争とは肯定的な力でもありえたのだ。ある研究者はこう注釈を加えている。「ヘーゲルの戦争の倫理性という考えとか、戦争には炎による倫理的洗礼（『法哲学』）の作用があるなどというのは、特に破滅的な影響を及ぼしていった」(28)。

時は過ぎ、十九世紀も成熟期を迎える。蠟燭、油性ランプ、暖炉の火などの傍らで仕事をしている姿が描かれた時代、そのころの彼らはインクと羽ペンで滑らかでない紙に原稿をこつこつと書き綴っていた。年を経るごとに技術は進み、ついに羽ペンは金属ペンにとって代わられる。だが、不幸なことに技術は発展しても、倫理感情はそうではなかった。十九世紀前半、哲学者のアルトゥーア・ショーペンハウアー（一七八八～一八六〇年）はこう書いていた。

> 永遠のユダヤ人アハスフェルスは、ユダヤ民族全体の人格化にほかならない。［…］どこをも家とすることなく、しかもどこをも異郷とすることなく、［…］類例をみない頑固さでその国民性を主張し、他民族とその土地に寄生しているが、［…］この悲喜劇（的な奇態な制度全体）に（世にもなごやかな行き方で）引導を渡す最良の方法は、ユダヤ教徒とキリスト教徒間の結婚をゆるすこと、［…］こうして百年以上もたてば、［…］アハスフェルスも埋葬されることになって選ばれた民自身が、どこにそういうものがいたか、わからなくなるだろう。［…］彼らはいつまでたっても異質の、東洋民族である。(29)

ヘーゲル左派の思想家ルートヴィヒ・アンドレアス・フォイエルバハは、ショーペンハウアーに遅れること十六年、一八〇四年に生まれたが、ユダヤ人を理性に適わず、原始的な存在として記述していた。彼は型どおりにユダヤ人を利己主義的と見なし、さらに彼らの宗教祭儀を食人主義的と告発さえしている(30)。だがフォイエルバハの反ユダヤ主義的な考えは、カール・マルクスの悪名高い偏見に影を落とす(31)。「ユダヤ人問題によせて」でマルクスはこう論じるのだ。

> かつて社会はユダヤ教の経験的な本質——つまり物売りとその前提条件——を廃絶することを成し遂げた。ユダヤ人であるというのは不可能になってしまうだろう。なぜなら彼らの意識はもは

や対象をなくしてしまい、ユダヤ教の主観的な基礎、つまり実際的な必要性は人間化されてしまったからだ。また人間の個体としての感性的な存在と種としての存在との葛藤がすでに廃棄されているのだから。

ユダヤ人を社会的に解放するということは社会をユダヤ教から解放することなのだ。(32)

むろんマルクスはヒトラーには何の関係もないのだが（ヒトラーはマルクスを読んだと主張しているが）、政治的にはまったくの正反対ながら、マルクスに匹敵するもうひとりの人物がいた。

偉大な作曲家、哲学的な散文家リヒャルト・ヴァーグナーは一八一三年ライプツィヒに生まれたが、おそらく最悪の反ユダヤ主義者だった。自らのオペラのいくつかで、彼はユダヤ人憎悪を美的経験に作り変える。彼は、ユダヤ人は「寄食者であり寄生者」であり、ドイツの文化や経済生活を牛耳っている、と確信していた。「私には私の〈ドイツ〉が、永久に、朽ちてしまうのがわかる。〔…〕私の芸術上の理想はドイツとともに興り、ともに滅びる。〔…〕ドイツ諸侯の没落のあとに来るもの、それはユダヤ的ドイツ人の塊」(33)、「呪われたユダヤ人ども」(34)だ。一八六九年、ヴァーグナーは『音楽の中のユダヤ精神』を出版する(35)。このエッセイで彼は、同時代のユダヤ系音楽家フェリックス・メンデルスゾーン、ジャコモ・マイアベーアを公然と非難する際に、ドイツ人はユダヤ的な風貌や行動を見ると吐き気がするのだとコメントしている。これを彼自身の言葉で言うなら、「我々がどれほどユダヤ人の地位向上のために話し書いたところで、我々がいつも本能的に感じてきたのは、彼らと実際に、仕事の上で接触すると嫌な気持になるということだ」(36)。ユダヤ人は、彼の主張するところでは、ドイツ精神とは相容れないもので、彼らの音楽はそれゆえ表面的で意味を持たないままに終わっている。さらに、このきわめて表面的な音楽によって、彼らは人気を博し、音楽を売って経済的な利得を手にしているのだ、という。ヴァーグナーは後にヒトラーの同調者アルフレート・ローゼンベルクとともに、お気に入りとなる。ヴァーグナーがユダヤ人につけた符丁のなかに「悪魔が人間紛いの形をとった」という表現を見つけたのはこのローゼンベルクであり(37)、それがお気に入りのキャッチフレーズとなったのだった。

＊＊＊

プロイセン王国ザクセン州、ライプツィヒ近郊にあるレッケンの牧師館でフリードリヒ・ニーチェは生まれる。一八四四年十月十五日のことだが、この牧師館は小さくはないものの、目立つところのない住まいだった。石灰で下塗りをした外壁は穏やかな色合いに塗られ、小さな白い窓が左右対称に並んでいる。曲線を描く煉瓦の鴨居は入口の所在を示し、木彫の施されたドアが一方に、こじんまりと備え付けられている。外側は草木に覆われているが、それでも家庭的な小さな住まい、トネリコや樺の木の横には果樹が多く、かつてはたいそう好まれた庭園があったことを偲ばせる。屋根は沈んだ赤茶色の瓦で葺かれ、上品な煙突が二つ出ている。屋根からは小窓が三つ、三角形をなすように突き出ている。一つは上に、二つは下に位置し、窓はアーモンド形をしている。その上に葺かれた屋根はまるで瞼をかたどるかのようである。中二階の窓ガラスは、真ん中に空いた暗い穴のように見え、瞳そっくりに見える。てっぺんの目はひとつ眼の巨人キュプロプスを連想させる。これはおそらく十九世紀をリードした預言者の一人が生まれた場所に相応しいデザインだろうし、この人間をヒトラーは自分にもっとも影響を及ぼしたと主張することになる(38)。

ヒトラーをニーチェへと招き寄せたものは何だったのか。おそらくニーチェの人生が答えになる。

宗教から厳しい影響を受けて育ったため、ニーチェ幼少期の教育はカントの受けた教育と多くの点で似ていた。実際のところは、田舎の牧師の息子として育ったニーチェの少年時代のほうが、カントよりもいっそう信仰に向きあう機会が多かった。情熱的で無口な少年ニーチェは、他の子供たちからはかけ離れた生き物、神殿のイエスに似ていると言われていた。ニーチェはカントと同じく、人生の早い時期に大きな悲しみに出会う。彼はわずか五歳で父親と死別するのである。彼はのちにこう書いている。「私は死についていくらか考えた。好きだった父と永遠に離れてしまったという考えが私を捉え、ひどく泣いた」(39)。その翌年には二歳年長の兄も亡くなる。ニーチェの言葉によれば「墓所の扉がまた開いた」(40)のだった。この悲劇が性格を陰気なものにし、他の子供たちがひざ小僧を泥だらけにして遊んでいる間、彼は自分の経験を事細かに書き記す。世界について思索し、再現し、自分のために解釈すること、これらが生涯にわたるニーチェの強迫観念となる(41)。

ニーチェは青白い顔、広い額の青年となる。すでに髪の生え際は後退し、髪はきっちりと撫で付けられ、片方へと綺麗に分けられている。華奢な金縁の丸眼鏡がかえって彼の特徴を強調し、それが彼の剛直な目つき、厳しい表情を弱めることもない。よく目立った他の特徴といえば、それは彼のふさふさとした口髭で、これはこの時代に特有なものだった。たしかに彼の顔はその体つきよりも注意を引くものだが、知識人に多く当てはまる共通のイメージどおり、彼はほっそりしていた。

ニーチェの大学生活のうち最初の数年は、宗教研究と古典文献学研究に振り向けられていた。ボン大学で一年過ごしたのち、彼はライプツィヒ大学に転じ古典研究を続けた。その後、短期間の軍務に応召するが、そこで深い衝撃を受け、それは生涯にわたって彼の信念や想像力に影響を及ぼすことになる。とはいっても彼の実際の軍務はほんの短期間で終わる。彼は胸部に長引く傷を負ってしまい除隊となった。

一八六八年に軍隊を離れたのち、ニーチェはライプツィヒに戻り、そこで重要な人物の知遇を得る。伝説的なまでの評判を獲得した人物、ニーチェが熱狂的に好んでいたオペラの作者に、彼は二人に共通する友人の家で出会えたのだ。胸を高鳴らせながら、ニーチェは自己紹介すべく一歩前に踏み出す。しかし驚きのあまり、彼は後退りしてしまう。というのもその人物が振り向いたとき、見えたのは亡父の貌だったのだ。

ニーチェが向き合っているのはリヒャルト・ヴァーグナーだが、父親が存命ならヴァーグナーとほぼ同じ年齢になっている。彼はかつての牧師にそっくりだったのだ。このショックから立ち直ると、ニーチェは残りの時間を、音楽、哲学、とりわけショーペンハウアーへの愛を語ることに費やす。しかもふたりが熱狂するものはみな同じだったため、ニーチェはヴァーグナーに夢中になってしまう。その時以来ふたりは親密な友人となり、崇敬すべき作曲家はこの青年の人生に唯一にして最大の影響を及ぼした。

ヴァーグナーとの邂逅以来、ニーチェは急速に出世する。ほどなくバーゼル大学の教授に指名されるが、この一八六九年にはニーチェはいまだ二十四歳という年齢であり、しかも博士号さえ得ていなかった。だが、それまで一度もドイツを離れたことのなかった彼にはこの移動は大変なストレスと感じられた(42)。自身の体は虚弱だったが、彼は戦士の心、なにより古代ギリシアの精神を賞賛する。戦さに魅せられて、彼は普仏戦争に一八七〇年からプロイセン軍の看護兵として従軍する(43)。体調不良に苦しめられ、赤痢とジフテリアを患ったのち、ニーチェには除隊命令が下される。古代の戦士に対する賞賛は、彼の場合行動よりも文章で、より構築的に表現されていくことになる。ニーチェはスイス・アルプスを逍遥しながら、自分を古代の英雄に擬しては観想に耽るようになる。険しい上り坂を越え、アルプスの山中で道に迷いながら、彼は戦士の心、ショーペンハウアーといった自分の崇拝対象に思いを巡らしていた。当然ながらヴァーグナーのことも。

ニーチェは一八七九年までバーゼル大学の教授職に留まった。彼の人生の大半は体調不良に悩まされ、貧困と無名に苛まれるものだった。彼は結婚もせず、家族であれ友人であれ、信頼の伴う親密さから生まれる安心感をついぞ味わうことがなかった。彼はまた梅毒の恐怖にも苛まれていた。その可能性はたった一度の娼館での不幸な出会い、あるいは遺伝によるかだった。

バーゼル大学を辞職後のニーチェの生活は、居所を定めずドイツ、スイス、イタリアとヨーロッパを移動するものとなった。「ジェノバでは街の通りに賞賛の声を上げながら歩き回った」。トリノには「十七世紀の貴族的な静謐」があり、「それが彼を悦ばせた」。イタリアには「うんざりするような郊外」がほとんどなく、「色彩においてさえ趣味の統一性があった（街は全体的に黄色あるいは赤味がかった茶色をしていた）」。彼が食べたのはミネストローネ、リゾット、肉、野菜とパンだったが、「一番綺麗なカフェ」で食事をした。それでも彼は繰り返し、お気に入りの場所に立ち戻り、スイスのその場所でその深みのある散文をいくつか書いたのだった(44)。

そこはひとつの世界であり、保養施設であり、安全で私的な安息地だった。そこでならニーチェは誰にも邪魔されずに腰を下ろし、考え、反芻し、夢見ることができた。これが一八八〇年代のニーチェに豊穣な夏をたびたび与えてくれたシルス・マリーアの館だった。彼の小さな部屋は白っぽい木の壁で、床も似たようなものだった。部屋の家具には真鍮の鏡、ヴィクトリア朝様式の小さなソファがあったが、暗い赤色の模様のあるソファには丸みをおびた背もたれがあり、木でエレガントに枠取りされていた。壁際の白い小卓の上に置かれていた洗面台には、磁器製の水差しとボウルが置かれていた。床を飾るのは古くなって擦り切れたペルシャ絨毯だった。白いカバーのかかったシングルベッド、ランプの置かれた小さな書き物机、その傍らにはマホガニーの椅子。これが家具のすべてだった。長い夏の間、ここがニーチェの住まいとなり、心中の思いを誰にも邪魔されずに飛翔させることができた。聞こえるのは森を渡る風の音だけであり、それは慰めともなった。この部屋に入ってくるのはアルプスの星明りと針葉樹の清らかな匂いだった(45)。

シルス・マリーア滞在中のニーチェはきわめて生産的だった。彼の精神の豊かさとこの地の風景の豊かさが響きあった。それはこの時期、彼の著作が多様であることにはっきり見て取れる。公刊された著作をいくつか挙げてみよう。『反時代的考察』(一八七三〜七六)、『人間的、あまりに人間的』(一八七八)、『華やぐ知恵』(一八八二)、『ツァラトゥストラはこう語った』(一八八三〜八五)、『善悪の彼岸』(一八八六)、『道徳の系譜学』(一八八七)、『偶像の黄昏』(一八八八)、『アンチ・クリスト』(一八八八)および『この人を見よ』(一八八八)である(46)。これらはすべてニーチェ特有の預言者風の文体で書かれ、みなそれぞれの領域で、かつてないほど優れた功績と見做される世界的古典となった。

ニーチェは複雑で多義的な思想家だが、彼自身の時代でもその仕事はさまざまに解釈できた。初期のニーチェはロマン主義者だった。キリスト教のおかしな点、これを彼はカントのように理性で緩和するのではなく、熱情に代わりを務めさせようとした。ニーチェの最初の偉大な古典作品、『悲劇の誕生』(一八七二)は、ドイツの知識人層をつうじて衝撃波を生み出した。ヴァーグナーの影響下に、彼はギリシアの神ディオニュソスをめぐってラディカルな芸術解釈を展開する。ニーチェは酒神崇拝、狂騒、歌謡の存在を主張したかに見える。そのように事を進めながら、彼は読解方法を確立してきた伝統のもつ保守性、穏当な主張、正確を旨とする学問の精神をぶち壊していた。古典文献学と美術史を同じ尺度でひっくり返してしまったのである。さらに挫けることなく、ニーチェは歴史、宗教、哲学の領野で知のハリケーンを発生させ続ける。初期の著作をつうじてニーチェが主張したのは、理性、科学、技術、これらの冷たさに抗う自発性、創造性、想像の力だった(47)。

ニーチェは生涯をつうじて多くの考えを吟味したが、中期の著作では合理主義や啓蒙主義哲学もふくめた思想を洗いなおしている。彼はいつも詩的なアフォリズム形式で書き、決して明晰に、あるいは論理的に書くことはなかった。加えて彼は論争好きの人間であり、これはもっぱら彼のキリスト教への反感にもとづく。彼はキリスト教を強靭さより脆弱さを重んじるものと考えていたのだ。有名な碑銘「神は死んだ」によって、ニーチェはキリスト教時代の終焉を予知しており、そこで無神論社会の始まりを預言したのだ。それは宗教ではなく科学に導かれた社会なのである（むろん、この時代はダーウィンの時代でもあった）。またニーチェは民主主義を攻撃目標にし、市民向けの近代の民主主義的理想を、凡庸さを増長させるだけだと批判した(48)。ニーチェ自身の理想とは、平等ではなく偉大さ——偉大な人格、哲学、文学、芸術、音楽——を生み出す文化だった。これらすべてを包含する人間が超人《ユーバーメンシュ》つまり「スーパーマン」と呼ばれた(49)。

ニーチェは虚弱体質で黙考を好む性癖でありながら、戦いを賞賛することが多かった。シルス・マリーアの静謐と「荒廃した戦場、至るところに遺体が転がったままの哀しい泥濘、鼻をつく死体の腐敗臭」(50)とでは、まったく釣り合いが取れはしない。だがこれはニーチェが看護兵として従軍した際、ヴェルトの戦場光景を彼自身が記述したものなのだ(51)。一八六六年の夏、ニーチェがシルス・マリーアへの旅を始めるまえに、プロイセンのオットー・フォン・ビスマルクはドイツ連邦を脱退する。ニーチェは衝撃を受け祖国に思いを馳せ、人々に戦闘を呼びかける。彼はこう書いているのだ。「祖国が生きるか死ぬかの戦いを始めようというのに、家庭に座ったまま。それは不名誉なことになってしまった」(52)。ニーチェは人生のなかで数度、戦争に出会っている。最初に彼が戦争の残虐さを経験していたのだから、彼の戦争讃美は挫折することが期待されたかもしれない。しかしその恐ろしさにもかかわらず、彼は一八八四年、「人には戦争から学ばなければならないことがある。第一に、なんのために戦うのかという関心と死とを結び付けることである。それが我々を高貴にしてくれる。次に多くを犠牲にすることを学ばなくてはいけない。人の命を惜しむのではなく、戦う動機を十分まじめに受け止めることを学ばないといけない」と書いた(53)。戦場との短時間の出会いのあとで言われたにせよ、勇ましい言葉だが、彼はそのつど病気になり、「衰弱し何も出来なくなってしまう。(ほんの)短い間ではあるが」(54)。にもかかわらず、こうした戦争讃美によって、ニーチェは後年のヒトラーには非常に魅惑的なものとなっていった。

ニーチェは明快に戦場の破壊的な熱情を賞賛しているが、ユダヤ人に対する態度はもっと矛盾に満ちている。一方で彼はユダヤ人をドイツ人の敵だと感じていた。一八七一年六月二十一日の手紙にはこうある。「フランス的ユダヤ的な凡俗化や〈エレガンス〉によってすべてが破壊されたわけではない」(55)。しかしのちには、反ユダヤ主義者に対してもやはり不興を隠さない。一八八九年、正気だった時期の終わりごろにも彼はこう叫んでいる。「反ユダヤ主義者など私はさっさと撃ち殺してしまいたい」(56)。

力強い思索生活、アルプスやヨーロッパの都市逍遥、偉大な著作執筆を支えたシルス・マリーアでの孤独、これらの後から、とうとうニーチェの恐怖が追いついてくる。人生の長い間、病弱に悩まされていたが、彼一番の恐怖はずっと梅毒であり、この病はゆっくりと彼の頭脳を侵食し、彼の精神を破壊していく。この予感に取り付かれていたが、彼は共感を求めるような男ではなかった。数年前に、おそらく予想しながら、彼はこう書いていた。「私に有利になるように議論することはあなたには望ましいことでさえないでしょう」「私のことは異国の植物くらいに考えてほしい」(57)。一八八九年、病的狂気と診断され、ニーチェの創造的な人生は終わる。人生最後の十年は、妹エリーザベトに介護されて過ごすが、この妹は半ば麻痺した哲学者を金儲けの車椅子に乗せて動かしていくのだった。

痴呆状態が始まってから十年後、一九〇〇年にニーチェは没するが、その後に続く出来事のほうが彼の人生そのものより、より大きな影響を及ぼすことになる。死後、読者が病的なまでに彼とその仕事に魅了されたことで、偉大な名声を得た人物となり、ベストセラー作家となる。有名な作品である『ツァラトゥストラ』――この中で彼は「超人」という思想を作り出した――は第一次世界大戦中に十五万部印刷され、前線の兵士に手渡された(58)。ロンドンのアナウンサーの一人は、この戦争を「欧州ニーチェ戦争」と呼んだほどだった(59)。当時の英国のベストセラー作家トマス・ハーディは「デイリー・メール」紙の書簡でこう語っている。ただの一人の作家によって、ひとつの国がこれほどまでに非倫理的になったのは、有史以来初めてのことだ、と(60)。

そうする間にエリーザベト・ニーチェは兄の文書館《アルヒーフ》を維持し発展させていた(61)。彼女はヴァイマールのヴィラ・ジルバーブリックで仕事をしたが、ニーチェのよく知られた著作に混じって埃を被ったままの走り書きに光を当てていたのだった。それらは意味が判然としないまま、本や他の印刷物のなかに埋もれていたのだった。思い付きで書かれたメモにすぎなかったのだが、エリーザベトはこれらを一人で選別、編集、公刊した。これは深い意味で犯罪的なことだった。人種改良の可能性、支配者層の教育可能性、「大地の主人」「芸術家として人間自体に働きかける暴君」(62)などの可能性を論じたメモが、そこには含まれていた。さらに「より強い人間を必要とする条件を作り出す必要性、その強い人間というのは自分の役割のために、心身の鍛錬強化を必要する人間だが、そうした必要性」(63)に関するノートもあった。この老婦人エリーザベトが、老眼鏡と婦人帽を身に着けて、ヒトラーを文書館に迎え入れるのは一九三四年八月であり、おそらくこの時にヒトラーはこのノートを見せられたのだった。

文書館でエリーザベトは、ニーチェが書いた他のものも強調していた。「厳しく冷たい目をして、鎧に身を包んだ騎士、彼は死人のような同伴者にもひるまず、恐ろしげな道を追っていける」(64)。「騎士と死と悪魔」というイメージは、ニーチェがヴァーグナーに贈り与えたデューラーの版画に着想を得ている。ナチの新聞「民族の観察者《デア・フェルキッシェ・ベオーバハター》」に後年、ナチ・イデオロギーは土着のものだというブランドイメージとして採用されるのがヴァイキング・ベルセルクであり、戦場では死ぬまで戦いつづけるのである。エリーザベトの文書館は、こうした幻想を増長するような詩、演劇、絵画などを提供し相談に乗っていたのだ。「騎士、死、悪魔」とはヒトラー自身と同義になっていく。

エリーザベトが示すニーチェは、第三帝国が必要とするものの大半を提供したように見える。戦争への熱意、性急な反ユダヤ主義、「超人」とナショナリズムである。しかし、ニーチェ以前のドイツの哲学者たちと同じで、ニーチェは単に軍国主義ないし反ユダヤ主義の要素という、偉大で優れた企図を汚す、いまひとつの暗い側面を映し出したに過ぎない。ヒトラーはしかしこの暗部に棲みながら、暴力と偏見、それを「預言者」の声の本質にしてしまったのだ。

エリーザベトが見せた幻のニーチェだけが、唯一反ユダヤ主義形成に与って力あったわけではない。フランスの外交官にして作家、アルテュール・ド・ゴビノー伯爵（一八一六〜八二）は、すでに「北方人種」という概念を採用しており、他の十九世紀の思想家たちも伯爵の後を追うこと熱心で、心情的ナショナリズムを偏見と結合させていた。フィヒテやニーチェのもっとあいまいな考え(65)に凭れかかりながら、パウル・デ・ラガルデは預言者風の、懐古的センチメンタリズムで、ドイツの過去の民俗的ルーツを寿ぐ。だが信じられないほど野蛮な反ユダヤ主義が、観念論のソフトなマントに包まれてもいるのだ。「ユダヤ人は、彼らがユダヤ人であるかぎり、すべてのヨーロッパ人には恐るべき不幸なのだ」と彼は宣言している(66)。

二、三十年後にはユリウス・ラングベーンが著書『教育者としてのレンブラント』(67)において、ラガルデと同じに、ニーチェやロマン主義作家の思想を乱暴に取り出してくる。ユダヤ人について彼はこう説く。「彼らは我々には毒薬であり、そのように取り扱わないといけない。彼らは民主主義の傾向があり、暴徒に近いところがある。どこでも彼らは退廃に共感する」(68)。ラングベーンはさらにこんなことまで言っている。

> 近代のユダヤ人には宗教も、性格も、家庭も、子供もない。ユダヤ人とは、やせ衰えたひとかけらの人間性なのだ。［…］今日のユダヤ人が精神的・物質的な支配力を向上させようとすると、簡単な決まり文句が思い浮かぶ。ドイツはドイツ人のためのものだ。ユダヤ人はドイツ人にはなれない。プラムが林檎になれないのと同じだ。［…］いまやユダヤ人は圧制者となり、死ぬまで彼らと戦い続けるドイツ人すべての敵なのだ。(69)

ジャーナリストたちがこうした考えを公のものにしていく。ドイツ人ジャーナリスト、ヴィルヘルム・マル（一八一九～一九〇四）は反ユダヤ主義の愛国者であり、ベストセラーとなったパンフレット『ドイツ精神に対するユダヤ精神の勝利』で名をなしたが、反ユダヤ主義とナショナリズムとを結びつける政治的潮流の後押しをする(70)。保守派の歴史学教授、ハインリヒ・フォン・トライチュケのような上流の知識人たちもまた、「反ユダヤ主義は人種主義によるナショナリズムの一側面だと主張していた」(71)。加えて、彼はヘーゲルから荒削りな軍国主義を引き出した。そしてある研究者が述べたように、ヘーゲルの軍国主義は、響き渡る熱情を通して、トライチュケの政治学講義に木霊を返していた(72)。その後、イギリス生まれのヒューストン・スチュワート・チェンバレンはユダヤ人を酷評し、汎ゲルマン主義を擁護する『十九世紀の基礎』を書いた(73)。ヒューストンはリヒャルト・ヴァーグナーの娘エファと結婚したため、この繋がりによって彼の思想は極めて影響力のあるものになっていく。

何十年かの後、ヒトラーが、このナショナリズムによる反ユダヤ主義の発展という木の実を味わうことになる。彼の筆頭哲学者の一人、エルンスト・クリークなどは、ラガルデとラングベーンをのどから手が出るほど欲した。またヒトラーのイデオローグ、アルフレート・ローゼンベルクは、彼らの信奉者と自ら名乗っていた(74)。ヒトラーは彼らの本を大事に保管していた。しかし、あたかもこれら十九世紀の似非ロマン主義者には悪意などなかったかのように、新種のナショナリズムが出始めてきていた(75)。それはドイツ国内に起源があったわけではなく、海の向こうのイギリスからやって来たものであった。

＊＊＊

針葉樹に覆われたバイエルンの森から出発し、フランス北部を通りぬけ、英仏海峡を越えてドーヴァーの白亜の海岸をわたり、さらにはウェールズ北部に境を接するイングランド南部、その田園風景を越えていこう。この道筋は十九世紀のプロイセンという世界からは非常に隔たっている。だが、ここシュルーズベリーの小さな市場町、当地のジョージ王朝風の館に生まれる人物こそ、ヒトラーに重大な影響を与えた一人なのだ。

一八〇〇年に建てられた住居の前、その重厚でエレガント、クラシックな正面玄関の前を、セバン川が湾曲して流れていく。色褪せた煉瓦壁の赤とスレート葺きの屋根の灰色が、明るい白の外枠のついたジョージ王朝風のガラス窓によって際立っている。陽の光から判断すると、正面玄関は南向きだった。一方、裏手の窓から見渡せるのは、平らな裏庭と急斜面になっている川岸だけだった。緑の芝生が人を歓迎するかのように広がり、三階建て、窓が五つ以上も並ぶ館。この蔦のからまる住居は持主が裕福なことを示している。建物が高いこと、さらにそれが土塁の上に立てられていること、これで街は向こうまで見渡せた(76)。

その高台から目に入ってくるのは、灰色の家並、草木の緑、雲の下の湿った肥沃な大地だった。家の東側、南東側の庭を下っていくと、そこは強い香りのする低湿地になっていた。岸辺に広葉樹が植わっているものの、この幅広の川は霧を生み、水が土地に沁み出していたのだ。これらの庭は、この敷地に生まれた子供にとって大きな喜びの源となった。

菜園用の庭は夕方には鍵がかけられていた。高い壁に囲まれてはいたが、すぐ近くの樹を利用すれば、私は簡単に壁の笠石の上に立つことができた。それから私は長い木の枝をかなり大きな植木鉢の底穴に差し込む。これを上に引っ張って桃やプラムをもいだのだ。果物は植木鉢の中に落ちるのだから、この得物を取り逃すことはなかったのだ。とても幼かった私が果樹園から林檎をくすねたことも覚えている。(77)

シュルーズベリーの家の庭で林檎をくすねていたこの幼い少年こそ、のちに自然科学の顔を変えることになるチャールズ・ダーウィンだった。

ダーウィンは一八〇九年の二月十二日に生まれ、七十三歳まで生きる。長じた彼は、のちに博物学者となり、進化論で名をなすことになる。ダーウィンは一八五九年に『種の起源』を発表するが、この中で彼は宗教をとおして世界を見る観点を捨て、自然を機械論的に見たイメージを代置する。彼が論じるのは、生命には神によって与えられた目的といった本来的属性は存在しないこと、また我々が神による何らかの計画に与ることなどない、ということだった。そのかわりに、ダーウィンはすべての生命が共通の祖先に由来すると述べる。そののち時が経つと、さまざまな種は、彼が「自然淘汰」と名づけたプロセスをつうじて進化していくのだが、自然は偶然の諸変化によって変わっていくことになる。ダーウィンの科学的な考えは生物学の基礎として受け入れられていく。「適者生存」、「熾烈な共存」、そして「適応」という言葉が時代の合言葉となる。功績が認められ、ダーウィンはウェストミンスター寺院、アイザック・ニュートンの墓の近くに埋葬される。非王族でありながら国葬されたのは、十九世紀には五名だったが、彼はその一人となった(78)。

ダーウィン自身は生物学者、博物学者としての教育を受けたが、著書『人間の由来』でダーウィンは人間について書くことになる。この著作は社会を論じる視点に影響を与え、ヨーロッパの至るところ、進化論の不吉な変種、「社会進化論」といわれるものが出現した。ダーウィン自身は、社会政策は闘争とか自然における淘汰といった観念によって単純に進められるべきではなく(79)、共感や同情はすべての人種や民族にまで広げられるべきだ(80)と主張した。だが、他の人々は、彼の進化論の原理の多くを政治に応用しようとした。

ダーウィンはナチの人種主義と大量虐殺政策をめぐる論争の中心につねに置かれてきた。ダーウィンの考えに関しては、大いに議論の余地がある解釈が十九世紀のドイツ語圏に現れるが、それはもっぱら一人の人物の影響下にあった。

法外な影響力をもった動物学者にして社会哲学者、エルンスト・ヘッケルは、自分はドイツ語話者にとってのダーウィンだと考えていた。彼は「社会進化論」最大の提唱者となり、その著作は彼の時代にはダーウィンのものより、相当多く売れている。さらに言えば、彼は社会進化論信奉者といっしょになって、ナチズムに影響することになる思想を広めていったのだ。

ヘッケルは一八三四年二月十六日、ポツダムで生まれる。若いころのヘッケルに関する情報の大半は、彼の「尊敬するベルタおば様」(81)が伝えているものだ。「彼女はベルリンのティアガルテン裏の大通り、静かな、庶民的な家で死を迎えるまで暮らしたが、九十二歳という年齢に達しながらも、精神も記憶も鮮明なままだった」。彼女は居間でヘッケルを思い出す。そこには、

小さな古い家具と、年代物だが、いまだにチクタクと音をたてる時計がある〔…〕それらが自分

> 自身を忘れさせ、過去に浸りきらせる。〔…〕夢見るような黄昏の頃〔…〕彼女は静かに、誇らしげに微笑みながら、甥〔エルンスト〕がベルリンの彼女を訪ねてきた時の様子を、衣服を乾かすのに使うロフトで寝かせてくれと言うなど、どれほど甥が控えめな様子だったかを、詳しく話すのだった。

彼女が覚えていたのは、彼が幼かった時、「友達を招き一皿のニシンサラダを分け合ったこと、〔…〕さらに彼が友達のために食事の席や風呂を用意した様子だった。ベルタおば様は〈心底満足して〉ヘッケルの人生すべてを語った。甥のことを語る彼女の甘やかな話しぶりは、古い調度品や一世紀近く前の事柄と穏やかに調和していた」(82)。

幼年時代を過ぎると、ヘッケルはウィーンとベルリンの大学に学ぶことになる。その後、彼はイェーナ大学の著名教授となる。ここで彼は哲学的思索を、高い評価を受けていた動物学の専門分野に結びつけた。「十九世紀が始まった。自然とは救済であり、救済こそが現実的にもっとも必要なものである。自然とは生存のための闘いであるはずなのに、自然は戦いのための武器を強化した」。ダーウィンの思想を取り入れながら、ヘッケルはその考えを哲学のなかで使い始める。彼はこう叫ぶ。「自然が神なのだ」と(83)。

> 先立つ時代はどれもこれも、哀れな、目も当てられぬ失敗ばかりだった。裸の未開人が稲光を浴びる。すると彼は跪いて、無力ゆえに祈る。十八世紀になると、これは自然の何らかの力なのかもしれない、と人間は分かりかけてくる。十九世紀はこの悪魔の力の首根っこを押さえつけ、奉

仕を強要し、悪魔を弄ぶのだ。その思想と言葉は、まるで神経回路を通じるように、地球をめぐり始めた電流にのって迸るのだ。人間が大地の主となった(84)。

ヘッケルの文筆活動は広範囲にわたっている。もっとも活躍していた時期、彼は総計一万三千ページにも及ぶ四十二の著作、それと並んで数え切れないほどの学術報告や図版本も世に送り出す。そのほか、彼はたとえば『生物の驚異的な形』のような美術書も出版したが、そこには動物や海洋生物を描いた百点以上の詳細な、多色刷り図版が含まれている。

ダーウィンをドイツ語圏に翻訳したのは、哲学者ヘッケルだった。一八六八年、彼は生物学者にして哲学者として『自然創造史』を書く。章の見出しから、本の中身はおのずと分かる。いわく「カントにもとづく発展の理論」、あるいは「ダーウィンにもとづく〔…〕発展の理論」。続けて彼は、「遺伝的性質、増殖、順応、分業、種族、そして個人」について語る。最後の章で彼は、「人類の進化における法則つまり分化と完全化」について議論を展開している。ここにはぼんやりした輪郭しか見えないが、実のところ例の思想をヘッケルは普及させつつあったのだ(85)。

一八九五年から一八九九年にかけて、彼は『世界の謎』を執筆する。一九〇二年には廉価版が出版され、ドイツでは十八万部売れた(86)。彼は非常な影響力を持つ人となった。人間は動物であり、他の動物たちと唯一区別できるのは――他の多くの哲学者たちが言うような人間の倫理性でなく――人間がもっとも高度に進化してきた点にあると、彼は主張する。この進化上の優位性は、競争と適者生存によって獲得される。いかにも彼は、アーリア人種こそ最高、至高の適者だと考えている。ヘッケルは自然の原始的な力を崇拝した。そしてこの異教的神秘主義によってヘッケルは、法律ではなく血、すなわち人種によって構築される政治国家という考えを支持するにいたる(87)。

汎ヨーロッパ「一元論者連盟」を創設し、ヘッケルはこう論じた。人間は生物学の法則によって統治されるべきである、と。人種の純粋性に関する強迫観念はどんどん膨らんでいき、ヘッケルはアーリア人の強さを守るため、優生学を提案する。彼が説き勧めた生物学に社会が従わなければ、その社会が弱体してしまう。病人の寿命を長引かせるために何がしかの薬を使うと、それがかえって自然淘汰を妨げることになる、とヘッケルは唱える。下層民、病人、障害者、乞食、ホームレス、犯罪者などは、近代の医薬品や生殖の権利を与えられるべきではない、というのだ。その上、これらの弱者グループは種を堕落させていき、適者生存組には脅威となる。それゆえ、彼は集団的安楽死を説く。彼の言葉で言えば、「悪からの救済は、痛みがなく即効性のある毒物によって遂行されるべきだ」と(88)。

古代ギリシアの軍事国家スパルタを賞賛しながら、ヘッケルはスパルタ人が選ばれた人々だったと主張する。なぜスパルタ人が成功したのか、なぜ他より優位だったか、この理由をヘッケルは説明する。すなわち「完璧なまでに健康で強い子供たち」を除いた残りを抹殺することによって、スパルタ人は「継続的に優れた強さと活力」を維持していたのだという(89)。この野蛮な行為をヘッケルは正当なものと見なす。彼に従うなら、ドイツ人もこのスパルタ人の慣習を模倣すべきだったのだ。なぜなら奇形や病気の子供を殺してしまうことは、「殺される側の子供にも、殺す側の共同体にも利益のある行為」だからなのだ。

ある研究者が、ヘッケルがヒトラーに与えた影響について最近書いている。

ドイツの社会進化論のおおよその輪郭は、[…] 人間は単に自然の一部分であるにすぎず、格別に突き抜けた特性や人間種固有の特質を持っているわけでない、ということになる。一方で、ドイツ人は生物学的に上位な共同体の一員であり、［…］政策とはこの生物学上の法則を、単純に適用することだった。本質的に、ヘッケルと彼の社会進化論信奉者は、国民社会主義の核心的前提になりうる考えを増幅していた。企業国家がやるべき仕事は、優生学または人為的な淘汰なのだった。(90)

別の学者の言葉を借りよう。「ヒトラーの歴史、政治、宗教、キリスト教信仰、自然、優生学、科学、美術、進化などに関する観方はごたまぜ状態、情報源は多様なのだが、ヘッケルの観方とほとんど一致し、何度もまったく同じ言葉で表現されていた」(91)。ヘッケルは一九〇五年にベルリンで最終講義を行うが、そのタイトルは「進化の最後の言葉」(92)と翻訳できる。その後、彼はインフルエンザで倒れ、別邸で寝たきりとなる。そこは彼の名を記念して「ヘッケル通り」と後に名付けられるが、自分の動物学研究所が眺められる場所だった。忠実な伝記作家はこう書いている。

休息なき労働、絶えまない犠牲によって、次々と向けられる罵詈雑言をかいくぐり、彼は彼の理想を生きてきた。［…］それを育んだ優雅な丘の向こうに、彼は暗い情念が波打っているのを見ている。この波を始動させるために、彼はかくも熱心に働いてきたのだ(93)。［…］一連の歴史が落ち着き、批評家が的確な観点を見出したとき、人々は彼のことをなんと言うのだろうか。(94)

ある時代が消え始め、新たな時代が姿を見せ始める。ヘッケルは自分について、「私はまったくもって十九世紀の生んだ子供であり、その終りとともに私が生きたことも忘れられるだろう」(95)と書いている。しかし二十世紀が始まっても、誰も忘れはしなかったのだ。

＊＊＊

一九一四年から一九一八年の間、ヨーロッパは戦争に巻き込まれる。六千万を超える兵士が第一次世界大戦の戦場に送り出された。(96)兵士の大多数は塹壕の中で命を失った。この大殺戮のなかから生存への強い関心が生まれ、極端な形のナショナリズムが生まれてくる。戦場で銃器が火をふいていたとき、ドイツ人哲学者たちは過去の偏見を再発見していたのだ(97)。

社会進化論に影響され、思想家たちは人種差別の思想を粉飾し始める。ハンス・フリードリヒ・カール・ギュンター（一八九一〜一九六八）は、ドイツの人種学者であり優生学者だったが、のちには「人種《ラッセ》のギュンター」(98)として名を知られることになる。戦争終結後の一九一九年、文筆家として歩み始め、彼は論争的な書物を書く。ニーチェはデューラーの版画に魅了されたが、それがギュンターのタイトルにも木霊する。すなわち『騎士と死と悪魔――英雄の思想』。ドイツの伝統、異教的ロマン主義を改変した〈生物学的ナショナリズム〉の書であり、のちにはハインリヒ・ヒムラーに深い印象を残すことになる(99)。社会進化論は、立ち止まってはくれなかったのだ。

ドイツ人生物学者・優生学者、アルフレート・プレッツ（一八六〇〜一九四〇）は、学生時代にダーウィンやヘッケルに出会って熱心な読者となり(100)、一八九五年にはすでに『わが民族の美点と弱者保護』を書いている。この著書で彼はある社会の到来を歓迎する。つまりプレッツから見て年寄りすぎる、あるいは若すぎる両親から生まれた子供が、障害があったり、病弱・虚弱な場合には、彼らを「排除」してしまう社会である。これを彼は「人種衛生理論」と呼んだ(101)。一九〇四年、プレッツは雑誌「人種および社会生物学研究」の編集・刊行主幹の一人となり、ナチ式の優生学について論文を刊行していく。ドイツ人教授のオイゲン・フィッシャー（一八七四～一九六七）が編集者として参画したこのジャーナルは、ナチ党の主要機関のひとつとなり、恐ろしい理論を確立するために立派な科学的枠組みを提供していく(102)。

　この間に、ユダヤ人に対する暴力を正当化する議論が、いっそう展開していく。ドイツの文化史家のアルトゥーア・メラー・ファン・デア・ブルック（一八七六～一九二五）の著書のタイトル『第三帝国《ダス・ドリッテ・ライヒ》』はナチ党のスローガンになる(103)。この本の中で彼は、ユダヤ人は人間の精神的本質を取り違えている、と主張する。ユダヤ人は「ヨーロッパでは異邦人であるのに、ヨーロッパ人の問題に首を突っ込んでくる」、「その結果はユダヤ的だった。なぜなら有害な結果におわったからである」(104)。メラーはその後、「自然の法則と社会の法則は一致するという社会進化論の信念を受け入れる」(105)。そしてあの自然淘汰説が戦争を正当化する。すなわち、戦争が優れた人間を選び出し、彼らをいっそう高貴にするだろう、というのだ(106)。

　ドイツの歴史家、哲学者オスヴァルト・シュペングラー（一八八〇～一九三六）は、さらに一歩踏み出す。反ユダヤ主義という古い看板では満足できず、彼もまた社会進化論に方向転換するのだ。シュペングラーはこう宣言する。生きるとは「支配へ向けた闘争であり、どの文明も有機生命体と同じで、老化の法則に従う」と(107)。そうして彼は政治的には危険な結論へと跳躍してしまう。つまり適者生存の意味するところは、文明が未来永劫に拡大していかない場合、それは収縮・消滅するということなのだと。人種の優勢性は単なる願望ではなく、絶対に必要なもの、征服するか滅亡するかを左右するものと理解されるのだった。

さらにもう一人、言及しておくべき哲学者がいる。ここまで論じてきたドイツの思想家たちは自分たちの見方をさまざまな著作に組み入れている。そのためナショナリズム、反ユダヤ主義、または人種主義が、知識人としての地位には不可欠となっていた。しかし思想を人生から切り離す哲学の一派があった。論理学者ゴットロープ・フレーゲ（一八四八年〜一九二五年）のことだ。彼の仕事はいずれ大きな影響力をもつことになるのだが、一八七九年に発表された『概念記法《ベグリフスシュリフト》』では、「この主題に関する歴史のなかでも、今年は最も重要な年となる」(108)と言っていた。一九二四年、このフレーゲは七十代半ばとなっているが、四月三十日の日記にはこう書いている。「ユダヤ人にも大変優れた人物がいる、それは忘れないでいられるが、やはりユダヤ人の不幸と見做せることもある。それはドイツにはユダヤ人が多すぎること、さらに彼らがいつの日かドイツ市民と政治的に完全に平等になれると思っていることだ」。彼は、ドイツのユダヤ人が「いなくなる、あるいはむしろドイツから消えてくれたらいい」という願望に共感し、それを表明し始める。フレーゲはヒューストン・スチュワート・チェンバレンが編集する極右のナショナリズム誌『ドイツの革新《ドイチュランツ・エアノイエルング》』を読み、一九二四年五月五日、ヒトラーを賞賛した記事に同感してしまうのだ(109)。フレーゲは、論理的思考と倫理・政治観とを厳密に区別し続けたのだから、思想を自分の哲学において説明したことは一度もない。だが、あの強烈な反ユダヤ主義と熱狂的ナショナリズムを背景として、フレーゲは、西欧の分析哲学の父となっていったのだった(110)。この哲学の一分野も、やはりその黎明期にはヒトラーと無縁ではいられなかったのである。

ヒトラーが選んだ書物は有効だったようである。第一次世界大戦の終わりまでには、反ユダヤ主義思想はドイツ中に行きわたる。啓蒙主義からロマン主義にいたるまで、ナショナリズムから科学思想にいたるまで。論理の人、または情熱の人、理想主義者あるいは社会進化論者、非常に洗練された人々、あるいはひどく粗雑な人々、これらすべてがヒトラーに、彼の夢を強固にし、実行に移す思想を供給したのだった。強い国家、戦争、超人、反ユダヤ主義、おしまいには生物学的人種主義、これらに関する理論が、この国の過去には溢れかえっていた。ドイツの気高い遺産の下には、この隠された、暗黒面が広がっていたのだ。浮世離れとはいっても高潔さとは程遠いなか、ドイツの哲学者たちはヨーロッパ文明のために毒入りの杯を用意していた。ほどなくヒトラーが、自らを利するためこの杯を使うことになる(11)。

3

協力者たち

道路に空いた巨大な穴には水が溜まり、この人工の湖面に周囲の光景が映し出される。爆撃で破壊された集合住宅、奇妙に残った壁、壁の尖った割れ目、あるいは丸い割れ目。道にうず高く積まれた残骸。ここはベルリンの目抜き通りウンター・デン・リンデンではなく、どこか僻地の荒野のように見える。薄手の夏服を着た女性や山高帽の男性が、トランクを載せた手押し車を引きながら、右往左往している。彼らは荷馬車の周りに座り込む。壊れた車は水路沿いに放置され、全焼した乗物や残骸が通りに散らかっていた。老年の男がひとり立ったまま、大学の前を人々や兵士が通りすぎるのを訝しげに見ていた(1)。菩提樹のうち何本かはまだ立っているが、ほとんどは倒れるか、ボロボロになっていた(2)。一九四五年ベルリンは緑を失い、一面の灰色となった。連合軍の爆撃によって、まるでメドゥーサの凝視を浴びたかのように、文明が石塊に戻されてしまったのだ。

こうした破壊の光景は第二次世界大戦が終わるまで、ドイツのいたる所で繰り返し目にされた。だがしかし、一九三三年には種類の違う破壊が始まっていた。

一九三〇年代の始めまで、ヴァイマール共和国のドイツは、ほぼ十五年にわたって民主主義を享受していた。国民の間で、平和、自由、法治という原理が価値の優位を保っていたのだ。諸大学もそれらを取り込み、思想の独立、公正さ、高潔さを重視した過去の伝統を、大学カリキュラムのなかで促進していった。意見の相違には寛容であり、ある方面ではあいかわらず反ユダヤ主義の面が見られたが——だがそれは哲学という織物工場を通過して作られた特徴的偏見だった——ユダヤ人の多くは、知的な生活に深く同化していた。ユダヤ系ドイツ人の思想家たちは、数世代にわたる規範の創出に寄与し、同僚とともに平和に働いていた。彼らは自分たちの国の学問上の遺産、誰もが思い起こすことのできる理想的な遺産を重視していたのだった。

すべてが変わろうとしている。伝統的な大学機関が一掃され、かつての学術上の価値も粉砕されるところなのだ。空からの爆撃と同じくらい計画的で攻撃的、同じくらい広範な電撃作戦が始まろうとしていた。

＊＊＊

一九三三年、ヒトラーが首相として政権を掌握したとき、彼自身もその政党も、彼が〈哲人指導者〉であると信じ込んでいた。かつては自分の空想を支えるため、彼は過去の世界から武器弾薬を見つけていた。が、今ではこの世界の方をつくり変える必要があった。ドイツと、この国の哲学者たちと共に出発することで、国民の心をつかみ、彼らの思想を支配し、人々を操らねばならなくなったのである。それゆえ、自分の考えには一致しない思想をことごとく破壊すること、そこから彼は仕事を始めることになる。

ヒトラーのなすべき課題には包括的な管理者が必要だった。彼は個人としては自分の政策を実施したかったはずなのだが、国家行政当局と軍部にすっかり押し込められてしまう。彼は権限委嘱を強く求められたが、このもっとも大事な企てに関して、誰を信用すればいいのだろうか。そのような地位をめぐる戦いはすさまじかったが、彼が選んだのは幼い頃から「哲学者」(3)と綽名された人物、アルフレート・ローゼンベルクであった。

ローゼンベルクの仕事は民主主義を破壊し、ナチスの新たな理想を構築することだった(4)。ヒトラーの感情的な性質つまり毒のある憤怒、これを哲学由来の使命に切り替える必要があった。ドイツの遺産の陋劣な裏面から反ユダヤ主義は生まれた。その反ユダヤ主義の全層が動員されねばならない。自由は排除され、平和と寛容は初めから存在しなかったかのように消失し、新たなナチの世界秩序が確立されねばならない。ローゼンベルクの精神はヒトラーと同じくらい悪辣だったのだから、任務には最適だった。しかしこの代理人はどんな人間で、どんなふうに主人の目標を達成していくことになるのだろうか。

ローゼンベルクはヒトラーに遅れること四年、一八九三年一月十二日、当時帝政ロシア領だったレヴァル(現エストニア領タリン)に生まれた。(ローゼンベルクという姓はユダヤ系のように響くため、彼の出自は慎重に証明されねばならなかったし、自分でもバルト海地方に長く続くドイツの家系と主張していた)。直近の家系から言うと、父はラトビア出身の裕福な商人、母はエストニアの出身だった。彼はドイツ生まれではなかったが、このドイツ生まれではないということは、ヒトラーを含む多くのナチ上層部に典型的なことであった。だがローゼンベルグは、自分がよそ者だということをいつも、ひどく気にしているようであり、不安感に苛まれていた。ある研究者によれば、「彼はいつも入学したばかりの新入生のような不安感をもって過ごしていた」。この問題は後々まで残り、「ローゼンベルグは滅多なことではヒトラーに向き合って議論しなかった。彼は柔弱な性格だったのだ」(5)。ヒトラーの好戦的な一面をローゼンベルグが共有することはなかったが、一つだけ共通する点がある。彼の偶像と同じで、彼は建築をとても好んでいて、リガ工科大学でこの学科を学んでいたのだ。その後、彼はモスクワ最高技術学院で工学を修める。一九一七年、博士号を取得した後、ローゼンベルグは故郷からドイツへ向かう。一九一八年にミュンヘンに到着したこの移民は、一九一九年一月にはドイツ労働者党の初期メンバーの一人になっている。この党は後に国民社会主義ドイツ労働者党(6)と改称するが、むろんこれはよく知られたナチ党のことである。ローゼンベルグは、ヒトラーよりも先にこの党の一員になるほどの熱心さを見せている。

一九一五年、彼は年若い恋人、生粋のエストニア人ヒルダ・リースマンと結婚しており、彼女をドイツに伴っていた。だがわずか八年でこの結婚は消滅する。別離の二年後、一九二三年七月のある日、「細身の美しい女性がギリシア料理店に入っていくのを見かける。黒っぽい服、格子縞のリボンのついた、大きな黒い帽子を身につけた女性だった。[…] あっという間に私は興味を惹かれた」(7)。彼は彼女の後を追ってレストランに入り、近寄って、言葉をかける。彼らは「エングリッシャー・ガルテン」に一緒に出かけ、後に結ばれる。この女性が、ローゼンベルクの残りの人生を共にしたヘドヴィヒ・クラマーであった。彼らの間には子供が二人いたが、生き残ったのは一九三〇年に生まれた娘、イレーネだけだった(8)。

ローゼンベルクが最初に結婚した時、すでに彼は反ユダヤ主義者だった。ヒトラーと同じくヒューストン・スチュワート・チェンバレンの『十九世紀の基礎』に描かれるナチ理論の原型に影響を受けていたのだ。入党後すぐさま、ローゼンベルグはナチの新聞「民族の観察者」編集者となる。彼のドイツへの「ロマン派風の」態度は、その年の一九二一年に書いた記事からもすぐに見て取れる。

丘の上に、騎士は部下ともに自分たちだけで強固な要塞をつくった。その周りに開拓者が保護を求めて集まってくる。住居が建てられ、城壁と市壁が築かれ、堀割が作られた。騎士とその市民の間には共同体意識が生まれていた。個人と共同感覚とが結びついていたのだ。デザインしたのは偉大な建築家だった。何千人もの人々が石を切りだし、何十万もの人々がもっとも大切にしているものを奉納した。彼らはこの偉大な建物のうちで自らの帰依心を示した。個人として、また民族の魂として。(9)

ヒトラーの反ユダヤ主義が感情的な残忍さに由来するのに対して、ローゼンベルクはノスタルジアを基礎としていた。しかしながら、このノスタルジアはシラー、ニーチェ、初期ロマン派のような熱烈、情熱はなく、冷淡で抽象的なものだった。実際に、ローゼンベルクの政治的信念は、周知のごとく冷酷な性格をつねに伴っていた。彼には最後まで酷薄さと不安感とが奇妙に交じり合っていた。この不安感が、ヒトラーのような、同じく攻撃的な気性を持った男と、運悪くかみ合ってしまったのだ。

ヒトラーはビアホールでの一揆に失敗した後、一九二四年にランツベルクの刑務所に送られるが、ヒトラー不在の間、ローゼンベルクはナチス運動の暫定的指導者に指名される。ヒトラーが彼を指名したのは、ローゼンベルクの強さが理由ではなく、彼が受動的で怠惰だと見ていたことによる。ヒトラーはのちに非公式にだが、あの選択は戦術上のものだったと述べている。ヒトラーはこの暫定的指導者が過度に人気を得てしまうこと、あるいは権力に貪欲になることを望まなかった。なぜなら、このふたつの資質のどちらかをもつ人間なら、当の指導者がカムバックした場合、リーダーシップを譲り渡したくないと考えるかもしれないからだった。彼の選択は、ナチの党内組織上層部に位置する他の人間たちの間にひどい嫉妬心を生み出すことになった(10)。それでも、ヒトラーの釈放後に何の抵抗もなく、党の手綱を主人に返納するまでは、ローゼンベルクはナチの領袖としての地位を保つのだった。

ランツベルクを出所するにあたって、ヒトラー最初の浪費は特別製のベンツだった。この車で彼はお気に入りの党員と何度も郊外へドライブに出かけるのだが、ローゼンベルクだけは一度も誘われない。鼻であしらわれた気分になった彼は懇願し続け、ようやくヒトラーはヴァーグナーの孫娘といっしょに連れ出してくれたのだった。だが、このドライブは失敗に終わる。後にローゼンベルクが言った通り「私は彼にとても評価されていたが、好かれてはいなかった」(11)。同僚もヒトラーのローゼンベルクに対する冷淡な態度に気付いていた。ある観察者などは、「ヒトラーが公式な場でローゼンベルクに挨拶するしても、そこには思いやりなどまったくなかった」(12)と言う。この理由のひとつは、ヒトラーにはローゼンベルクの〈インテリ振り〉と見えたものに対する、ある種の憤慨めいたものだったかもしれない。ある著名な歴史家はかつてこう書いている。「ヒトラーはローゼンベルクの自負心に対して、ある種の敵対感情を持っていた。もっぱら政治的哲学者としての指導者《フューラー》しかその役割を主張できるはずのない自負心をもっているのが感じられたのだ」(13)。

ヒトラーはローゼンベルクを不快に思っていたかもしれないが、彼がナチス運動にとっては重要な貢献者だということは認めてもいた。それゆえローゼンベルクは、ナチの〈主席哲学者〉としての地位を確立できたのである。この役目は二つの機能をもっていた。民主主義を破壊すること。その空いた場所に新たなナチ世界を構築することだった。

ローゼンベルクは比較的若い時期から、哲学に興味を持つようになっていた。ヒトラーと同じく、彼もまた「学識に自負のある北ドイツ人なら誰でも認める文化的英雄」カントを(14)、さらにショーペンハウアーを読んでいる。ヒトラーや他の雑駁なナチの〈教授先生〉と共通していたのは、彼が過去の哲学書を反ユダヤ主義の立場から北方アーリア人の伝統を作った（と彼が信じる）思想家たちのリストに仕立て上げ、この人々がナチのプロトタイプなのだと主張することだった(15)。なんでもナチの〈伝統〉においては、この〈聖人暦〉にはヒトラーの愛するショーペンハウアー、ヴァーグナー、ニーチェは言うまでもなく、ホメロスとプラトンまでが含まれるというのだ。

ローゼンベルクは、ヘーゲルも読んだことがあると主張していたが、ヘーゲルには批判的だった。彼はヘーゲルの強国思想には共感しない。ローゼンベルクの言い分はこうだ。「今日の国家とは、もはや我々がそろって頭を深くたれねばならないような、それ自体で完結した崇拝の対象ではなくなっている。国家それ自体が終ったのではない。国家が人々を保護する手段に過ぎなくなったのだ。国家の形態は変わり、法律は腐敗し、大衆だけが残っている」(16)。こうした考えが、他のナチ党員にどれほどの影響を与えたか、これははっきりしない。しかしながら、ローゼンベルクが唱えた人種理論のインパクトについては疑いようがない。

ヒューストン・スチュワート・チェンバレンと並んで、ローゼンベルグはヒトラーの書庫で見かけた名前に夢中になっていた。書庫にはアルチュール・ド・ゴビノーとパウル・デ・ラガルデの本があったのだ。ラガルデのアフォリズムの一つに「人種が複数あるのは神の考えだ」(17)というのがある。彼はこの言葉からローゼンベルクはキリスト教精神に背き、「人種の魂」という概念を発展させる。彼はそれぞれの人種はそれぞれの魂をもっていると結論づける。ローゼンベルク自身の言葉でいえば、「魂は内部からみた人種を表している。逆にいえば、人種とはこの魂が外に現れたものなのだ」(18)。彼はまた、社会進化論に依拠したヴィルヘルム・マルの『ドイツ精神に対するユダヤ精神の勝利』(一八七三)にも大きく影響されていた。マルの本の結論は、「もし人種的に対立する特徴をもった二つの競合民族が共生できないのならば、一方が他方を破壊するには仕方のないことだ」という(19)。この思想が後々、ローゼンベルクにとっては大量虐殺《ジェノサイド》を承認することに結びついていった。

ローゼンベルクが研究し資料を集め、第三帝国用の反ユダヤ主義哲学を執筆したのは自分の仕事場だった。ある訪問者が彼のことをこんなふうに描いている。

彼の仕事場は特に人目を引くものではなく、ティアガルテンからそう遠くない、普通の改築された私邸にあった。私が待たされたのはほんの短い時間だけだった。[…]やって来たのは、少々肥満しているが、背が高く、見た目はハンサムな、しかし具合がひどく悪そうな男だった。彼がやっと長く辛い病気から回復したばかりなことが私には分かった。そのうえどこを見ても彼はやはり健康とは見えなかった。ローゼンベルクは取り立てて知的とは思えない、多くの人々が私にそう言っていた。[…]私が興味をもった範囲でいえば、私が目にしているのは目鼻立ちの整ったハンサムな男であり、非常に率直な、取り立てて知的でも愚鈍でもない男だ、と私は感じた。彼の会話には閃きというものがなく、即物的だった。[…]彼の話しぶりには微かにバルト海地方のアクセントがあり、第一印象はそっけなく冷たい印象だったが、私には分かるのだが、実は彼は内気な人間だった。話すにつれて、どんどん率直になり愉快になっていった。(20)

ローゼンベルクが信奉するのは新たな「血の宗教」だった。それは北欧の魂といわれるものを本質にそって育成することに基礎を置き、この魂の高貴な性格を人種や文化の退嬰から護るためのものだった。この宗教は古代ヨーロッパ人（ケルト系、ドイツ系、バルト系、ローマ系）のキリスト教以前の宗教となっていた、と彼は考える。彼は、イエスはユダヤ教と戦った古代ガリラヤ、そのなかの北欧の飛び地住民の一人だったと主張する。信仰は北欧人種の利害関心に奉仕すべきなのだ。ローゼンベルクはこう書いていた。「今日、新しい信仰が目を覚ます。それは血の神話であり、人間内部にある神聖な本質を己が血で護らんとする信仰だ」(21)。

ローゼンベルクは自分の考えを、人種理論に関する著書としてまとめる。一九三四年刊行の『二十世紀の神話』である。この本では、「ユダヤ人問題」のようなナチズムの重要テーマが扱われる。ローゼンベルクにしてみれば、この本は、若い時期から尊敬していたチェンバレンの仕事の続編なのだった。ユダヤ人全体を侮蔑しながら、『二十世紀の神話』はドイツ人全体を英雄となる力を秘めた地位にまで押し上げる。ある研究者に言わせればこういうことだった。「いまや誰でもあっさりとその地位にありついた。つまり単にドイツ人として生まれたというだけで、一般人さえもみな超人になっていたのだった」(22)。

一九四五年までに百万部以上売れたにもかかわらず、この『神話』をヒトラーはこんなふうにくさす。「あれは誰にも理解できはしない。バルト海地方の偏屈な人間が書いたものだし、著者はやたらと複雑にものを考える人間なのだ」(23)。他方、ヒトラーはこう述べたことも記録されている。「世界史上の革命など、どれもこれも——私は極めて綿密に研究してみたが——人種間の争いを解決できなかった。もしローゼンベルクの新著――この種のものでは最良のもので、チェンバレンより優れている――を読んでみれば、このことがわかるだろう」(24)。

ヒトラーにはこき下ろされたが、ローゼンベルクはナチ党の主席人種理論学者と認められ、お気に入りの思想のひとつ、「人種階梯論」によって賞賛される。彼はアフリカ人もユダヤ人と同様、階梯の最下等に置く。最上位には、白人または「アーリア人種」が位置している。彼はまた、北欧人種理論を展開したが、それによると北欧人というのは、他のアーリア人を含む全人種の上位にいる「支配人種」なのだ。この北欧の「支配人種」は主にドイツ人からなるが、イギリス系や他の種族も含んでいた。(エストニア人としての親切心から、彼は東欧人にはつねに好感を持っており、他のナチ党指導者に対して、彼らはアーリア人の一種なのだと主張していた。)このような、一連の理論武装によって、ローゼンベルクは人気を博し、党の精神上の、哲学上の教育者として歓迎されたのだった。

行政府レベルでは、ローゼンベルクはいまや学術的な思想世界に浸透し、影響を及ぼすことができるようになった。しかし古い価値を破壊するには、イデオロギー上も行政上もいっそう多くの道具立てが必要になる。国民を教育する制度には、細部にわたって変更が加えられねばならない。教育や研究の制度も、である。このためにローゼンベルクには大学機関からの協力が必要となった。この点で、彼は二人の偉大なナチズムのチャンピオンに目を向けるだけでよかった。この二人はどちらも実際に、哲学者だったのだ。

＊＊＊

第一次世界大戦の戦場にあったのは、ただただ破壊だった。塹壕には死体が散乱し、地平線には焼け焦げた車両が点在し、水溜まりには兵士たちの周囲の泥濘が映っている。降伏するのを拒んだ兵士がひとりいた。ドイツは敗れ、停戦が呼び掛けられていたのだが、この孤独な兵士は降伏しようとはしなかった。彼は「古スカンジナビアの戦士ベルセルク」、「死あるいは悪魔」に刃向かう「騎士」のポーズを崩さず、ひとり戦場で敗戦の報に唖然とするばかりだった。その後十年以上経っても、彼は暴力による任務遂行という考えを持ち続けることになる。

この兵士は（後半生には）頭を剃っており、顎は張り、首は太かった。いかつい秘密国家警察《ゲシュタポ》の一人のように見える。彼の目にはユーモアや温かさはなかった。ゲシュタポから見てとれる表情は、ただ権力に対する鋭い視線だけだった。この男には指導者《フューラー》が持っていた鋼のような冷めたさというより、ナチの将軍のような屈強な男らしさがあった。これが一八八七年十一月十九日生まれのアルフレート・ボイムラー博士であり、彼はかつてのオーストリア帝国、現在はチェコの一部にあるノイシュタットに生を受けている(25)。

ヒトラー同様、ボイムラーもドイツ国外で生まれた。他の余所者と同じで、彼も軍事に執着する。陸軍に召集され、一九一五年から一八年まで歩兵として軍務に就いていたが、彼は逸話を残し伝説となる。ドイツが降伏してもなお、彼は武器を置くことを拒んだというのだ。ふたつの大戦の間の平和な時期、哲学が彼の武器となり、ミュンヘン、ボン、ベルリンの大学に学んだ。処女作のカント論が完成し、一九二三年に刊行されるも、何の反響もないままに終る(26)。だが、ニーチェを扱った第二作で、彼は成功する。一九二〇年代、ボイムラーはその軍隊熱を、ニーチェを国民社会主義的に解釈する方向に振り向ける。実際、ニーチェとヒトラーとを結び付けるにあたって、力のあったのはひとり彼だけだったのである。

ニーチェの著作には国家の理論はない。だが、ニーチェは新たな国家理論を生む道筋をすべて切り開いている。［…］彼の「帝国」への攻撃は、われわれを待ち構えている世界史的任務感から生じていたのだ。ヘーゲルが説いた倫理的有機体としての国家などには、彼はまったく聞く耳を持たない。またビスマルクのキリスト教的小規模ドイツ（「小ドイツ主義」）にしたところで同断である。彼の眼前にあるのは、我らが人種の使命、すなわちヨーロッパの指導者たる使命である。［…］北方ゲルマンなくして何のヨーロッパか。ドイツなくして何のヨーロッパか。ローマの一植民地か。［…］ドイツが世界史の中で存在を許されるのは、それが偉大である場合だ。ヨーロッパの反ローマ勢力として存在するか、または存在しないのか、それがドイツの選択肢なのだ。［…］未来のドイツ国家はビスマルクが創造した国家の延長にはならない。それはニーチェの精神、大いなる戦争の精神から創造されるだろう。(27)

このニーチェ論、そして彼の他の著作や冊子類は出版社アルフレート・クレーナー書店をつうじて広く普及する。他の評者はボイムラーの著作を「ナチの餌台」(28)といったが、ノーベル賞を受賞した作家トーマス・マンは「ヒトラーを予告するもの」と評している。エドムント・フッサールの直弟子、期待の星だったマルティン・ハイデガーは、のちにボイムラーの報告を賞賛することになる。それは「ニーチェの著作」である『権力への意志』をナチの流儀で解釈したものであった(29)。

一九二四年にドレスデンで学業を終えたボイムラーは、当地の、やや教養とは縁のない工科大学で講師として働く。初めは保守的な青年団体に加入するものの、彼はその後、ナチズムに夢中になっていった。一九三〇年、「ドイツ文化による反ユダヤ闘争同盟」を共同で設立し、三〇年代の初めには公然と、また激烈にヒトラーを支持する側に立った。

一九三三年ヒトラーが首相に任命されるや、この冴えない、無名の、雑駁な大学教師ボイムラーは、あっという間に、名声への道を劇的に駆け上っていく。ローゼンベルクの右腕、大学ナチ化の中心的存在になっていく。ボイムラーは出世し、ドイツでも指折りの教育機関であるベルリン大学の哲学教授に上りつめ、就任講義を行う。一九三三年五月十日、ボイムラーは大学でいちばん大きな講堂を埋め尽くした聴衆の前に立つ。数え切れないほどの学生が制服を着て、彼を出迎えている。みな鉤十字を付け、旗や幟を持って行進し、歓呼の声を上げている。その中で彼は最初の、重みのある演説をする。屈強そうな体軀やこの状況からすると、彼はむしろ青年たちの軍事指導者に見えるのだ。

またボイムラーはヒトラーのため、一九三三年、ベルリン大学に政治教育研究所を設立する。ここの学生のために政治的戦士という理想を生み出し、〈女性民主主義者〉を拒否する〈男たちの館〉を創設するのである。その後の一九三四年、ボイムラーはいわゆるローゼンベルク庁の学術部門を任される。これはナチスの頭脳訓練と教育をすべて監督するオフィスであり、彼は諸大学連絡会議の長として活動する(30)。結局のところ、ヒトラーとローゼンベルクという武器を手に、ボイムラーは「塹壕に戻り」、かつての軍隊熱そのままに戦うのだった。

エルンスト・クリーク、彼がローゼンベルク第二の腹心だった。ヴァイマール共和国の大学改変の任にあたった一人だが、背は低く、頭は禿げかかり、丸顔に金縁めがねの男である。この人物はボイムラーと大差がない。しかし、クリークはいかにもドイツの大学教授といったタイプで、スーツとネクタイに身を固め厳しく権威主義的に見えたが、彼にはむしろ人を寄せ付けない雰囲気があった。

クリークは、ボイムラーより二、三年早い一八八二年六月六日フェーギスハイムに生まれる。ボイムラーとは（むろんヒトラーとも）違い、クリークはドイツ系だった。ヒトラーと同じなのは、裕福な家庭の出身ではない点だった。クリーク家は、小規模農家と煉瓦職人からなる下流の家系だった。この階級からすると、教育を通じて出世していくチャンスを摑むのは、たいそう難しいことだった。唯一可能な道は教職につくことだったため、クリークも教職を選ぶ。ヒトラーのもとであれほど出世することになろうとは、彼はまだ夢にも思っていない(31)。

ライン河中流域のドイツ領、カールスルーエで教員としての生活を始めたクリークは、教育関連の記事や本を出し始める。例えば『ドイツ国民の理想』（一九一七）や『教育の哲学』（一九二二）などである。薄給の教員にしては、彼はとても精力的で、努力の末に当地の大学、ハイデルベルク大学から名誉学位を授与される。フリーランスの文筆家として数年活動したのち、クリークは自分の信念を政治行動に転換し始める。ボイムラーの「ドイツ文化による反ユダヤ闘争同盟」に加入し、一九三二年には国民社会主義ドイツ労働者党、国民社会主義教員同盟の一員となるのだった。同年、彼はナチの煽動をしたという理由でヴァイマール共和国当局によって処分されている。つまりクリークは、ヒトラーが首相に任命される前から、中心的イデオローグだったのだ(32)。

クリークは自由主義、平和主義、個人主義の思想を嫌悪し、ナショナリズムと民族主義の線上に構想した「有機体的」社会概念を練り上げる。彼の教育論の基礎は人種と血が重要だとする考えにある。支配的な強迫観念のひとつが、ユダヤ人が信仰生活に及ぼしている影響を根絶することだった。彼はアジア起源の宗教的思想を消去し、浄化によって本当のドイツ的宗教を得ることを主張するのだ。クリークの著作は凡庸以外の何ものでもなかったが、その数の多さとナチ内部での地位の高さゆえ、この国の大手出版社すべてに接近することができた。そうした彼の禍が及んだ出版物には、『フランクフルトの教育科学と教育学』、『哲学の決断』、『教育の哲学』、『民族的《フェルキッシュ》政治的人間学』が含まれる(33)。

クリークはフランクフルト・アム・マインのゲーテ大学学長という名誉ある地位に、一足飛びの出世をし、ヒトラーが権力を握ると、哲学と教育の教授にも任命される。フランクフルトでの昇進の一年後には、たいへん評価の高いハイデルベルク大学の教授に迎えられ、第三帝国時代をつうじて在職する。彼は自分の同僚の動向を密かに探り、親衛隊保安部に協力する。多くの重要なナチ機関の運営でローゼンベルクの手助けをした(34)。

ローゼンベルク、ボイムラー、そしてクリークが、ナチが大学に浸透していく際に、背後で制度設計をしていたのだった。いったん権力をもつ立場につくと、彼らの計画は注意深く組織立ったものとなる。巧みな操作という要素も多かったが、彼らにとって古い秩序の破壊こそまず最初にやるべきことだった。当時存在していた民主主義のシステムを崩壊させること、それが彼らの目標であり、彼らの仕事の開始点にはいつでもユダヤ人がいたのだ。

＊＊＊

エドムント・フッサールは七十四歳になっている。引退してから五年以上たった今、彼は痩せて、衰えが始まっている。もともと、彼はがっしりとした顔つきで、鼻は大きく、髭は濃かった。だが今では、頬はこけ、白髪になり、目も衰え疲れていた。彼は普段は、しわにはなっているが、もとは上質なものと分かるダークスーツ、糊のきいた白シャツとネクタイを身につけていた。フッサールの、長く骨ばった左手の指は、煙草の煙で染まっていた。自宅の書斎で考えごとをしたり本を読んだりする間はいつも喫煙するため、左手でパイプを握っていたのだった。若い頃の、金縁の丸メガネの奥にあった鋭い目つきは、年齢とともに弱っていった。

ユダヤ人フッサールは、一八五九年四月八日モラヴィアのプロスニッツ（現チェコ共和国領）に生まれた。フライブルク大学の哲学教授となり、まったく新しい哲学のあり方、現象学と呼ばれる分野を創出したことで、ドイツ全土にその名を知られる。この哲学において彼は壮大な理論を構築するのを避け、その代わりに一連の特有な経験として世界を吟味することを重んじた。フッサールの思想は有り余るほどの講義ノート、手稿、研究報告を通して広まった。四十年以上ものあいだの大学講義の成果だった。産みだしたものは膨大だったにもかかわらず、また最初期の『論理学研究』は高い評価を得ていたのだが、本はわずかに六冊しか出していなかった(35)。

一九三三年四月十四日、休暇に出かけようとしていたフッサールは手酷い通知を受け取る。非公式な調子で通知してきたのは、彼がユダヤ人であるという理由で哲学部名誉教授を「解任」(36)するということだった。これは、いわゆる「大学のユダヤ化」に対処すべく、一九三三年に実施されたバーデン令の一環だった。目標はユダヤ民族の影響をすべて排除し、アーリア人の精神を純化することにあった。

フッサールにとってこの「解任」は自分の人生のなかで「もっとも酷い侮辱」(37)だった。彼の子供たちはみな、第一次大戦中は軍に志願し、娘は野戦病院で働いていたのだ。彼の国家への忠誠心には疑いの余地がない、と彼は信じていたのだ。解任のショックからフッサールは落胆、まったくの自己懐疑に陥る。彼の休暇は大学と仕事から遁れるまたとないチャンスとなり、静かで穏やかな山地が何よりだった。フライブルクのロレット通り四十番地の家に帰ると、玄関口でこの家族を出迎えたのは枯れた花束だった。

さらにフッサールは花束にメモ書きが添えられていることに気付く。その筆跡には見覚えがあった。フッサールお気に入りの教え子ハイデガーの妻、エルフリーデのものだ(38)。メモはこの二人の友人の「哲学上の道が分かれてしまった」(39)ことに触れていた。フッサールは困惑する。これは彼が思いもしなかったことなのだ。彼と弟子との間にはある程度の知的な相違点はいつでも存在したが、大きな口論になるようなことは、特に最近はなかったのだ。その手紙には続けて、フッサールの息子、ゲアハルトへの同情が書かれている。彼はユダヤ人であるがゆえに職を失っていたのだ(40)。このメッセージはきまり悪そうな調子だったが、それでも彼らの間にある相違点は強調されていた。長い間の信頼と友情を経た後に、かつては忠実な教え子だったマルティン・ハイデガーが、師との縁を切り、今後は家族同士の付き合いもしないと明言しているのである(41)。

この若者のキャリアをフッサールはどの段階でも支援してきた。彼らは同僚、また親しい友人となっていた。じっさいこのふたつの家族は切っても切り離せないものとなっていたのだ。彼は思いをめぐらせる。この友情はなぜ壊れたのだろうか。彼は最近生じたかもしれない見解の相違についてあれこれと考えてみる。彼の批評は厳しすぎたのだろうか。彼の妻がなにか怒らせるような事をしたのだろうか。自分たちの贈物は安っぽかったのだろうか、客をあまり歓迎していないように見えたのだろうか。最後に会ったときのことを思い起こしてみる。侮辱と受け取られかねない事柄を細部に至るまで分析してみるのだが、何も見つからない。これは自分が解任されたせいだ、と彼は考えざるをえなくなる。この若手哲学者には野心があり、髭も白くなったユダヤ人とはこれ以上付き合うまいと思っていること、それがフッサールには分かったのだった(42)。数日後、フッサールは大学での研究も、それどころか大学図書館の利用さえも禁じられたのを知るのだった(43)。

フッサールのケースは一例にすぎない。ヒトラーが権力を掌握したあとの一年間で、ドイツ全土の何百、何千ものドイツのユダヤ系学者が同じ運命をたどった。これはローゼンベルクの助言によるものだった。(ヒトラーにとって「ユダヤ系」という概念は、人種的になんらかのユダヤ系の先祖がどちらかの家族にいるドイツ人まで含んでいた。このカテゴリーはユダヤ教や文化を実践している人々という枠をはるかに超えてしまっていた。)事実、一六〇〇人以上の学者がその地位から排除されたのだ(44)。こうした人々の大多数は、人種的にユダヤ系の大学人であり、辞職を強制されるか、亡命を余儀なくされた。まもなくユダヤ人となんらかの関係のある人々は——哲学者で精神科医、ユダヤ人の妻をもつカール・ヤスパースもその一人だったが——早期退職を強いられた(45)。

一九三三年という一年をつうじて行われたのは、大学からユダヤ人を追い出すこと、これが攻撃の第一弾だった。これはすぐにいっそう威力を増しながら続けられる。ユダヤ由来の思想はカリキュラムから除外される。標的となったのは啓蒙主義の思想家、モーゼス・メンデルスゾーンだった。カントなどの十八世紀の思想家は主にプロテスタントの伝統に由来するが、これとは対照的に、メンデルスゾーンはユダヤ起源の思想家だったのだ。さらに、カントや多くのヨーロッパ知識人は啓蒙主義が宗教に取って代わると考えていたが、メンデルスゾーンの場合、啓蒙主義はユダヤ教内部に深く張った根から生まれたと考えていた。彼の著作はすべての教育機関から排除される。同様に、彼の孫、偉大な作曲家フェリックス・メンデルスゾーンもその作品が禁じられ、その孫、ナチ時代を生きた法学教授アルブレヒト・メンデルスゾーン゠バルトルディも、その職を解かれ、亡命を余儀なくされる。簡単にいえば、メンデルスゾーン一族が文化上、教育上達成してきたものがヒトラーによって消し去られてしまったのだった(46)。

ポルトガル系ユダヤ人の子孫、十七世紀オランダの正統派哲学者ベネディクト・スピノザの著作もシラバスから姿を消す。第三帝国時代にミュンヘンの哲学教授であり、ローゼンベルク庁哲学部門の主席編集者だったハンス・アルフレート・グルンスキー博士はこう言う。「スピノザは［…］ドイツの神秘主義思想家を装っているだけで、協調人種主義者と同じユダヤ商人のひとりなのだ。すべての国家をタルムードの法に従わせる新たな律法《トーラー》を作ろうとしていたのである」(47)。スピノザは陰謀家とみなされるのだった。

その後、ユダヤ思想がカリキュラムから排除されたうえに、ユダヤ系の図書もまた撤去される。ローゼンベルクはユダヤ関連の問題を検閲する点で有能だった。彼は公共図書館用のブラックリスト作成を指示する。この方針に従って、図書館員は公共図書館を「浄化する」ための法的文書の作成に邁進していく。そのひとつにはこう書かれている。「ブラックリストを編集する基準には、文学的・政治的な性質がある。根本的な問いがある。政治的決定の必要性がここでも当てはまる。真の敵は誰なのか、誰に向かってこの戦いを指揮するのか」(48)。この問いには以下のような回答がなされるのだ。

我々の戦いは、我々固有の考え方・生き方を弱体化するものへの戦いである。「大都会《アスファルト》」文学、もっぱら都市住民のために書かれた文学、自らの環境つまり自らの民族、共同体からの分離を認め強調するための文学、根を完全に引き抜く文学である。これが知的ニヒリズムの文学である。この種の文学は完全にというわけではないが、もっぱらユダヤ系の著者が書いたものなのだ。［…］「大都会《アスファルト》」文学者との論争に備えるため、危険極まりない図書であっても、原則として一冊

は大都市の毒物保管庫や大学図書館内に保管しておくことが推奨される。(49)

「アスファルト」とみなされた他のユダヤ人や文化思想家には、マルクス主義の伝統に連なる人々、とくにカール・マルクス、ジェルジ・ルカーチ、また精神分析の思想家、主としてジークムント・フロイト、アンナ・フロイトなどの人々まで含まれていた。ブラックリストには、いずれユダヤ人哲学者フッサール、ヴァルター・ベンヤミン、新興のフランクフルト学派が名を連ねることになる。他にも宗教哲学者のパウル・ティリッヒのような反ナチ学者、フリードリヒ・エンゲルスのような社会主義文献を書いた人々もブラックリストに載った。これらの思想家の著作は公共、民間を問わず、図書館には配架されなくなった(50)。

検閲から放火へと、ローゼンベルクとその一味は行動を移す。火を放ちたいというヒトラーの妄想はボイムラーによって現実のものとなる。ベルリン大学の教授だった彼は、一九三三年五月、学生を狂熱的な焚書騒動に駆り立てるのだ。「それは夜通し行われ、個人の書庫に侵入することさえあった」(51)。詩人のハインリヒ・ハイネは一世紀前にこう言っている。「あそこで本を焼いているが、これは前触れにすぎない。最後には人間も焼いてしまうだろう」(52)。

ショーペンハウアー哲学の伝統を引き継ぐ二十世紀のユダヤ系ドイツ人、哲学者のテオドーア・レッシングもモーゼス・メンデルスゾーンと同じ運命に見舞われる。彼の本も焼かれるのである。しかし一九三三年八月三十日、ハイネが説いたとおり、チェコスロバキアのマリエンバートで、ナチはユダヤ思想排除をもう一歩進めてしまう。亡命中のレッシングは、ナチ政府の密偵によって暗殺される。彼が亡くなるのはマリー・バーダー病院、六十一歳だった。彼を殺害するため、わざわざ暗殺者がそこに送りこまれていたのである(53)。

たった数年の間にヒトラーは、ローゼンベルク、ボイムラー、クリークを使って、ドイツの大学のリベラルな学風に全面戦争を仕掛けていた。ユダヤ人学者の放逐、禁書、カリキュラム検閲に始まり、ヒトラーは亡命したユダヤ人思想家の暗殺を認めるところまで行ってしまっていた。いまのところ、この暗殺は単発的な出来事にすぎない。しかし学術界のユダヤ人への猛攻撃は、たったいま始まったのだ。新しいカリキュラムが起動し、ローゼンベルクは従来どおり指揮をとり続ける。

ナチのカリキュラムを推進するため、ローゼンベルクには新しい機関を立ち上げる必要が出てくる。一九三四年一月二十四日、彼は「国民社会主義ドイツ労働者党の知的・哲学的教育と訓練統括のための総統府長官」となる。彼の任務は大学ナチ化のための管理機構を構築することにあった(54)。どの大学であれ党の方針に沿って、研究と教育というふたつの活動を促進するため、諸機構が展開されていく。ローゼンベルクは、ナチ研究に従事する学者・哲学者には補助金を惜しみなく与えた。「適正な」問題に従事する学生にも奨学金を与えた。彼は教育カリキュラムを検閲し操作したが、それには哲学者とその著作物が妥当かどうかを決定することも含まれていた。いっそう奇っ怪なレッテルの張替えが行われるのだが、古代ギリシアの哲学者、ソクラテスなどは「社会民主主義者」として非難されることになる(55)。

財政と検閲によってカリキュラムを操ったうえ、さらにローゼンベルクは専門的研究施設を作り出す。新ドイツ史帝国研究所が国民社会主義の過激派を生み出していく。ベルリンに作られたこの研究所は、公式には一九三五年十月十九日に発足する。第三帝国の、あの赤い旗が姿を現し、街中に鮮やかな赤色がひるがえったのだ。褐色のシャツ、それに合わせて褐色の帽子を身に着けたナチ党員は、大衆を指導しているように見える。党員の前には党の高級幹部がいる。全員が軍服姿なのだ。ヒトラーの右腕たち、ルドルフ・ヘスとアルフレート・ローゼンベルクはもちろんだが、官僚が貴賓席を独占している。研究所設立の祝辞への答礼として、鉤十字の腕章をつけた腕という腕が挙げられる(56)。こうした新たな研究所を使って、ローゼンベルクは例の指導的ナチ哲学者ふたりと共に、新しい研究分野を構築し始める。その最前線にあるのは、人種差別の「科学」とユダヤ人の「研究」なのだ。この目的のため、この研究所にはその名も不吉なミュンヘンの特別部局が取り込まれる。すなわちユダヤ人問題研究所である(57)。

この部局の最初の活動はユダヤ系の出版物をすべて押収することだった。それらは「明らかにドイツの終わりを目指している」(58)からだ。この任務は歴史家・哲学者のヴィルヘルム・ガウ博士が達成する。彼は、単なる書斎派の学者ではなくエネルギーと将来計画の管理監督者になりおおせたカール・アレクサンダー・フォン・ミュラーの、かつての教え子であった。人類学者、生物学者、医学者、社会学者、政治学者、地理学者、歴史家が新たな「ユダヤ人研究」に着手する。ユダヤ人は準人間に分類され、生物学的には劣等、文化的には後進的とされてしまう。彼らは人類のうちでも怠惰なもの、人類の変種とさえ評価・分析される。証拠となるものが、高名な科学者たちによって、この「人種」を中傷するために広く収集されていくことになる(59)。哲学者たちもまた、この学術的に見える新たな研究領域で自分の役割をこなしていくのだった。

ボイムラーが従来どおり基調音を打ち出す。

何世紀もの間、人種の魂と民族の［…］特質は、一般的な反作用があったにせよ、統一的な文化を生み出すことができた。だが、とうとうこの力が弱まったのだ。国家を越えて活動するユダヤ人は、金銭中心の思想を用いて世界支配勢力にのし上がっている。彼らには生成する創造力をすべて破壊してしまう恐れがあるのだ。［…］折しももっとも脅かされた民族のうちで、時代の苦悩が再生に通じる意志と認識とを呼び起こした。人間性の精神とか西欧文化の思想と呼ばれた一般的な概念や価値などの曖昧な混合物ではなく、国民社会主義は有機的な世界観《ヴェルトアンシャウウング》を提供するのだ。それは症状の部分的緩和では満足しない。悪人どもの、その根幹部分を攻撃するのだ(60)。

ボイムラーにはすぐに同調者が現れる。テュービンゲン大学の哲学教授、マックス・ヴントは、反ユダヤ主義冊子を数多く書いた。またハンス・アルフレート・グルンスキー博士はユダヤ人哲学者の汚らしさ、ことにスピノザ、さらにヘーゲル哲学のユダヤ的剽窃について滔滔と論じた(61)。

新しいナチ・カリキュラムを展開して行く際に、中心となったのはドイツ優位の思想を打ち立てることだった。エルンスト・クリークは宣言する。「ドイツ人の自己実現を援けず、その意義を見出さないような知性、文化、教育、そんなものを我々は今後認めはしない」(62)。アーリア人、特に北欧の人々は、ドイツの哲学者によれば、人種的観点から新たな超人と褒めそやされる。ローゼンベルクが『二十世紀の神話』の中に並べ立てた彼の思想は、諸大学に広まっていった。

ハイデルベルク。赤茶色の屋根瓦と綺麗な白壁の家や森に囲まれ、ラインの岸辺に面した街。ここはナチスが国際世界に語りかけるには魅力的な環境だった。「古い」橋が幅広く穏やかな川に架かり、その向こうには城が聳えている。教会が幾つも、豊かで暗く平和な森のなかに点在している。四方に広がる森は穏やかに起伏している。ハイデルベルクは温暖な気候のため、無花果やアーモンドの樹もたまに目にできる。こうしたたいそう落ち着いた平穏な風景のなか、街は大学設立五五〇周年の記念式典でにぎわっていた。大講堂のなか、国際色豊かな聴衆を前に、エルンスト・クリーク教授はこう語りかける。

どの時代のどの国民も、自分自身の掟と運命に従ってその生を形成しなければならない。そしてこの自身の掟にとっては、人生におけるその他すべての領域とともに、学問が主体なのだ。ヒューマニズムの思想は、純粋な人間理性とその上に築かれた絶対精神を教えている。この思想は、だが十八世紀という時代状況から生まれたあの時代の哲学原則なのだ。それはいかなる意味においても、異なった運命のもと、異なった状況に生きる我々を拘束するものではない(63)。

哲学者たちはローゼンベルクに手を貸し、「民族《フォルク》」の思想を広めていく。哲学教授ヴァルター・シュルツェ＝ゼルデ博士は、自らドイツ人の神秘的な資質だと考えたものを把握しようとする。「ドイツの男、北欧の男は規範として作られている、つまりそれに照らすと世界に対する捉え方の妥当性が測られてしまう、そうした規範なのだ」(64)。

ヒトラーもまた高貴な地位をあてがわれる。ボン大学の哲学教授、エーリヒ・ロータカーは、ある学術書の最終章で哲学史におけるヒトラー（とローゼンベルク）の功績について、驚くほどまじめに論じるのだ(65)。彼はヒトラーの言葉を引用する。ドイツ人は「西欧民主主義の浅薄さとは正反対の形而上的な人間なのである」(66)。

大学カリキュラム再編成というローゼンベルクの計画は、若い世代にも多大な注意をはらうものだった。教授連に求められたのは、新たなイデオロギーと一緒に教え研究することだけではなかった。学生に直接の影響を及ぼすことも求められた。「ヒトラーは、これまで自分の党がどれほど学生団体に浸透してきたかを語るのだ」(67)。ボイムラーとクリークは、主に彼らが本質的に教育者だと見做されたため、ナチスに重用されたのだった。教育学の専門家として、クリークはナチの再教育法を提示する。マルティン・ハイデガーは、第三帝国の初期には高く評価された。それというのも、彼には多くの学生を転向改心させる人気教師の素質があったからである。

ナチのメッセージをドイツ全土の若者に伝えるため、クリークは膨大な文献を編纂する。他の哲学者、教育者も、自分たちの主人を満足させるために懸命に働いた。彼らの最も重要な出版物は、教育上の〈聖書〉、題して『ナチ入門――ヒトラー青年団《ユーゲント》教育に関する公式ハンドブック』であり、これは〈教科書〉としてヒトラー青年団傘下の若者七百万人に配布された。一九三六年に準備されたこの本がナチ教育の形を整えたのだが、それが党にとっては最優先事項だった。内容は粗略な社会進化論者ふうに、ドイツの青年について教育上の想定をするものだった。ためしに「遺伝と人種育成」と題された第四章を取り上げてみよう。

遺伝に関する学説から、個々人は生まれと遺伝によって分かちがたく祖先に結びついていることを私たちは学んできた。同様に個々人はしかし、世代の連続という長い鎖の中ではその輪のひとつにすぎない。類推を用いるならばこう言うことができる。個々人は遥かな過去から遠い未来へと通じていく大河の波のひとつに喩えられるかもしれない、と。幾多の世代という河をさらに遠い過去にまで辿っていけばいくほど、これらの河はいよいよひとつの主だった源泉へと収斂していく。この類推が明らかにしてくれるのは、ひとつの民族の家族や親族はみな起源は共通だということなのだ。彼らにはみな共通の遺産があり、それが遺伝の連続によって未来へと繋がっていくのである(68)。

私たちが誰なのかという根本を定義したのち、この『入門』はこう説く。

民族の遺伝という大河が旅するなか、その途上では多種多様な汚染や障害に遭遇しかねない。これが発生する可能性はふたつある。第一には、汚染物質がその民族の血流に入り込むことによって障害が発生する可能性だ。第二には、ある民族の血流が、本質的にも人種的にも異質な血と混じることで汚される可能性だ。我々が人種を育成していくには、これらの汚染を防がなくてはならない(69)。

ドイツの青年教育には、科学的に聞こえる枠組みを作り出すことが含まれていた。つまり人種を人間存在を規定する視座とし、汚染もしくは悪影響を最大の脅威とする枠組みである。

ドイツ人が直接の接触をもった異邦人はただの一種類、すなわちユダヤ人だ。それゆえ我々にとって人種を育成するとは、ユダヤ人によって精神と血が汚されるのを防ぐための闘争に他ならない。ドイツ人とユダヤ人、それぞれの道が互いに交わるような場所を提示する必要性など、今日ではほとんど存在しない。最近の数十年間、文化的・知的な生活ではユダヤ人が支配権を握ってきたのだが、この民族の性質が破壊的、不穏当なこと、それが全ドイツ人に分かってしまったのだ(70)。

『入門』には、多くのナチ教授・教育者が調査研究や執筆に加わっている。それは事実を書いた教科書を装いながら素材を提供していた。そこには、科学的に聞こえる、人種、人口、人間の本質、領土、文化、歴史、技術などに関する意見表明が含まれている。プリンストン大学教授、ハーウッド・チャイルズがこの本を一九三八年に翻訳したとき、彼はこう表現している。「この『ナチ入門』には権威がある。これは過激派の仕事でも、党内の一派による仕事でもない。これはひとりの人間のイデオロギーではなく、多くの人間が産み出したものであり、何年ものあいだ続けられた蒸留の結果なのだ」(71)。学校や大学ではその主要テーマへの反響が見出され、ナチズムの制度化に役立つ。ボイムラー、クリーク、ハイデガーと他の哲学者たちが、これらの考えに裏書しドイツの若者に広めていくのだった。

哲学も、しかしナチスには限界のあるものだった。ヒトラーの目標は、ドイツが世界を支配するに十分なだけ大衆を教育することにあった。しかも彼らは、第三帝国に完全に服従したままでなければいけない。個性、批判的思考は単に妨げられるべきものでなく、法律で禁じられるべきものであった。重要なのは、理論による教育が、忠実な取り巻きというよりむしろ自由な精神を養ってしまいかねない点にある。それゆえヒトラーは、〈純粋な〉理論につねに嫌悪感を抱いていた。彼は理論を超える〈経験〉に重きを置いた。しかしどうしたら経験によって教育できるのだろうか。ローゼンベルクが答えを見つけ出していた。「平和な時代に生きるには不幸すぎる人々には」、偉大な英雄たちの伝記を精読することが力説されるのだ。ローゼンベルクはこう表現する。「偉大な人物や彼が成し遂げたものは、私たちには理性の法則による明らかに賢い理論よりも、千倍も重要で有益に思える。［…］私たちにとってロイテンの戦いはファウストやベートーベンのエロイカと同じくらい人格陶冶の役に立つ」(72)。ローゼンベルクは、彼が究極の経験の舞台と信じたものを見つけ出している。それは戦場だ。古い大学の価値、寛容、包摂、民主主義が破壊された後では、平和は風前の灯だった。戦場でなら永続的な虐殺が支持される。戦争こそ完璧の到達点、その価値を理解することがナチ教育に欠かせないものとなった。

人種主義を説いていたボイムラーとクリークは、その後、ローゼンベルクの戦争称揚に呼応する。自分たちの地位が脅かされると見えたのかもしれない――戦争が最高の教材となってしまえば、理論の構築など時代遅れになってしまうかもしれないのだ。しかしこれら忠実なナチ党員にとって、やはり思想が武器だった。それゆえ思想をいっそう完璧な暴力装置へと磨き上げること、これが彼らの身の丈にあった野心となっていく。

波ひとつなく穏やかに静まりかえったオーデル河、その青みがかった灰色の川面には前の建物が映っている。川岸の錆色の土手は、街路樹に縁取られた砂岩の敷かれた歩道に通じている。大学の長い建物は完全に対称的・古典的に配置され、静かな河の流れが木霊している。灰色の河、柔らかな砂岩色の煉瓦、錆色の長く優美な屋根が、穏やかで温かな陰をつくり、景色に彩りを添えている。

この美しい岸辺に立つブレスラウ大学で、はじめの二年間だけでも一年の死亡者数が一千万人近くにものぼった第二次世界大戦のさなか、哲学教授アウグスト・ファウスト博士は質問を受ける。一九四一年のことだ。第三帝国の指導者たちから、ドイツの哲学者は戦争をどう受けとめているのか、と彼は問われている。彼は主要な大学にある快適なオフィスのひとつで、机に向かいペンを手に、大きく印象的な本を前にして答える(73)。彼は次のような声明を書き付ける。

> 何より注目さるべきは、まったく自発的になされた内容面での重要な合意である。結論が私たちの「世界観」とその内部の「哲学上の根幹」との間に深い相関関係があること、人文分野の全領域が「戦争の問題」と関係があることを示している。さらに言うなら、現在の事業を歴史的に研究するという本質的な合意は、おそらくなんらかの証拠として役に立つだろう。つまり我々の種と特に一致し、また時宜を得たため、今日の国民社会主義者がその存在を感じられるような力がすでにドイツの思想には存在してきたということだ。この力が以前は十全に機能しなかったのは、より偉大なドイツの力すべてを蓄積することが以前の時代には欠落していたからなのだ。むろん現下の我々は総統のおかげで力を蓄えている(74)。

戦争という問題について、哲学者たちはドイツの学術界が全会一致で同意表明することを望んだ。全員がローゼンベルクの指導に従ったのだ。

アウグスト・ファウストが声明に署名したブレスラウは、東部ドイツの中心的な都市だった。一九三三年までは、二万人のユダヤ人社会が、この都市を動かす上で重要な役割を演じていた。ナチの勢力は何年もかけて、この人々を組織的に国外へ追放し、ほんのわずかな数が残るばかりとなる。

ファウストが戦争への全面協力の書簡に署名した年、その一年間彼はその通りのことをする。わずかに生き残ったユダヤ人はグリュサウ、トメルスドルフ、あるいは他のシュレージエン地域へ移送され、そこからさらにアウシュヴィッツへ移されたのだった(75)。

ファウストのような高位のナチ教授が、ローゼンベルク、ボイムラー、クリークと並んで登場してきたが、党の指導力の役割だけを描くには、これでは誤解を招くかもしれない。ヒトラー政権下で諸大学が変貌していくには、大量の大学人たちが集団で協力することが必要だった。日々、普通の講義をする講師たちはみな、研究、教育、カリキュラム改訂などのごく小さなものでも党の指導に沿わねばならなかったし、青年たちに講じるにも指導に従わねばならなかった。哲学者や他の教育者も、国民を改造するというヒトラーの使命に始めから取り込まれていたのだった。

バーデン令(76)、つまりフッサールや他のユダヤ系知識人を学問の世界から追放する布告が実行されたとき、ヒトラーもローゼンベルクもほとんど抵抗を受けなかった。いまだ教職にある人々から憤激の声が聞こえてくることもなかった。抗議文も、キャンペーンも、抗議運動もなかった。学問は実績による、という理想の誠実さを誰も護ろうとはしなかった。実際、「ヒトラーと党に対する重要な反対の声は、ドイツでは一度も起きなかった」(77)。ひょっとすると抵抗や不賛成の声がなかったのは、恐怖心ゆえだったのだろうか。だが、ヒトラーが首相になった最初の年には、後年のナチ政権につきもののテロや報復は、まだ始まっていない。ある研究者は大学人についてこう語っている。「彼らの沈黙は強力だった」(78)。

一九三三年、ユダヤ人たちが大学を追われ、大学の建物から赤黒白の地に鮮やかな鉤十字の線が入った旗がはためき始めると、哲学者たちはただの沈黙とは違う行動をする。多くのユダヤ人が追放されると、相当な数のポストが空席のまま残される。そのなかには一流の教授ポストもある。新たな職と機会に手が届くようになる。もっと言えば、そうしたポストに就く基準が、高度な資格をもった同僚が追放されたため、大幅に緩和されたのだ。居残っていた哲学者たちはほどなく、協力すれば得られるかもしれない見返りを嗅ぎ当てる(79)。そしてハゲワシよろしく彼らは割り込んで来たのだ。

アーリア系の大学人たちが昇任に応募し始める。まもなく五十人以上があっという間の出世をする。新政府から利益を得た哲学者のリストにはこんな名前が含まれている。たとえばエルンスト・ベルクマン博士はライプツィヒ大学の哲学教授に任命される。マックス・ヒルデベルト・ベーム博士はイェーナ大学の哲学及び社会学教授に、ハンス・アルフレート・グルンスキー博士はミュンヘン大学哲学教授に任ぜられる。テュービンゲン大学のマックス・ヴント教授も協力者の一人だった。オットー・ヘーフラー博士はミュンヘン大学のドイツ哲学教授になり、エーリヒ・ロータカーもボン大学にポストを得る。ヴァルター・シュルツェ＝ゼルデ博士はインスブルック大学の哲学講座教授職を得ている。ゲオルゲ・シュタイラー博士はフライブルク大学哲学助教授になっている。これらの名前は著名な教授連のほんの一部にすぎない。もっと、もっと、もっと沢山いたのだ。

空席だった大学のポストがいったん埋まると、ローゼンベルクは他にもさまざまな思想機関を配置する。哲学者たちは志願するのに熱心となる。アルフレート・ボイムラー教授は、ベルリン大学のナチ政治教育研究所の所長に任命される。グルンスキー博士はミュンヘン大学の新たな教授ポストに加え、ローゼンベルク庁の哲学部門主席編集者となる。ゲアハルト・ヨーハン・ハンス・ハーゲマイアーはローゼンベルク委員会、すなわち哲学情報オフィスとして知られた哲学者の特別部隊で、与えられた高い地位に喜んでいる。すでに言及したように、エルンスト・クリーク教授はハイデルベルク大学総長に任命される。「ユダヤ人問題研究部局」(80)は、ナチの新設研究所のなかでももっとも不吉なものだが、この極端なプロジェクトでさえ、のぼせ上がった哲学者たちによってほどなく席が埋められてしまう。ヴント教授は熱望した結果、中心メンバーに収まった。

アルフレート・ボイムラーとエルンスト・クリークは、盛大な拍手に胸を反らし微笑みながら、新ドイツ史帝国研究所の名誉研究員に叙せられる。総統もまた直接ヴァルター・フランク教授(81)にこの研究所を委ねる。彼はカール・アレクサンダー・フォン・ミュラーの指導のもとミュンヘン大学の博士論文を完成させたのだ。戦争前の好戦的反ユダヤ主義者アドルフ・シュテカー博士が研究対象だった(82)。ローゼンベルク庁ではすべてが上手く組織され、人員も上手く配置されていた(83)。

教育をつうじて、これらの哲学者たちの多くがローゼンベルクの活動のひとつひとつを支えてもいた。ユダヤ人同僚を追放し学術組織を配置することで、彼らはローゼンベルクが〈ナチ哲学〉の枠組みを確立するのを助け、ユダヤ人攻撃に集中していった。反ユダヤ主義思想の段階史を展開しながら、彼らは人種思想の、驚くべき新たな中心を生み出しいく。ニーチェ、ロマン主義あるいは社会進化論を活かし、時としてこれらの哲学運動を融合させようとしたのである。

一九三二年、ハンス・ハイゼはケーニヒスベルク大学の哲学教授となった。同年、彼はナチ党に入党する(84)。その後、ヒトラーへの忠誠が認められ、一九三三年十月、大学総長に昇進することになる。彼が主張するのは新「指導者原則」、つまり総統への服従だった。「新生ドイツの大学には、ただひとつの掟しかない。それは我々がゲルマン的ドイツの実際の姿であるという第一理由から［…］ドイツ人の指導者の意図と目標に奉仕するにいたる掟だ」。ハイゼの協力とは、ナチ式にニーチェの作品を解釈することであり、一九三七年には科学アカデミーの連邦総裁に任命される。彼はギリシア語、カント哲学および歴史哲学を専門とし(85)、古代哲学のナチ化に加担し、「プラトンの共和国」は「第三帝国の理念の原形だ」と宣言する(86)。エルンスト・クレーによれば――この人物は第三帝国の医学犯罪を暴露したことで有名になったジャーナリストだが――ナチ時代をつうじてハイゼは「戦友プラトン」と綽名されていた。

他にも、のちにはハイゼよりはるかに有力でより悪質になっていく、協力的〈哲学者〉がいる。オイゲネ・フェルレ(87)である。彼はナチ「フォークロア」を広めた人物であり、一九四二年から四三年にかけてハイデルベルク大学哲学部の学部長を務める。以前は親衛隊(SS)将校、情報提供者として秘密情報機関(SD。ナチ党の情報機関であり、いずれはホロコースト実行という使命をおびることになる帝国情報中央局の前身)にも関与していた。一九三〇年代初期には人種追放運動を実行した責任者の一人であった。クリークとともに彼は「哲学部の独裁支配」を実践していく(88)。

一九三九年一月三十日、権力掌握六周年を祝うナチ国会を前に、ヒトラーはドイツ議会にむけて宣言する。ヨーロッパのユダヤ人をすべて絶滅させるつもりだというのだ。

人生を歩むなか、何度も私は予言をしてきたが、たいていは一笑に付されてきた。私が力を得るための戦いのなか、最初に私の予言を受け止めたのはユダヤ人種だった。私がいつの日か国家の指導権を獲得し、それによって全国民の指導権も得るだろう、そうなったら何を措いてもユダヤ人問題に決着を付けるだろうと言ったとき、彼らは大笑いしたのだった。彼らの笑い声は大きかったが、少しく時間が経った今、悄然としているのは彼らの方だと私は思う。今日という日、いま一度私は予言者になろう。ヨーロッパ内外の国際ユダヤ資本が、諸国民をうまうまと再度の世界大戦に追い込むなら、その時生じる結果は地球のボルシェヴィキ化、つまりユダヤ民族の勝利などではない。ユダヤ人種がヨーロッパから消滅するのだ(89)。

これより十二日早い一月の十八日。ドイツ最古のハイデルベルク大学の会議室では、哲学者たちが他の学者に交じってビスマルクの帝国創立記念式を執り行っていた。ゴシック式のアーチと尖塔、砂岩のファサード、スレート葺きの屋根、大学でいちばん有名な建物の前には、良い香りの樹木に縁取られた大学公園があり、階段は玄関広間へと通じている。木製の鏡板は天井まで張られている。壁沿いに真鍮のシャンデリアが煌めいている。そんなお伽話に出てくるような図書室を過ぎ、廊下に沿って歩くと、堂々たる講堂に至る。エルンスト・クリークはここで、ヒトラー自身の演説を先取りすることになる演説を行っていた。

> ドイツ人は世界の歴史のなかでも高貴な民族である。これを歴史の中でいま一度証明しようと思うなら、我々は我らが生きる世界から、どんな形であれアジア精神を排除しなければならない。それは我々の存在に入り込んだ毒物、ヨーロッパ人の疾病なのだ。これは人種のルネサンスなのだ。一九三八年、より偉大なドイツの年は、ドイツの人々に呼びかける。眼を上げ、我々が総統の勇気ある行動に適い、ドイツ最大の使命を果たす力を示すのだ。(90)

哲学者たちはこうした言葉の背後に残虐な現実があることを知らないわけではなかった。ある学者はこう指摘する。「ドイツの為政者の手元には理論家がいて、彼らがユダヤ人の数を減らすという仕事を賞讃し、学術的に公式化し、ドイツの政治が一歩進むごとに、それを学問的に支援していた。それは〈永遠に敵対する勢力〉を成功裡に〈消滅させる〉まで続くのだった」(91)。

古い価値や制度の破壊、ユダヤ人の追放、カリキュラムのナチ化、新制度の樹立から、ユダヤ人誹謗と戦争讃美にいたるまで、このように多くの哲学者たちが基礎となる仕事をし、ヒトラーが大学に自分の焼き印を押すのに彼らは協力したのだった。彼らは、ヒトラーが掻き集めた反ユダヤ主義の遺産を取りあげて、新たな教育機関を汚染していった。民主主義の価値は破壊され、暴力は正統化され、戦争は讃美される。彼らはこの手伝いをしたのだ。あれらの哲学者はヒトラーのプロジェクトを支持しただけでなく、それを極端にまで推し進めた。彼らは自分のキャリアを上昇させるチャンスを手に入れたのだった。ユダヤ系の学者マックス・ヴァインライヒはこう述べている。「ナチは比較的少人数のはぐれ者集団から始まったが、ほどなく普通の学歴をもった人間がどんどんメンバーに加わるようになった。〔…〕時が経つと大学人のほとんどがナチ化された人間になっていた」(92)。ローゼンベルク、ボイムラー、クリーク、ファウストと、過去の知性を蹴散らしナチの未来を築くのを手伝った人間を数え上げていくと、それは長いリストになる。このリストは、当人たちが言うように、ひとつのコミュニティーが存在したことを表している(93)。

こうした哲学者たちの協力は、たんなる大学の演習ではない。彼らがユダヤ人に対して知の分野での攻撃を仕掛ける前から、すでに本当の攻撃は始まっていたこと、これは書き留めてしかるべきだ。最初の強制収容所での犠牲者は、裸体のまま、まるでトロール漁船の網にかかった魚のように、どさりと合同墓地に放り込まれる。青白く、真珠色の肌は、肋骨や頭骨のあたりに張りがある。シアン化水素がブーヘンヴァルト収容所の児童二五〇人に実験使用された三年後、このガスがアウシュヴィッツで初めて実験されてから二年後、ボイムラーはそのユダヤ人研究を公刊する。一九四三年、彼はローゼンベルクの「私は、目に見えるようになった悪魔、生かしてはおけぬドイツの敵を攻撃している」という言葉を称揚する。「彼は読者にこんな感情を生み出していたのだ。すなわちこれは生きるか死ぬかの問題だ。貴方たちか私たちか、死ぬのはどちらかなのだ」(94)。

強制収容所に送られるユダヤ人の数が増えていくなか、哲学者たちは反ユダヤ主義的な研究を生産し続ける。たとえば、ヴィルヘルム・グラウ博士（ヴァルター・フランク教授と同じく、人種主義者カール・アレクサンダー・フォン・ミュラーのかつての教え子）である。彼は帝国研究所の行動本部長として、膨大な反ユダヤ主義研究を生み出すが、それはミュンヘン大学哲学部からの莫大な補助金という援助によって可能となったものだ(95)。苛まれる人間の姿――目にした人間には恐るべきものだが――が積み上げられるなか、二十世紀の哲学者たちは名声を求めて競い合い、自らの反ユダヤ主義構想は正しいと考えていたのだった。

4

ヒトラーを支えた法哲学者——カール・シュミット

ヒトラーの夢は叶いつつあった。というのも、大学の制圧がまさに進んでいたからだ。彼が冒瀆的な将来像と激烈な意志を示す一方で、その代理人たるローゼンベルクは、ボイムラーやクリークをはじめとした哲学者集団を通じて、民主主義を強制排除し、ユダヤ人を学会から追放し、人種と戦争のイデオロギーを植え付けたのだ。だがドイツの物の考え方を変えようとするヒトラーには、これでもまだ足りない。彼が思い描いたのは政治の理想像なのだ。民主主義は埋葬され、新たな世界秩序がその墓から立ち上がりつつあった——すなわち独裁だ。ヒトラーがこれを盤石にするのに必要だったのが、至上の権威——法である。これを成し遂げるためにも、彼には説得力のある法哲学者が入り用だった。

ヴェストファーレン州のプレッテンベルクは、緑の色合いと雲の風合いとが全体に広がっている街だった。これは森に覆われた山々の谷間に座しているためで、霧が街へすっと降りてくると、街路に並ぶ木々や庭を飾る茂みの葉が、周囲の丘の形と溶け合い、街は自然と一体になって、全体でひとつの景色となるのである。この神秘的なアルプスの風景のなかで、カール・シュミットは生まれた。一八八八年七月十一日のことで、ヒトラーの生まれる前年のことだった。

物語から出てきたかのようなプレッテンベルクのアルプスは、シュミット家が以前に住んでいた絵画のような谷間とは対照的だった。カールの両親はどちらも、穏やかな牧歌的風景とワイン畑の広がるフランスのモーゼル地方からの移民だった。シュミット家にはいつもフランス的な空気があり、大のお気に入りのモーゼルワインが常備されていた。

シュミット家は生真面目なカトリックの家庭だったが、その地域はヴェストファーレンでもプロテスタントの多いところであった。ほとんどがカトリックのラインラントにあっては例外的な場所で、反対にプロイセン風のプロテスタント文化が色濃く出ていた。一八七〇年代のビスマルクとカトリック教会の対立は――まさにニーチェが目撃しているが――ドイツ西部の複雑に絡み合ったカトリックとプロテスタントのなかでかろうじて抑えられていた。シュミットは、敵対的なプロテスタントに囲まれて固く身構えているカトリックの田舎社会で育ったというわけだ。

そこそこの財産しかない小実業家であるシュミットの父は、息子のカールに下位中産階級らしい教育をし、そしてカトリックの寄宿学校へと入れて、そのあとアッテンドルンの中高等学校《ギムナジウム》へとやった。そこでおそらくカールは、自由な思想に触れて、かなりの衝撃を受けたことだろう。ダーウィン、科学、民主主義思想といったものが当時の流行だったが、彼の生真面目な宗教観とは相容れなかった。学校を出たあと、カールは父から実務訓練をやってみてはと勧められたが、母が社会的野心の強い人物で、息子の大学に行きたいという希望の味方をした。学位さえあれば階級を上げることもできる。

そうして一九〇七年にカール・シュミットはベルリンへ出てきたのである。彼はフリードリヒ・ヴィルヘルム大学［現フンボルト大学］に入学し、法学を学んだが、哲学や文学のほか芸術の才能も同じく持っていた。本人は当時のことをこう書いている。

私は、支配エリートでも反対運動の側に立つ者でもない、まあまあの生まれの無名の青年であった。〔…〕それは、全く暗闇の中に立っていて、その暗闇から、灯のともった明るい部屋を見るようなものであった〔…〕。私の経験したその強烈な反発作用は、自分の役割に満足させることはなかった。私の心を満たした悲しみの感情は、私の距離感を増大させ、また、他者への不信感と他者との疎外感を惹き起こした。統治エリートは、すべての人々を、エリートと接触することに喜びを見出さず、その代わりに、自らの憐れさを示す、異質な分子ととらえる。〔…〕統治エリートがすべての人々に委ねる選択は、自らを適応させるか、自らを離反させるかである。〔…〕そこで私は、外部にとどまった。(1)

ベルリンで過ごしたのは二学期分〔一年〕だけで、そのあとシュミットはミュンヘンへ、さらにシュトラスブルク〔当時はドイツの一部、現ストラスブール〕へと移った。自宅に近い南西部を好んだこともあるし、またシュトラスブルクは（フライブルク同様）、カトリック信仰に対するダーウィニズムの侵略に抵抗しており、大学の教養・哲学部は、カントとその著作のキリスト教的解釈の中心地でもあった。シュミットは広く学んだあと、一九一〇年に法学の学位を得て、公務員になった。行政の一員であったことを後ろ盾にして、その大きな才能と実行力が華開いていく。彼は法哲学に入れ込み、わずか五年で三冊の本を書いたのだ(2)。

シュミットは結婚相手としてたいへん望ましい人物だったに違いない。なぜなら、前途有望なキャリアがあったことに加えて、本人が容姿端麗で魅力的だったからだ。ふさふさとした黒髪は中央できれいに分けられ、眉はまっすぐ、さらには若々しくどこか少年らしさを残した顔つき。後年は特徴的なしみが目立ったが、それでも人目を惹く顔立ちだった。持ち前の美貌は、趣味のいい服装でさらに引き立ち、ぱりっとした白襟のシャツと、美しく仕立てられたダークスーツに身を包んだ彼が、よく目にされたという。物腰も洗練されていて、自信に満ちた空気も持っていた。思ったことを口にするばかりか、彼は尊大でいくぶんうぬぼれが強かったのだが、性格が冷たいというよりも朗らかとなれば、女性たちはひどく心惹かれたことだろう。

国家は「自己の国民に死に赴く決意と躊躇なく敵を殺す覚悟とを要求する権利」を持っている(3)。この言葉を、シュミットは一九一四年、二十七歳のときに力強く書いている。ちょうど第一次世界大戦が勃発し、同僚らが闘うため軍隊に入った時分であった。ナショナリズムの精神に鼓舞されたシュミットは、他の人々に自らを犠牲にせよと勧める。一方で彼は自分のキャリアのため、軍隊に入るのをできるだけ先延ばしにした(4)。司法試験を受け、三冊目の本を書いたあと、ようやく彼は志願兵として入隊するが、ほどなくして負傷する。これは訓練中の落馬によるものとされている（がこの説明に裏付けがあるわけではない）。そこでシュミットは、戦闘とは縁のない安全なデスクワークに配置換えされ、ミュンヘンの軍法務部で働くことになった。

本人の言葉を借りれば「ヨーロッパ世界が四分五裂」し、「戦争による形而上的、形而下的破壊」で荒廃していた頃、シュミットはヒトラーと同じく、ミュンヘン北部のシュヴァービングでボヘミアンの世界に手を出していた。そこで前衛芸術家や表現主義画家、ダダイストなどと交わったわけだが、そのなかにはセルビア系ドイツ人詩人のテオドーア・ドイプラーもおり、シュミットはドイプラーの神秘的《クリプティック》な詩について書き残している。その詩は、騎士対ドラゴン、太陽対月、光対闇の戦いを詩的に讃えたもので、「ドイプラーの武勇詩にあるペルシアの古代神話を引用して、シュミットは一九一六年当時のドイツに当てはまる状況を描いた。民族《フォルク》は『統一へ向かおうとするのではなく、隷属への道を盲目的に突き進む』のである」(5)。そしてドイプラーの詩と劇に影響を与えたのは、誰あろうヒトラーを感動させたあの人物、すなわちゲーテにニーチェ、そしてヴァーグナーたちであった。

前時代のニーチェと同じく、また同時代のハイデガーとも共通することではあるが、シュミットには「当世ふうに対する憎悪」があった。「彼はブルジョア生活とは絶対に縁を切る、と決心する。それは『人々がすべてに関心をもつが情熱を燃やすものが何もない〔…〕物流、技術、組織』の空虚な世界である。〔…〕『善悪の区別に代わって、実利と破壊のひどいコントラストがあるばかり』なのである」(6)。その代わり、自分の信仰にどこまでもこだわることに決める。

ミュンヘン滞在時代の一九一六年、シュミットは、ウィーンの女性パウラ・ドロティッチと結婚する。女性自身の主張によれば、セルビア貴族の血統であるとのことだったが、因習に囚われない人物で、ボヘミアンたちでさえもその振る舞いに衝撃を受けたほどだった。彼女の持つ異国情緒が自慢だったシュミットは、彼女の姓を自分の名字に付け加え、カール・シュミット＝ドロティッチの名前で本を出版したくらいだった(7)。この時期、シュミットの思想は、「高次の法」という概念にカント派的な関心を抱いており、また抽象的権利という問題にも興味を持っていた。ロマン主義にしばし手を出したあと、ナショナリスト流の政治に批判的な態度を取るようになった彼は、完全に距離を取った上で生真面目なカトリック主義に戻るのだった。彼の政治観は徹底的な保守となり、防衛問題にどこまでも没頭した。彼のたくさんある著作のなかでも、『独裁』は古代ローマからレーニンまでを広汎に扱った研究書である。そしてボルシェヴィズムを激しく批判する彼が引きつづき取り組んだのが『政治神学』で、その本の中で論じたのが、抽象的理論ではなく社会こそが政治の適切な基盤であるということだった。特定の時代の特定の人々によって生きられた人生こそが、常に政府の底流を形成するのだと。

成功したシュミットは、グライフスヴァルト大学正教授の地位を手に入れる。北バルト地域に位置する、故郷から遠く離れた地であった。そのすぐあとの一九二二年、彼はボン大学に移る。こちらは絵になる谷間や素敵な山景色を縫って走る広く穏やかなライン川の畔にあり、祖先が住んでいたというモーゼル渓谷にほど近いところだった。

やがてシュミットの初めの妻は大ほら吹きだとわかり、貴族の血統だというのも結局は嘘だった。結婚生活は十年と続かず、一九二四年ふたりは離婚する。この亀裂はさらなる破局を生む。つまりシュミットとカトリック教会との関係で、彼は破門されてしまったのだ。彼の信仰心は厳しい試練にさらされたが、再び幸せを見つけ、すぐにふたりめの妻、またもやセルビア人のドゥシュカ・トドロヴィッチと結婚する。ふたりのあいだには一女が生まれ、アニマと名付けられた。幸せな時期で、シュミット自身も周囲から尊敬を集めていた。その学問のスタイルも簡潔で論理的、著作やボン大学での授業のわかりやすさから、多くの人が満足していたという。若い頃のボヘミアンのイメージは払拭され、その代わりに弁が立って尊大でありながら、身ぎれいで裏表のないドイツ人教授が現れたのである(8)。清潔な髪に端正な顔を持っているというのに、彼は常に「自分の地位や社会的イメージを非常に気にする人であった」という(9)。

成功者という栄誉を一身に浴び、そして才能も認められたシュミットは、とことん自画自賛に浸っ

壇上のカール・シュミット、1930 年

た。「卑俗で愚かな考えが支配する不毛の時代にあって、有益な議論のオアシスを見出したい」といったものが典型的な彼の発言で、別の機会では同僚に、「ドイツでだれが私の『政治的ロマン主義』第二版の序文を書くことができるでしょうか。あなたはあまりにも無精ですし、他の人々はみな愚鈍すぎます」などと言ったりする(10)。

一九二八年、シュミットはボン大学を去り、フーゴー・プロイスの後任としてベルリン商科大学法学教授の座につく。ベルリンはこれまでの街よりもはるかに重要な都市であったし、この転任にはシュミットの心もはやっていた。一方で、ヴァイマール共和国の危機的状況は高まりつつあり、極左と極右が政治的発言力を強めてゆくばかりだった。シュミットは急進政治による内政不安を恐れ、国家それ自体が強い力を持つという考え方を支持するに至る。このため彼は、国家こそを現代社会の中枢と見なす、ヘーゲルの継承者と目されたのだ。

ナチスが影響力を強めていくなか、シュミットが初めに抱いたのは嫌悪感だった。彼らのことを過激派で、国家の安全保障を脅かすものと考えていたのだ。そのかわり、安定するという理由で支持したのが、ヴァイマールの不安定な政体に対抗するものとしての、大統領制である（ただこれは権威主義への傾倒とも考え得る)。一九三二年までシュミットは内戦と過激派政治の両方を恐れており、それが共産主義者によるのか国民社会主義者によるものなのかは関係なかったのである(11)。

彼のナチスに対する不信感は、何らかの原理原則に基づいたものではまったくなかった。シュミットの日記を見ると、当時すでに彼が反ユダヤ主義につながる火種を宿していたことがわかる。たとえば彼は、「むかむかするおしゃべりなユダヤ人女性」を特筆しているし(12)、また「喫茶店にいたユダヤの少年がむかついた。何にでも驚き、際限なく笑うだけでなく、かわいい山羊までつれているのだ」(13)——おそらく「山羊」とはユダヤ人女性のことだろう。ほかにも、あとではユダヤ人を「かわいらしい小猿」と呼ぶようなあざけりの文句などがあった(14)。

寒々としたある明るい冬の朝、シュミットは高い天井を持つ喫茶店、カフェ・クッチェラの席に着いていた。朝早い時間だったが店は満席だった。身なりのいい中年の男たちが大きな新聞を食い入るように読んでおり、新聞が小さな卓から垂れ下がるさまは、その下にある白いテーブルクロスのようでもある。店には、せわしなく歩く給仕の足音と、ラジオのしゃべり声が響いており、挽き立てのコーヒーと甘い菓子パンの香りも店内に漂っていた。一九三三年一月三十日の朝のことで、マホガニー製の並椅子に腰掛けたシュミットは、このベルリンの喫茶店でコーヒーを手にして考え事をしていた。そのとき耳に入ってきたのが、ラジオでニュースを伝える通りのいい声——ヒトラーがドイツの首相に指名されたという知らせだった。びっくりしたシュミットは考え事から急に引き戻される(15)。まず呆気にとられ、そのあと気持ちが沈み、疲れがどっとやってくる。三年間も大統領制を擁護してきたというのに。真っ暗な夜に自殺を考えたと、彼は正直な気持ちをあとで日記にしたためている。ヒトラーの主権独裁がいかに法に反した形で成し遂げられたかを書き付けたが、彼は気分が晴れなかった。その夜、多量のワインを痛飲した本人の記述によれば、「ひとり落ち込んで帰った。［…］〔妻は〕病気で寝込んでいた。［…］ヒトラーはやってのけたのだ。［…］あの老いぼれはとうとう狂ってしまった。ひどく寒い夜だ」(16)。

ヒトラーが浮かれ騒ぐあいだ、シュミットは家族とともに自宅へ引きこもった。深刻に押し黙るシュミットをよそに、たいまつを掲げた勝利パレードが国民社会主義者たちによって進められ、ブランデンブルク門を抜けていく。用心深い彼は、力を次第に高めた彼らがいずれドイツの大学から不純分子を追放するだろうと睨む。そしてナチズムに批判的な人間と目されていた彼は、そのあと排斥運動、弾圧政治、国家分裂に頭を悩ませることになったし、またボイムラーやクリークに率いられた哲学者軍団を含む多くの学者たちが国民社会主義の支持を公言するのも目の当たりにしてしまう。この流れをさらに強めたのが、マルティン・ハイデガーの親ナチ的支持だった。彼はシュミットに宛てた一九三三年宛の手紙でも、彼に党への参加を促している(17)。

ここで突如として、シュミットの心境が一変する。一九三三年五月一日、彼は列に並んで国民社会主義ドイツ労働者党への入党を果たす——党員番号は二〇九八八六〇(18)。この直後の五月十日の夜のことだ、ドイツ各地の大学都市でナチの学生たちが、ユダヤ人著者の本を火にくべたのだ。炎が紙を引き裂くなか、シュミットは学生らの焚書を激励したばかりか、ナチスの地方紙でも記事を一筆書いている。そのなかで彼は、デカダン時代の「非ドイツ的精神」と「反ドイツの汚物」が焼かれたのは喜ばしい限りとして、国外生活者〔著書の焼かれた人たち〕の市民権を剥奪せよと政府に求めた。〈敵〉に通じているからというのがその理由だ。「ドイツ語で書いたからといってユダヤ人著者がドイツ人になるわけではない。ドイツの偽造紙幣でドイツ人がつくれるわけがないのと、同じ理屈である」というのが彼の主張だった。そしてユダヤ人著者を評価する人をも、人でないとばかりにあざ笑う。「我われの教養ある祖母や叔母たちは、ドイツ人とばかりに思っていたハインリヒ・ハイネの詩集を読んで、ブルジョワの目に涙をたたえた」のだと。シュミットは、ただ一点だけ本を燃やした学生たちに文句をつける――火にくべた著者の数が少なすぎる、と。〈非ドイツ人〉著者の本だけを焼くのではなく、学知なり専門職なりでユダヤ的思想に影響を受けている非ユダヤ人著者の書いたものもそこへ含めるべきだ（そうした分野ではユダヤの影響が色濃く有毒であるのだから）、というのだ。こうして著名な教授が焚書を奨励したことは、体裁を求めるヒトラーにとって、恰好の追い風となってしまう(19)。

ファウストのごとくナチスに魂を売る契約がすでにこの時点でもうなされてしまっていたようだ。だが動機は何なのだろうか。恐怖だろうか。自己の安泰と引き替えに、シュミットは全幅の忠誠を差し出したのだろう。彼はまもなく、一党独裁国家こそが二十世紀の国家のあり方だと、ドイツ国民の団結を成し遂げる第一歩なのだと、声高に言い始めた(20)。その支持の見返りとして、シュミットはナチスから「ドイツにおける最も高名な国民的憲法学者」と認められるに至る(21)。これと前後して彼は、名誉のほかにも公的立場への任命という形で、協力のうま味を手にし始める。当時プロイセン州の首相だったヘルマン・ゲーリングは、ヒトラーのお気に入りで、常々芸術家や知識人に恩を着せて悦に入る人物だったが、シュミットをプロイセン枢密顧問官に任命したのだ。ゲーリングはしばしばキリスト教的道徳や啓蒙主義的ヒューマニズムを「人間性という愚かな偽りの不健康な理念」と毒づいていたが(22)――そんなことはこの法哲学者には少しも気にならなかったらしい。ゲーリングのお墨付きもあって、シュミットは、ドイツ法学アカデミーをはじめとしたナチの法務機関の多くで委員を務めることになり、その主要な会議で何度も講演を行った。また国民社会主義ドイツ法学者連盟大学教官部会の座長に指名されて、その地位にもついている。

ミュンヘン大学やケルン大学など、ドイツでも最高ランクの大学から重要ポストの申し出があったが、当地で最高権威たる役職に任命されたい一心で、シュミットはこれらを固辞している。やがて彼はベルリン大学教授となり、一九四五年にナチ時代が終わりを迎えるまで、彼はその地位に収まることになる。初めにシュミットが抱いていた嫌悪をよそに、「いまやヒトラーが事実上も法律上もドイツ国民の政治指導者《フューラー》となった」(23)ことをたちまち認めた彼は、過去に書いたものの多くを、ナチズムの後ろ盾となるように書き換え、これから公表するものについても、ナチのイデオロギーに全面的に調和するような表現を用いようとして、反ユダヤ的な言い回しも取り入れ始めていた。まだ度の過ぎたものではなかったとはいえ、彼は全体主義体制の基盤を準備するための理想的な法制度を描きつつあったのだ。

ヒトラーの夢が、法の後ろ盾を得てゆく。委任独裁と主権独裁に対するシュミットの法分析は、もとは一九二二年に策定されたヴァイマール憲法の第四八条に基づいており、一九三三年二月二十八日にヒトラーが緊急令と権利停止を通して権力の強奪を行ったことに法的根拠を与えるものだった。そのほかシュミットは、一九三三年三月二十四日の授権法を正当化するお墨付きのための論文も書いており、シュミットの分析によれば、その法によってドイツは合法的に委任独裁から主権独裁へと移行したのだという。またシュミットは、ヒトラーのために第三帝国憲法の法哲学的枠組みを練り上げ、一九三三年十二月一日の「党と国家の統一を保障するための法律」に基づいて、国家元首・党指導者の両側面を持つヒトラーの地位こそ中軸になるものとした(24)。

半年後の一九三四年六月、シュミットはナチの法学誌「ドイツ法律家新聞」の編集長になるが、そのあとの同年六月三十日に「長いナイフの夜」事件が起こってしまう。ナチ内部で、裁判なしの処刑でもって反乱分子が粛正されたのだ。少なくとも党内の八十五人が殺害され、合計では百を超えたという。シュミットはこの粛正の正当性・合法性を速やかに擁護する。政治的殺人は「行政法の最高形式」として正当化されるとしたのだ。のちにゲーリングは、世界中の非難から総統を守ることこそ帝国法律家の義務である、と述べており、シュミットはこれに従い、「総統は法を護持する」という影響力の強い論文まで公表している(25)。きわめて寛容な視点から伝記を書いたジョーゼフ・ベンダースキーでさえ、シュミットは「残忍な一党独裁の弁護人となった」と記しているほどだ(26)。

カール・シュミットはドイツ法学アカデミーの一員となった際、入会講演で次のようなことを述べている。「ニュルンベルク党大会での総統および同志諸君の大演説は、奮い立つほど明快に、イデオロギー闘争におけるユダヤ民族との現在の戦闘を、私に示してくれました。[…] 我々はドイツ精神をユダヤ人の歪曲から解放せねばならないのです」(27)。

シュミットは出世を続け、ヒトラーの主席法律顧問となった。法哲学者としての専門知識のおかげで、彼はさらなる独裁行為にも法としての形を与えることができたし、そもそも彼のナチ哲学には、ドイツ民法からの〈人〉の排除という要素があった。シュミットはこう述べている。「憲法上の諸原則に関する我々の考え方が、再びドイツの手に戻った。ドイツの血、ドイツの名誉がドイツ憲法の精神となった。そして国家は、人種の力と統一の体現者になった」(28)。

さらに、一九三六年十月ベルリンで開かれた法学教員の会議では、議長としてこう述べている。「我々知識人の仕事に対して、ユダヤ人は寄生的関係を有し、その意図は戦術的商業的である。[…]

ユダヤ人は素早く抜け目がないし、適当な時に適当なことを言う術を心得ている。これは、寄生虫、生まれながらの商人本能である」。そしてナチ指導者層の求める「健全な悪魔払い」を称賛し、「ユダヤの残忍性と図々しさ」とドイツ民族の倫理的名誉との「原理原則をめぐる純粋な戦い」を歓迎し、「ユダヤ人は不毛かつ非生産的」で「危険」だとした。安易な「ユダヤの影響を駆逐できない感情的反ユダヤ主義」を批判したシュミットは、『我が闘争』を引用して「ユダヤ人から自分自身を守るなかで［…］私は神の御業をおこなっている」と述べて、会議をしめくくっている(29)。

あるとき、シュミットのナチ加担に愕然とした亡命者たちが、彼はただ出世第一の日和見主義者であって真のナチではないという主旨の記事を、対ナチの抵抗新聞に載せた(30)。また一九三六年十二月、SSの刊行物「黒色軍団」では、シュミットはヘーゲル的国家観を持つ思想家で、そもそもカトリック教徒なのだと非難され、彼の反ユダヤ主義は見せかけに過ぎないとして、ナチスの人種理論を批判した初期の発言が引用されもした。この反動からシュミットはさらにヒトラーへの忠誠を深めることになる。講演や著作で彼は叫ぶ。「総統は、国家の機関ではなく、国民の最高の裁判官であり、最高の立法者である」と(31)。シュミットの反ユダヤ主義も激しさを強めていき、一九三六年十月三日にベルリンで開かれた「法学におけるユダヤ主義」に関する会議では、シュミットは「ユダヤ精神と闘うドイツ法学」という閉会演説を行い、まずは法学へユダヤ思想が入り込んでいる問題を確認してから、いかにすればそれを浄化しえるか、という議論を進めていった。ユダヤ人著者の同定方法、主流思想からのユダヤ思想の分離法、法思想の確実な浄化法といった実際的問題に焦点を当てつつ、彼は演説をこう締めくくる。「私は、アドルフ・ヒトラー総統が『我が闘争』の中でユダヤ人問題について書かれたすべての言葉、とりわけユダヤ的弁証法に関する総統の所説がもっと読まれるべきことを、声を大にして叫びたい」(32)。

一九三九年、シュミットが世界的な注目を浴びることになったのは、ナチの会議で原稿を読み上げたのがきっかけだった。一九三九年四月一日、キール大学の演壇に立った彼は、ドイツ国家は新たな国際世界秩序の担い手である、と告げた。シュミットの説によれば、帝国は「他国の干渉を受けない独自の法を定める」ものである(33)。この考えを著作でさらに精緻にした彼は、世界は〈広域《グロースラウム》〉という複数の大帝国に分割されると論じた。たとえば彼が引き合いに出すのは、合衆国やソ連に新参の日本で、それぞれが独自の帝国領を持つという。そしてシュミットは、戦争を通じた暴力はこうした帝国の防衛手段に過ぎないとした。シュミットの見立てでは、ヨーロッパはドイツの帝国になるはずだった——そのときの彼はナチスにへつらうつもりはさほどなかったのだが、ドイツがヨーロッパをその領土とする手段としては、流血を完全に認めたのである。英国の新聞である「タイムズ」と「デイリー・メイル」の二紙が、このシュミットの原稿を紹介した。四月五日付の「デイリー・メイル」は、「ヒトラー氏とシュミット教授とは、いまやこの概念の大綱を完成することに専念しており、総統はまもなくそれをドイツの絶え間なき膨張の正当な根拠として世界に提示する、と思われる」と報じ(34)、同日付の「タイムズ」も、「従来ドイツの政治家は誰も東欧におけるドイツの目標について明確な言明をしてこなかったが、国際法の分野におけるナチの専門家カール・シュミット教授が先頃行った声明は、この問題についての信頼するに足る手引きと受け止めてよいであろう」と論じている。さらに「デイリー・メイル」はそのあと、「この政策に関してヒトラー氏を支える中心人物はカール・シュミット教授である。彼は中年のハンサムな男であり、ドイツの指導的な国際法学者である」と伝えた(35)。シュミットに対する反発が、とりわけ暴力の承認への拒否感が、確かに海峡を越えて広がったのである。ウィンストン・チャーチルは演説のなかで彼をこき下ろし、歌手ヴェラ・リンまでもが彼を敵視するに至った。

シュミット教授は、一九四五年までベルリン大学でナチ法哲学者の首魁として働いた。ヒトラー独裁の法的な後ろ盾を作った彼は、民主主義を過去のものとして焼き払い、そしてその灰の中から暗黒の不死鳥のごとく立ち上がるものに許可を与えたのである——合法な権威・権力としての独裁に。

5

ヒトラーの超人《スーパーマン》――マルティン・ハイデガー

ヒトラーの夢は達成されたかのように見える。人種差別、独裁、戦争が新たな知的風景となり、哲学者たちはその全計画に入り用な鋭利な武器を提供していた。これ以上足りないものがあるだろうか。いや実は、ひとつだけ大学からまだ抜け落ちているものがある。これが整うまでは、夢も不完全なままなのだ。

ローゼンベルク、ボイムラー、クリークらは、帝国の哲学者たちと結託してドイツ国内を支配してはいたが、国境を越えたところへ届く名声は、そのうちの誰もが持ってはいなかった。ヨーロッパや全世界となると、彼らの知名度も微々たるもので、単なるナチ御用学者と切り捨てられるだけなのだ。総統はご立腹だった。「リンツ図書館の大閲覧室には、カント、ショーペンハウアー、さらにはニーチェの胸像が置かれている。我々の偉大な思想家たちだ。彼らと肩を並べる人材など、英国人、フランス人、アメリカ人には思いもよらない」というのが彼の自慢だった(1)。だが、いずれも過去の傑物たちだ。ナチスは当代の天才を欲していた。自分たちの計画に知的崇高という華を添えてくれる、輝かしい知性が必要なのだ。誰ならばそれができるか。カール・シュミットは世界的に有名だったが、法哲学者である彼には無理だった。ここで要求されるのは本物のゲルマン的精神だ。ドイツ・ロマン主義やニーチェ、そして民族の遺産を現在に、さらには未来へと伝えてくれる人物なのである。これはケーキの上にかけるアイシングのようなものなのだが、さてそんな人物はどこに見つかるのか。

実際に存在したのだ。将来の世代に種を蒔くことができ、さらにその溢れんばかりの知的迫力が学生世代の崇拝の対象となっている、預言者然とした人物が。だが、人間の知性が生み得るなかでも深遠複雑の極みにあるような思想を摑むほどの畏るべき天才、〈超人〉が、はたしてヒトラーのような悪人に買収されるのだろうか。

一九三三年五月十日ベルリン。期待感が高まりつつあった。夜の冷ややかな空気が静けさをいや増していたが、やがていくつのも影が現れては消え、銀の光が都市のあちこちにきらめく。規則正しい物音が地面から聞こえてくるかのようで、かすかな琥珀色の光が街区や借家区のあいだを抜けていく。しばらくしてリズムが変わり、燃えさかる蛇のようなものが闇から立ち上がる。あたりには儀式の参加者が無数におり、格子状の通りを折れ曲がりつつ並んでいた。

ベルリンのヘーゲル広場――十九世紀を代表する思想家にちなんだ名前の場所――では、火の付いたたいまつを手にした学生の長い列が行進しているのが見られた。フンボルト大学向かいのオペラ広場へと移動した彼らは、ちりぢりになって、興奮しながらひとつの巨大な篝火を燃え立たせる(2)。黄金の炎が黒々とした空を切り裂き、たちまちあとに灰煙と炭塵とが続く。そして闇のなかに、明色の帽子と隊服に身を包んだ、熱狂した若者たちの群れが見えてくる。隊服の一団は、大事なことがあるとばかりに気が高ぶらせながらも集まりだすと、歌を唄い、「火の誓い」を唱え、そして呪文のように合い言葉を叫び、かたわらでは持ってきた旗がうねっている。全員で大気に充満する濃い煙を、木の燃える臭いを吸い込む。すぐに地面を汚す燃えがらは、ごみ捨て場のくずのよう。だが、そのあと続いて何かが篝火のなかに投げ込まれる直前、歓喜に酔う闇の群衆の目の前には、白く鮮やかに輝く書籍のとてつもない山があったのだ。本の一ページ一ページが、炎のなかで命を輝かせるかのように一瞬だけ激しく燃えると、あとは急病に倒れたかのようにたちまちぼろぼろの灰と化していく。

初夏のベルリンで、その夜目撃されたのは〈非ドイツ的〉書物の公開焚書であった。実行したのは、大学生を伴ったSA（突撃隊）というナチの準軍事組織の隊員たちである。この催しはポスターで宣伝されていた——「国民社会主義学生同盟は、ユダヤ人どもの恥知らずな煽動に対する返報として、有害なユダヤ文書の公開焼却を呼びかける」(3)。呪われた書物として、ユダヤ人思想家であるスピノザやモーゼス・メンデルスゾーンの本、そのほかジークムント・フロイト、カール・マルクス、アルベルト・アインシュタインの著作なども一覧に挙げられていた。その夜、火にくべられた本は他にも、同化ユダヤ人一家の出身である十九世紀ドイツの抒情詩人ハインリヒ・ハイネのものがあった。ヨーゼフ・ゲッベルスはこの火を「興隆《ルネサンス》のシンボル」として言祝ぎ、二万五千冊を超える書籍が燃えさかる炎のなかに投げ込まれたという。群衆は沸いた。嬉しそうに目を細めてこの催しを見物していたアルフレート・ボイムラーも、盛り上がる演説に自分も舞い上がり、歓声を上げたのだった(4)。だがボイムラーもゲッベルスも、どちらもヒトラーの超人ではない。

数日前の五月一日、ドイツ南部のフライブルクでは、もっと大きな火が焚かれていた。だがこの炎は広報の一環だった。この手の込んだ公的行事にあって、ドイツでも最大級の評価を受ける哲学教授が並々ならぬ熱意を持って現れ、ナチ党に入党したのだ。入党日はカール・シュミットと同日で、党

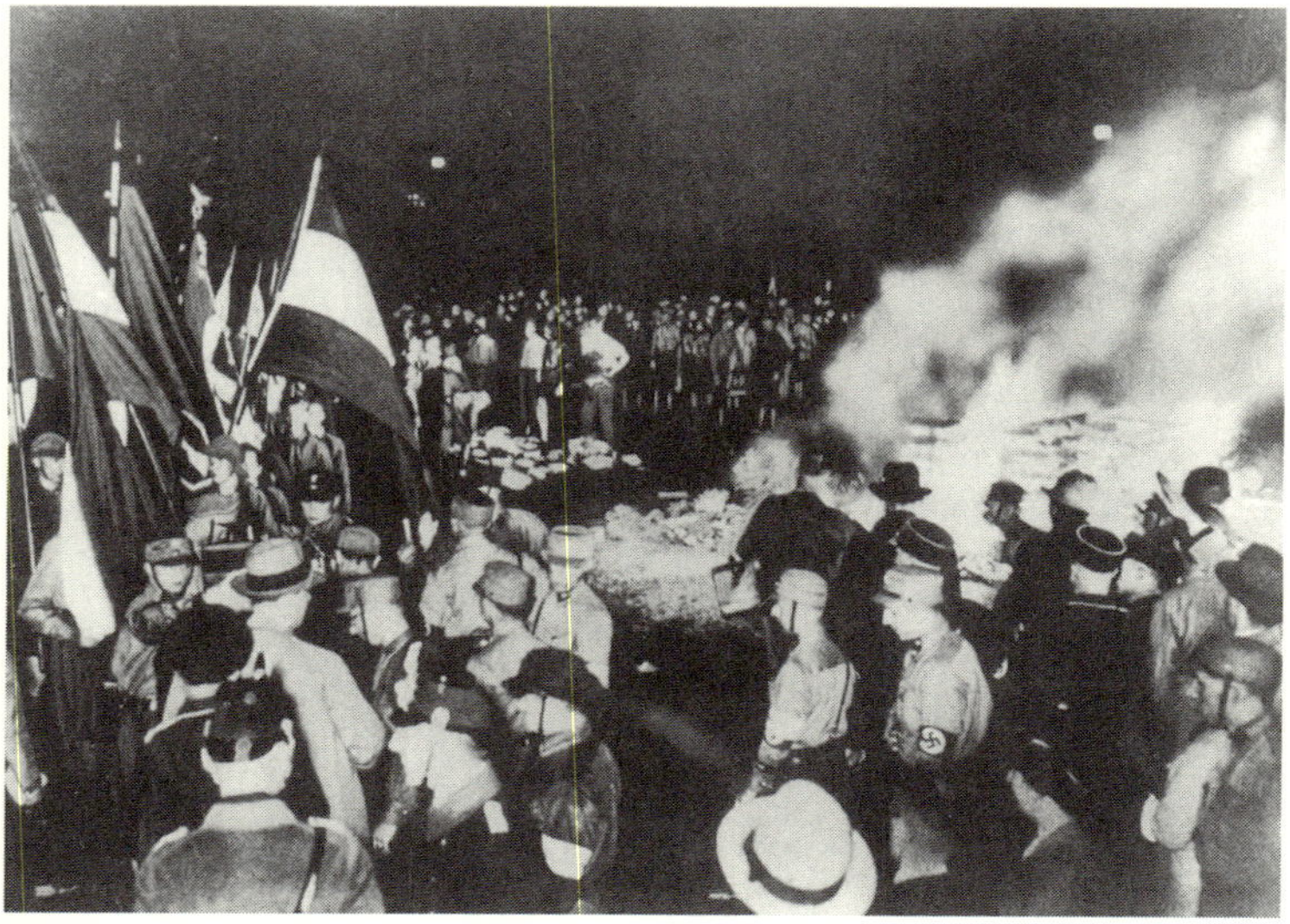

焚書、ベルリン1933年5月10日

員番号は三一二五八九四(5)。彼はナチ党本部と相談の上、この日を計算づくで選んでいた。なぜなら五月一日とは〈民族共同体の国民祝祭日〉。この哲学者は、大学構成員の参加を「軍隊式に要請」していた。演説のなかでこの有名教授は、第三帝国は「ドイツ民族のための新しい精神世界の建設」と告げ、国民社会主義の建設は今や「ドイツの大学の最も重要な使命となっている」とした。さらに彼は演説のなかでヒトラーの目標を褒め称え、大学のナチ化を「この上なく高い意味と質とをもつ国民的な仕事」として歓迎したのである(6)。

地元のナチ新聞は、この有名な思想家に大きな敬意を払って、このように記している。「我々は、マルティン・ハイデガーが、その強い責任感とドイツ人の運命および未来についての憂慮をもって、我々の壮大な運動の中心に立っていたことを知っている」。同紙のこの人物への賞賛は、これだけでは済まなかった。続いてこう述べている。「我々はまた、彼が自らのドイツ的心情を決して隠さず、存在と力を求めるアドルフ・ヒトラーの党の厳しい戦いを以前からこの上なく効果的に支援し、常にドイツの神聖なる問題のために犠牲を払う覚悟を固めていたことも知っている。ナチ党員にして彼のところを訪ねて失望した者は誰一人としていなかった」(7)。

フライブルク大学教授のマルティン・ハイデガー——ドイツを導く光のひとつにして、この章で問題となる哲学者である。彼の知性は力強く、その思想もまばゆいばかり——ようやく待望の〈超人〉が現れたわけだ(8)。

ハイデガーは早速ヒトラーを理想的なものとして描き、そしてヒトラーが首相に選出された一九三三年一月三十日から三ヶ月とないタイミングで、大学の総長になることを承認されている(9)。彼の選出は、「大学を国民社会主義に沿ったものへと変革する第一歩」として歓迎された(10)。こうした協力行為は世界中に衝撃として伝わった。なぜならハイデガーは一般人ではなく、ましてや並の哲学者ではなかったのだ。彼には賢者のオーラがあった。教え子のハンス・ガダマーは、このカリスマ性をどうにか捉えようと、次のように述べている。「彼は最小最弱、声は最大、誰よりも無能だったが、いいいいいい、私たちみなを導いいてくれたいい」(11)。ハイデガーは、周囲から畏敬を集めていた。そして、この「思索の帝国における隠れた王」は、まったくの新しい哲学を創造しているとの噂が広がっていた(12)。彼の講義は満員で、学生たちが空いた場所を捜そうと押し合いへし合い、廊下にまで溢れるほどだったという。

ハイデガーが世界の舞台に突如躍り出たきっかけは、一九二七年に出版された驚くべき最高傑作『存在と時間』であった。そしてその後まもなく刊行された『カントと形而上学の問題』(一九二九)

とも相まって、彼の名声はいや増す。そのあと常人ではありえないほど独創的かつ革新的な著作を立て続けに上梓していき、『形而上学入門』（一九三五）、『哲学への寄与』（一九三六〜三八）のほか、『ヘルダーリンの讃歌「イースター」』（一九四二）のようにロマン派から受け継がれた思想を取り入れたものまであった。

ハイデガーのナチスに対する協力は、ヨーロッパ中の崇拝者たちを戸惑わせたが、ドイツ国内では大きな影響力を発揮した。それにしても何にもましてわからないのが、なぜハイデガーほどの傑物が、ヒトラーのようなこけおどしにひざまずいたのか、ということだ。ハイデガーの同僚にして親友でもある有名な精神科医・哲学者のカール・ヤスパースが、彼に聞いたことがあった。「あんな無教養な人間にドイツを統治させていいものかどうか」。するとハイデガーは、目を嬉しそうに輝かせながら、こう答えたという。「教養などはどうでもいい。[…] あの人物の素晴らしい手を一度見たまえ」(13)。おそらくはハイデガーの過去が、ナチズムへの熱烈な協力の手がかりを与えてくれるだろう。

ハイデガーが生まれたのはヒトラーのほんの五ヶ月前、一八八九年九月二十六日のことだった。彼の生まれ育ったバーデンの小さな町にある聖マルティン教会に飾られた絵画が、彼の人生におそらくは関係がある。柔らかな褐色と落ち着いた黄色とで描かれた聖母マリアは、地味で質素な衣を身につけ、母親らしく優しく穏やかなまなざしで、下にいる赤子のキリストを見つめている。それとは対照的に裕福そうな三人の男が、金の装飾品と高価で優美な織物をつけて、生まれたばかりの子どもに挨拶をしている。彼らが豊かな証拠は、絵の細部に今でも残っており、彼らの輪廓は、絵の他の箇所と同じく、砂岩色で上塗りされていたからだ。椰子と石柱をあしらった額縁つきのこの絵の題名は『賢者の崇敬』、一五三八年頃にルネサンス時代の〈メスキルヒの親方《マスター》〉が描いたものだという。この絵は、この少年と家族にとってはたいへんなじみ深いものだったが、彼が成長して将来〈メスキルヒの巨匠《マスター》〉になるとは、誰も知る由もなかった。

メスキルヒは、歴史豊かな地域に位置する小さな町で、数々の教会や城、さらにベネディクト会系の修道院が立ち並ぶ風景が特色である。このカトリックの豪華な遺産が地域の質素さとは対照的で、唯一存在する産業は一軒ずつある醸造所、糸巻き工場、搾乳場だけだった。農業や工芸に従事する農民だけで構成された貧しい地域なのである。

ハイデガーの故郷は、シュヴァーベンのアルプス山脈近くの標高の高いところにあり、「空の広大さに身を開き、同時に大地の神秘に根を下ろしていた」と、ハイデガーは好意的に書いている(14)。高原地帯は荒れ果てており、荒涼とした不気味な風景で、ひどく寒く、風よけとなるものもなかった。メスキルヒは、この高原とコンスタンツ湖、それからドナウ川の上流に挟まれたところに位置していた。肥沃な湖沼地帯が西に広がっていて、結果として穏やかな気候となっていた。

下位中産階級の家に生まれたハイデガーは、質素で慎ましやかであるようにとの養育を受けたためか、彼は生涯その生活様式を変えなかった。父親は地元の教会の用務人で、周囲の雄大な風景ではなく、少年には小さくあたたかなわが家こそが落ち着く場所であった。母親の生地である隣村のゲッギンゲン、そこの農場にハイデガーのいとこが住んでおり、同い年であったふたりは、塀で囲われた耕作地や空き地、それから近くにあった校庭付きの学舎などで、よく一緒に遊んだという。

ハイデガー家には息子を大学へやる余裕もなかったので、彼はイエズス会の神学校に入った。そのあと一九〇九年から一一年まで、引き続きフライブルク大学で神学の勉強をしたが、彼自身は聖職者になるつもりだった。だが考えを改め、〈哲人賢者〉として人生を送ることにしたのは、内的探求の必要に迫られたからである。博士論文を書き上げた彼は、さらに研究を進め、翌年には無給の私講師の地位を得た。第一次世界大戦の最後の年には兵士として従軍し、そのあと退屈な事務仕事にもついたが——ドイツを離れることはなかった。一九一七年、エルフリーデ・ペトリと結婚した彼は、すぐにふたりの息子をもうけている。

戦後になると、エドムント・フッサールとともに研究していたハイデガーは、フライブルク大学でこの傑物の上級助手という有給ポストを得ることができた。そしてこのあと起こることも知らぬままに、フッサールは、ハイデガーの親身な指導者かつ個人的友人となるのである。一九二三年、フッサールの助力によって、彼は近くのマールブルク大学に職を得られることになった。この出世の好機を喜んで受け入れたハイデガーは、そこで五年間を過ごす。一九二八年、フライブルクを退職することになったフッサールは、人事委員会の決定からすぐあとの一月二十一日、ハイデガーに私信を書き送っている。「親しき友よ。委員会にて決定——唯一公認候補者として。当然いっさい他言無用」(15)。フッサールは、自分の後任にきちんとハイデガーが指名されるか、かなり気にかけていたのだが、結果うまくいき、ハイデガーはフッサールの後継者となったのである。

残りの人生をフライブルクで過ごすことに決めたハイデガーは、当時ドイツ最高の大学と目されていたベルリン大学を含む名門大学からの申し出をもすべて断っている。彼は故郷に根を下ろしており、心を奮い立たせたいときには、いつも家族や育った場所——〈血と大地《ブルート・ウント・ボーデン》〉へと向き直るのだった(16)。彼はメスキルヒについてこう書いている。「すばらしく気持のいい[…]ここでのぼく[…]。山の孤独、山びとの落ち着いた暮らしぶり、太陽や嵐や空の荒々しい近さ、遠くの雪深い斜面にひとすじ残るシュプールの単純さ［…］ここは純粋な喜びのふるさと。〈興味をそそること〉など要らなくなり、仕事は遠く森にひびく樵の斧の安定したリズムにのってゆく」(17)。

ハイデガーは自然を愛していた。カントなどの父祖の難問に深く立ち入るため、彼はトートナウベルクの山の上に、自分ひとりのために木造の小屋をこしらえていた。そして物を書くためによくそこへ引きこもるのだが、電気は通っておらず、水は近場の井戸から汲み上げるといった具合で、彼はここを〈山荘《ヒュッテ》〉と呼んでいた。長年にわたってハイデガーが生み出してきた有名な著作の数多くが、初期の講演から晩年の難解なテキスト群に至るまで、この山荘で書かれたものなのである。彼の説によれば、知性と感情の深いつながりは、建物とその周辺環境との関係に等しく、さらには風景は自分を通して物を語り、山の精神は自分の心を通して話すのだという。うねる山道に沿って、ハイデガーは樅の森のなかを登り、さわやかで涼しげな山の空気を吸ったことだろう。都会の喧噪から離れ、彼は自然の繊細な音を、晴れゆく霧を、木々に優しく吹き上がる風を、野生の鳥を全身で感じる。そして民族衣装の半ズボンとチョッキを身につけ、膝まである厚手の毛糸の靴下を履いた農夫さえいれば、彼の愛した絵のできあがりである。

一見今にも倒壊しそうな、青い窓枠のついた緑の外壁の平屋——彼の山荘を外から見るとこのような具合である。内壁は、濃い木の色そのままだ。家具は基本的なものばかりで、外からは田舎特有の匂いが漂ってくる——野の焚き火に樅の木、そして湿った土の匂い。ハイデガーが仕事をする書斎は薄暗く、碧の森に面した小さなガラス窓がいくつかあるだけだ。草原は、音を立てる水槽まで続いていて——これが彼にとって特別重要だった。小屋にはエルフリーデが料理するささやかな台所もあり、そこにある黒色の煙突付きストーブは、台所の水漆喰の壁とは対照的な色使いであった。一家はいつもクリスマスになると、帽子とスキー板を持参し、雪に埋もれたここで過ごすのだ。ハイデガーは農民風の服装をして、自分の森を斧で切り、黒い森《シュヴァルツヴァルト》の方言をわざと使うこともあった。

一九二〇年代のハイデガーは精力的に活動していて、大勢の前で講義や講演を行うこともあれば、森でひとり引きこもり、カントとニーチェのふたりに取り組むこともあった。その文句なしのカリスマ性は『存在と時間』によく現れている。この本は、暗号《クリプティック》のような言葉で書かれた、人を虜にする魔道書のようにも読める。その使命は、日々経験することの謎を解き明かすことにあった。「『存在する』という言葉を使ってほんとうに何を言おうとしているのか」とハイデガーは問う。「よく知っている言葉だからといって、『存在する』という大きな謎からそのまま目をそらしていてはいけないのだ」。曖昧さと難解さにかけては常々悪評の高いハイデガーであるが、ここでの〈存在《ある》〉の意味を理解しようとする行為は、実存主義という分かりづらい伝統に起因するものである(18)。この本は、時間という概念そのものから始まる(19)。ハイデガーが重々しい語調で論じる〈存在《ある》〉とは、〈〈何かに〉なろうとする〉プロセスのことである。私たち人間は絶えず動き続けているもので、希望なり目的なりを持ちながら、未来に向かって自分自身を投げ入れているものなのである。たとえば、道具を作っている農夫があるとすれば、彼は自分自身を未来——つまり道具という目的（の達成）——に向かって連れて行こうとしている、ということだ。ハイデガーの考えによると、伝統的な社会では、私たちには、自分のやることに自分が入り込んでいる、という感覚があった。これこそ〈本来の存在《ある》〉だと彼は主張する。ところが、こうした生き方は崩れやすいものなので、近代的な進歩によって上書きされてしまう。都市というものが現れて、周りの人がやっていることに従おうとすると、〈本来のものではない〉生き方に流れてしまうのだ。

一九二〇年代初頭、『存在と時間』の刊行前にはもう、ハイデガーはかなりの評判を集めていた。マールブルクでは彼の講義が大人気で、哲学好きの学生たちが大勢、すでに彼の虜だった。こうした学生のなかにはきっと、ハンス＝ゲオルク・ガダマーやハンナ・アーレント、カール・レーヴィットにレオ・シュトラウス、さらにはギュンター・（シュテルン・）アンデルス、ハンス・ヨナスのほかヘルベルト・マルクーゼもいたことだろう。その多くがユダヤ人であり、誰もがいずれは優れた著書をいくつも書くことになる人々ばかりだったが、皮肉にもそのために彼らの師の評価や遺産が不朽のものとなってしまうのである。このマールブルク時代には、とりわけひとりの学生が目を惹いたことだろう。

女性にとって、ハイデガーは魅惑的な人物だった。彼は当時人気の顔立ちで、映画でロミオを演じたレスリー・ハワードと、H・Hのジェームズ・メイソンを足して二で割った風であった。彼の魅力というのは、どこか悪そうな雰囲気、おそらく暴君特有の官能的な色気にあるのだろう。そして彼の哲学は逆に魔法のような不思議な世界で、この謎と力の絶妙な組み合わせが、女子学生・男子学生のどちらもを引きつけてやまないのだ。彼の郷里にいたルネサンス時代の画家〈メスキルヒの親方《マスター》〉をどこか思わせる、〈メスキルヒの魔術師《マジシャン》〉としてハイデガーは有名で、ひとりの女学生がおそらくはその謎めいたカリスマ性に心奪われるあまり、自分の命を投げうってしまったほどだった(20)。

ハイデガーのカリスマ性は私的な生活にも影響を及ぼしており、ここで、ある人物が彼の魅力に負けて純潔を捧げてしまう。ハイデガーは不倫関係に陥るわけだが、これは彼のプライヴェートに不協和音を響かせるものだった。なぜならハイデガーの妻は、性格がきつく嫉妬深いことで知られていたからだ。一家はふたりの息子とともに、昔ながらの愛情深い家族生活を送っているように見えた。一見すると、保守的な黒い森《シュヴァルツヴァルト》地方によくいる家族なのだ。彼の愛人たる若い女は、まだ学生だった——ハイデガーが結婚中に若い女をたらし込んだのは、必ずしもこれが初めてではなかった(21)。「あるいは若い乙女の姿を想いうかべながら、夢うつつのひとときを過ごす——レインコートを着て、帽子をものしずかな大きな目にかぶさるほど深くかぶって、はじめてぼくの研究室へ入ってきた姿、そして控えめに、おずおずと、どの質問にも短く答えたあの様子」(22)。ハイデガーは、ハンナ・アーレントと初めてふたりきりで会ったときのことをこう思い返している。ちょうど彼女が彼の講義のどれかに出席していたのだが、聴衆のなかにいた彼女にそそられて、戻る際に彼女を誘い、こっそり研究室に連れて行ったのだった。彼女はまだ十代で十八歳、そして彼が三十六歳。黒髪で、ユダヤ人らしい細い鼻と生真面目な目をした、おとなしそうな少女。ノートのために彼女は研究室に呼ばれ、恭しく彼女はそれに従う。ふたりの情事が始まった。

二五年二月十日

親愛なるアーレント嬢！

どうしても今晩のうちに出かけていって、あなたの心に語りかけずにはいられません。
私たちのあいだでは、すべてが率直で、明白で、純粋でなくてはいけない。そうであってのみ、私たちは出会うのを許されたというそのことにふさわしくなれるのです。あなたが私の教え子になり、私があなたの教師になったことは、私たちに起きたできごとのきっかけにすぎません。

[…]

喜びなさい、よきひとよ！

あなたのM・H(23)

ハイデガーは常に、秘密にする必要があると念入りに強調するのだった。「そういうわけで、まだいつとも予測のつかない協議のために、晩には連絡のつくところにいなくてはならない――だから今週はもう会うのはむずかしい。いずれにせよ火曜の二十六日には、きみはまだいるね？　でも九時すぎでないと無理だ。［…］（この紙きれは破棄すること！）」(24)。

逢い引きの時間と場所は、むろん彼が決めていた。「わが愛するひと［…］日曜（六月二十八日）の晩九時すぎにぼくのところに来てもらえないだろうか。愛をこめて　きみのM」。また「愛するハンナ！　こんどの日曜の晩（七月十九日）に来てもらえないだろうか？　［…］九時ごろに！」(25)と書いてから、彼は念を押す。「だが、もしもぼくの部屋に明かりが灯っていれば、だれかと面談中でだめだということだ。その場合は［…］水曜のおなじ時間に来てほしい」(26)。明かりが、ハンナに入っていいかどうかを知らせる合図になっていたのだ。ハイデガーの一九二五年八月三十一日付の手紙はこうだ。「明日の九時十五分まえに来てくれないか。ぼくの部屋に明かりがついていなければ、だいじょうぶだからベルを鳴らしていい」(27)。彼がハンナの部屋を訪れたこともあった――彼女の住まいは、学生用の屋根裏部屋だった。

内緒であることもあって、情事はどちらにも刺激的だったに違いない。さらに事に及んだ街の特徴が、秘密という空気を帯びさせる。マールブルクは狭く入り組んだ街で、そのゆがんだり今にも倒れそうな建物や、中世から続く複雑な路地が、ふたりに秘密の空間をさずける。

ハイデガーは、嫉妬深い妻と大学という保守的な世界から、自分の密通を細心の注意を払って隠そうとした。だがハンナには、はっきりと告げていることがあった。彼女はあくまでも愛人に過ぎないのだと、誤解のないようきっぱりと言ったのだ。彼はこう説明する。「あなたの若いいのちがどのような道をとるのかは、まだ見えていません。その道を私たちは従順に受けいれましょう。そしてあなたにたいする私の忠実さは、ただひとえに、あなたが自分自身に忠実なままでいられるよう、力添えをすることでなくてはなりません」(28)。彼は彼女に対して誠実であると誓うが、それはただ彼女が「自分自身に忠実」で、自分の「道」を人生で進んでいく限りにおいての話なのだと。

ふたりの関係における上下は、そもそもの初めから明らかだった。自分にとっての彼女の役割は、学芸の女神《ミューズ》だったことに、彼は気付く。「でも、どうかあなたへの感謝を言わせてほしい、そしてあなたの曇りない額にくちづけするとき、願わくばあなたの本質の純粋さを、私の仕事に取りこむことが許されますように」(29)。マールブルクにいるあいだはずっと、ハンナは学業に励みながらも、情事は続けられた。だがリスクが高すぎると悟った彼は、彼女に別のところへ行って勉強してはどうかと持ちかける。自分の立場が危うくならないように、彼は、彼女がカール・ヤスパースのもとへ移れるよう手配する。彼女は傷つき落ち込んだが、彼は何とかその傷心をなだめ、最終的には情事をまた続けようとなだめすかしたのだ。

ハイデガーは、まだ女になりきれていない少女としてのハンナにそそられていた。一九二五年二月十日付の手紙には、こう書かれている。「私はあなたの純真な瞳、あなたの愛らしい姿かたちを、あなたの曇りない信頼、あなたの乙女らしい本質の善良さと純粋さから、切り離すことができないし、切り離したくもありません」。さらにまた、数日後の二月二十一日の手紙では、こうした気持ちを改めて言葉にしている。「いま出会ったのだ、きみの人生が静かに女のそれになろうとしているときに、きみが予感、憧憬、開花、笑い声を――きみの少女時代を――失うことなく、女らしく〈つねにひたすら与える〉というありようの善良さ、信頼、美しさの源泉として、きみの人生とともに持ちこむべきときに」。彼女の秘めたる知的能力については、彼はそれほど興奮しなかったようで、次のように述べている。「きみの環境で女性的本質のもつ可能性は、〈女子学生〉たちが思っているのとはまったくちがうし、彼女らが予想しているよりはるかに有利なのだ。きみにぶつかって、空虚な批判は砕け散り、僭越な否定は退散するがいい」(30)。

ハイデガーの性的な欲情は時折抑えきれなくなっていた。あるときには高ぶるあまり、「愛するハンナ！　デモーニッシュなものがぼくをひっつかんでしまった。[…]こんなことがぼくに起きるなんて、いまだかつて一度もなかった」(31)と叫んでいるし、別の折には「きみへの憧憬は、しかし、ますます手に負えなくなるばかりだ」とも書いている(32)。

ふたりには、詩的感情もあった。彼が夢中になっているただなか(それを愛と呼ぶのを彼はいつもはばかっていた)の一九二五年冬、ハイデガーは彼女の夢を見ている。

ライラックが古びた塀越しに咲きこぼれ、人目をしのぶ庭々に、果樹が枝もたわわに花をつけるだろうね――そしてきみは薄い夏服姿で古い門を通ってゆく。夏の夕暮れがきみの部屋へ入ってきて、きみの若い魂の鐘を鳴らし、ぼくたちのいのちのひそかな明るさを告げ知らせるだろう。やがて草花が目ざめ、きみのかわいい手がそれを摘む。森の土には苔が。きみのしあわせな夢がそこを歩むだろう。(33)

ハンナはどちらかといえば都会的環境で育ったが、ハイデガーと同じく彼女もやはり夢見がちで、精神世界に対する感受性の強いところがあった。彼女自身の詩も、同じく気分に浸るところがあったし、風景の雰囲気に入り込むところもあった。「そして、ぼくはまもなく孤独な山歩きで、山に挨拶するだろう。その岩だらけの静寂にきみもいつか相まみえ、その稜線に、きみの本質の抑えられていたものがこだまして、ふたたびきみへもどってくるだろう。そしてぼくは山の湖を訪れて、断崖のもっとも険しい急斜面から、しずかな峪底を見おろすだろう」。ハイデガーの言葉を、彼女以上に受け入れられる者はいないだろう(34)。

ふたりの情事は数年間続いた。マールブルクにいたときでもこの時期のハイデガーは、黒い森《シュヴァルツヴァルト》を散歩するため、よく山へこもることがあった。針葉樹からの木漏れ日、森の地面にできる緑の日だまり、差し挟まれる木の幹の陰が、彼は大好きだった。予期せぬところで開けたと思ったら、目まいをするような急斜面が見つかり、そこでは森からいきなり白い岩の崖へと変わるのだ。

ハイデガー自身も常々気付いていたが、愛については抑えるところがあって、いつもの曖昧な哲学的言葉遣いで表現しても、やはり同じ事だった。「ほんとうにありがとう！〔…〕ぼくはきみの愛にたいしてまだ十分に強くない、と。愛〈一般〉なんてものはたしかに存在しないものだね」(35)。やがて彼は、フライブルク大学に着任することとなり、途端にハンナが重荷となってくる。彼の手紙は次第に歯切れが悪くなり、会えない言い訳や、忙しいからまた今度となることが増えてくる。待ち続けたあとの一九二八年四月二十二日、とうとうハンナはハイデルベルクから手紙を送る。「あなたはこんどはおいでにならない――わたしはわかっていたと思います。それでも不安でなりません、ここ毎日、ほとんど不可解なほど激しい不安が幾度となく突然に襲ってくるのです」。情事が終わったこと、ハイデガーにとって自分がリスクになっていることを受け入れた彼女は、こう続ける。「もしあなたへの愛を失うようなら、わたしは生きる権利を失うでしょう。しかしもしも愛が強いたこの課題を忌避するようなら、わたしはこの愛を失い、そのリアリティを失ってしまうでしょう」。そして手紙はこう締めくくられる。「そしてもしそれが神の思し召しならわたしは死後にこそもっとよくあなたを愛するでしょう」(36)。

一九二〇年代のハイデガーには、知識人、詩人、愛人、家庭人の側面があった。彼のロマンティシズムにはナチズムの虚飾と似通ったところはあったが、彼の表向きの生活は賢者であって政治家ではなかった。だが、そのすべてが変わろうとしていた。

ナチ党員になってから三週間後の一九三三年五月二十七日、ハイデガーはフライブルク大学新総長として就任演説を行った(37)。舞台上に赤と黒の鉤十字の旗がはためく大仰な公式行事で、彼は自分のことを学術機関の新総統と称した。全身軍人風の装いに身を包んだ彼は、目の前にいる一面のナチの隊服と見た目は同じであった。党関係者もいたる所におり、老学者らの妻を押しのけてまで最前列を与えられた者もいた。新総長の演説は「ドイツの大学の自己主張」という題で、ナチズムを賞賛したことでのち悪名高くなったものである。ハイデガーはナチ式の敬礼をして壇上に登り、語り始める(38)。

総長職を引き受けることは、この大学の精神的指導を行う義務を負うことである。教師と学生は、この精神的指導に従って、真に足並みを揃えてドイツの大学の本質に根を下ろすことによってのみ、目覚めて力をもつことができる。しかし、まず何よりも、そしていかなる時にも、指導者たるもの自身が指導される者であるとき、つまりドイツ民族の運命に特色ある歴史を刻み込んだあの厳粛な精神的負託に導かれるとき、そのときに初めて、ドイツの大学の本質は明晰さと偉大さと力をもつに至るのである。(39)

彼の演説は長く、内容も多岐にわたっているが、集まった群衆に対して次のことを要請して締めくくられる。

我々のもとで問題になっているのは、我々が自己省察と自己主張を得ようとして〔…〕根底から努力しているのかどうか、努力しているとして、それはどの程度にか、あるいは〔…〕ただ古い制度だけを変えて、新しい制度をこれに付け加えているのかどうかである。誰一人として我々のこうした行為を阻むものはいない。〔…〕しかしこの決起の栄光、そしてその偉大さは、ギリシアの叡知から発せられたあの深淵かつ広範な熟慮の言葉を我々の中に担って行くときに初めて、我々に十全に理解されるのである。「偉大なるものはすべて、嵐の中に立つ」。(40)

ハイデガー教授は、ナチ党の党歌「ホルスト・ヴェッセルの歌」の歌詞を手にしていた。就任式で配られた式次第の裏に印刷されていたのだ(41)。またそこには、この歌詞は「当大学総統たる指導者の演説に続けて歌うこと」という指示の文言も刷られていた。こういう歌だった。

「旌旗をへんぽんと翻し、部隊を厚く密集し
勇気凜々堂々と突撃隊は行進す
おお我が同志、赤の戦線と反動で倒れし同志も
我らと心を一にして連隊組んで行進す」

手を上げ叫ぶ——ジーク・ハイル！(42)

この演説からまもない頃、ある朝ハイデガーは大学へ向かって通勤していた。いつも早起きの彼がフライブルクを歩いていると、杖を持ったダークスーツの男たちや、そのほか街に住む大勢の通行人に出くわした。石畳をがたごと通る自転車やたまに出くわす自動車をかわしながら進み、やがてやたら動き回る歩行者の群れが現れて騒がしくなるが、そこもうまく抜けていった。その朝、ハイデガーは考え事をしていた。新しい庇護者に送る電報の文面を練っていたのだ。案をすぐ文字にしたくてたまらなくなり、彼は総長室へと急いで駆け込む。クルミ化粧板の大机の前にいったん座るとすぐに書き始めた。電報では、自分がいかに熱意をもって「大学の画一化」を推し進めているかを説いた。宛先はアドルフ・ヒトラーである。二通目の電報も速達で送ったが、こちらの宛先はバーデン地方の長官に就任したナチのローベルト・ヴァーグナーだった。「帝国地方長官御就任を衷心より慶賀しつつ、この故郷の地の指導者に、相い携えて戦うことを誓うとともに、勝利万歳《ジーク・ハイル》と御挨拶を申し述べます」(43)。

ハイデガーの前任者は、実行するよう任された職務があまりに不快なものだと考えて、総長という

地位を辞したのだった。自分の気概を示そうと躍起なハイデガーは、この仕事を自分のものとして引き受けたのだ。ヒトラーが初めに講じた策は、あらゆる非アーリア人を大学および公職から排除することだった。ハイデガーはこの〈バーデン令〉を実行に移し、アーリア人でない教授や大学職員がみな休職処分にされる。そのなかには、当時ドイツ一有名な哲学者であったエドムント・フッサールも含まれていた。前にも書いたが、フッサールはハイデガーに親身に接してくれた指導教官であり、ハイデガーが今こうした地位にあるのもほぼ彼のおかげだといっていい(44)。フッサールは一九三三年四月、名誉教授職を強制的に「休職処分」とする通知を受け取る。ハイデガーはこれを撤回させる力を持っていたが、何もしなかった。(命令はさらに悪化し、キール大学にいたフッサールの息子のゲアハルトも休職処分にされた。)

彫刻入りの枠に大きなガラスのはまった窓のある総長室――そこにハイデガーは腰掛け、ナチ警察へ幾人もの同僚について破滅に追い込むような手紙を様々したためてゆく。そのなかには、のちにノーベル賞を取ることになる世界的に有名な科学者ヘルマン・フリートベルク・シュタウディンガー教授の調査をそそのかすものがあった。彼の罪とは、〈反戦論者〉のきらいがあることだった。ハイデガーはまた、この科学者がスパイかもしれない、というまことしやかな話さえでっち上げていた。ハイデガーがゲシュタポに告発した文章には、次のようなことが書かれていた。「とくにシュタウディンガーが今日、国民的な高揚の百パーセントの味方だと偽っているとなればなおさらである。退職勧告よりはむしろ免職が相当と考えられる。ハイル・ヒトラー！　ハイデガー」(45)。ひとりハイデガーのために、かわいそうにこの人物は取り調べにあい、尋問追及されることになった。ハイデガーはナチ高官との面会までも要求し、結果としてシュタウディンガーは離職を余儀なくされる。ハイデガー総長はまた、ナチの大義に忠誠が足りないと自分が判断した同僚たちには、出世をくじこうとしたこともあった(46)。

一九三三年六月二十五日の夏至の日、学生や大学職員が長い列を作ってフライブルクの街中を練り歩き、競技場に向かった。そこで彼らを迎えたのは競技場正面の大きな篝火と壇上のハイデガーだ。彼はこう告げる。「一九三三年の夏至祭！　日々は過ぎ行き、次第に短くなって行く。しかし我々の勇気はいや増して、近づき来る暗闇を打ち破るであろう。我々は決して戦いにおいて盲目であってはならない。炎よ、我々に告げよ、我々に照らせ、我々に示せ、もはや行き返すことのない道を！　諸君、炎を燃やせ、心を燃え立たせよ！」(47)

ハイデガー就任後すぐの夏、将校団の規定をもとにして、大学職員名誉規定が起草された。SA学生部隊もフライブルクに設立され、〈褐色シャツ隊〉が大学構内を巡回した。哲学准教授にして元海軍司令のゲオルク・シュティーラー博士のもと、彼らは木製の模造武器を手に構内で軍事訓練を行い、ハイデガーはそれを満足げにながめるのだった。単なる訓練や戦闘の真似事では満足できず、こうしたSA学生部隊は地元の野党政治家を標的とした行動を開始し、相手をでっちあげで逮捕するために政治家宅の外で〈公序紊乱〉に及んだのだ。暴力を用いて、地元の政治的反対派を〈弱体化〉するのが目的だった。この活動を知らされたハイデガーは、次のように返答している。「貴殿の情報は承知しました。この暴動のきっかけとなった［…］市民の行動はまさしくゆゆしきものでありますが、それについて貴殿は詳しいことをご存知ないご様子です。［…］〈第三帝国の実現〉のためには、今後はむしろ積極的な推進案をも提出されることを切に望むところであります」(48)。

一方で、フライブルク大学では、軍事野外競技への参加も全学生に必修とされた。教授たちのなか

ナチズム支持大会でのハイデガー、ドイツ人教授とともに、1933 年 11 月 11 日

には、こうした活動を「時間の無駄」として反対する者もいたが、ハイデガーは一九三三年六月三十日の悪評高い演説で感情を爆発させている。「国家のために闘うことが肝要なときに、時間の無駄であるなどと言うとは〔…〕いったい何ごとであろうか。危険が到来するのは国家のための労働からではなく、まさしく無関心と抵抗の態度からなのだ」(49)。

数ヶ月後の一九三三年十月、ヒトラーはベルリンの国民議会の場で、ドイツの国際連盟脱退を示唆する不穏な演説を行った。そのあとすぐハイデガーは語っている。「首相のこの言葉通り、他の民族がどのような道を行こうとも、〔…〕我々は〔…〕茨の道を行くことを決心したのである。〔…〕我々は今、この決断の前提を知っている。それは、最悪の危険をも辞さぬ覚悟そして最後まで固く結ばれた友情である」(50)。

次の文章は、ハイデガーがフライブルクの総統＝総長として一九三三〜三四年冬学期の初めに、学生新聞に出した記事である。

本質を救済し、かつまた民族が国家において最内奥の力を高揚させるために犠牲を払う勇気が、諸君に絶え間なく育つように。〔…〕唯一総統こそが、今日のそして将来のドイツの現実であり、その法なのである。〔…〕ハイル・ヒトラー。(51)

ハイデガーはヒトラーを礼賛した、この点には疑いの余地がない。だが彼の弟子たちの多くが、自分たちの英雄の行動に、弁明や言い訳できるところを捜そうとした。自然とナショナリズムへの愛、それからナチズムへの初期の熱意には疑いないことだが、ユダヤ主義についての考えはもっと複雑だと思われる。だが、このときバーデン令を嬉々として実行している上、褒められたものでない活動にも様々参加している。さらに、ヒトラーが政権を取る前からハイデガーが反ユダヤ主義であった証拠があるのだ。ハンナとの情事が終わってそう経っていない頃、ハイデガーは、政府顧問でバーデン公教育省大学部局長であったヴィクトール・シュヴェーラーと知り合っている——「ひどくなれなれしく、同郷の者と会ったかのようだった」とヤスパースに伝えている——が、一年後の一九二九年、そのシュヴェーラーに宛てた大学の人事についての手紙で、ハイデガーはこう書いている。自分たちにできるのは、「われわれのドイツの精神生活に再び真に土着的な力と教育者を供給するか、それとも強まっているユダヤ化にそれを広い意味でも狭い意味でも最終的に引き渡すか」のどちらかだと。ここでハイデガーの用いた「ユダヤ化」という言葉は、『我が闘争』で使われた反ユダヤ主義の用語である(52)。「ユダヤ化」に対してハイデガーは、「本来のゲルマン民族に備わっている根本的可能性」

を支持したのだ[53]。

ハイデガーがユダヤ人に反対するのはなぜなのか。ヒトラーが誓ったのは、ユダヤ人から社会的役割を剝奪してドイツ民族を保全することで——このナショナリズムがハイデガーの心に訴えるものがあったのだろう。もっと素朴な田舎生活が保存されるのを待ち望んでいた彼にとっては、鋤を手に行進する農夫という国民社会主義者のイメージは、確かに魅力的なものだ。だからこそ彼の哲学上の夢が急に活気づいたのだ。だが、この〈民俗〉社会主義は、ハイデガーにとって友人たちを犠牲にするほど心奪われるものだったのだろうか。

森の山荘でおそらくハイデガーは、本来的ではない現代生活がついに打ち破られるさまを夢見たことだろう。黒い森《シュヴァルツヴァルト》の小道を長々と散歩しながら、あるいは開けたところの斜面をスキーで滑り降りながら、または山荘で長時間読書に耽りながら、ハイデガーはヒトラーを本来性の代弁者と見なしたのだろうか。きっとハイデガーは自分に特別な役目をこしらえたのだ——ヒトラーの案内人、思い描いた通りの哲人王という役目を。

ハイデガーと反ユダヤ主義のあいだの心の折り合いはつかないままだった。彼の愛人はユダヤ人だったし、教え子や友人の多くもそうだ。そもそも真のヒトラー主義者はユダヤ人と親密になれないではないか。だからおそらくは、ハイデガーは地位と権力に惹かれたただの日和見主義者で、ナチス支配の下で出世と威光を手にする機会を狙っていただけなのだ。だが彼の目指した未来が出世なのだとしても、そうそう簡単には行かない。

一九三三年にフライブルク大学総長になった当初からハイデガーは、ドイツはヒトラーを信じるべきだと説いていた。ところがその忠誠にもかかわらず、総長時代の彼は様々な試練にさらされる。ナチ教授という一団のなかで、熾烈な競争が生じたのである。総統第一のお気に入りになりたいという野心のためである。とりわけ新総長に敵対したのが、エーリヒ・イエンシュとエルンスト・クリークだ(54)。出る杭であるハイデガーを叩こうと、嫉妬に駆られたふたりはアルフレート・ローゼンベルクを介入させる。そしてさらなる問題を招いてしまったのだ。

ハイデガーの哲学的位置が、ナチズムの特定の要素と相容れないと思われたのだった。昔風の、フィヒテらに信奉されたロマン主義的文化ナショナリズムの支持者だとされ、今様の疑似ダーウィン生物学主義者とは見なしてもらえなかった。バーデンの教育大臣までが、ハイデガーのことをある種の「個人的なナチズム」を披瀝しているとして非難した。ハイデガーはその仕返しとして、大学の政治指導層が「国民社会主義の内的真理と偉大さ」に対して不誠実なのがわかった、と述べたのである(55)。皮肉なことに、近年見つかった証拠によると、ハイデガーは実際に人種分けに積極的で、その地方の文部大臣に「人種学および遺伝学」のポスト新設を盛んに働きかけ(56)、「国家の健康を保全するために」「安楽死問題が真剣に熟慮されるべきである」とまで主張したのだった(57)。

忠誠はどうあれ、ハイデガーの心は強く打ちのめされていた。自分の「総長演説は馬耳東風であった」、「総長の任期を通して、教官陣の誰もこの就任演説について話題にすることはなかった」と愚痴をこぼし(58)、不満をつのらせる。「総長演説は〔…〕部数が多かったわけではないのですが、一九三四年にもまだ絶版になっていませんでした」。自分の頭のなかでは、真実の言葉を話したつもりだったのだが、聴衆には何のことやらわからなかったのだ。ハイデガーが出世にこだわる人物なのだとすれば、それは総長になったことで惨めに失敗したのだ。彼には哲学の力量はあったが、政治的工作の手腕はなかった——そういう意味では、彼は自分の英雄が『我が闘争』のなかで磨いたという言葉遣いにしっかり留意しておくべきだった。挫折したハイデガーは、わずか一年後に総長の辞表を提出したのである(59)。

「総長職の失敗——肉体に刺さったトゲ」という言葉で、このときのことをのちに彼は言い表している。だが、これほどの短期間でありながら、この影響力甚大な教授は、ナチスにとってかけがえのないことがわかったのである。彼は総統を超人の地位にまで引き上げ、第三帝国の正当性を高めるのに貢献したのだ。では総長を辞職したこのとき、ヒトラーの〈超人〉はナチスのことをどう思っていたのか。幻滅したのだろうか。

一九三四年五月初頭、総長辞任の直後にハイデガーは、アルフレート・ローゼンベルク、ハンス・フランク、カール・シュミット、エーリヒ・ロータカーとともに、ニーチェ・アルヒーフで開かれた「ドイツ法学アカデミー・法哲学委員会設立準備会」に参加する。議題は「ゲルマン法の実現」で——この文書館はドイツ哲学の聖地となっていたのだ。この頃のハイデガーは、文書館の資料を基としたニーチェ著作集の編集を一部担当し、できあがったものをヒトラー、ローゼンブルク、ボイムラーばかりか、ベニート・ムッソリーニにまで献本している。一九三八年後半にもハイデガーは、ボイムラーとクルト・ヒルデブラントというナチの二大ニーチェ解釈者に献本しているが、ナチの出版検閲の政治的必要を引き続き認めていたということなのだろう(60)。

一九三五年の夏学期、ハイデガーは「形而上学入門」という題の一連の講義に取りかかり、このなかで彼は「この運動の内的真理と偉大さ」について詳しく述べている(61)。ハイデガーの言及する運動というのが、一九三五年のナチ国家の文脈であることは、何ら疑いない。講義が後年出版されたとき、ハイデガーが引き続き忠誠を抱いていたという証拠が明るみに出たのだった。

翌年の一九三六年春、ハイデガーはイタリアでの講演旅行を引き受ける。ローマへ出向いた彼は、当地の国民文化が達成した美と崇高とに感銘を受けた。講演では第一回目に詩人ヘルダーリンを扱い、第二回目にはドイツの優れた研究を紹介もしている。この旅行中、ハイデガーのかつての同僚・友人のユダヤ人哲学者カール・レーヴィットが、第二回目の講演では会場であるカイザー・ヴィルヘルム協会への入場を禁じられてしまう——この研究所はユダヤ人団体からの寄付で設立されたのだから、何とも皮肉な話である。もはや総長ではなく、特定の義務を果たす必要もなくなったハイデガーは、ここでどういう反応をしたのか。友人を助けるのか。ハイデガーは前の階段を上り、堂々と「ヨーロッパ及びドイツ哲学」という題目で語り出した。感じ入る聴衆の前でもひるむことなく、レーヴィットが反ユダヤ主義で排斥されたことも意に介さず、彼は自分の話だけに熱中した。国民社会主義ドイツ労働者党の徽章をずっと身につけながら、彼は講演旅行を続けたのだ(62)。

講演後にレーヴィットと顔を合わせたハイデガーは、ユーリウス・シュトライヒャーのような気にくわないナチどもから総統を引き離したかっただけだ、と自分の行動の言い訳をした。ヒトラーに対するハイデガーの賛美は変わらないままだった。レーヴィットには、ハイデガーのナチズムはごく短命に終わったのではなく、深い忠誠によるもので、まさに彼の哲学の本質に基づくものに思えた。ハイデガーの〈存在《ある》〉という概念は、既に形而上学的なナチズムなのだと、レーヴィットは論じている。

かつての友人たるユダヤ人との復縁を拒否したハイデガーに、レーヴィットががっかりしたといっても、それはフッサールの幻滅に比べれば何もないに等しい。ハイデガーは、自著『存在と時間』からかつての恩師にして友人のユダヤ人フッサールへの献辞を削ると出版社に言われて、快く応じている。さらには、フッサールの病状がかなり悪化しているときでさえ、この恩師に会いには行かず、一九三八年のフッサールの葬儀にも出席しなかったのだ。

「国民社会主義の先駆者たる党同志」というのが、国民社会主義大学教官同盟フライブルク科学協会からの手紙の筆者が、ハイデガーに与えた異名である。ハイデガーは一九四五年の解散までこの団体の一員であり続けた(63)。ローゼンベルクをはじめ、ロータカー、ハイゼ、ボイムラー、クリーク、シュミットといったナチ哲学者たちとも、ときおり関係がもつれることもあったが、それでも親しく付き合いを続けた(64)。

もはや大学の総長でないが、ハイデガーはおのれの知的使命を変わらず実行していく。学生世代はみな、キリスト教思想や人道主義的観念の放棄を求められていた。そもそも「〈キリスト教〉哲学がとらえどころないというのは、ひとつの誤解である」とハイデガーは言う。彼は信仰やその価値を最大限厳しく非難し、キリスト教徒の学者が教職に就こうとするのを阻止しようとした(65)。「キリスト教の信条に束縛されている帰依者は、もはや大学教師にはなるべきではない」(66)。道徳・人権・憐憫——これらは時代遅れの概念であり、ドイツが弱体化することのないよう、哲学から追放されるべきなのだ、と(67)。そして彼はキリスト教をこき下ろすかたわら、戦中の一九四二年に行われたヘルダーリン「イースター」についての講義では、彼は国民社会主義と「その歴史的独自性」を引き続き評価しつつ、「そうした貢献を少しも必要とはしていない」と論ずる(68)。また、一九四〇年から四四年のあいだには、ヒトラーの政権とその戦争行動を引き続き擁護している(69)。

変わらず大学哲学教授であったハイデガーは、教育・出版・研究活動を続けた。マックス・ニーマイヤー社から出版されていた『存在と時間』は、おそらく最後の一九四一年版までかなりの版を重ね続け、総長就任演説は一九四四年までは占領地域でも再刊・印刷されたほどだ。

ハイデガーと政府の良好な関係を示すもう一つ別の証拠を挙げておこう。ベルリン・ドキュメント・センターにある一通のメモによると、一九四四年一月、用紙不足のせいで書籍の出版が極度に制約され、それどころかほとんど不能になっていた時期に、文部省は、ハイデガーの著作を印刷するために、出版社クロスターマンに無条件で用紙を配給している。(70)

定期的に党費が支払われ、一九四五年までナチ党員資格が維持されたが(71)、政権との関係どころかはるかに皮肉なのが、彼の知性の投げ込まれた先が、今では実は暗黒だとされていることだ。彼の主著『存在と時間』は、個別存在の説明からほど遠く、実は過激な自己犠牲を教えるもので、だからこそ戦争では武勇目的でしか個別化が認められないのだ。なるほどハイデガー全集は、ナチへの心酔を探る対象として読まれてきたわけである(72)。

ハイデガーがイデオローグであるのなら、彼の家族や友人はどうなのか。ハイデガー夫人エルフリーデはハイデガーの前からナチ活動家であり、ナチの人種差別・反ユダヤ主義的イデオロギーを全面支持していた。隣人は明らかに彼女を怖がっており、うっかり批判的なことを少しでもこぼしてしまえば通報されてしまうのではと、おそろしくて彼女の前では党の話などとてもできなかった。のち、戦後に非ナチ化委員会がフリードリヒ・エールカースの報告書を発行するが、そのなかでエルフリーデが多くの人々から信用されていなかったことが明らかになる。戦中の一九四四年秋、彼女は「土塁づくりのさいに、ツェーリンゲンの女性たちをきわめて手荒らに取り扱ったことで」大きなうらみを買ってしまっていて、「病人や妊婦を土塁づくりにかりだすのに」躊躇しなかったのだという(73)。

何百万というユダヤ人が虐殺へと送り込まれるなか、ハイデガーが祖国ドイツで眠れぬ夜を過ごした、などという証拠はない。ヒトラーのもと、彼の家族は栄え、彼自身もその栄華栄達をほしいままにした。様々なところへ専門的に関わったという意味では、彼も、クリークやボイムラー、ローゼンベルクにシュミット、それからヒトラー首相時代に活動した大勢の哲学者にしても、似たり寄ったりなのだ。積極的に関与したナチであれ日和見主義者であれ、凡人であれ傑物であれ――いずれにせよ、協力することによって全員が甘い汁を吸ったのである。

だが、ハイデガーは特別だった。天才にもかかわらず、ではなく、天才だからこそ、である。彼と第三帝国との知的関係については曖昧ではっきりしないままだが、行動を起こしたのは事実だ。ハイデガーは総統を美化する手助けをしたのだ。ヒトラーの夢というケーキにアイシングをかけ、人前に出すための仕上げを、ナチの知的超人が担ったわけである。

第二部　ヒトラーの対抗者

一九三三年に始まり三〇年代が終わるまでのあいだに、ヒトラーの夢が実現される。〈哲人〉総統の振りをし、国に自分の才覚を納得させ、過去を思想という有毒の岸へとずらすことで、ヒトラーは、自分の世界秩序の礎となる新しい現実へ道を開いたのである。ドイツの物の考え方とはすなわち彼の考え方のこと。教育機関・大学の大半、その教授法に研究、ましてやそのなかの一部の哲学者までもが、彼の理想を支えたのだ。人種差別、戦争、独裁といったことが研究され、法律の上でも承認され尊ばれるに至った。そして、カリスマ的天才によって、究極の栄光が与えられたというわけだ。

一方で、ヒトラーの憎しみの対象たるユダヤ人は、今やみな失業し、貧困にあえぎ、力を奪われ、口汚く差別されていた。彼らに対する暴力は、公にも認められ、法にも推奨されたことであった。ドイツに残ったユダヤ人は、みじめな存在にまで貶められ、皆殺しにされるかと怯えていた。こんななかで、誰が生き残れようか。

自らヒトラーの敵であると任じたユダヤ人哲学者たちは主に、明晰な知識人であった。ローゼンベルク、ボイムラー、クリークといった輩が言いなりになって、幼稚な頭で切り刻み潰していたものは、ヨーロッパ思想史の最も優れた理性の一角となるものだったのだ。ユダヤ人思想家たちはこのとき、彼らを受け入れる余地も意向もないという情勢、つまりユダヤ人絶滅へ向かってますます勢いを増していく力に対して、立ち向かわなければならなかった。

一九三〇年代のドイツにおいては、ユダヤ人というくくりはゆるやかなものであったのに、ヒトラーが人種を根拠にユダヤ人という分類を作ってしまう。ドイツ系ユダヤ人思想家も大半は、確かに人種的にはユダヤであったが、ドイツ文化に同化していたし、積極的にユダヤ人としての活動をしていたわけではない。だが、どこか独特の感性があるという意味では、その文化的遺産に負っているものは多く、確かに彼らの哲学にはこうしたものが入り込んでいる。ここでは特に、三人の哲学者について取り上げよう。ヴァルター・ベンヤミン、テオドーア・アドルノ、ハンナ・アーレントである。いずれも鋭い直観を持った想像力豊かな思想家で、周囲の世界を観察し解釈すれば、ほかの人々の目のつかないことまで見て取れた。三人ともに見られる独特の知的ありようは、ナチズムと対峙したことだけでなく、文化が共通していること、また現実に彼らの人生が――お互いに、そしてまたハイデガーと――絡み合ったことの結果であるのだが、あとから見れば、この三人の結びつきは当然のものと言える。三人の物語が実に類のないものであることを考えると、カント、ニーチェ、ハイデガーと同じくらい知られてしかるべきだとも言える。では、これらの人物はいったい何者で、第三帝国が大学の講堂に鉤十字を掲げたとき、彼らはいったいどうなったのだろうか。

6

悲劇――ヴァルター・ベンヤミン

ナチスの横暴が始まった際、不幸にも立ち会ってしまったユダヤ人知識人たちのなかに、とりわけ異彩を放つ人物がいた。

一九三三年の冬、ベルリン。暖かそうな上等のコートに身を包んだ親子が、ベルリンの街のどこにでもある灰色の丸石で舗装された道のひとつを歩いていた。幼い少女がふたり、きれいに磨かれた靴と厚い毛糸のタイツを履き、毛糸の帽子を耳が隠れるほどかぶって、長旅にでも出るかのような大荷物を抱えている。ひとりは母と、もうひとりは父と連れ立っていたが、それぞれ娘の手を握りしめる力が強すぎたためか、少女たちの指の血色が悪いように見える。母親の召し物は優雅な靴と中折帽で、そこから、その焦茶色の髪のウェーブがのぞいている。母親は背丈のある女性で、身長が同じほどのその夫は、長い外套に眼鏡、ちょび髭と山高帽という風采だ。彼もまた焦茶の髪。子どもたちは不安げで、そわそわと気もそぞろに両親を見ている。母親は恥ずかしそうにうつむき、怯えているようでもある。そして父親は、彼を捉えている記者のカメラをまっすぐに見据えてているが、レンズに映った顔はぱっとせず、無表情のままだ。一家の後ろには軍服に身を包んだ大勢の若者が立っており、目をぎらつかせている。自動二輪に乗った者がふたり。夫婦は足早に通り過ぎる。この一家は、一九三三年一月のヒトラーの首相選出後に起こった、ユダヤ人のドイツ追放第一弾をこうむった人たちだった。同じ運命が、このあと大勢の人々に繰り返されることになるのだ(1)。

共同住宅の区画が石の舗道の交差点にあったが、ここで道が幅広になっており、ユダヤ人家族が出て行くのを野次馬が集まって見ていた。最上階の窓から、下の光景を眺めている人々もいた。

この最上階の窓を覗き込むことができれば、借家人がやや恰福のいい四十代前半の男性で、短い白髪に黒い口ひげの、ユダヤ人らしい顔つきをした人物だとわかったことだろう。柄の曲がった大きなパイプを手に、机に身を乗り出している。室内の白熱灯の光が外の闇に漏れ出るなか、男は重い足取りで行ったり来たりしていた。その灯がある思い出を蘇らせる。

私たちの夏の家の庭に、見棄てられ朽ち果てた園亭があった。窓がとりどりの色ガラスになっていたせいで、私はこの園亭が大好きだった。なかに入ってそのガラスを順に撫でていると、私は次々に変身していくのだった。私は窓から見える風景と同じ色に染まって、明るく燃えあがったかと思うと埃まみれになっており、くすぶっていたかと思うと青々と茂っていた。[…]空を見ても、装身具を手に取っても、本を覗き込んでも、私は色に夢中になった。(2)

だがベルリンのアパートにいるその男は、もう色に夢中になることができない。男の身振り手振りから、かなり気を揉んでいることが見て取れた。

その部屋にこもれば、妹ドーラ、弟のゲオルク、まだ学童の息子シュテファンといった家族のことにも悩まされずにすむはずだった。彼の記述によれば、シュテファンは白い半ズボンの下にふっくらした膝小僧を突き出して、好奇心で目をくりくりさせ、腕にテディベアを抱えながら、指をもぞもぞしているような少年だった(3)。「その先どうなるかは僕たちの誰にも分からない。[…]これで、シュテファンがベルリンを離れてくれていれば、[…]何とか耐えられるだろうが」と、彼は友人に打ち明けている(4)。

一九三三年の初め頃、ベルリン追放のユダヤ人第一陣を目の当たりにしたこの男は、ヴァルター・ベンヤミンという。ユダヤ系ドイツ人の作家にして哲学者で、当時すでに人気の出始めていた人物だ。「編集者のあいだでは早くも『存命する最高のドイツ語作家』で通っていた――たまたまユダヤ人であった編集者のあいだだけではあるが」と主要誌が書いているほどだった(5)。ある友人の文章では、一九三三年のこの時期のベンヤミンの独特な風貌がうまく捉えられている。

ベンヤミンの太めの身体と、どこかドイツ人らしい重量感と極めて対照的なのが、その鋭い知性だった。その頭の働くとき、たびたび眼鏡の奥にある瞳がきらめく。私が保管していた小さな写真に見える彼は、白髪交じりの短く刈り上げられた髪(年齢は当時四十代)で、ユダヤ人っぽい顔つきに黒い口ひげを生やし、我が家の玄関口にあるデッキチェアに腰を下ろし、いつもの姿勢を取っていた。顔を前に傾げ、あごを右手で支えている。私の見た限りでは、彼は物を考える際いつもあごに手を当てていたと思う。例外は柄が曲がっていて火皿の広い愛用のパイプを手にしているときだけだ。それがある意味、彼らしいところだった。(6)

重量級であるばかりか、ベンヤミンは神経質で、「自分の部屋から、なかなか外へ足を踏み出そうとしない」ことを自覚してもいた。ただ、差し迫った政情を敏感に感じ取っていた彼は、このときにはもうドイツにいることを避けたいと思うようになっていた。ナチスの台頭はどこから見ても明らかであり、その勢力や意図を彼は見誤らなかった(7)。だが一九三二年十一月、彼は海外旅行から生まれ故郷のベルリンへ戻ることを余儀なくされる。

ベンヤミンの見た市中はナチスの総選挙の勝利に沸いており、さながら群生する毒キノコのようだった。ハイデガーをはじめボイムラーやクリークといった、目新しい名声を満喫する協力者たちのことも耳に入る。そして至る所で目にしたのが、街中の威力集団、闇の内外でうごめく暴徒たちだ。

一九三二年の冬から一九三三年の初春へと季節が移り変わるにつれて、ベンヤミンは自室という小さな世界に深くこもるようになる。だが親友たちの動向については耳を尖らせていた。災いが差し迫っていると見て取っていた人々が数人、すでに国外退避をしており、なかにはマルクス主義の劇作家であるベルトルト・ブレヒト、ドイツ系ユダヤ人のマルクス主義者にして哲学者のエルンスト・ブロッホのほか、作家のジークフリート・クラカウアーなども含まれていた。ただ不運にも、二月二十七日の夜から翌日にかけて、行方知れずになった者たちもいた。ちょうど国会議事堂が放火された日のことだ。急造された強制収容所とSAの拷問室へと姿を消したのだ(8)。この出来事を受けて、ブレヒトは次の詩を書いている。

「強制収容所のなかの戦士たちに」

声を通わせることもむつかしいきみたち!

強制収容所に埋没され
すべての人間のことばから断絶され
虐待にゆだねられ
叩きのめされ、しかも
意志はひるがえされぬきみたち！
消え去り、しかも
忘れられぬきみたち！(9)

ところがブレヒトとは反対に、闘争心に火が付かないベンヤミンはただ沈思黙考する。絶望が人よりも深かったとも言えよう。親友のひとりであるユダヤ人哲学者ゲアハルト・ショーレムに宛てた手紙には、こうある。「もはや息ができるような空気がないこと」、そのせいで「もちろん咽を絞め上げられているので、この状況はどうしようもなくなっている」(10)。

第三帝国はけっして通りすがりの幽霊ではないと、ベンヤミンは確信していた。通り去ると思ってじっとしている人もあったが、彼は家族一緒に離れたい一心であった。とりわけ息子のシュテファンをドイツ国外にやりたいと思っていたが、それは親権を持つ元妻ドーラ・ゾフィー次第だった。楽観視していた彼女は、待っていれば、ファシズムの潮流も退くだろうと考えていたのだ。この状況のためにベンヤミンは眠れぬ夜を過ごし、親友ショーレムへの手紙でも、その心の内を吐露している。

シュテファンをドイツから外に出したいという僕の願いは、決定的に強まっている。パリからもすでにこのことをドーラに言ってあるのに、彼女の返事によると、当時はことの成り行きをもう少し見ていたいということのようだった。その間に高校や中学へのユダヤ人の入学制限規定が出された。シュテファン自身にもこれが当てはまるかどうか、僕には今はまだ分からない。しかしこれよりずっと重要なのは、〔当時十五歳の〕シュテファンが完全に左翼の側に立っていて、ドイツのユダヤ人が無事にドイツから出るチャンスを持つためには今日絶対に必要な思慮を、彼が瞬時もしていないらしいことだ。(11)

そしてさらに、「一週間前に僕はもう一度ドーラに、手紙で書けるかぎりで、シュテファンをドイツから離れさせるよう勧めておいた」(12)。だがどんなに家族のことを心配しても、もう時間切れだということはベンヤミンもわかっていた。自分は政治活動家と深いつながりのあるユダヤ人であり、その思想も危険視されていたことだろう。ベンヤミンは自分に採りうる選択肢を考える。脱出は必至。でも、どこへ、どうやって? 問題は、今ありとあらゆる生活の手立てがナチスのせいで絶たれているることだった。正式な研究職についていなかった彼が、ささやかなりとも生計を立てられていたのは、ジャーナリズムやラジオの仕事があったからである。ベルリンラジオ放送局やフランクフルト新聞がその主なものだったが、一九三三年にナチスはそのラジオ局を統制下に置く。その手際があまりに早く徹底していたため、あっというまにベンヤミンは失職してしまう。またフランクフルト新聞からも「静観」を通告されたため、記事の掲載もそのまま宙ぶらりんになる始末だった。

失業と貧困は、ベンヤミンにとっては、直接的な暴力や嫌がらせ以上に恐ろしいものだった。飢えが何よりの恐怖であった。「どのような態度も発言も、公式のものに完全に合致していないと、テロの対象になり、そのテロの程度ときては、目も当てられないひどいものになっていた。こうした状況においては、僕が以前から十分な理由をもって心掛けてきていた極度の政治的慎重さも、当人を計画的迫害からは守ってくれても、餓死からは守ってはくれない」(13)。こうした貧窮への恐れから、「やっと曖昧な形で、ドイツを去ろうとの決心が急速に固まった」のだった(14)。これで最後と鎧戸を閉め、ベンヤミンは荷物をまとめる。今や彼は、何千人かのユダヤ人同胞と同じく、追われた人間だった。亡命。行き先は？　パリ経由で、友人がおり自分でも安全だと考えてスペインのイビーサへ向かうことにした。

困難な旅で、すぐにホームシックにかかったが、ぐずぐずしている余裕はないと自分でもわかっていた。イビーサに着いた彼のもとへ、弟ゲオルクの消息が入ってくる。ゲオルク・ベンヤミンは、一九三三年四月八日、プロイセン警察に〈保護〉拘束されていた。拘束中、はじめはアレクサンダー広場の留置所に入れられていたが、そこからすぐにプレッツェンゼーの〈刑務所〉へと移送される(15)。政治活動をしていたゲオルクは、その左翼運動のために命を失うかもしれない――逮捕者のなかには、SAまたはSS管轄の強制収容所にすぐさまぶち込まれた者もいるのだ。イビーサから送られたショーレム宛の手紙で、ベンヤミンはゲオルクの消息を聞いた感想を伝えている。

サン・アントニオ、イビーサ、フォンダ・ミラマール
一九三三年五月七日

親愛なるゲアハルト、
君から新しい知らせはないけど、簡単に書く。

かなり確実な、しかし間違いなしとは必ずしも言えない筋から聞いたところでは、ベルリン北部のブルネンシュトラーセで医者をしている僕の弟のゲオルクが、SAに捕らえられ、ひどい拷問の末に片目を失ったらしい。彼は囚人として、ないしは保護検束の形で、国立病院に入っていて、外部との接触は断たれているそうだ。［…］

君のヴァルターより(16)

続けて、この報せを受け取った経緯を述べている。「これはもう十日も前にベルリンからチューリヒに来ていたというレーニ・ベーグンという女医さんが言っていたとのこと。彼女は今パリにいるというので、直接連絡を取ろうとしているのだが、時間がかかりそうだ」。そして語られるベンヤミンの懸念。

僕の弟の状況は最悪のことを危惧させるものだ。ことは深刻で――僕には助けてやれる可能性は皆無だ――ベルリンにこの件で問い合わせたいのは山々なのだが、問い合わせを受けた方にも情報を与える方にも危険が及ぶだろうと思うと、それさえできない。ひょっとして君は最近ドイツから逃げてきた人から僕の弟の情報を得られるかもしれない。当たってみて、分かったらすぐに知らせてくれたまえ。僕の妹はその間にまたベルリンに帰っている。

数ヶ月後、ベンヤミンはこうも記している。「その後、僕の弟についての情報の悲しい確認が取れたのだが、このことは、君にもう書いたのだったかどうか。彼の負傷がどんなものかについては、まだ何もわからない」(17)。つまるところ、拘束と投獄と尋問を繰り返しながら、ナチスはゲオルク・ベンヤミンを拷問したのだろう。強制収容所に入れられた彼は、そこで受けた残忍な仕打ちのために、これ以上耐えるよりも、電線による感電で自らの命を絶つことを選んだのだと思われる。

一方で、ベンヤミンはイビーサで長期間の亡命を余儀なくされた。このスペインの島に着いたのが一九三三年の四月、はじめはぼろ宿屋に一時のつもりで逗留したのだが、この宿の部屋あるいはそれと大差ない場所を、続く数ヶ月のあいだ住まいとせねばならなかった。息苦しいほどの暑さのなか、垢が汗に絡みつき、肌を痛めつけ、かぶれまでできてしまう。そのかぶれのために始終苦しみ、さらに孤独や不安にも襲われる。何とか忘れられるのは手紙の時間や思索に打ち込むときだけだった。

幸せな時期がどうしようもなく懐かしく思われて、ベンヤミンはその狭苦しい住まいで回想にふけり始める。巡らせた思いはたちまち、目的のある活動へと昇華され、仕事として取り組まれるようになる。薄汚いものに取り囲まれながら、ベンヤミンは、のちに幼年時代の回顧録の大傑作となるものを書いたのだ。『一九〇〇年頃のベルリンの幼年時代』の冒頭はこう始まっている。

一九三二年に外国にいたとき、私には、自分が生まれた都市に、まもなくある程度長期にわたって、ひょっとすると永続的に別れを告げねばならないかもしれない、ということが明らかになりはじめた。

それ以前に私は、自分の内面生活で、予防接種という方法が役に立つものであることを、いくどか経験していた。そこでこの状況においても、私はその方法を拠り所として、亡命生活においてはいつも最も郷愁を呼び醒ますイメージ――幼年時代のさまざまなイメージ――を、意図的に私の内部に呼び起こした。

そのあと、こう続いている。

生まれたばかりの赤ん坊を、目を覚まさせずそっと抱き寄せる母のように、人生は長いあいだ、幼年時代のいまでもまだほの柔らかなままの思い出を、その胸に抱いている。私の幼年時代の思い出を何にもまして心優しく育んでくれたのは、中庭への眺めだった。夏には日除けの陰になる、中庭に面して薄暗いロッジアのひとつこそ、この都市が新参市民の私を寝かせた揺籠にほかならなかった。

そしてベンヤミンは、ベッドと机と椅子以外にはほとんど何もない殺風景な部屋に腰掛けながら、生まれ故郷の素晴らしい街を思い出す。

市街電車の音や絨毯を叩く音の拍子が、私を揺すり、眠りに誘った。その拍子に包まれて、私の夢は結ばれたのだった。初めのうちは、まだかたちをなしていない夢、おそらくは、産湯の波のような感じやミルクの匂いが浸透していた夢。それから、長く紡ぎ出されていった夢、旅や雨の夢。春がくると中庭の木々が、裏正面の灰色の壁を背景にして、いっせいに芽を吹いた。そして季節が進み、屋根のように広がり埃をかぶった木の葉が、日に千回も建物の壁に触れるようになると、枝々のざわめきが私に何かを教え込もうとするのだったが、私にはそれがまだ解読できなかった。つまり何もかもが、この中庭では、私に送られてくる合図になったのだ。緑のブラインドが巻き上げられる、その音のせめぎ合いのなかに、なんと多くの知らせが秘められていたことか。夕暮れ時に鎧戸がガタガタと巻き下ろされる、その騒々しい物音のなかに、賢明にも私はなんと多くの凶報を、封じられたままにしておいたことか。［…］馭者たちはこの柵に袖なしコートを引っ掛けておいて、歩道に埋め込んである給水盤にポンプで馬用の水を勢いよく汲みあげ、するとその水がまた、干草や燕麦の残り滓を洗い流した。こうした辻馬車の溜り場はだいたいいつも静かで、ただときたま馬車が集散する際にほんの少し静寂が破られるだけだったので、私にとってそこは自分の中庭の飛び地にほかならなかった。［…］後年、私は築堤上を走る列車から、中庭を新たに発見した。蒸し暑い夏の午後にコンパートメントから中庭を見下ろしたとき、夏は中庭のうちに閉じ籠もり、風景との関係を絶ってしまっているようだった。そしてこの夏には、赤い花を咲かせてプランターから覗いているゼラニウムよりも、朝から手摺りに掛けられて風に当たっている赤いマットレスのほうが似合っていた。(18)

ベンヤミンが生を受けたのは、一八九二年七月十五日、ベルリンでのことだ。「時期的にも、帝国の創立から第一次世界大戦のちょうど中間地点で――新生ドイツ帝国の首都が大都会へと進化を遂げようとしていたちょうどそのときだった」。猛烈な速度で発展しながら、近代工業化を飛び級していったベルリンは、数ある都市のなかでも最も近代的なところと考えられていた。「環状線・市街線の蒸気うならせる怪物、それから鉄と針金の格子細工のごとくポールと頭上の架線を街中に広げた路面電車」、このすべてをベンヤミンは目の当たりにしたのだ。彼はこの都市の環境が好きだった――これこそ故郷なのだ。ベルリン旧市街西部、マクデブルク広場四番地の生家は、上流か金持ちの住む地区にあった。都市が開発され、商店や企業の進出が活発になるにつれ、ベンヤミン一家はそのほか大勢の人々同様、まだ都市化されていない新しい地域へ逃げるように西へ西へと移り住んでいった(19)。

一家が引っ越しを繰り返せたのも、大成功を収めた実業家であるベンヤミンの父のありあまる財産のおかげだった。「きわめて気のいい社交的な人物」であったが(20)、何ごとも商売という色眼鏡を通して判断しないと気が済まない性分で、何をするにも金銭面で筋を通す。だから、ベンヤミン自身の気質とはほとんど相容れない性格だといっていい。少年の母も、そこまで金の問題を気にする人物ではなかったが、やはり現実的な頑固者で、長男には自立も反抗も芽生える余地をまったく与えないというふうに、家庭内の空気を作り上げていた。ベンヤミンに入り用のものはみな父から与えられ、母に管理される、そして細々したことも家内の召使いによってなされる――これが当時の地位ある裕福な一家の常であった。

ベンヤミンは九歳頃まで自宅で教育を受けたため、個人的に好意を抱いたのは女性の家庭教師であったし、また周囲にあるのは、家族という十分に居心地いい世界だけであった。そのため、一九〇一年の復活節、シャルロッテンブルクにあるカイザー・フリードリヒ学園に入れられた際には、学校の規則というものに衝撃を受けたのだった。大嫌いなのは、「教師が誰か通るときには必ず帽子を取るという校則」に、「体罰や席替え、居残りといった学校でのしつけ」。「田舎への遠足」やテンペルホーフの競技場すなわち「レールテ駅そばの練兵場」での体育は嫌悪の対象だった(20)〔原著番号重複〕。当時つまりヴィルヘルム大帝の治世、軍事教練がごく普通に行われていたのだ(21)。

また学童時分、ベンヤミンはよく病気にかかった。

病気の始まりには、［…］皮膚にいくつか斑点が出るとか、ちょっとむかつきがあるとかだった。それはまるで、医者によって自分の宿所が設えられるまで我慢して待つのに、病気が慣れているかのようだった。医者がやって来て私を診察し、とりあえずベッドに寝て様子を見るべし、という所見を述べる。［…］私は心のなかに、あのスプーンのことを思い浮かべてみた。その縁には私の母の願いがいっぱい棲まっていて、それはまずやさしくいたわるように私の唇に近づけられるのだが、そのあといきなり正体を露わにし、苦い薬を無理矢理私の喉に流し込んだ。酩酊状態にある人がときおり、自分にまだそれができるかどうかを確かめるだけのために、計算をしたり思考を働かせてみたりするように、私は、私の部屋の天井に揺らめいている陽光の小さな輪を数えたり、壁紙の連続菱形模様を、何度も、新たなブロックに組み分けてみるのだった。(22)

学童とは、健康にせよ不健康にせよ、惨め一辺倒というわけではない。豊かなものもまた隠しているもので、「幼年期の本」の好みについても一筆書かれている。

私がいちばん好きだった本は、学級文庫からもらったものだった。［…］担任の先生が私の名を呼び、それから机越しに本が送られてきた。生徒たちが順に押しやったり、生徒たちの頭のうえを漂い流れたりして、その本は希望した私のところにやってきた。そこには、ページを繰った指の跡が付いていた。［…］他方、あちこちのページには、かつて字を覚え本を読み始めた頃私を絡め捕った、あの網になった細い糸が、秋空の木々の枝に漂う蜘蛛の糸のように掛かっていた。(23)

一九〇四年、健康上の理由から、両親はベンヤミンを大嫌いなカイザー・フリードリヒ学園から退学させる。数ヶ月は授業もなく自宅で楽しく過ごしたが、結局はそのあと、チューリンゲン州ハウビンダにある田舎の寄宿学校に入れられることになった。いたのは二年間だけだったが、そこでの経験は彼自身に強く刻みつけられる。知的環境と接触したのが、そのときが初めてだったのだ。テオドーア・レッシングという、のちナチスに殺害された哲学者にして大学教師、ジャーナリストでもある人物が、一九〇四年までこの学校で教鞭を執っていた。また彼以外にも、作家、音楽家、役者、思想家など、様々な人々がこの寄宿学校に勤めていたのだ。

十五歳頃には、ベンヤミンも哲学や文学、美学に強い関心を抱くようになっていた。最終的には元いた大嫌いなカイザー・フリードリヒ学園に戻されることになったが、このときの彼には、新たに得た自主性を守り抜くための武器があった。十七歳になるまでには試験にもすべて合格しており、そのあとの数年間はゲーテやシラー、シェイクスピアにイプセンなどの読書にひたすら没頭し、また校誌に報道記事や創作文を載せるなどもした。一九一一年、学園を卒業した彼は、ほとんど誰からも好かれなかった日々のことなどきっぱり振り払い、新たな冒険に乗り出さんとしていた。

前の晩、大人たちはまだ起きていて、寝室のドアのしたたに見える光の帯――それが旅行の最初の合図ではなかったろうか？　それは、のちに舞台の幕の裾から観客を包む闇に洩れきた光の帯と同じように、期待に胸をふくらませた子供の夜に射し込んだのではなかったろうか？　いま思うに、そのとき私たちを迎えてくれた夢の船は、しばしば、話し声の波の音や皿がカチャカチャとたてるしぶきを越えて、私たちのベッドのまえまで揺れながらやってきたのだ。そして翌朝早く船は私たちを降ろすのだったが、降ろされてみると、まるで、いままさに出かけようとしている旅路の最初の行程をすでに終えたかのように、体が熱く感じられたものだ。(24)

幼い頃から音や香り、イメージを通じて、ベンヤミンは心のなかで旅をしていた。そうした心の渇きが、実際に旅に出て豊かなヨーロッパに触れて満たされたときの、彼の喜び、開放感たるやいかばかりか。学校を出たあと、最初の行き先はイタリアだった。それから数年経つと、フランス、ドイツ、スペイン、リトアニア、ロシア、ノルウェーなど各国を歴訪するまでになっていた。

旅を経て、一九一二年四月にはフライブルク・イム・ブライスガウという地方都市に戻り、アルベルト・ルートヴィヒ大学に入学。ここの空気を支配していたのは哲学者のハインリヒ・リッケルトで、リッケルトの講義にはベンヤミンに並んでマルティン・ハイデガーも出席していた。ハイデガーはフライブルクの雰囲気に触発されたようだが、上位中産階級のユダヤ系都会人であるベンヤミンには逆に、その想像力に欠ける学問と堅苦しい環境が期待外れのものだった。

学生時代、ベンヤミンはシオニズムに初めて触れているが、極端な熱狂的運動とは距離を取っていた。むしろ、ゲアハルト・ショーレムやオーストリアの詩人ライナー・マリア・リルケといった人々との知的で文学的な交流の方が、大きな刺激となったのだ。こうして親しくなり、すがすがしい友情という繭のなかにこもりながら、ベンヤミンは一九一四年に第一次世界大戦の勃発を目にすることになる。戦中、徴兵回避し続けたベンヤミンは、はじめはミュンヘンで過ごし、そのあとスイスに移っている(25)。一九一七年七月三十日、ザンクト・モーリッツからショーレムに宛てた手紙にはこうある。

この地に滞在して一週間。こう言っては何ですが、多年の闘争の果てに、この場所を見つけ、人付き合いが［…］チューリヒで絶えたあと、ついにここへ足を踏み入れたのです。戦争前の二年間、私は種のように吸収していたのだと思います。それ以後あらゆるものが、心のなかで純化されていきました。またお互い顔を合わせたら、話しましょう。［…］何もかもが衰退していくなか、例外は私を生かせてくれるわずかなものばかり。ここで私は、ひとかたならぬ意味で、救いを見出しました。ここには安逸、安心、人生の円熟だけでなく、逃避という救いがあります。どこへ向かっても蔓延っている悪魔・幽霊じみた力から、生まれたばかりの政治的混乱から、そして苦しみの無法状態からの救済が。(26)

意味もなくだらだら続く消耗戦としか思えない前線から逃れられて安堵していた彼は、たえず平穏というオアシスを求めていた。そのひとつは、個人的なものでもある。一九一七年、ベンヤミンはドーラ・ゾフィー・ケルナーと結婚する。ショーレム宛の手紙でも「私たち」として言及される彼女のことを、知人はこう説明している。「ドーラ・ゾフィー・ケルナーは『たいへんな美人』(27)で、人目を惹く容貌、これだけで彼女は『存在感』があった。だがそれ以上のものが彼女にはある。ブロンドの髪をして、やや突き出た瞳に、真っ赤な唇にハート型の口元を持ったこのユダヤ人女性には、生命感や生きる喜びが全身から満ちあふれていたのだ」(28)。ドーラの評判は、魅力的かつ知的、音楽の才があり、強引なほど社交的な、絶世の美女というものであった。ところがベンヤミンの幼なじみであるヘルベルト・ブルーメンタールは、この意見をよしとしない。そうではなく、彼女のことを「仲間内でいちばん賢くて金持ちだという理由だけで、初めの旦那に身を捧げたただの野心的な馬鹿女」

だと言う。そしてそのあと、ベンヤミンが「新進気鋭の男」だとわかってくると、「大した考えもなしにあっさり［はじめの］夫を棄てたのだ」(29)。この言葉からもわかるように、このときブルーメンタールとベンヤミンの友情は終わり、そして妻との新しい生活が始まった。ただ、この生活の始まりはどちらかというと穏やかなもので、ドーラの言葉によれば、彼は「本に埋もれて」過ごしていたのだという(30)。

一九一八年、ふたりの結婚した年にベンヤミンの息子シュテファンが生まれ、できたばかりの一家は仲むつまじい暮らしを続けた。息子というものにベンヤミンが浮かれていることは、彼が考え出したたくさんの息子のあだ名からもよくわかる。個人的なメモには、こう記されている。

シュテファンツェ・シュテファンゼリヒ・ハウゼリオン（ベルンで入浴後、うつぶせになっているとき）、わが馬鹿わが宝（私がかつて名付けた同名の木偶にちなんで）［…］片足の名前はフィリフース（フィリップの足）、もう片方はフランツ・フース。産着に包まれて部屋に運ばれる際には、ベビーソーセージという名前だ。(31)

シュテファンがきっかけで、自分の幼い子の言語習得にも関心を持ち、ベンヤミンはシュテファンの使った表現を書き取っている。たとえば、絵に描かれたイノシシを「画豚」、顔に触れた水は何でも「キス」、紙きれは何でも「手紙」など(32)。また「静かに」と言いたいときシュテファンは母親を真似して、指を一本突き上げるなど、息子の人真似にも気に留めている。ベンヤミンの愛情は、記されたものからもよくわかる。「服を脱がされたあと、シュテファンは部屋でひとりきりにされて、泣き出した。ドーラがしばらくして様子を見に行くと、彼が一言。『鼻をふいたら、自然になみだがかわいた』」(33)。

シュテファンを溺愛する父は、長時間自分の書き物に時間を費やしていた。そうして勉強に打ち込んだあと、彼はほんのしばし席を離れる。戻ってくると、ドーラから息子がさみしがっていたことを詳しく伝えられる。シュテファンが子守りのグレーテのところへ駆け寄って、パパが「今仕事をしなきゃいけないから」静かにするべきだと言ったのだとか。そればかりか階段を上り、ドアをふたつ開けて無人になっているパパの部屋に入り、まだ自分のパパがそこにいるものと思って、真っ暗のなかでじっと待っていて、グレーテが入ろうとするとまた「グレーテ、じゃましちゃダメだよ、パパ、ほんとに仕事しなくちゃいけないんだから」ときつく言ったというのだ(34)。

ベンヤミンが幼年時代に惹かれているのは、その哲学的著作——とりわけ「類似性の理論」や「模倣の能力について」——に総じてミメーシスの観念が現れていることからも明らかだ。言語や想像力のほか、外界・知性間の発展関係が著作のなかに多層的に織り込まれている。だが彼の知的分析は常に穏健であり、個人的でしばしばユーモアあふれる所見も見受けられる。「ママ、猫が笑ってる。本当に笑ってる。でも、なんで笑っているのかぼくにはわからない。面白いことを何も言ってなくても、笑ってるんだ。でもたぶん、猫の笑いにも色々あるんだと思う」(35)。こうした息子との夜の会話をベンヤミンは書き留めている。「息子はベッドで横になりながら、パジャマを引き上げている。私は、なぜと尋ねる。『ほら、猫もモダンなんだよ。[…] いっつもおなかとか、おへそとか見なきゃいけないのは、つながってるってわかってるからなんだ』(『ほらモダンなんだよ』という言葉がしばらくのあいだお気に入りの言い回しだった)」(36)。

こうした父親になりたての彼のことを、その頃には親しくなっていた知人のエルンスト・ブロッホが書いている。「ベンヤミンはかなり気まぐれな変人なのだが、［…］ふたりで何度も夜更かししてしゃべり合ったのは、とても実りある時間だった」(37)。だが変人や父親としての彼を脇へ置くと、ベンヤミンの人生は苦闘の連続だったと言っていい。財政面でも文筆業は、今後あれこれ必要になるはずの家族を支えられるだけの安定収入には届かず、依然として裕福な両親に頼っていた。家族手当がますます必要になってくる反面で、その制度はますます不安定になっていく。結局、父親に何度も苦しい交渉をした結果、しっかりした職に就けるまでは、一時を乗り切るため相続財産の前借りをすることになった。にもかかわらず、一九二〇年代のベンヤミンの世界は分裂することなく、この時期しばらく旺盛な著述活動に励んでいる。

たびたび自分を奮い立たせるための会話を挟みながらも、長い間ひとりで静かに取り組むのが常であった。このときの仕事に、雑誌「新しい天使」（一九二一年夏）、シャルル・ボードレール「巴里風景」の翻訳（一九二三）、ゲーテ「親和力」論（一九二四）などがある。また「フランクフルト新聞」や「文学世界」に評論を発表し始め、そして大作『パサージュ論』にもベンヤミンは着手している。さらにプルースト翻訳の一巻目（『花咲く乙女たちのかげに』一九二七）が終わり、『一方通行路』（一九二八）や『ドイツ悲劇の根源』（一九二八）が出版されてもいる。こうして二十世紀の文学・哲学古典の種を蒔いていたのである。

ベンヤミンに独特なところは、身の回りのものに対する感受性である。普通は自然について書いたりなどして「ロマン派」と結びつけられがちなのに、彼の場合、都市の豊かな文化、建築や芸術への理解が、都会的洗練へと高まっているのだ。これもよく仰々しさや俗物根性に結びつけられるが、それは俗っぽい認識に過ぎない。一方でロマン派の詩は、キーツやワーズワースの詩と同様、どこか無垢で無防備な感受性を見いだせる世界である。ベンヤミンのユニークさは、都市を観察して記述する際、のびのびとした子どもらしさを残しつつ、裏表のない官能性を身の回りの世界にしっかり結びつけるところにある。最大限、建築や伝統文化に注意を払いつつも、日々の造形にも注目するのだ。そして都市における家庭や実用、または商業・産業の側面さえもが、神秘主義的ムードで捉えられる。窓の巻き上げブラインドの音であれ、中庭にあるテラコッタ製植木鉢の陰であれ、遠くの列車、石畳の街にしても、ベンヤミンはどれにも魅力を感じるのだ。魅力、つまり都市の神秘的かつ精神的魅力とは半ば人間の魅力でもある。見知らぬ人の手によって作られ、触れられ、使われ、感じられ、経験されてきた事物の人類史——さながら事物そのものが、何世紀にもわたって自分を作ってきた指の、自分を使ってきた人々の、自分を見つめてきた瞳の記憶を持っているかのように。

　ベンヤミンの備えていたこの種の感受性は、彼が子どもの頃から持ち続けてきたもののひとつである。思いや言葉としてはっきり形にすることで磨かれたその感受性のおかげで、都市の景観に生命感を与えることができるのだ。力強い散文でもなく、〈近代〉の衝撃でもなく、自覚的に様式化された都市生活でもなく、ただあらゆるものの持つ魅力にたいして抱く無垢な驚異《ワンダー》の念なのである。これが彼に授けられた才能だ。普段は当たり前だと思っているもの——その下にある魅惑の新しい世界へ入るための通過儀礼こそ、驚異《ワンダー》の念である。曇りのないのびのびとした素直さという形でしか、楽園の門は再び開かないのだ。ベンヤミンはこう述べている。

　早いうちから私は、言葉のなかに自分を包みこんで——言葉《ヴォルテ》は本当は雲《ヴォルケ》だった——雲隠れすることを学んだ。類似を認識するという才能は、実際、似たものになるように、また似た振舞いをとるように強いた太古の力の、その痕跡にほかならない。私にそのように強いたのは、言葉だった。それも、私を模範的な子供らに似させようとする言葉ではなく、住居や家具や衣服に似させるような言葉だった。私自身は、身のまわりに置かれたあれやこれやに似させられて、すっかり歪められていた。貝殻に棲むやどかりさながら、私は、いままでは主のいなくなった貝殻のように空ろな姿を私のまえに晒している、十九世紀に棲まっていたのである。この貝殻を耳に押し当ててみる。何が聞こえてくるだろうか？　聞こえてくるのは、野戦砲の騒がしい音や、オッフェンバックの舞踏音楽ではない。鋪石のうえを小走りに走りゆく馬の蹄の音、あるいは衛兵交代パレードのファンファーレでさえない。そんなものではなく、私の耳に聞こえてくるのは、バケツから鉄のストーブのなかに落ちる無煙炭の、ザアッという短い音であり、ガスマントルの焰が点火されるときの、くぐもったボッという音、また、通りを馬車が行き過ぎるとき、真鍮の車輪の上でランプの笠がたてる、カタカタという音なのである。そのほかにも、鍵籠のガチャガチャと鳴る音、表階段と裏階段の、それぞれの呼び鈴の音など。(38)

十九世紀には、工業化の進展に対する反発としてロマン主義があざやかに華開いた。こうした感受性は通常、近代文明への直接的な反抗へと向かうわけだが、ベンヤミンは逆に都市文化へ惹かれてゆく。人の手が造りつつあるもの、そのなかにロマン主義の要素を感じ取ったのである。作り手としての人間は、ベンヤミンの敵ではない。有意味な世界を破壊する者でもない。ハイデガーをはじめとする神秘主義的哲学者らは、ロマン主義的言説を近代性を批判するために用いる。ましてやハイデガーは、ユダヤ人哲学者フッサールの思想を元にしてこうした見方を推し進め、近代性を、まだ自然の残る過去を征服するものと捉えた。自然の猛威に対峙するため同じだけの暴力が必要とされる一様式が近代性なのである。

テオドーア・ヴィーゼングルント＝アドルノ宛の手紙で、ベンヤミンはナチ哲学者に対する懸念を言葉にしている。

パリ
一九三五年六月一〇日

ヴィーゼングルント君、

［…］そのあいだにもぼくは、「本質直観」なるものを壊滅させることについての解明をきみから、やがて受けるものと期待している。ハイデガーのような人物の手中の道具が何のために役立ちえたかを、ついに説明しえたとなれば、フッサールさえもが、そのような壊滅作業とは和解することになるのではなかろうか？［…］

心をこめて　きみの　ヴァルター・ベンヤミン(39)

ハイデガーの見方を否定しようという無謀な試みについては、ベンヤミンも激烈に語っている。「『ハイデガーを叩き潰す』ためにささやかな読書会を始める」必要がある、と(40)。

だがベンヤミンは武闘派ではないし、武闘派の論客というわけでもない。ある観点を主張なり提唱したりするのではなく、日常生活の秘密を掘り下げるというのが彼のあり方だった。このためには静寂が必要で、周囲のせわしない人間たちの声を消し、事物そのものに耳を傾けなければならない。だからこそベンヤミンは孤独に引きこもったり、あたりをうろついたりするのだ。対象たる人から逃れたりせず、騒音や気が散るものからだけ離れられれば、身の回りに広がっている宝の山から豊かなメロディを楽しむこともできる。ベンヤミンにとって世界とは、アラジンの洞窟、つまり、彼が熱心に捜しているような、わくわくする秘密でいっぱいの場所なのである。ひとりきりでうろつくというのも、たとえば街中の散歩、あるいはカフェで一息、はたまた長旅といったもので、どれもが等しく彼にとっては素敵な刺激を与えてくれるものなのだ。本人の弁によれば、旅をしたいという気持ちは、祖母が遠方から絵はがきを送ってくれたことに触発されてのことだという(41)。

　ベルリンで暮らし、季節が移り変わるなか、ベンヤミンの世界に対する好奇心が巻き返すのは、いつも春のことだった。ベルリンは彼の故郷かつルーツであり、あらゆるものがそこを中心にして回っていた。ところが春が来ると、素敵なお伽話の本に引きつけられた子どものように、ヨーロッパの至宝に惹かれて、いわば早く次のページをと熱心にかぶりつくのである。『ベルリンの幼年時代』でベンヤミンは、自分の冒険心をかき立てるものについて述べている。「冬の朝」や「冬の夕暮れ」にはいつも惹かれ、その記述によれば、彼はそのときに「ベルリンの冬の思い出」に出会い、氷の景観にうっとりするのだという(42)。そこで一九三〇年のひと夏、彼は凍える北の大地へ一人旅に出かけた。七月、ハンブルクで船に乗り、数週間のあいだ北海を通って北極圏およびフィンランド北部まで船旅、それからバルト海経由でドイツへ戻るという旅程だ(43)。『ベルリン年代記』にはこう書かれている。「バルト海の砂丘の風景が、私にはこのショセー通りで蜃気楼《ファータ・モルガーナ》となって浮かび上がってくる［…］この蜃気楼は、駅舎の黄色い砂色と駅舎の外壁の背後に際限なく開けていた地平線のイメージだけを拠り所としているのだ」(44)。そして北の海については――「波の音に充たされたこの館の広間の数々が、北方に向かって並び連なっていった。それらの広間の壁に鷗や町々が、花たちが、家具や彫像が立ち現われ、その窓からは、昼も夜も、光が射し込んできた」(45)。こんなふうに書いた小品の題は「北方の海」といい、彼の乗った船がソポトに入港したのは一九三〇年の八月だった(46)。

この「北方の海」には、ベンヤミン独特の哲学スタイル、すなわち思考像が光っている(47)。ここにはユニークな形の哲学が含まれている。世界に対して理論を押しつけるのではなく、対象そのものに、そのなかにある秘密を暴露させるのだ。こうした感受性の哲学は、科学者が感情を抑制して臨床的に観察するのとは違うし、詩人や神秘主義者を排するものでもある。対象に目を向け、手で触れ、鼻でかぐ――そうすればモノはひとりでに語ってくれる。世界というものは、耳を澄ますという穏やかな行為に我を忘れて入り込むことさえできれば、その謎を自ら明らかにしてくれるのだ。

もちろん書物も、ベンヤミンが「耳を傾ける」お気に入りのアイテムだ。旅から戻った彼は、お菓子の箱を前にした子どものようにがっついて、嬉しそうに蔵書の荷解きに取り組む。

> 私はいま蔵書の荷解きをするところです。そうなのです。私の蔵書は、つまり、まだ書棚に並んではいません。それらの書物は、秩序というものに付き物のあのかすかな倦怠には、まだ包まれていないのです。それにまた、私は、今日のこの話をお聴きくださっている心優しい方々の御臨席のもと、蔵書の閲兵式よろしく、書棚の列に沿って歩くこともできないわけです。ですから、こうしたことについて、皆さんはなんら懸念されるには及びません。私が皆さんにお願いしなければならないのは、蓋を開けた木箱が雑然と置かれているところへ私といっしょに歩を運んでい

ただきたいということ、木屑混じりの埃が充満した空気のなかへ、紙屑の散らかった床のうえへ、二年間の闇からたったいま再び昼の光のもとに引き出されて積み上げられた書物の山のふもとへと、歩を運んでいただきたいということなのです。そうすれば皆さんにも、それらの書物が真正なる蒐集家のうちに呼び醒ます気分というものを、それは哀調を帯びたものではまったくなくて、むしろ期待に張り詰めたものなのですが、その気分のいくらかなりとも、最初のところから分かちあっていただけようかと思うからです。［…］

さて、最後の木箱の本をなかば空け終えたところで、時刻はもうとっくに真夜中を過ぎてしまっております。いま私の頭のなかを満たしているのは、ここまでお話してきたこととは別の考えです。いや、考えといったものではなく、さまざまなイメージ、さまざまな思い出なのです。［…］またここにある私の蔵書がかつて置かれていた部屋の思い出――ミュンヒェンの学生下宿の部屋やベルンの部屋の、あるいはブリーエンツ湖畔の町イーゼルヴァルトの孤独な日々の思い出、そして最後に、私の少年時代の子供部屋の思い出。いま私の周りに高く積み上がりはじめた数千冊のほんの、すっかり減ってしまいましたがそれでも四、五冊は、すでにあの子供部屋にあったものなのです。蒐集家の幸福［…］本来あるべき蒐集家にとっては、所有こそ、そもそも事物に対してもちうる最も深い関係なのです。とは申しましても、実は妖精たちが彼の内部に生きていたのではなく、彼自身のほうこそが、この妖精たちのうちに棲まっているものにほかならなかったのです。以上で私は皆さんに、本を礎石とする館をひとつ建てて御覧に入れたわけです。さて、これをもって蒐集家は、当然しごく、そのなかに姿を消すと致しましょう。(48)

旅や書物という世界でベンヤミンは幸せをかみしめていたわけだが、それも中断を余儀なくされる。一九三〇年代初頭、暗雲がヴァイマール・ドイツの上に垂れ込め、無慈悲な力によって彼は自分だけの聖域から追い出されようとしていた。ベルリンで蔵書の荷解きをしたわずか数年後、友人のショーレムが彼に宛てた一九三三年七月二十六日付の手紙にはこうある。

ベルリンの最近の法律では、最終的な略奪行動がやりやすいものになっている。君は少なくとも君の蔵書が〈ドイツ民族の敵〉の財産として押収されないように何らかの措置を取っているのか。[…]あちらでは、あわただしい引っ越し騒ぎの中で、貴重な蔵書が法外に安い値段で投げ売りされていると聞いて仰天している。(49)

一九三三年まで来たところで、スペインはイビーサ島のベンヤミンが下宿していた部屋に戻ろう。ベンヤミンの右脚が、突如として耐えがたいほどに疼き出していた。たまらない酷暑のなか、手近で手に入る文具だけを手に、汚れたマットレスから親友のショーレムに宛てて書く。その手紙は、ベンヤミンが普段使うものとは種類の違う、大きさが不揃いの藍鼠色の紙に書かれたものだった。

サン・アントニオ、イビーサ(バレアレス)
フォンダ・ミラマール
一九三三年七月三十一日

親愛なるゲアハルト

君は僕の手紙に関しては誰もが認める権威者だから、この便箋を見ただけで、何かがおかしいぞとすぐ気付くことだろう。この事情は、僕の誕生日にくれた君の素晴らしい手紙にお礼も出さないままに過ごしてきたこの三週間の、少なくともその一部についての言い訳になるだろう。しかしこれは何よりも、君に約束している言語論が未だに出来上がっていないことの言い訳でもある。
つまり僕は二週間くらい前から病気だったからだ。発病したとき——病いそのものはたいしたことはないのだが、——七月の暑さと重なって［…］こうした苦境では何とか仕事をこなすだけでもう手一杯だった。

僕の病気のことだが、右の脛の傷がひどく膿んでしまったのだ。数時間の予定でイビーサの町に行っていたときにひどく痛みだしたのは、幸いだったと言わねばならない——サン・アントニオでだったらどうなっていたことか。ここでは僕は一日一ペセタでホテル住まいをしていて——どんな部屋かは、その値段からも想像できるだろう——どうしても出かけて行かねばならないようなときは、足を引きずって行っている。二、三日のうちによい方に向かえばいいが、さもなければ、動けなくなるのを覚悟しなければなるまい。ここでやっと捜し当てたドイツの医師は、合併症が起これば死ぬこともあると、冗談半分ながら毎日のように僕に言う。［…］
では今日はこれで。さようなら。

君のヴァルターより(50)

ベンヤミンの惨めさは解消されることなく、一九三三年の長い夏と秋は寝たきりで過ごすことになった。難儀しながら仕事に取り組んだが、財政状況は健康状態とともに悪化するばかりだった。街から遠く離れ、最寄りの村からも距離がある状態で、恐れていた最悪のことが現実になる。

サン・アントニオ、イビーサ（バレアレス）
フォンダ・ミラマール
一九三三年九月一日

親愛なるゲアハルト

君のこの前の手紙を受け取ってから、ほとんど一ヶ月も経つ。今度はしかし僕のこの長い沈黙の理由がなくて困るようなことはない。もっともこんな理由があるより困った方がましなのかもしれないが。——まず第一に、二ヶ月前からの不調がほとんど治っていない。といっても、病気そのものはそれほど深刻なものではない。しかし消耗状態と外的な生活のもめごとが、不運の鎖となって次々と襲ってきて、僕は何日も、いや何週間も、手も足も出ない状態にある。［…］

僕自身の方だが、今また調子が悪くなって寝ている。足の炎症がひどく痛むのだ。ここでは医者がいないどころか、薬さえも手に入らない。というのも、僕が今いるのは、サン・アントニオの村から三十分も離れた辺鄙なところだからだ。立つこともできない。それに土地の言葉はまったくしゃべれないし、それでいて仕事はしなければならないとなれば、この質素な暮らしも、ときに耐えられる限界を越えそうになっている。この傷が治ったら、パリへ行こうと思う。しかしいつになったら治るのか、見当がつかない。とにかくさしあたっては手紙はここ宛に出してくれたまえ。［…］

お元気で、すぐまた君の様子を聞かせてくれたまえ。

君のヴァルターより(51)

食料を摂るにも苦労するばかりか、「水を摂るにも信じられないほどの難儀が必要」で、さらに生活環境もすさまじく、「僕が今横になっているベッドは世界中で最も粗末なもので、そのひどさを君が知ったなら、この手紙で伝えている状態も、まだまだ幸せなものと呼ぶ」ほどだったという(52)。常に貧者や局外者といった存在を脅かしていたナチスが、ベンヤミンをその両面——友人からの孤立と財産の収奪——から追い詰めていったのだ。

彼はどうにかしてパリへ戻ることにした。なじみのある土地では、いちばんベルリンに近いところだった。そうすれば、もし死ぬ羽目になったときにも(そうなりつつあると彼は思っていた)、少なくとも周りには意味のある環境があるはずだからだ。

パリへはいつ行けるようになるか、僕にはわからない。僕は今、この片田舎で、寝たきりだ。介抱してくれる人もなく、医者にもかからず、一歩も歩けずに。立つと大変な痛みが走る。[…]傷はあちこちにあるが、膿んでいるところはちょっとだ。暑さのせいか、ここ数ヶ月の栄養が悪かったせいか、明らかに回復力がない。(53)

頼み込んで金を借りて持ち物を売り払って、何とか旅の資金を調達し、苦労してようやくフランスの首都へとたどり着くことができた彼は、一九三三年十月十六日、そこから友人ゲアハルト・ショーレムに宛てて次の手紙を書いている。

簡単に現状報告をしておく。パリに着いたとき、僕はひどい病気だった。ということは、イビーサでは結局治っていなかったわけだ。思い切って出発したのだったが、その日は、その後も何度かぶり返すことになる熱病の発作が最初に現れた日でもあった。旅の間は想像を絶する状態だった。ここへ着くとすぐ、マラリアだと診断された。キニーネを飲み続けてやっと意識ははっきりしてきたが、体力はまだ回復していない。イビーサ滞在中のさなまざな無理がたたって――なかでも栄養が極度に悪かったために――体力はすっかり衰えていた。

僕がここでパリの街角の数に劣らぬ多くの疑問に取り付かれていると言っても、君はさして驚かないだろう。[…]

僕はまだベッドから離れられず、こちらでの交際を広げることもできないでいる。(54)

結果としてベンヤミンの傷は癒え、友人たちとも連絡が取れた。亡命中、残りの期間は主にパリで過ごし、状況としても金がかかり苦しいことばかりだったが、そこにいたことで大きめの図書館にも通え、求めていた知的空気にも触れることができた。フランス滞在中には、同じく亡命してきたドイツ人芸術家や知識人とも交流し、なかにはハンナ・アーレントや彼女のパートナーであるハインリヒ・ブリュッヒャーなどもいた。だがベンヤミンの貧困生活はしばらく続き、そのあとの数年間はホテル暮らしや下宿住まいで、パリじゅうのアパートを借りたり頼み込んで棲まわせてもらったりし、時にはヨーロッパの別の都市へ引っ越したこともあった。ベルトルト・ブレヒトといった友人たちと

国立図書館のベンヤミン，パリ 1937 年

ともに潜伏したこともあったし、またデンマークのスヴェンボーにふたりでしばらく亡命したこともあった。それから元妻のドーラ・ゾフィーや最愛の息子シュテファンと、イタリアのサンレモで無事落ち合い、短いながらも貴重な時間を過ごすこともできた。

一九三〇年代半ばのベンヤミンは、文筆で何とか生計を立てることもできた。だがドイツのフランクフルト新聞への寄稿はこの時期の数本でほぼ最後となり、財政状況は悪化する一方だったが、フランクフルト社会研究所という形で救いの手が差し伸べられる。この研究グループは、たいへん名のある左翼的なドイツ系ユダヤ人哲学者たちで構成されており、このときまでにニューヨークへ移転していた。ここから定期的な給金をもらうことになった彼は、グループ最大の著名人であるテオドーア・アドルノやマックス・ホルクハイマーとさらに絆を深めることになったわけである。そして一九三六年、機関誌「社会研究時報」に、のちベンヤミンでも最も知られた論考のひとつとなる「複製技術時代の芸術作品」の初期稿を公表している。

それにしてもつらい時期であり、時間切れも近づいていた。一九三九年二月、ゲシュタポの接触を受けたベンヤミンは政権の敵と見なされるに至り、五月二十六日付の手紙でドイツ大使館は彼の国外追放を通告する。ベンヤミンはそのドイツ国籍を剝奪されたのだった。彼はこう書いている。「同じ状況にあるひとびとにのしかかる悪夢は［…］今後の刑期よりもむしろ、刑期が済んでからあとに迫るもの、強制収容所なのだ」、と(55)。

強制収容所という脅威がこれまで以上に大きくなり始めたのが、九月一日に起きたヒトラーによるポーランド侵攻である。そしてドイツは、イギリスおよびフランスと交戦状態に入る。すでにベンヤミンは、帰る家や生計、祖国の国籍も失っていた——このとき彼が慎重に行動していなければ、自由まで失っていたことだろう。ある評者が次のように述べている。

> フランスとナチス・ドイツ間の〈まやかし戦争《ドロール・ドゥ・ゲール》〉では、マジノ線でもその他の地点でも戦闘は開始されなかったが、内部では違っていた。フランス共産党や社会主義者のほか、嫌悪の対象だった外国人に対しては戦争が始まっていたのだ。何よりも、ドイツ語を話す移民たちは、ファシズム反対者であろうとなかろうと関係なく、そのときは無差別にヒトラーの第五列［スパイ］と見なされたのである。(56)

戦争の勃発で、フランスにいる十七歳から五十歳までの全ドイツ人、オーストリア人、チェコ人、スロヴァキア人、ハンガリー人が、ただちに一斉招集された。こうした外国人はみな臨時収容所に〈抑留〉されたのである。パリにいた人々が移送されたのは、何十万人もの難民を収容には不十分な、サッカー場のスタッド・ドゥ・コロンブであり、ベンヤミンもこのなかに含まれていた。「テラスで横たわったり、石のベンチで身を寄せ合ったり、競走用トラックに沿って散歩をしたり、トランプやチェスをして時間つぶしをしたり、フランス政府はどうしてこんな国際法を無視するようなことをしたのか、と頭を悩ませたり」していた一同は、やがて戦争捕虜のごとくバスに詰め込まれて、軍隊護衛のもとオステルリッツ駅に移送され、そこから正式な抑留所行きの列車に閉じ込められたのだった。最終的にはベンヤミンもフランス当局によって、パリとリヨンのおよそ中間のロワール渓谷にある小さな街ヌヴェールそばの収容所に入れられてしまう(57)。

三ヶ月間拘束されたが、結果として一九三九年十一月末にベンヤミンは解放される。パリに戻った彼は、そこから友人ショーレムに宛てて、控えめな言葉で報告しており、一九三九年十一月二十五日付けの手紙には、「宣戦が布告された後、僕は、すべてのドイツ人亡命者と同様に、敵国人収容所に入らねばならなかった」とある(58)。だがこの抑留経験のあまりの衝撃が、続くのちの出来事を決定づけ、ベンヤミンをその悲劇の末路へと追いやったのである。

フランスの首都にあってベンヤミンは、戦時中にもかかわらず精力的に活動し、論文「歴史の概念について」を完成させる。穏やかではあるがひとり孤立したまま、一九四〇年一月十一日、彼は友人ショーレム宛の最後の手紙を書いている。「僕は昔から孤独なのだが、これが時代状況の中でますます強まっている」(59)。パリへ戻ったのは明らかに危険な行為で、一九四〇年五月になる頃には彼の不安は孤独以外にも広がっていた。ヒトラーの軍隊が西部戦線で攻勢を開き、フランス軍の防備を突破し、アルデンヌを強引に抜けてフランスに深く侵攻してきたのだ。そしてベンヤミンが安全だと過信していたパリへとドイツ軍が集まってくる。

一九三三年のベルリンでやったように、ベンヤミンは再び、大都市にあるアパートの窓から、命からがら逃げていく家族でいっぱいの石畳の通りを見下ろしていた。だが今回は一九四〇年のパリであり、状況は前回以上に切迫していた。大勢が今まさに脱出のさなかにあり、二百万を越える数の人が、車で、馬車で、あるいは徒歩で逃げようとしていた。手押し車や乳母車に乗せて、あるいは背中にただ括り付けただけで持ち出せる所持品など、微々たるものであった。ここにはさらに、同じくナチスを逃れて北や東から来た五、六百万のベルギー人やフランス人も加わっていたのだ。こうした難民が途切れることのない隊列をなし、衣服の束や持ち物の山、人間の惨めさを抱えてフランス南部へ向かってゆっくりと進んでいく(60)。

ベンヤミンはこの逃避行の流れに混ざり、まずはピレネー山脈の麓に横たわる小さな市場町のルルドへ逃れたが、ここはすでに難民であふれかえっていた。まだ安心しきれなかった彼は、フランス国外へ出なければならないという気持ちを強くしていく。一九四〇年八月二日にルルドで書かれたテオドーア・アドルノ（通称テディ）への手紙で、ベンヤミンはその懸念を吐露している。

テディー君、

七月十五日付のきみの手紙を受け取って、ぼくはいろいろの理由からとても嬉しかった。ひとつには、きみがぼくの誕生日を憶えていてくれたからだ［…］

きみも知ってのとおり、ぼくのほうがぼくの書きものよりもましな状態にある、というわけではぜんぜんない。昨年九月にぼくを襲った措置は、明日にも繰り返されるかもしれない。そうなれば、今度こそ見通しは暗い。この数ヵ月のあいだにぼくは、[…]数かずのひとたちが、沈んでいくという感じではなくて、一夜にして〈奈落に顚落して〉しまうのをみている。[…]つぎの日が、つぎの時間が何をもたらすか、まったく不確定であるということ――このことが、数週間前からぼくの生活を支配している。あらゆる新聞（ここでは新聞はすべて、いまでは二ページだけだ）をぼくに送達された招換状のように読み、あらゆるラジオ放送を凶報の使者の声のように聞くべく、ぼくは断罪されている。(61)

フランスから何とか出ようと、マルセイユにある領事館へベンヤミンは出向き、必要な許可証を取得しようとした。だがこの訪問は失敗に終わる。手続きには時間がかかり、骨の折れる交渉が、アメリカにいるベンヤミンの友人哲学者ふたり――テオドーア・アドルノとマックス・ホルクハイマー――から再三なされた。ふたりは彼のために、フランスを出国してアメリカに入国するのに必要な許可証を確保しようと努めたのだ。

ベンヤミンは、アドルノへこう書き送っている。「マルセーユの領事館から何かを知らせてくる見込みをきみが伝えてくれていることは、ことのほか、ぼくの希望をかきたてている。その領事館の手紙はたぶん、マルセーユに行くことがぼくに許可される、という効果を生むのではなかろうか」。そのあとにはこう続いている。

きみたちのハバナとの交渉や、サン・ドミンゴにぼくが行くのを可能にしようとする努力を、きみたちは知らせてくれている。ぼくは少しも疑わない、きみたちはおよそ試みうることを、あるいは［…］「できる以上のこと」を、試みてくれている。ぼくが心配するのは、ぼくたちの使える時間が、思っていたより限られているのではないか、ということだ。だからぼくは、二週間前にはそんな可能性を考えもしなかったのだが、最近の報道に動かされて、［…］できればスイスに一時滞在することがぼくに認められるように、［…］依頼してみることにした。このような逃げ道が元来は好ましくないことは承知だけれども、なにしろこの点には、時間という強力な論拠が働いている。この逃げ道が実現してくれたら！(62)

八方ふさがりを自覚するなかで、自分の包囲網がどんどん狭まってくるのではという恐れが強まっていった。八月になってようやくアメリカ合衆国のヴィザが手に入る。フランクフルト学派の交渉が功を奏したのだ。だがヴィザがあるというのに、当局は追加書類を要求する。むろん彼にそんなものがあるわけもない。そして恐れていた最悪のことが現実のものとなる。一九四〇年九月二十四日、フランスの非占領地域にいる移民のドイツ引き渡しが合意されたのだ。ここに来て強制送還という問題が立ちはだかる。ベンヤミンはいつ連行されて抑留されるかわからない状況にあり、もしそうなれば次は強制収容所に運ばれるだけだった。

こうなってはもはや死にものぐるいで、ベンヤミンは早急にフランス国外へ出ねばならなかった。だが正式な書類がないのだから、残された道はフランスの国境を違法に越えることしかない。危険に満ちていたし、たえず警察の目をうまく逃れないといけない。それでも、スペイン経由で中立国のポルトガルにたどり着ければ、アメリカに出発できるかもしれない程度の望みだった。

ベンヤミンが北フランスにいた頃の知人、リーザ・フィトコは次のように回想している。

狭い屋根裏部屋でのことだった。床について数時間後、ドアを叩く音で目覚めた。〔…〕こんな時刻に来るのは階下の幼女に決まっていると思った。もう一度戸を叩く音がしたので、起きあがり、睡気が去らないままドアを開けた。ところが子どもではなかった。わたしは眼をこすった——友人の一人ヴァルター・ベンヤミンが立っていた。〔…〕なぜだろう〔…〕「おくさま、お騒がせして申し訳ありません、ご迷惑でなければよろしいのですが」とかれは言った。世の中はたががはずれてしまったというのに、ベンヤミンの丁重さは微塵も変わらない、とわたしは思った。「ご夫君から、どうすればお目にかかれるか、うかがってまいりました。国境を越えてスペインへ入らせてくださるだろうというお話でした」〔…〕「しかしベンヤミンさん、このあたりをよく知っていて案内するんじゃないことはわかっておいでですか？　本当のところわたしは道を全然知らないんです。上まで登ったことはまだないんですから。〔…〕危険に賭けてみる気がありますか？」「もちろんです」と即座にベンヤミンは答えた。「行かないなら、それこそ本当に危険というものです」(63)

一九四〇年九月二十五日、南フランスからピレネー山脈を横断するという逃避行を、ベンヤミンは開始する。リーザは彼の案内を引き受けたものの、土地の人ではない彼を連れて村を抜けるのはきわめて危険であるため、山の中腹の決めた場所で落ち合うことにし、そしてベンヤミンは約束の合流場所へ自分で向かうことになった。

山登りの一団に紛れて、ベンヤミンは物見遊山のふりをする。ピレネー山脈の麓あたり、草ばかりの道をともに登っていく。やがてリーザとの待ち合わせ場所の近くまで来ると、ベンヤミンは山腹に早くも積もっていた紅葉のなかに身を潜める。そうして、村へ引き返していく山登りの人々をやり過ごすのだ。自分の不在が気付かれないようにと祈り、ようやく人々が見えなくなると、ひとたび胸をなで下ろす。やがて広がる夕闇――岩陰や木陰から闇が集まって、山から空へと広がっているかのようだ。隠れながら彼は、案内人のリーザがうまく村の警察をかわし、ここまで何とか来てくれるようにと願った。あたりは真っ暗になり、九月の紅葉の色もわからなくなる。代わりにきらめく宵の星空。休みやすそうな場所を見つけたベンヤミンは、ゆっくりとめぐる夜空の下で野宿をする。

明くる朝早く、リーザ、そしてその友人のヘニーと彼女の息子のヨーゼフ（ふたりともユダヤ人）が、ベンヤミンと合流するために危険な道のりへと足を踏み出す。一行は村を通り過ぎる地元の人々に紛れ、警察の目をごまかすために小型の革鞄を抱えて農夫風の身なりをしていた。無事に村の外に出られた彼女たちは、田舎の急坂を登り始める。山に潜んで待つベンヤミンの気は張りつめており、犬が何か吠えたり誰かが通りすがる足音がしたりするだけで、心臓の鼓動が早まるのだった。午後になってすぐ、とうとう案内人とその友人の姿が見えた。安心感がどっと広がる。きっとこのまま脱出できるだろう。一行はさらに山を登るが、十分歩くごとに一分の休憩を余儀なくされた。なぜならベンヤミンの心臓は弱く、体調もよくなかったからだ。とはいえ、こうして何度も小休憩を挟みながらも移動を続け、午後のうちにポルボウにたどり着く。ピレネー山脈にあるフランス＝スペイン間の国境の町だ。裏には山、目の前は海へとつながる断崖絶壁という物語に出てきそうなところで、救いの地にふさわしいイメージだった。

やがて壮大な景観のなかに、ちらりと制服という邪魔者が侵入してくる。スペイン警察が行く手を遮ったのだ。ベンヤミンは何とか正気を保とうとする。大丈夫、必要な許可証はあるのだから、と。警察がちっぽけな書類をじっくりながめているあいだに、胸のなかの鼓動がどんどん早くなってゆく。一行は全員、スペインの通過査証を持っており、旅程開始時点ではいずれも有効だった。だが警察の指摘によれば、スペイン政府の通達によりその書類は一夜にして無効になったというのだ。もはや難民はスペインの通過を許されない。また政府は悪びれることもなく、フランスからの難民をみなただちに送還させることも通達していた。ベンヤミンは、背後に伸びる踏みつけられた草の列を、自分がやってきた長い道のりを、呆然としてながめる。

ベンヤミン一行は警察に護送され、ポルボウにあるホテル・フランシアで一夜を過ごした。スペイン入国を拒否され、彼らは翌日にはフランスへ送り返されることになっていた。一行のいたホテルは監視下にあった。「そして私たちは、翌朝フランス国境へと護送してくれる予定の警官三人に引き合わされた」と、同行者はのちに語っている。ホテル・フランシアの所有者はゲシュタポに深いつながりがあり、逃げてきた難民をナチスに送り返すという評判だった。ベンヤミンはその夜、この所有者とゲシュタポの面前で食事を摂らされたのである。

夕食後、ベンヤミンは廊下に出る。室内よりも涼しかった。これで最期かと、死にものぐるいで何度も助けを求める電話をかけたが、空振りに終わった。自宅から追い出され、快適な生活から貧乏暮らしを余儀なくされて、ベンヤミンは困窮の極みにある上、すでに一度抑留されてもいた。迫害がこれからも激化していくと、わかっている。今や自分はナチスの手に落ち、最後にはフランスからドイツへと送り返されるだろう。本国で待ち受けているのは、全ユダヤ人共通である——強制収容所だ(64)。

電話も失敗に終わり、ベンヤミンは自室に退がった。重い木の扉に凭れながら、そこでふと思い出されるのは、子どもの頃にした遊びのことだ――かくれんぼ。

私は住居《うち》のなかの隠れ処をもう全部知っていて、まるで何もかもが昔の通りであると確信している家に帰ったかのように、そこに身を潜ませたものだった。すると胸の鼓動が聞こえた。私は息を止めた。［…］戸口のカーテンの後ろに立つ子供は、自身が風に揺らめく白いものになり、幽霊になる。食卓のしたにうずくまれば、それによって子供は、彫刻を施された脚を四方の柱とする神殿の、木彫りの神像と化す。そして、扉の背後に立てば子供自身が扉なのであり、重たい仮面として扉をかぶり、魔法使いになって、何も知らずに部屋に入ってくる者をみな、魔法にかけてしまうだろう。妖精の国に誓って断じて見つかってはならないのである。［…］誰かが私を見つけてしまったら、私は木偶のまま食卓のしたで硬直し、幽霊のまま永久にカーテンに織りこまれ、生涯重たい扉のなかに呪縛されてしまうかもしれなかった。

幼少の頃、ベンヤミンはつかまりそうになると大声を出して、自分の位置をばらしたものだ。それは怖くて仕方なかったからというよりも、事態を自分の手に取り戻すためであった。

それで私は、探しにきた者の手が私をぎゅっと摑んだとたん大声で叫んで、私をそんな風に変身させたデーモンを祓い除けた――いや、摑まれる瞬間まで待たずに、機先を制して自己解放の叫び声をあげたのだった。(65)

ゲシュタポが部屋に踏み込んできたときには、大声を上げたところでもはやどうしようもない。そこでその晩、ゲシュタポが階下の食堂で食後の酒を楽しんでいる隙に、ベンヤミンはポケットに忍ばせていた小瓶を取り出す。彼自身の言葉によれば、「馬一頭を殺す」だけの量のモルヒネだった。ベンヤミンは毒を、「自己解放」の秘薬をあおった。

ポルボウの死亡記録簿に、〈ヴァルター・ベンヤミン〉の名前が書き加えられた。記録によると、死亡日時は一九四〇年九月二十六日午後十時である。

7 亡命——テオドーア・アドルノ

追い詰められたベンヤミンも、あくまでナチスに潰された知識人の一例に過ぎない。迫害・貧窮・逃亡・自殺——いずれも第三帝国に追われた人々の大半に共通する経験である。とはいえ、こうした大難のなかにあっても、すべてのドイツ系ユダヤ人哲学者がヒトラー支配下で命を落としたわけではない。祖国をなんとか脱出した者も少なくないし、燃えさかる火に著書を投じられながらも、海外に安息地を見つけた幸運な者もわずかだが存在していた。

テオドーア・アドルノはそうした人々のひとりだ。ベンヤミンと同じく、魅力的な変人とでも言おうか。ただ彼に劣らぬ知的洞察力と感性を兼ね備えながら、性格面では少なくとも、悲劇的なところがはるかに少ないように見える。確かにこの哲学者兼音楽学者、二十世紀のなかでは難読性、抽象度、厄介度ともに最高レベルの思想家であるのだが、むしろ喜劇的な人物として捉えられることが多く、英国ではある種のダンディとして——哲学界のチャーリー・チャップリンとして知られていた。また生き抜く力にも優れていたし、その人生の物語も、そのほか亡命したあらゆる天才たちに彩られてもいる。

ドイツを脱出したアドルノは、一九三〇年代中盤から一九四〇年代の中頃までの十年間、妻や亡命仲間とともにアメリカ西海岸で暮らしていた。両親に宛てた一連の手紙で、亡命生活の魅力や不安について語っているが、そのうちのひとつ、一九四四年二月八日付の手紙では、当時四十歳のテオドーア——愛称テディ——が、映画スターのグレタ・ガルボにまつわる愉快なエピソードを振り返っている。

親愛なる［…］

日曜はザルカのところでお茶でした。一家（と老シュトイアーマン嬢）のかたわらに、きらびやかな装いの女性がただひとり、何となく親しげに立っていました。ザルカが私たちの名前を彼女に伝えたことには気づきましたが、名乗らなかったことを見ると、彼女は相当有名に違いなく、当人も自分が誰かというのは相手にわかって当然といった風でした。そう考えてようやく、ぼくは彼女がガルボであると悟ったのです。(1)

手紙ではそのあと、自分の飼っている犬のアリ・ババにも言及されている。

アリ・ババは車のなかで待っていました。ところが会話のさなか突然頭を出したので、アフガン犬の好きなガルボ嬢は、犬もなかに入れてやろうと言い出しました。まあザルカも自分で三匹の犬を飼っていて、すぐ興奮するセッター犬二匹に、大きなドイツ・シェパード犬が一匹なのですが、シェパードが先日ガルボ嬢にかみついたばかりなので（誰にでも噛みつきます）、この三匹はなかに入れてもらえませんでした。つまりアリだけ特別に迎えられたわけです。同じ犬の臭いがしているので、アリは狂ったように大暴れして――こんなに我を忘れたアリは初めてです――なんといきなり、ぼくたちが気づくよりも先に、本棚のところで片足を上げて、本にマーキングしてしまったのです［…］世界で最も美しいと目される女性の目の前で。(2)

映画スターの前で小便した犬という笑い話には、アドルノの亡命生活を象徴する剽軽さが垣間見える。西海岸のカリフォルニアに移り住んでいたこのユダヤ系ドイツ人は、そのほか大勢のハリウッド・スターと交流している。なんとチャーリー・チャップリンにも何度か会っていたようだ。

客の一人が早めに帰ろうとしたとき、チャップリンは私の隣に立っていた。チャップリンと違ってぼんやりしていた私は、その帰ろうとする人に手を差しのべたのだが、差しのべた手をすぐにまた勢いよく引っ込めてしまった。帰ろうとしていた客は、［…］映画『我等の生涯の最良の年』の主役の一人で、戦争で片手を失い、鉄製の、しかし実用的な義手をつけていた。私が右手に握手をしたときに、その義手が力強く握り返してきたので、私はひどく驚いてしまったのだった。しかしその驚きを、負傷した彼の前で表情に出しては絶対にならないとすぐに察して、私は一瞬のうちに社交的な笑顔をとりつくろった。しかしその顔は、驚きの表情よりずっとひどいものだったに違いない。映画俳優がその場を立ち去るやいなや、チャップリンはもうこのシーンを演じてみせたのだった。このように、彼のかき立てる笑いとは、恐怖と紙一重なのである。(3)

この出来事は象徴的でもある。つまり、このときアドルノたちはアメリカで、洒落た社交の一端に接しているわけだが、それは戦中ヨーロッパのそれとはかけ離れた世界なのである。傷痍軍人だった俳優の持つ鉄の爪は、それ自体が衝撃だったのみならず、海の向こうで起こり続けている恐怖を、アドルノに不意に思い起こさせたのだ。握手を通じて、アドルノは暴力というものをその肉体で不意に実感したのだ(4)。

ヨーロッパ中世の高雅な建築の残るフランクフルト・アム・マインに育ったアドルノとその妻グレーテルは、気づけばこのカリフォルニアに住んでいた。グレーテルが義父母へ送った手紙では、その住むアパートのロサンゼルスらしさが伝えられている。

今日は、私たちのアパートがどんなふうか、ご説明したいと思います。〔…〕入ってすぐは、西向きの大きな窓があるリビング。〔…〕入口の向かいにある暖炉（でも使っていません）の横にずらりと並ぶのは、ビーダーマイヤー様式の家具で、はす向かいの角にはグランドピアノがあります。〔…〕本、楽譜、レコード盤などなどはまだまだ注文しないと。(5)

古いヨーロッパの家具は、そのきらびやかでモダンな環境には、相当ちぐはぐだったに違いない。家具が古くさく場違いであるように、アメリカでのアドルノも古風に見えたことだろう。一九四四年には彼も中年、髪もかなり薄くなり、四角い黒縁眼鏡がまん丸な頭と顔のあいだに居座っている。普段から人前ではダークスーツを着ていたために、フォーマルな装いからどこか取っつきにくいという印象を持たれがちだったが、本人の優雅なマナーや、その瞳に見える気遣いや思いやりのおかげで、その堅苦しさも和らいでいた。背は低くでっぷりとしていて、運動はいかにも苦手だったが、その知的活動はそれを補ってあまりある。ただ、その格式張った上品な物腰は、カリフォルニアでの新しい環境とはどう見ても折り合いが悪そうだった。

他にもロサンゼルスに亡命してきたユダヤ人は多いが、なかにはハリウッドでも映画を撮ったマックス・ラインハルトやフリッツ・ラングといった名士たちもいた。またアドルノは、ノーベル賞作家のトーマス・マンや作曲家のアルノルト・シェーンベルクやベーラ・バルトークとも交流があった。両親への手紙でも、アドルノはこう記している。「土曜の夕べにディターレ夫妻とディナーをご一緒しました。そこではマックス・ラインハルトがグレーテルのディナー・パートナーを務めました」(6)。

サンタモニカでのアドルノ，1949 年

ラインハルトはユダヤ家系の出で――オーストリア＝ハンガリー出身の本名マクシミリアン・ゴールトマン――一九三八年のオーストリア併合ののち、まずイングランドに亡命、そのあとアメリカ合衆国に来たのだった。その映画作品はナチスに禁じられたが、数あるヒット作のなかでも、代表作はジェームズ・キャグニーやミッキー・ルーニーらが出演した『真夏の夜の夢』である。また彼は、サンセット大通りにある名門ハリウッド・ラインハルト演劇学校の経営者でもあった。

アドルノの生活は、社交だけでなくプライヴェートでも、こうした著名な亡命者たちと深く繋がっていた。たとえば、カリフォルニアに居を移したときにも、家具を揃えるにあたって有名人の力を借りている。アドルノは母への手紙でこう語っている。

ママへ

まあ難なくすんなり引っ越せましたが、ただ悩ましいのが、蓄音機もなく、窓ガラスが一枚痛んでいることとです。荷造り業者は大変結構でした。［…］同封した見取り図から、家具の案配がわかると思います。あのフ、リ、ッ、ツ、・、ラ、ン、グ、がぼくたちのために描き上げてくれたので、家具をひとつひとつどこに置けばいいか、ぼくたちにもよくわかりました。(7)

新居の家具配置の見取り図を描いてくれた人物が、世界的に有名な映画監督のフリッツ・ラングだと自慢できる人など、そうはいないだろう。彼の作品でもいちばん有名な映画である『メトロポリス』にちなんで〈闇の達人〉とあだ名され、彼はまさにフィルム・ノワールの代名詞となっていた。ハリウッドで数多くのサイレント映画・トーキー映画を撮り続けたラングには、名作も数え切れないほどあったし、スペンサー・トレイシーをはじめ、後年はマリリン・モンローといった大物の出るフィルムもあった。ラングはオーストリア出身のユダヤ系ドイツ人亡命者だった。母方の祖先がユダヤ人であったがために、彼はナチスから逃げることを余儀なくされたのだった。

ラインハルトもラングも、同じドイツ人の女優マレーネ・ディートリヒの映画を撮っているが、この女優については、ひとつ興味深いエピソードがある。アメリカからドイツへ帰国するようナチ党の指導者層からアプローチを受けたが、すげなく断ったというのだ(8)(彼女はナチス嫌いで、ドイツでも数々の反ナチ発言を残している)。彼女はまた戦時公債の売出しにも協力、最前線にいるアメリカ軍を慰問もした。アドルノはラインハルトやラングを通じてディートリヒと親しくなっており、両親への手紙でもその「まばゆいばかりの美しさ」に触れ(9)、また「有名な脚線美」にも我慢できず言及している(10)。

こうしてハリウッドで仲良くなったフリッツ・ラングとその愛人(後の妻)のリリー・ラテとともに、アドルノとその妻グレーテルはクリスマスを過ごすことになる。おそらくここでアドルノは、ラングから世に広く喧伝されたあの話を聞かされたことだろう。つまりラングの主張によると、ヨーゼフ・ゲッベルスにオフィスに呼びつけられ面談し、そこで映画『怪人マブゼ博士』(一九三三)が上映禁止にされたのだという。とはいえ、ゲッベルスはラングの映画制作能力にいたく感銘を受けたため、ドイツの映画スタジオ・ウーファ(UFA)のリーダーになってくれないかと持ちかける。しかしゲッベルスは知らなかったが、ラングはすでにドイツからパリへ脱出する手筈を整えていた。ゲッベルスとの面談は長引いてしまい、終わる頃には銀行は閉まっていたので――ラングは金も持たずにその夜のうちに逃げ出したとか。この話を皆がみな信じたわけではないが、聞いたラングの友人たちをわかせるものではあった。

一方で、アドルノの妻とラングの愛人リリーは強い絆で結ばれた。このこともアドルノから送られた母親への手紙に記されている。

グレーテルとリリーは分かちがたい。ぼくはリリーとそれほど親しくありませんから、馬鹿な心配をする必要はありません。親友とは実に美しいものです。それでいてまったく気の置けない関係。知っておいてほしいのですが、彼女はフリッツ・ラングの愛人——内縁の妻——なのです。あの世界一有名なドイツ人映画監督の。そしてこちらで信じられないほど成功している男の。(11)

リリーは、グレーテル自身もリリー・ラテのことを書き残している。「彼女がわたしと同じ学校に通っていたことがわかったんです。しかも、ふたりとも、そこであの若いラテン語教師のロンメルに想いを寄せていただなんて！」実際、その「ふたりの真の大親友」ぶりを、アドルノはこんなふうに伝えている。

十月初週にNY行きを考えています。彼女がそうすれば、言うまでもなく彼女はあなたがたのもとへ寄るでしょう。彼女は、数少ないながらもぼくたちがアメリカで見つけた本当の意味での友人なのです。うっとりするほど優雅で、どこまでも信頼の置けるその人となりに、あなたがたもきっととても好きになるはずです。[…] だから優しく迎えてやってください、楽しい時間が過ごせることでしょう。(12)

中央ヨーロッパからやってきたこの哲学者は、ロサンゼルスに住むハリウッドのセレブたちと交わるなかで、故郷から遠く離れたこの地に幻想的なイメージを持っていた。アドルノによれば、この地は、人がきっと幸せに暮らせる豊かな土地なんです［…］アボカドを食べたことがありますか？　そうでないなら、最寄りの青果店で数セント出して、ぜひいくつか買ってみてください。種を取り出して、できた穴に、ビネガー・ドレッシング、油、塩に胡椒、よければウスターソースを少々入れるんです。アメリカで手に入るいちばん美味しいものの出来上がりです。(13)

そのお洒落さがあったからこそ、単なる必要からではなく、わざわざドイツのユダヤ人はアメリカをその居場所に選んだのである。両親に宛てて、アドルノはナチ体制下での自分の不遇をこう語る。「ドイツでの経験重々お察しします。ぼくも不意に大学を放逐され、およそ五年のあいだどの仕事に就く機会も与えられませんでした」(14)。

こうしてきらびやかな社交に逃避していたにもかかわらず、アドルノはホームシックにかかっていた。初めのうちは気候に馴染めなかった。「ここはまったく殺人的な暑さ」だとして(15)、「容赦ない日差し」によく文句を言っていた(16)。また景観にも慣れないものを感じており、

月曜はネブラスカをドライヴしました——とても単調で、畑ばかり（あれだけの穀物、誰が食べるのでしょう?）。月曜の夜には、ワイオミング州のロッキー山脈を越えましたが、大して何も見えませんでしたし、標高の違いさえわかりませんでした。火曜は雪と大きな塩湖のユタ州を抜けました。景色は変わっていて、ピラミッドのように山々が平原からいきなりそびえ立っていましたが、ネヴァダに近づくにつれてだんだん少なくなっていきました。(17)

実のところ、世界でもこの地域には、ガソリンスタンドとホットドッグしか［…］住んでない

のではないかという気持ちになります。(18)

こうした一見ささいな記述のなかにも、根深い不安が隠されている。アドルノは危険を感じていたのだ。「特にひとりで外を出歩く際は大いに気をつけること。というのも、アメリカは歩行者の地ではなく運転手の地なのだ。徒歩というのは、絶望的なほどのマイノリティであり、通りを横断するときには、必ず少なくとも三度は左右を見なければならない。［…］さらに、家に大金を置いておくのは避けるようにしている。［…］安全基準はとりわけ不十分だ」(19)。ところがアドルノの不安は、単なるホームシックよりも根深いものだった。胸の奥では、ドイツに残してきた友人たちの安否を、絶えず心配していたのだ。そしてまた別の苦悩を抱いていたことも、家族に宛てた手紙から垣間見える。

ぼくはまだ信じています。「心のなかでは、ドイツのことはもうあきらめてるんです」と言いながら歩き回っているあのタバコのセールスマンと同じ態度を、ぼくたちは取ってはならないのだと。［…］それはドイツに幻想を抱いているからではなく、むしろ世界についてさらさら抱いていないからなのです。ドイツにおけるファシズムは、反ユダヤ主義と不可分ですが、ドイツ民族の性格だけにある心理的矛盾というわけではありません。普遍的傾向なのです。［…］そのための条件とは――掛け値なしにそう思うのですが［…］ただ少なくともドイツでも現状［アメリカ］でも同じなのです。文明になり損なったこの国の野蛮なところは、ドイツのそれに劣らず恐ろしい有様を生じさせることでしょう。(20)

彼は、避難してきたアメリカがファシズムに浸食されるのではないかと恐れているのだ。

ユダヤ人は他の人々に混じるべきだという解決策を考えても、やはり論外です。もう遅すぎる。たとえどこにいたとしても、絶望的な状況に追い込まれることは、どうしても間違いないとぼくには思えるわけです。この確信こそが、ぼくが亡命という抵抗手段をとったことの根底にあるのです。[…]ぼくは思うのです、人が否応なく殺されるのだとしても、人にはふさわしい場所があるのです。[…]恐怖のなかを生き抜く唯一の可能性があるとすれば、高い公算があるわけではないのですが、ここで同じことが起こるよりも先に、ドイツのファシズムが崩壊することにあります。この事実を別にしても、ぼくは不安と恐怖のただなかで死にたくはありません。(21)

抱いていた恐怖については、両親への私信でもやはり語られている。

戦争がなくなったと考えても[…]どんな恐ろしい幻想をもはるかにしのぐ現実がまだあるのです。今のぼくには、自分の情緒をほどほどのところに戻すことさえできないのです。こんなことは今までなかったのですが、ほとんど一睡もできないですし、身動きも取れず、すべてをその渦のなかに飲み込み破壊し尽くす、深い闇のなかを覗くしかありません。(22)

身内には打ち明けても、アドルノは亡命仲間には自分の恐怖のことを内緒にした。表向きは自分を抑えて普通の生活を続けるうち、友人の数は日に日に増えていった。知り合った人々のうちに、ウィリアム・ディターレという有名な元ドイツ人俳優で、ハリウッドで映画を撮るようになった人物がいた。アドルノの書簡には、ディナーの話がよく出てくる。「ディターレ夫妻が月曜に来る予定」であるとか(23)、「昨日のディターレ夫妻との夕べは、実に楽しいものだった」など(24)。ところがその名声がいくら高くとも、大成功を収めたというだけで、全世界で台頭するファシズムからユダヤ人が守られるわけではない。

アメリカの岸辺にもファシズムが押し寄せていると想像したアドルノだったが、それはただの妄想ではなかった。ナチス体制下のドイツ領事館は、一九三三年から四一年までロサンゼルスにあり、アドルノの住所のほど近くでアメリカ・ナチ党の集会を何度も行っている。保守系のドイツ語新聞である「カリフォルニア国家新聞《シュターツ・ツァイトゥング》」「南《ジュート》カリフォルニア・ドイツ新聞《ツァイトゥング》」「カリフォルニア民主主義者《デモクラート》」なども揃ってナチス・ドイツを支援した。ナチの喧伝紙である「カリフォルニア朝報《ヴェックルーア》」も、西海岸での中心的なナチ組織であるドイツ系アメリカ人協会（親独協会）によって一九三五年から三八年にかけて出されていた。映画産業そのものも、その脅威と無縁ではない。ドイツ領事館の手配により、一九三八年にはナチ映画の監督である協力者レニ・リーフェンシュタールが来米、ベルリン・オリンピック（一九三六）の記録映画を携えてアメリカ国内を回り、ロサンゼルスにも来ている。映画業界にいたアドルノの友人たちが、このヒトラーの盟友と会うことを拒んだのに対し、業界内部にはウォルト・ディズニーなどたいへん熱中する者もいたのである(25)。

ナチの集会は、亡命者の安息地のただなかでも行われた。一九三九年四月三十日、親独協会員二千人が、西海岸支部長ヘルマン・マックス・シュヴィンと〈アメリカの総統〉たるフリッツ・クーンの演説を聴くために集まっており、ステージには鉤十字の旗がはためいていた(26)。アドルノや同じユダヤの知人たちには、立ち並ぶ旗は包囲する網にも思え、もはや隠れる場所は残されていないかのように感じたことだろう。

さるユダヤ人哲学者の息子で、ライプツィヒ生まれのハンス・アイスラーも、アドルノの親友となった人物である。アイスラーはブレヒトと共作したこともある作曲家だが、ユダヤの血が入っているということで、ブレヒトとともに亡命を余儀なくされたのである。ニューヨークでのアイスラーは、ニュースクール大学で作曲を教えたり、実験的な室内楽やドキュメンタリー用の音楽などを書いたりしていた。第二次世界大戦の直前にロサンゼルスへ移住したアイスラーは、ハリウッド映画のスコアを作り始め、そのうちの二作――『死刑執行人もまた死す』と『孤独な心』――がアカデミー賞にノミネートされた。『死刑執行人もまた死す』では、再び共作することになったブレヒトがストーリー原案もつとめ、監督はアドルノの知人フリッツ・ラングであった。無実の者だけでなく残虐な者もまた死ぬ、というところに希望を見出した映画だ。アドルノとその友人にとって唯一の希望はどうやら、ファシストども全員がこの世のユダヤ人を殺戮し尽くす前に死に至ることであるらしい。

アドルノとアイスラーも共作し、のちに共著『映画のための作曲』が出来上がる。ある日のアドルノの筆致は興奮を隠しきれずにいる。

ロサンゼルス　一九四二年十二月二十一日
［および］
ニューヨーク　西一一七丁目四二九
一九四二年十二月二十一日

親愛なるみなさまへ

喜んで報告したいことがあります。ハンス・アイスラーは、ぼく（そしてグレーテルと彼の魅力的な妻）とたいへん仲が良いのですが、彼はご存じロックフェラー映画音楽プロジェクトの責任者でもあります。彼は今そのための本を書かなければならないのですが、ぼくに、一緒に書かないかと声をかけてくれていました。出版社（オックスフォード大学出版局）から正式な確認書が昨日届きました。それによると、ぼくたちは共に著者という立場で、印税も五〇対五〇で折半されるというのです。ぼくは前もって長く準備していたので、余暇の時間に悠々とやってのけることができるでしょう。きっと対外的にも実のある成功になってくれると思います。重ねてなにとぞよろしく。(27)

ヨーロッパでは戦火の荒れる一方、亡命者たちはひたすら物作りに励んでいた。こうして情熱的に取り組むのも、創造力でもって迫り来る破壊と戦おうとしたからだ。この一九三〇年代、四〇年代に、アイスラーは二大代表作をものにしている――ひとつは不朽の名作「ドイツ交響曲」（一九三五～五七）、すなわちブレヒトの詩に基づく合唱付き交響曲で、そしてもうひとつは「ハリウッド・ソングブック」（一九三八～四三）であり、後者はブレヒト、ヘルダーリン、ゲーテの叙情詩の力もあって、二十世紀最高クラスの作曲家としてのアイスラーの名声を不動にした。かたやアドルノは自分の哲学上の仕事に打ち込み続けた。一見ぱっとしない、どこか喜劇的に見えるこの古風で内気なヨーロッパ紳士の内側には、ファシズムの恐怖に真っ向から取り組もうとする男がいた。仲間に打ち解け、振る舞いには非の打ち所なく、感傷的に飼い犬をあやしながらも、おのれの国の恐ろしさを知力で解き明かそうとしていたのである。「ぼくは地震計たる運命にあって、ある意味では計算能力ではなく自分の神経終末で思考しているのですが、目下、衝撃で向きが狂っております」と、両親に宛てた手紙にはある(28)。「お手紙頂いてどんなに嬉しかったか、述べる言葉もありません。底知れぬほど恐ろしいこの昨今において、お手紙はまさしく希望の光なのです。ぼくにとって刻一刻と現状は悪くなっている、と言っても過言ではありません」(29)。

見かけだけの文明の裏に潜んでいる野蛮なものを理解しようと、アドルノは毎秒毎時間、来る日もひたすらに、何週間も何ヶ月も何年もかかって、その主題を追いかけ続けた。もはやノイローゼなのではないかと思えるほど熱狂的に取り組んだ。「いまだかつてないほどに過労で疲れ切っています」。「死にものぐるいでもがいて、何とか頭を水面より上に出し続けようとしているのです」(30)。仮にも文明人とされている人々がどれほど蛮行を好きこのんでいるかを解き明かすこと、これが彼のライフワークとなっていた。何に出くわしても、それを前にたじろいだりはしない。自分の生きる時代や国に、あるいは人の心や知性を言い訳にすることもない。貧困、社会変動、歴史的事件の安易安直な説明も、彼はよしとしなかった。人間精神の根底、まさに現代西洋世界の本質に深く切り込んでいこうとする。そして古代ギリシアから十八世紀の啓蒙思想家に至る錚々たる哲学文献を頼りに、ナチズムを解き明かす新しい哲学を打ち立てる。カント、ヘーゲル、ニーチェ、フロイトに没入することで、現代哲学の古典である『啓蒙の弁証法』の構想を組み立てたのだ(31)。

アドルノに限らず、亡命知識人たちは自らの作品でファシズムの恐怖に立ちむかった。アルノルト・シェーンベルクの活躍に触発された者も少なくない。アドルノの記述によれば、妻のグレーテルは「シェーンベルク［の妻］と見事なまでに仲が良く、彼女もかつてないほど上機嫌です。この仲が何事もなく続けば結構なのですが」(32)。実はシェーンベルクは、アドルノのささやかなサークルの常連だった。両親に宛てた手紙で、アドルノは、仕事から離れたところには「何も新しいものはなく、たいていは庭仕事をして、夜も早々に就寝し、そして研究所からも離れて、ささやかな、エルザの言う〈選りすぐりの〉人々のサークルの会合をするのです。[…] アイスラー、シェーンベルク、ブレヒト [...] これが全メンバーなのです」と語っている(33)。オーストリア系ユダヤ人であるシェーンベルクは、表現主義運動に関わった新ウィーン楽派のリーダーで、革新的な無調音楽を推し進めた先駆者である。しかしオーストリアでもナチ党が台頭するなか、彼の音楽はスウィングやジャズと同様に退廃的だとされ、亡命を余儀なくされた。この人物にアドルノは魅了されたのである。「日曜にシェーンベルクの最新作であるピアノ協奏曲をニューヨークからのラジオで聴きました。[…] 実に並外れた作品、得も言われぬ説得力をもった円熟した作品で、ベートーヴェン後期のスタイルに比肩しうるのはこれだけでしょう。演奏も放送も優れていました。そのあとこのご老公に電話すると、たいへん幸せそうでした」(34)。

他にも音楽界の重鎮が幾人もナチの脅威を逃れてアメリカに亡命している。たとえば、フランツ・リストと並んでハンガリー随一の音楽家とされる、作曲家にしてピアニストのベーラ・バルトークもそのひとりだ。アドルノの手紙にはこうある。

今夜、「ラジオ局による」コンサート中継の紹介役を務める予定で、ベーラ・バルトークと楽曲について対談することになりました。(そのあとヴァイオリン・ソナタ第二番をルディとエドゥアルトが演奏します)。昨日、バルトークとこの対談の準備をしました。彼は想像しうる限りいちばんの変人です。子どもと老人の合いの子というか、もはや異常な音楽家なのですが、あまりにナイーヴで頑固なため、どんな言葉も、自作楽曲のことでも、自分が説明しないと気がすまないのです。(35)

社交の夕べがアドルノの生活の一部となっていた。彼の「美しい友人リサ・ミンゲッティ」(36)は、ウィーン出身のヴァイオリニストとしてヨーロッパ各地で演奏した人物だが(37)、アドルノはピアノを担当してこのリサとよく演奏会を開いた。「クリスマスイヴはこちらにいらっしゃらず残念でした。たいへん素晴らしいものでしたのに。ぼくは室内楽を何曲も、優れたヴァイオリン奏者であるマースコフとその妻（リサ・ミンゲッティ）とともに弾いたのです」(38)。両親への手紙によく出てくるこのリサは、「今日の午後も演奏しに来る予定なのです」などとも書かれている(39)。

だがそんなものは、今にも消えてしまう泡のようなものだった。アドルノとその仲間たちは死刑宣告された人々なのであって、太平洋を背に、西洋世界の最西端のぎりぎりで踏みとどまっているにすぎない。もう逃げ場はなく、アドルノ自身も、絶滅はありうるばかりか避けられないものと考えていた。アドルノは連合国にも物申さずにはいられない。「軍備やら準備やらが終わるまでに、きっとヒトラーはヨーロッパの残りも手中に収めてしまいます。ぼくたちは、冷静であるようつとめながら、恐怖で思考停止に陥ることだけは避けねばなりません。ですが、この恐怖はもう簡単にはどうにもならない大きさになっているので、蛇を見つけた鳥のように、人は凍り付いてしまいます」(40)。

映画や音楽のほか、アドルノの熱意は文学にも向けられた。前述したように、詩人にして劇作家でもあるベルトルト・ブレヒトもまた亡命していた。ユダヤ人ではなかったが、マルクス主義を信仰していたため、ナチスの迫害を受けるに至ったのだ。一九四一年七月、彼はウラジオストク経由でカリフォルニアにたどり着き、サンタモニカに居を構える(41)。アドルノとブレヒトは友人で、共作したこともあった。次に掲げるのは、ブレヒトの書いた「ハリウッド」という詩である。

毎朝、パンをかせぎに
市場へいくと買われるのは虚偽
売り手にまじってならぶ私は
希望に満ちて(42)

アドルノは同じく亡命している両親にこう説明している。「［ぼくは］これからも気を静めて、ブレヒトがその美しい詩で難民のつとめと呼ぶもの——希望——にしがみついていきます」(43)。ほかにも亡命作家にはそれ以上の有名人がいた。アドルノはこう記している。「今夜マックスのところには大物がいました。トーマス・マンとその奥方がおられたのです」(44)。アドルノはこんな思い出も書いている。「火曜、ぼくたちはトーマス・マンにお呼ばれしました。残念ながら演奏つきで、そうでなければよかったのですが」。そのあとアドルノ夫妻は礼として、相手を招待し返すが、こう締めくくっている。「トーマス・マンをお呼びしたディナーは大成功でした」(45)。ドイツ人小説家トーマス・マンは、このとき時の人として名声と権威を欲しいままにしていた。その作品は現代的でありながら、古くからあるアイデアをうまくまとめ上げたものである。大河小説『ブッデンブローク家の人々』（一九〇一）、『魔の山』（一九二四）のほか多数の中編・短編小説の好評を認められ、一九二九年にはノーベル文学賞を受賞している。だがヒトラーが権力を握ると、彼もスイスへ亡命を余儀なくされ、戦争勃発後の一九三九年にアメリカ合衆国に逃れるに至る。戦時中はラジオで反ナチ演説を立て続けに行ってもいて（「ドイツの聴取者へ《ドイチェ・ヘーラー》！」）、アメリカで録音されたものが英国に送られたあと、ドイツの聴取者へ届くようＢＢＣから送信されたという。

マン一家が西ロサンゼルスのパシフィック・パリセーズに構えた引っ越し先は、アドルノ宅からさほど遠くはなかった。アドルノは交流の始まりをこう記している。「ぼくたちはプレミアに招待されました［…］なぜかはわかりませんが、亡命著名人としてらしく、ほかにもマックスやトーマス・マン、ブレヒト夫妻など様々な人がいました」(46)。

> 明日はぼくたちだけがトーマス・マン宅に招待されています。彼はぼくの『新音楽の哲学』を読んで感銘を受け、その本についてぼくと詳しく話をしたいだけでなく、新作小説の一部をぼくに読んで聴かせたいのだそうです。音楽家についての小説で（主人公は何やらシェーンベルクがモデルらしく）、それについての意見もぼくに聞きたいのだとか。まあたぶん、彼はそのうちドイツの大統領《ライヒス・プレジデント》になるでしょう。［…］往年ほどの高い知力はないにしても、ともかく彼は朗らかで愛想がよく教養もありますから、ご一緒して楽しい人です。(47)

一方で、一九四三年九月二十七日付のマンの日記にはこう書かれている。

> アドルノの論文を読む。／そのアドルノが夫人同道、夕食に。／食事の際、音楽哲学の細部につ

いて。／その後、講演の章を朗読。／音楽との深いかかわりが賞賛、確認される。細部に異論が出されたが、簡単に考慮出来る異論もあれば、ほとんど考慮出来ない異論もある。全体としては安心出来る評価だった。(48)

アドルノとマンが熱心に共作し始めるのは、そのすぐあとのことだ。そのときマンは『ファウストゥス博士』(一九四七)の執筆中だった。第二次世界大戦前および大戦中のドイツ文化の崩壊を描いた物語で、シェーンベルクをモデルにした作曲家アドリアン・レーヴァーキューンに焦点が当てられている。マンはアドルノに細かな助言をしてくれるよう求め、それは主人公のみならず、小説にある音楽上の問題点全般に及んでいた。

しかし、こうした亡命著名人に代表されるヨーロッパ文化にも、脅威が間近に迫っていた。アドルノによれば、

確信を持って言えます。ファシズムの狂気がいったんこの世を手にしてしまえば〔…〕ぼくたちにとっての有意義な生活がかつて拠り所にした、こうした文化の救われる余地はなくなってしまうでしょう。こんな大仰な言葉は使いたくありませんが、今ここで起こっていることとは、もはや単なる戦時などではなく、むしろ文化の一形態の崩壊なのです。(49)

ただ、最後には何とかなると考えていた者もいる。同じく亡命した哲学者仲間マックス・ホルクハイマーのことを、アドルノはこう書いている。「たぶん結局は世界の終わりも生き抜くことのできる

隠れ場が見つかるのだ、なんて希望を抱いているのだろうが——それが何であれ、ぼくは幻想を持ち合わせていない」(50)。むろん、西洋世界全体がファシズムに屈してしまえば、実際の隠れ場所など残っていようわけがない。ユダヤ系知識人の大半が想像していた唯一の隠れ場とは、自分の作品のことだったはずだ。「生き延びようとするのは、すべてを投げうってでも生命にしがみつくためかといと、必ずしもそうではない。それも大事だが、ぼくたちの何ほどかの洞察を守るためなのだ、将来人類にとってまったく無価値なものではないとわかるかもしれない洞察のために」とアドルノ自身が書いているように(51)、だからこそ彼らはヨーロッパ文化そのものを保存しようと力を尽くしていたのだ。

アドルノが交流していた哲学者は主に、「フランクフルト学派」の一員であった。これは、一九二九年にフランクフルト社会研究所を設立した思想家、批評家、社会学者から成っている。ドイツでの活動がユダヤ人として不可能になると、マックス・ホルクハイマーがその研究所をアメリカに移したので、当のホルクハイマーがその学派の思想家のリーダーと目されている。その哲学の基礎は社会現実に置かれ、あらゆる理論に倫理性を求めたことで知られている。哲学、倫理学、社会学の融合は「批判理論」を生み出し、この知的運動は世界じゅうに大きな影響を与えた。ホルクハイマーは、学派の他のメンバーと同様、マルクスとフロイトに依拠しているが、ヒトラーやのちのナチ思想家らが崇拝するドイツの伝統も拠り所にしている。ドイツ観念論とロマン主義のどちらにも反ユダヤ主義の要素が通底しているとはいえ、ユダヤ系ドイツ人思想家たちはこうした思潮に負うところが多かった(52)。

〈やわ頭〉とは、アドルノがホルクハイマーに与えた綽名《あだな》である。当人の説明によると、アメリカで「今ぼくたちはインディアンの酋長の名前を用いています。マックスは〈やわ頭〉と呼ばれ、グレーテルは古えの伝統に従って〈三匹のヒゲワシ〉と呼ばれ、ぼくは単に〈でか牛〉です。ほら、ぼくはすぐ我を失ってしまいますからね、それに実際そんなふうに取り乱せば、かつての気取りぶりを理由にぼくはオックスフォードから教授職だってきっともらえますよ」(53)。アドルノはホルクハイマーのかたわら猛烈に仕事に取り組んでいた。「［ぼくは］マックスの書いたユダヤ人問題の長い論考を、当人やグレーテルと一緒にまるまる改訂、すなわち書き直しました。ぼくたちは先週いっぱい、文字通り日夜この興味深い著述に取り組み、あまりのペースにマックスは終わるとたちまち崩れ落ちて、そのまま寝込んで熱を出してしまいました」(54)。

フランクフルト学派の傑物をもうひとり挙げるとすれば、ヘルベルト・マルクーゼだ。一八九八年七月十九日生まれのこの人物は、フロイトやマルクスだけでなくニーチェやヘーゲルからも強い影響を受けており、代表作には『エロス的文明』『一次元的人間』『美的次元』などがある。痛ましい話だがその経歴を遡ると、その初期には論文がマルティン・ハイデガーによって却下されている。一方アメリカで、マルクーゼは、のちにCIAとなるアメリカ諜報機関の仕事を引き受け、対ナチスのための貴重な情報を提供している。アドルノは、このマルクーゼとも優れた手紙のやりとりや共働作業をしているが、他の知識人に比べて実際に会ったことは少なかったようだ。

フリードリヒ・ポロックも、フランクフルト大学付属になる前の社会研究所の初期メンバーだった人物である。工場労働者の家に生まれた彼は、哲学を学びにフランクフルト・アム・マインへ行き、そこでマルクスの労働価値説の論文を書いた。ポロックはホルクハイマーと終生友だちで、研究所とも常に密な関係を取っていた。ふたりはともに「アプリコット・ブランデーの逸品」に目がなかった

（55）。

ホルクハイマー、マルクーゼ、ポロックとのこうした良好な共働関係は、アドルノになくてはならないもので、「ヨーロッパ文化という沈みゆく船」を救い出そうとする彼の助けとなった。そして亡命者コミュニティのほかにも、アドルノにはもっと私的なものとして、もうひとつ過去をとどめておくよすががあった。若い頃や子ども時代、それから家族への懐古の情を通して、心のなかのドイツをそのままに保とうとしたのだ。これは、両親や妻、旧友たちとの親密なやりとりに支えられたところもあるが、回顧・内省したがる彼の性格に助けられたものでもあった。

幼少期からアドルノは美しいものに囲まれて育った。一九〇三年九月十一日、フランクフルトに生まれ、テオドーア・アドルノ・ヴィーゼングルントとして洗礼を受けた。のちに母方の姓を用いて自分のことをアドルノと名乗るのは、ユダヤ系の姓であるヴィーゼングルントから来る差別を避けるためである。音楽家である母のマリーアと、裕福なワイン商の父の一粒種として、アドルノはワインと歌の世界のなかで育っていった。ほんの幼い頃からピアノを習っており、また母親の妹アガーテ（旧姓カルヴェリ＝アドルノ・デラ・ピアナ）もアドルノの母と同じ人気歌手で、彼にとっては第二の母同然だった。母と叔母は、ふたりして彼にタウベルトの子守歌を唄ったことだろう。その歌詞は神々しく聞こえたものだった。

安らかにおやすみ
小さなお目々を閉じて

ほら聞こえるでしょう、雨の降るのが、
お隣りの犬の吠えているのが。
お犬はその人にかみついた、
乞食の服を引き裂いた、
いま乞食が門の方へ駆けて行く、
安らかにおやすみ。(56)

ホルクハイマーは、アドルノの実家の雰囲気をこう記している。

アドルノが青少年期を過ごしたオーバーラートのゼーハイマー通りの家に入ると、文字通りに『大事に守られた子ども時代』を生み出した環境を知ることができる。彼の実家で合流していた二つの伝統、つまりフランクフルトのユダヤ商人、オスカー・ヴィーゼングルントの精神と、歌手だった母親のマリーアを〔…〕取り巻いていた華やかさや、彼女の妹でアドルノにとっては第二の母親だったアガーテの輝く目、これら二つが彼の〔…〕思想と感覚において保たれていたのである。(57)

アドルノにとって、日々の生活と愛と音楽は分かちがたいものだった。本人はこう書いている。「寝室で横になり眠れと言われているのに、家の音楽室でベートーヴェンのピアノとヴァイオリンのためのソナタが演奏されているのを、耳をそばだててこっそりと聴く」(58)。霊妙繊細な感性に包まれてゆくアドルノの世界には、とげとげしいものは何も入ってこなかった。

交響曲や室内楽の文献なら、[…]大きな本のおかげで、うちの家に置かれていないものはほとんどなかった。それらの本はページをめくって欲しそうに見えたし、また音符を知らず記憶と聴覚だけが頼りだった頃から、私はページをめくることが許されていた。ベートーヴェンのバイオリンソナタでさえ、風変わりな編曲がその中にあった。モーツァルトのト短調交響曲のように、少なからぬ曲があの頃、私に刻み込まれた。しかも導入部における八分音符の動きの緊張感を、あの子どものピアノの摩訶不思議なタッチほど完璧に作り上げられるオーケストラは、どこにも存在しないと今でも思うほどだ。(59)

たっぷり甘やかされたアドルノの子ども時代は、まさしく幸せだった。幼なじみの哲学者レオ・レーヴェンタールは、幼い頃のアドルノを思い出して、「こうした保護された快適な生活の中で、アドルノは一生もう消えることのない安心感を得ていた。それを死ぬほど嫉妬することのない人にとって、テディは愛さずにはいられない存在だった」と述べている(60)。この満ち足りた思い出はアドルノの心にいつまでも大切にしまわれ——これがいちばんの安息所になったのだった。

アドルノの育てられ方は夢のようだが、それにも弊害はあった。世界とぶつかるには、あまりに無防備であったのだ。子ども時代のアドルノは、学校で教師というものに初めて接して苦しんだという。「教師と生徒では、精神的階層が最初から一致していない」(61)。教師と生徒の関係にがっかりしただけでなく、それ以上に運動場での出来事がつらいものであった。友人はこう回想している。

彼は家族に甘やかされた子だった〔…〕。家ではテディと呼ばれていた。この愛称がどうしたわけかギムナジウムで知られるようになった。〔…〕休み時間、上級生は自発的にゆっくり円を描いて歩いていたが、僕たち下級生は騒がしいゲームをしていた。テディには親しい友人が二人いたけれども、敵の誰かが彼の背中に大きな字で『テディ』と書いた紙を貼り付けたのに、テディもその親友も気付いていなかった。事態に気づいていない彼の後ろに付いて回り、『テディ』とはやし立てる人の山があっという間にできてしまった。当時テディは痩せ気味で恥ずかしがり屋だった。彼は結局のところ、全体を把握していなかった。テディがユダヤ人であることは皆が知っていた。しかし校庭での一幕は、決して反ユダヤ主義の表明ではない。あれはどんなクラスの優等生をもはるかに凌駕する比類ない生徒を狙ったものであり、少年たちの馬鹿な悪戯に過ぎなかった。(62)

アドルノには、反ユダヤ主義と反知性主義とが別物であるとはどうしても考えられなかった。彼にとってはこうした形の偏見も元を辿れば同じで、学校でのいじめに苦しめられた彼は、こうした振る舞いにナチズムの種が潜んでいることに気づいていたのだ。どちらの集団も差違に敏感に反応するものだった。

また才能は変わった形で現れる。子ども時代に音楽に対する感度がずば抜けて伸びたアドルノは、生涯を通じて可聴域が通常よりも広かった。そして同様に、他の者が見えないものも「見えた」のである。事物を見通す能力はその読書に歴然と現れ、アドルノは幼年から難解な概念をも理解できたという。彼の持つ、複雑な観念を考えて突き詰めるという不思議な能力は、同年代のレベルを凌駕していたし、ましてや十分な教育を受けた大人の力量をも越えるものだった。アドルノはひたすらに甘やかされたかもしれないが、胸の奥に知力を秘めていた。そしてその恵まれたものを無駄にすることなく、たゆまぬ努力をした。頑張るあまり、後年は精神・肉体の両面で疲弊するまでやりすぎることもあったし、とりわけ打ち込める計画に取り憑かれたときには、仕事のしすぎで体調を崩して病になることさえあったのだが。とはいえ、アドルノはストイック一辺倒というわけではなく、家族も彼にリラックスしてものを楽しむことを教えた。長期間の極端な精神力の酷使にも耐えられたのは、いい仲間、音楽、ワイン、食べ物といった贅沢なものに囲まれて過ごすという気分転換の時間に支えられてのことだ。こうした生活パターンを、彼は終生貫き通した。

引きこもりがちなアドルノには、学校以外の外界は幼年期にさしたる影響を残さなかったようだ。あの恐ろしくもつらい第一次世界大戦にしても、フランクフルトの高級住宅街への転居につながっただけだった。一九二九年から始まる戦後不況でさえも、裕福なヴィーゼングルント一家はものともしなかった。この時期、多くの家庭が生きるためにひたすら悪戦苦闘していた一方で、アドルノはあらゆる音楽という音楽にはまり、作曲し、哲学や古典、文学などを貪欲に読みふけった。また同年代の子どもたちがクラスや近所で互いにつるんでいたのに対し、アドルノの友人はひとりの成人男性——十四も年上の人物だった。その者こそ、卓越したドイツ系ユダヤの知識人・作家・批評家であるジークフリート・クラカウアーだった。クラカウアーはアドルノの第一印象をこう述べている。

彼は緑色の粗いウール地の上着を着ていた。その上着と赤いネクタイが作り出すざらざらした外皮に包まれて、彼は小さな王子様のように見えた。母親の椅子にもたれ、質問されると生気なく答えていた。しかし長い睫毛の下から覗く悲しげで大きな目は、そんな弱々しい調子とまるで違っていた。粗い上着の下に隠されたその体と同じように、この子の中には何か秘密があることを、その目の表情は物語っていた。(63)

他の男の子が運動場で膝に泥をつけているあいだも、シェーンベルクに始まった十二音技法を駆使したことで知られる新ウィーン楽派の優れた作曲家が、アドルノの「遊び相手」になっていた。十八歳年上でピアノの師匠でもあるこのアルバン・ベルクと仲良くなったアドルノは、シェーンベルクの仲間うちにも入って、そのメンバーと楽しく交流をしていた。アドルノの十一年年長のヴァルター・ベンヤミンも、そのときできた親友のひとりだ。後年アドルノは、ベンヤミンのことを親愛の情を込めて、今まで出会ったなかでも「最大級の、いやもしかすると〈最高の変人〉」と呼んでいる(64)。レオ・レーヴェンタールはのちに国際的に有名な社会学者となる人物だが、彼もまたこのアドルノの交友関係のなかに入っていた。レーヴェンタールはアドルノのことを、「繊細な身のこなしや話し方から して、典型的な詩人そのもの」だったと書き残している(65)。

マーガレット・カルプルス、通称グレーテルは、若い頃からのアドルノの恋人で、両親の旧友の親族に当たる。彼女はスポーツ選手のような体つきで優雅であり、きわめて知的な顔をしていた。あちこちの知的サークルに出入りしていて、ヴァルター・ベンヤミンやエルンスト・ブロッホ、ベルトルト・ブレヒトとも顔なじみだった。テオドーアとグレーテルはたくさんの思い出を共有しており、アドルノが大人になってからも、ずっと必要な支えであり続けた。ごく幼い頃から、アドルノの惚れや

すい遊び人気質が、女性に自然と親しみを抱かせていたようだ。ある学生の回想によると、

女性と一緒になると、とたんに彼は甘い言葉を囁き出した。誰でもいいという時もあって、まるで一人一人の女性の個性に対して〈色盲〉のようだった。どうも〈女性性それ自体〉が自動的に彼に火を点けるらしい。ただしアドルノにとって性愛の自由は男の特権ではなく、女性にもそれを認めていた。私の目に映ったアドルノは、男性優越主義者でも女性差別主義者でもない。私がそう言えるのは、彼とは個人的に親しかった上に、私たちの間でエロチックな雰囲気があったことを隠したくないからだ。彼のアプローチの仕方にはマッチョ風な男っぽさはなくて、むしろ無邪気な子どものようだった。他の面でもアドルノは、子ども時代の奔放さを多く残していた。その一方でずいぶんと小心なところもあって、気配りのない向こう見ずなタイプとは反りが合わなかった。さらに私が知っているアドルノは、女友達に対して信頼できる忠実な人間として接していた。私にとって決定的だったのは［…］私が彼だけでなくグレーテルとも親しかったという事実だ。私にとってこの二人の関係は、まさにこの緊張によって特徴付けられていた。つまり何があってもとにかく忠実で信頼し、一方では共生とも言えるほどお互いに惹かれ合い、他方で身を完全に解き放てる能力が必要だったのだ。(66)

グレーテルはアドルノになくてはならない人物で、彼の浮気性にも寛大だった。後年の彼への溺愛ぶりは、母や叔母が少年の彼へ与えた愛情を彷彿とさせるものだったという。

アドルノの子ども時代に見られる満ち足りた気持ちは、大人になってからもしばらくは続いた。彼

は、戦後の貧困にも、権威を振りかざす父にも、何でもケチをつける母にも縛られることはなかった。反抗する必要もなく、学生の政治活動にも興味を示さなかった。ヨーハン・ヴォルフガング・ゲーテ大学フランクフルト・アム・マインの異彩を放つ学生として、哲学、心理学、社会学を勉強し、一九二〇年には二十歳で博士号を取得する。だが、よどんだ学問世界の洗礼を受けることになる。音楽学者、作曲家、思想家としてまばゆいばかりの彼は、フランクフルトの凡庸なアカデミズムから疑いの目で見られたのだ。憤った一派とたびたび論争になり、エキゾチックなお飾り呼ばわりされるまでに貶された。そんななかでも救いだったのは、作曲家アルバン・ベルクとの出会いだ。そしてアドルノは地元を離れ、上品なウィーンで勉学に励むこととなる。それは一九二五年のこと、ヒトラーがその通りを歩いた二十年後のことである。イタリアを含むヨーロッパ各地を若きアドルノは調べ回るが、やがて安定したキャリアを求めてフランクフルトに戻ることを余儀なくされる。まずは作曲家としての生活と哲学を結びつけようとフロイトについて考えるが、そのあとパウル・ティリッヒの下で大学教員資格を得るために、デンマークの実存主義哲学者ゼーレン・キルケゴールをテーマに研究することになった。

キャリアのために数年間あれこれ奮闘したあと、ついに一九三一年、アドルノの努力が実って、フランクフルト大学で若い新人教師として就任記念講義を行うことになった。本を出し、ものを教え、講座を持つ、大忙しの書き手となったのである(67)。手堅い地位を見つけてから二年後、彼のキルケゴール論文が本として、一九三三年三月にモーア＝ジーベック社から刊行される。「ヒトラーが独裁権を握ったのと同じ日に」世に出たのだった(68)。

アドルノがキャリアを確かなものにしようと頑張っているあいだに、周囲の世界は大変な混乱に巻き込まれていた。失業率が急上昇し、ヴァイマール共和国は一九一八年から三三年にかけて著しく不安定だった。経済のインフレに政治の過激化——いずれもが制御不能な方向へ突き進んでいた。ナチスが国会入りすると、アドルノと同じ同化ユダヤ人の多くが亡命したが、アドルノは踏みとどまった。ドイツの人々がこの「キングコングと郊外の美容師の合いの子」(69)のような総統とやらを長い間支持するとは、どうしても信じられなかったのだ。

一九三三年二月二十七日の国会議事堂放火事件、同年五月の焚書のあと、人種差別的な魔女狩りが始まった。大勢のユダヤ人がフランクフルト大学を解雇されたのと同様、一九三三年九月八日、「プロイセン学術芸術国民教育大臣」がアドルノに対し次の布告を出した。「一九三三年四月七日付官吏再建法第三条に基づき余はここに貴殿からフランクフルト大学における教授資格を剥奪する」(70)。アドルノの同僚であるマックス・ホルクハイマーや恩師パウル・ティリッヒをはじめ、大学の教務係までが皆解雇され、フランクフルト研究所も閉鎖を余儀なくされた。そしてアドルノは自分の郵便物が改竄されていることに気づき——ゲシュタポによる監視を疑った。その後の七月、ゼーハイム通りにある彼の自宅は官憲による強引な捜索を受けることになった(71)。

ベルク、シェーンベルク、アントン・ヴェーベルンといった作曲家も音を奪われ、アドルノの友人たち——クラカウアー、ブロッホ、ベンヤミン——も避難する。アドルノの言葉によれば「値打ちのある人がみな」去るなかで、それでも彼は頑固にとどまり続けようとした。音楽教師として再び資格を得ようとしたが、指導相手として許可するのは「非アーリア人の生徒」だけだと通告され、さらにそのあと、出版の継続を望むのなら帝国著述院への参加申請をしろと迫られてしまう。しかしその申請も、「信頼できる民族同胞」に見なせないということで却下される。つまり、「種と血液の深い結びつきによるドイツ民族の一員である人物」ではない、「非アーリア人という貴方の特性によって貴方は、そのような義務を感じまた認めることができる立場にはない。署名　ズーヘンヴィルト。確認ノヴォトニー」ということであった(72)。一九三四年になる頃にはアドルノは、生計を立てることができなくなり、高まる迫害を目のあたりにし始める。彼にとって、故郷フランクフルトを離れるのは耐えがたいことであったが、もはや選ぶ余地がないことは明らかだった。無数の人々とともに国外脱出を計ることになる。

湿った突風が四方八方吹きすさび、空には白やら灰色やらの雲がちらほら、カモメが鳴き、船の動力音が響き渡る――アドルノは自分の感じたものに圧倒されていた。全方位に広がる海、巨大な波は思想しても捕らえきれない。部屋や家具、さらには暖かい空気や時を打つ時計からも離れて、不意にアドルノは屋外というものに打ちのめされる。曲がりくねった路地や高い建物の続く町並みさえその周囲にはない。人間の生み出したものがどこにもないという環境にさらされる。東西南北どこにも何もない。人生のほとんどを書斎の机で、テキストや楽譜を読み込み過ごしてきた男は、このただ広がる海が突然に現れたことで、広場恐怖症を感じずにはいられなかったことだろう。その場所へ導いたのはヒトラーなのだ、このヨーロッパ大陸の果てへ、海の彼方への逃亡に導いたのは。

乗った船の着いたのは、英国の岸辺であった。一九三四年、英国はヒトラーとの宥和政策を採っていたので、避難民は歓迎されなかった。外国人制限法下の厳格な保護政策では、保証人がおり、自活できる手段・財産があることを証明できなければ、ドイツ系ユダヤ人は英国の岸に近づくことすらできなかった。アドルノにとっての課題は、こうした保証人を見つけることだったが、彼の父が手を差し伸べ、旧友である経済学者ジョン・メイナード・ケインズへ一筆したためてくれたのである(73)。

アドルノの叔父であるベルンハルト・ヴィーゼングルントが、妻と三人の子とともにロンドンに住んでいた。彼は現地の英国社会にうまく溶け込んでおり、ウィングフィールドに改姓もしていた。子どもたちはみな、ハマースミスの聖ポール学院をはじめとする名門校の出身だ。息子のバーナード・T・ウィングフィールドはオックスフォードのマートン・カレッジに行って学んでいた——彼自身のキャリアは、控えめに言っても大したことなかったが。

ウィングフィールド一家を通じて、アドルノの父は息子の必要とする縁故を何とか繋げようとしたのだが、結果的にはテオドーア・アドルノ自身の頑張りがものを言った。努力の末に幾人かに会う機会を得た——マンチェスター大学の経済学者アドルフ・ロウ、ロンドン・スクール・オヴ・エコノミクスの社会学者カール・マンハイム、同時期にオックスフォードのポストを得ようと奮闘していたドイツ系ユダヤ人哲学者のエルンスト・カッシーラー、それからケンブリッジ大学のエドワード・デントである。デントの返事は助けにならず(74)、カッシーラーもアドルノの仕事の出来を請け合ってはくれなかった。だが、とうとう彼は、オックスフォードのマートン・カレッジに在籍を許される。

オックスフォードでは初めからずっと、アドルノは肩身が狭かった。マートンでの食後、彼はこう書いている。こんなものは「悪夢の実現」で、「また学校に行かねばならない、言ってみれば第三帝国の延長に通う」ものだとした(75)。彼は補助金付きの資格も却下され、ドイツでは講師の立場であったのに、ここでは再び学生の地位に甘んじることになり、英国機関への証明書も更新しなければならなかった。〈上級学生〉として入学した彼は、クライスト・チャーチ・カレッジの哲学チューターであるギルバート・ライルとともにエドムント・フッサールの哲学に取り組んだ。

アドルノの同僚たちは、たちまちこの新しいドイツ系ユダヤ人の新入りを嘲り始める。こうしたいじめっ子のなかには、おかしなことに、ユダヤ人の祖先を持つ英国出身の学者がふたり含まれていた。A・J・エイヤーとアイザイア・バーリンである。エイヤーはアドルノのことを「喜劇的人物」として、認められたいと「あせりつつもダンディぶる」男と断じている。こうした笑いもののイメージから解放されたのは、ある意味では友人のふりをした歴史哲学者アイザイア・バーリンのおかげである。しかし、のちの一九八〇年代の手紙から、数多くの本音が明らかにされている。哲学者バーナード・ウィリアムズへの手紙で、バーリンはアドルノをこう表現している。

〔…〕彼は背の低いハゲで、見た目も滑稽、まるで幼児殺し《キンダーメルダー》——ペーター・ローレのようだ——おおむね——賢いが——偽物だ。ただ自分もわかっていて、気にせず書き散らしている。折に触れて自分で——ああした男によくあることだが——自分の発言がつまるところ深みがあるのかどうか訝しんでいたし、また折々——サイムと飲んだり、私に自分の崇敬する美女の話をしたりするときなどには——自分はただの無害で陽気なハンサムで、ウィットに富んでいるとでも思い込んでいるようだった。(76)

別の手紙でも、バーリンは同じく馬鹿にしたような調子だった。「悪名高いあのヴィーゼングルントなら知っている〈〈アドルノ〉というのはどこかわざとらしい付け足しだ。言わせてもらえば、どことなくジェノヴァ首長を思わせるのが普通であるし、そうするとあたかもユダヤ人の祖先がそういった人々にあるかのようだ〉」(77)。それ以前の手紙でもまた、こうした侮蔑の気持ちが確認できる。

一九六五年十月二十八日

親愛なるロバート・クラフト

［…］事をさらに引っかき回そうと、私はアドルノ博士に、コヴェント・ガーデンが出そうとしているモーセとアロンの論集のひとつに、何か寄稿してくれと頼んでおいた。一言として理解されないだろうし、我らが批評家たちが彼の深遠な思想なるものにどう反応を示したものか、それはそれは滑稽な見物になるだろう。きみは彼を知っているかい？　よく知っておくといい。私はオックスフォードで知り合ったが、彼のことはすこぶる喜劇的な人物と考えるほかないだろう。私は彼をオックスフォードに招待して公開講義をさせてはと提案する。きっと愉快なものとなるだろうが、ひょっとすると、私が思うほどあからさまなものではないかもしれないけれども。(78)

ただし、こうした見下した物の見方をせず、彼を「ヒトラーに沈められつつあったヨーロッパ文化という大きな船を救い出し、オックスフォードの岸に何とか打ち上げさせ、あるいはもっと正確に言えば、市北部の辺鄙なワンルームに住まわせた人物」と見た者もいたことはいた(79)。オックスフォードの古典学者であるモーリス・バウラもまた、フランクフルト学派の仕事に携わろうとしていたし、アドルノのことをきわめて好意的に捉えていた。この好意が互いに向けられていたことは、アドルノの手紙からもわかる。「彼は私の知る随一の知識人・文化人のひとりです」(80)。アドルノの求めに応じてバウラは、ホルクハイマーがニューヨークで編集していた刊行物にも論考を書いているが、アドルノはその出来にがっかりしたという。「実のところ、この小品は［…］あまりに一般的すぎて、確かにジャーナリズムとしてはいい書きぶりだが［…］論拠がほとんど何も示されていない」と不満をこぼしたあとで、こう続けている。「バウラはその考えを、根底にある社会現実に結びつけることなく用いているのだ」(81)。バウラは、アドルノの評価が辛いこと、そして自分にはドイツ流のやり方がわかりかねることを認めるほかなかった。

音楽を通じてアドルノに訪れた関係は、もっと気安いものであった。彼はオックスフォード大学音楽会に入り、レドヴァス・オーピーと親交を持つ。この会の副会長であり、マグダレン・カレッジの出納係でもある人物だった。ふたりの交流は心からのものだったようで、ともに何度も音楽の夕べを楽しんだことを、当時四歳だった娘のヘレン・オーピーがのちに回想している。

> […]一九三〇年代の上位中産階級〈プロパー〉の(おそらく上流階級になりたがっていた)家庭にいたのですが、私は子守と離れたところにいて、一方で大人たちは応接間という〈立入禁止の部屋〉におりました。父とそのご友人たちが室内楽を演奏するのを聴くときには、その部屋に入ったことがあります。おそらくそこで私は、こうした様式への不断の愛を得たのです。(82)

ふたりの親密な友情をはっきり示すのが、レドヴァス・オーピーがアドルノとグレーテルの結婚の証人になったという事実だ。一九三七年九月八日、ロンドンはパディントンの登記所での出来事である。ホルクハイマー、アドルノとグレーテルそれぞれの両親を除けば、オーピーは結婚に立ち会った唯一の人物だった。

オックスフォードという小さな街での生活に息が詰まりそうだったアドルノは、次第にロンドン寄りになっていく。友人のアルバン・ベルクがロンドン来訪を考えていたとき、アドルノは自分にお馴染みの街や通りをぜひ案内しようと、興奮した調子で手紙を書いている。「［切り裂き］ジャックがルルに出会ったホワイトチャペル通りからピカデリーの最も素晴らしいレストランまで、ブラディ・タワーから、ロンドンのヒーツィング［ベルリンの高級住宅街］にあたるハムステッドまで」(83)。だがアドルノは故郷に取り憑かれていた。「ロンドンで私は、余りに遅すぎてほとんど痛ましいことですが、子供時代の夢がそのまま実現されているのを見出しました」。バス切符の色にまつわる夢を記してから、彼は悲しげに締めくくる。「ロンドンの色彩が子供時代の幸福と憧れを私に再びもたらしてくれたこと以外に救われるものはもうほとんどないのだ」(84)。

オックスフォードのエリートたちには、英国の岸辺に〈外国〉文化を携えて難民たちが流れ着くのを、高みの見物をして楽しむ輩が多かった。そんななかで、アドルノは自分や家族を養う収入もないという困難と闘っていたのだ。イギリス入国も難しかったが、このとき職を得る機会も見込みもないという現実に直面して、彼はパニックに陥り始めていた。帰化すれば何らかの職はあるだろうが、そのためには最低でも五年の居住が必要だった。アドルノはホルクハイマーにこう書き送っている。

ヨーロッパの状況は完全に絶望的です、私のこの前の手紙の予測は、最悪の意味で証明されているように見えます。オーストリアはヒトラーの手に落ち、彼はそれにより、成功に完全に魅了された世界で、再び果てしなく政権を安定させることになります、しかも極めて恐ろしいテロルの基礎の上に。ドイツにまだ存在するユダヤ人が絶滅させられるのは、もはやほとんど疑いがありません。というのは財産を没収された彼らを、世界のどの国も受け入れないからです。そしてまたしても何事も起こらないでしょう、他の国々は彼らのヒトラーに相応しいからです。(85)

大陸に帰ることもできず、イギリスでは希望もない。置かれた状況はどうも暗いものとなり始める。そのとき突然、何もかもが変わった——ニューヨークにポストを得られる機会が訪れたのだ。安心・心配・興奮といった感情の波に揉まれながらも、彼は新妻と計画を立て、一九三八年二月十六日、アメリカに向けて船で発つ。大型客船シャンプレーン号で大西洋を横断したのだった。

オックスフォード卒業生の俗物根性に刃向かい、貧困と高まり続けるナチの脅威に直面したあとだったから、アドルノは安堵の気持ちでアメリカ行きに応じたのだろう。旧世界は去り、取って代わったのは素晴らしき新世界——見知らぬところでありながら同様に豊かさもある土地だ。到着後まもなく、ナチス政権はユダヤ人への敵対政策を強める。ヨーロッパは、広がる反ユダヤ主義の暴力を前にただなすすべもないかのようで、アメリカのユダヤ人たちにも噂はささやかれ始める。三年後の一九四一年、太平洋に飛び込むほかはどこへも行きようがない西洋世界の最西端を背にした、ロサンゼルス在住のアドルノには、依然として自分にかかるファシズムの息吹が感じられる。本人の言葉を借りれば、まさに「蛇を見つけた鳥」(86)のようであったのだ。

8

ユダヤ人女性——ハンナ・アーレント

時は戻って一九三三年、ヒトラーが身勝手な妄想からドイツ国家全体を町ごと作り直していた頃。この騒動の渦中、大半の者は必死でもがくことしかできなかったが、ヴァルター・ベンヤミンをはじめ避難しようとするドイツ系ユダヤ人もいれば、テオドーア・アドルノのように最悪の事態に備える者も少なからずいた。なかでも若きユダヤ人女性ハンナ・アーレントは、このベンヤミンやアドルノと並んで、のちに伝説的に語られ、いずれは世代を代表する政治思想家のひとりとして世に出ることとなる人物だ。後世から見れば、彼女の著作はどれも二十世紀の古典たりうるものであるが、そのユダヤへの貢献は、後年論争を引き起こすことになるとはいえ、ちょうどその頃に始まったものであった。そして第三帝国に次々と仕掛けられた危険や罠の数々をかわし、切り抜けていくその姿のために、その人生はサスペンスものとしても読むことができよう。ここから目の辺りにするのは、ヒトラーの夢に真っ向から立ち向かったがために、知性と感情が引き裂かれていく、そういう物語である。

一九三三年初春、ベルリン。早くもクロッカスが咲き始め——渾然と広がる工業都市のなか、灰色の夜明けに包まれながらその紫をきらめかせている。長距離列車がやがて郊外を抜けて駅に到着し、ぞろぞろと歩む市民たちのかたわらには、美しい天井と大きなアーチの屋根を持ったリケ通りのシナゴーグがそびえ立っている。近くの舗道では、石を踏みならすナチどもの存在感がいや増し、ゴミや炭塵、工業油脂の臭いをぷんぷんさせながら、都市は朝一番の息を吐き出すのであった。

ベルリンの中心にある国会議事堂、ベルリン最大級の堂々たるこの石柱建築物は、まだ火災の爪痕を大きく残しており、建物の正面は原形がわからないほど黒焦げになっていた(1)。共産主義者たちは一般労働者の地位向上を求めて闘っていたが、放火の濡れ衣を着せられ、さらに非常事態宣言がヒトラーの命で布告されるに至って、言論と集会の自由が一時停止されたのであった。そして町に覆い被さる不穏な陰とは対照的に、また赤い色がゆらめいてもいる。冷ややかに湿った空気のなか、深紅の旗をはためかせてナチ突撃隊（ナチスの準軍事部隊）が街路を行進し、自分たちの政治的勝利を示威していたのだ。携えているのは公文書、左翼反対勢力の住所がみなわかる政党登録書である。彼らの任務は新たに制定された法律を守ること――共産主義者を一斉検挙して逮捕することだった。

一九三三年、ヒトラーは国際連盟を含む国際的な平和の枠組みからの離脱をもくろみ、反ユダヤ主義政策を拡大させつつあった。最初の強制収容所であるダッハウが、バイエルン州ミュンヘン北西の軍需工場跡に設けられ(2)、ナチの夜明けがまさに始まろうとしていた。五月までには、ユダヤ人の経営する商店という商店が心なく破壊され、窓も破られ、ベルリンのあちこちで火事が起こり、その一方で学生たちもゲシュタポの焚書に参加する(3)。

このときはまだ、都市にも豊かな文化が残っていた――劇場、オペラハウス、大学、美術館、図書館に至るまで。齢二十七のハンナ・アーレントは、こうした立派な建物のひとつであるプロイセン州立図書館から姿を現す。午前中ずっと仕事に打ち込んでいた彼女は、書類を抱えて家路を急いでいるところであった。その書類とは、非政府組織と職能組合を通じたナチスの反ユダヤ活動の全容を露わにするものであり、ひそかにドイツ・シオニスト機構（この国最大のユダヤ人活動家団体）のために働いていた彼女が、外国にこっそり持ち出そうと証拠探しをしていたのだった。その調査結果は、ヒトラーのいわゆる新ドイツに吹き荒れる人種差別の趨勢に、民主主義国家の注意を引きつけようと、全世界へ広められるはずのものだった。だがその文書は非合法で危険なものであったため、とうとう彼女は逮捕・拘禁されてしまう(4)。

アーレントは、ユダヤの大義とあらば常に動く、というタイプではなかったし、ましてや若年の頃には、さほど自分をユダヤ人として意識していたわけではなかった。他ならぬこの道を、どういうわけで進むに至ったのかを理解するためにも、そもそもの始まりにさかのぼり、彼女の旅路をそのルーツからたどって、幼年期の心の経験に、のちのナチズムへの態度がどう影響されたのかを見ていくこととしよう。

アーレント，1930 年頃

ハンナ・アーレントは、一九〇六年ケーニヒスベルク（現カリーニングラード）に生まれた。ここは何かと哲学者にゆかりのある地で、湖を見晴らせる頂にプロイセンの城が建ち、アーレントの知的源流たるイマヌエル・カントの生まれ故郷でもある。ところが静かな生活を送ったカントとは違い、アーレントの人生は危険に満ちたものであった。ともかく、ケーニヒスベルクは、長らく東欧・ロシアのユダヤ人の避難所であって、南西ロシアとバルト海のあいだにちょうど位置するこの都市は、おのずとロシアとヨーロッパをつなぐ玄関口になり、ここの幹線鉄道を通じて、亡命者はドイツの都市へ、さらには英国やアメリカへと向かうのであった。また帝政ロシア末期の十九世紀、人々がぞろぞろと列をなして、汚れくたくたになりながらも全財産を背負って、皇帝ニコライ一世の反ユダヤ政策とクリミア戦争（一八五三―五六）の強制徴兵から逃れるために通ったのも、この場所であった(5)。

帝政によって「無益な」ユダヤ人と判定されたヤーコプ・コーンもまた、こうして国を追われた人のひとりである。リトアニアから移住してきたのは一八五二年、ニコライ一世が嗣子アレクサンドル二世に位を譲る数年前のことだ(6)。コーンの死去した一九〇六年に、その孫娘たるハンナ・アーレントが生まれた。もうひとりの祖父マックス・アーレントもユダヤ人であった(7)。とはいえ彼女の幼年期に長い影を落としたのは、このふたりのユダヤ人ではない。ハンナの生き方に気持ちの面から強い影響を与えたと考えられるのは、どちらかというと反ユダヤ主義というよりは病からである。梅毒にかかっていた彼女の父パウル・アーレントだ。

パウル・アーレントは、つやつやの黒髭に鼻眼鏡の、いかめしい顔をした人物だった。余暇には革張りのギリシア古典を読み上げ、娘を訓育しようとしたという。子どもの方も「好奇心旺盛で、前のめりになりながら、じっと食い入るようにする。物音や大声には、すぐにびくっとする」のだが、この養育日記の筆致は情感細やかである。「笑顔が実に愛らしい。楽しい歌には歓び、切ない歌にはこの子は涙を流すのだ」(8)。

パウル・アーレントは、ケーニヒスベルク大学病院で治療を受けたが、一九一一年の春にはもう病はかなり進行していた。ハンナに勉学を教えてくれた父であったが、病から身体が不自由になり、時には正気を保てなくなることさえあった。その病気の父の代わりをうまく務めたのが、心優しい祖父マックスだった。そのおかげでハンナも落ち込まずにすみ、週末にはわくわくしながら飛び起きることができた。いつも実家へ行っては、公園を散歩しながらお話を聞く。素晴らしい語り手であったマックスは、よく童話や詩を語り聞かせたものだった。孫から親しみを込めて「おじいちゃん」と呼ばれたこの人物は、ハンナと犬のマイヤヒェンをつれて、バルトの霧が海から吹き流れるなか、その町にあった中世の砦跡と緑の斜堤を歩く。そして語り出すのは、馬に乗って森を駆け抜けた皇帝の話や、秘術を知る老師《ラビ》の物語。そのドキドキする散歩が終わると、次はシナゴーグでの厳かな儀式の時間となり、孫は祖父ともに安息日のつとめを果たす。ハンナもまた自分で物語を作ろうとしたり、早くも劇場や見世物などに関心を示したりした。この演劇好きが、後年国際的に知られる哲学者となって世界各地を講演して回るときには、たいへん役に立つものとなる。とはいえ今のところ、物好きの子どもとして、溺愛してくれる家族を聞き手に楽しませるに過ぎなかった。

ハンナが七つのとき、悲劇が襲った。最愛の祖父マックス・アーレントが一九一三年に亡くなったのだ。そのあと同年中に、ハンナの父も、入院していた精神病院で逝去する。ハンナは、自分の父が梅毒に冒されて、威厳ある学者から拘束具の狂人へと転ずるそのさまを、ありありと目にしていた。父の病と死は、その後の彼女の人生につきまとうことになる。毎日生活を送りながら、不眠に悩まされ、悪夢にうなされ、ふと憂鬱な気分になれば、絶えず不安な気持ちにも襲われる。そして常に父親というものを焦がれるのだが、この憧憬は彼女を非常に危うい関係へと陥らせることになる。

しかし喪に服している時間もなかった。父の死の数ヶ月後には第一次世界大戦が始まり、ハンナの母は、ロシア軍はケーニヒスベルクを占領するのではないかと、気が気でなかったという。ふたりはなんとかベルリンへ抜ける列車の席を取り、もうもうたるタバコの煙や、トレンチコートを着たドイツ人の一団から出る酸いた臭いに吐き気を催しながらも、兵隊の後ろ、ぎゅうぎゅう詰めの客車の片隅に落ち着く。東部でロシア第一軍と交戦していたドイツ軍が、ロシア第二軍を迎え撃つため南部へ送られている最中だった。また農夫や一般市民たちもロシアの侵攻から逃れようとしていたため、ハンナと母は、あまりの混乱にもう少しで生き別れになるところだった。略奪、放火、レイプ、暴力と、このときには恐ろしい話が色々と残っている。

この一年というもの、ハンナは自分の父や祖父だけでなく、我が家をも失った。この悲劇のせいなのか彼女は、どこか憂鬱な詩を書くようになる。後年、研ぎ澄まされた感覚から一風変わった都市像を描いているが、若年の詩でも、ベルリンの地下鉄についてこのように書いている。

暗闇からやって来て、
光のなかへとび出し、
すばやく向こう見ずに、
人間の力によって
細められ捉えられ、
注意深く縫うごとく
決められた進路に沿って、
速度を超越して無関心に浮動する。
人間の力によって

速く、狭く、扱われながら、
それには気を留めずに
暗闇へ流れてゆく。
より高きものを知りながら、
身をくねらせて、飛んでゆく。
黄色い動物。(9)

若い頃から、ハンナは知的な交流を求めていた。たとえば、アンネ・メンデルスゾーンとの関係がそうだ。高名なユダヤ人啓蒙思想家モーゼス・メンデルスゾーンの子孫である彼女との絆は、終生続いている。ハンナはまた、馴染みの者とサークルを作り、ドイツでも最も難しい哲学者のテクストとも出会っている。つまりドイツの啓蒙思想からロマン派にまたがる型破りのキリスト教的哲学者、イマヌエル・カントを読んだのである。

一九二二年から翌年まで、ハンナはベルリン大学で古典と神学を学んだ。アビトゥーアとして知られるドイツの大学入試の準備をしていたのだが、一九二四年には合格し、灰色の秋空のもと、彼女は哲学を学ぶためにマールブルク大学に入る。そこでの指導教官が、若きカリスマたる〈メスキルヒの魔術師《マジシャン》〉、マルティン・ハイデガーであった。

ハイデガーの学生のひとり、カール・レーヴィットは、聞き手に及ぼすハイデガーの悪評高いカリスマ性を、このように表現している。「かれは、小柄な浅黒い男であって、聴講者の前でたった今まで出して見せていたものを消え失せさせることによって手品《まじない》をするすべを心得ていたのである。かれの講演のテクニックは、一つの思想構築物を組み立て、これをその後みずから取りこわして、固唾を呑んで聴き入る人たちに謎と向かいあわせ空をつかませる、というものであった」(10)。

彼を「空に悠然と浮かんでいる鷲」のようだったという者もあれば、「自分の中で激しく荒れ狂っている人間」だという学生もいる。「この哲学者は、自分の強大な思考力を自分の思考に向けて、自分は思考することなど一切なく、実存なのであると、思考の中で主張する気の狂ったアリストテレスではないのか」と考える者までいた(11)。ハンナはこの魅惑的かつ利己的な権威のかたまりのような男に出会うと、それまでのうぬぼれもどこへやら、すっかり妄信してしまう。力強く謎めいたこの男に心酔した彼女は、畏敬の念を込めて彼をこう呼ぶ。「思考の王国を統治する隠れた王――この思考の王国は完全にこの世界に属しているが、この世界にうまく隠れているので、本当に存在するかだれも確信できないものである」(12)。ハンナは、自分の欲望の対象――崇拝できる父なる神――を、教壇という祭壇の上に見つけたのである。

ハンナは身をすべて捧げる覚悟だった。若者らしい哲学への情熱から、考え方だけでなく、その男の考えから生まれ出たものすべてに対して喜んで跪くのである。ハイデガーは彼女を心身ともに誘惑した。ハンナの性は、その男を通じて目覚めたのである。何も驚くには当たらない。ハイデガーがその学生を官能的に支配したことは当時も噂されており、「青少年の誘惑者」と呼ばれていたのだ(13)。

彼女自身、この密やかな性の目覚めが周囲にばれると、自分のイメージが汚れるおそれがあるとわかっていた。他人に自分が「頭が鈍くて放縦と言っていいほど醜く下品」だと誤解されるかもしれない、と(14)。だが彼女にとって、ハイデガーは子ども時代を呼び起こすものなのだ。不思議に満ちた生活、日々見つかる小さな奇跡――そこはかとない叙情がひとつひとつの具体的な経験をおぼろげな霧とともに包み込む、そんな時代のことを。こうしたことをみな、のちに彼女は「蔭」と題したハイデガー宛の小品で語ることになる(15)。

秘密の情事が一年続いたあと、発覚を恐れてか、ハイデガーはハンナをマールブルクから外へ出てはと勧めるようになる。彼女のために代わりの指導教官を見つけ、彼の友人であるカール・ヤスパースのもとハイデルベルクで勉学できるよう計らった。そして彼女もまた、「あなたへの愛ゆえに」(とは彼女自身の言だ)「これ以上、ことをむずかしくしないために」その地を去ることに同意する(16)。

細身の明晰な男カール・ヤスパースは、論文や原稿を積み上げた書斎から物を教える精神科医にして哲学者であった。あまりの物量に、壁そのものが本でできているかのようだったという。ハンナは、ハイデガーのもとで取りかかった聖アウグスティヌスに基づいた論文を、ヤスパースの力を借りつつ取り組んだ。まだこの時点では、かつての師であり恋人であった人物への帰依は解けておらず、ハイデガーの根底にあるカトリックの伝統に彼女も従っていた。その言葉遣いもはっきりとハイデガーのものである。とはいえ、追い払われたことにどこか心傷ついていたのか、彼女はアウグスティヌスの愛の概念に焦点を当てる。そこでの議論は――紛れもなく私的な恨み言であるが――ハイデガー個人のアプローチには欠けていたものでもある(17)。この博士論文『アウグスティヌスの愛の概念』は、一九二九年にベルリンのJ・シュプリンガー書店から刊行された。

論文を書き上げた翌年、傷心には屈するものかと心決めながらも、いまだハイデガーとの失恋から立ち直れずにいた彼女は、自分の失われた自尊心や胸の痛みを癒やす必要性を感じていた。霜が足下を凍てつかせるその年の一月、宝石つきの面紗《ヴェール》をつけ、手首足首にも派手な装身具をはめたハンナが、仮面舞踏会に出てみようと、民族学博物館の入口をおそるおそる昇ってゆく。アラブのハーレム侍女という挑発的な装いだったが、この格好で出会ったのがユダヤ人のハンサムな青年哲学者ギュンター・シュテルンで、その年の内にふたりは結婚することになる(18)。

ふたりはフランクフルトに引っ越し、そこでハンナは数多くの論文を書いた。そのうちのひとつが、一九三〇年、(ヴァルター・ベンヤミンの寄稿していたあの)フランクフルト新聞に発表された「アウグスティヌスとプロテスタンティズム」である。また夫との共著に『リルケ「ドゥイノの悲歌」』もある。ところが夫の経歴は、いきなりけつまずくことになる。学閥志向の強いギュンターは自分の論文を、輝かしい哲学者集団であるフランクフルト学派に送りつけるが、テオドーア・アドルノはギュンターの論文を読んで失望したという。すげなく突き返され、結果としてすぐにでも大学人となりたいというギュンターの望みが砕け散ることになる。ハンナ・アーレントはアドルノを許そうとはせず、そのせいでこのユダヤ知識人の二巨頭は、お互い共通点がたくさんあるにもかかわらず、以後けっして打ち解けることはなかった。

ラーエル・ファルンハーゲン、このロマン派の美しいユダヤ人女性を、ハンナは「いちばんの親友」と呼ぶのだが、この人物はハイデガーとの破局後たちまち彼女の関心の的となった。ラーエルもまた、年上の男であるフォン・フィンケンシュタイン伯爵と道ならぬ恋に落ちたのだった。しかしその恋は「ゆっくりと痛ましくも拒絶された」(19)。ハンナは自分をラーエルと重ね、「ケルン新聞」と「ユダヤ展望」に彼女の伝記を連載し、これがのち『ラーエル・ファルンハーゲン——あるユダヤ女性の生涯』として結実する(20)。

『ラーエル・ファルンハーゲン』のなかでハンナは、愛に破れたという近しい心のありようだけでなく、新しい自分のあり方をいうものを見つける。ハンナは、死の床で語られたラーエルの言葉を引用する。「わたしの生涯のかくも長いあいだの最大の恥辱、もっともにがい苦しみと不幸であったこと、ユダヤ女に生まれついたことを、いまのわたしはけっして手放したくありません」(21)。このときまで、ドイツ哲学とカトリック思想しか興味のなかったハンナは、ファルンハーゲンと心を重ねることで、ユダヤ思想を発見する。自分はユダヤ人であるという意識が、このときはじめてハンナの人生すべての中心となったのである。

ハンナに目覚めたユダヤ人意識は、まだ抽象的な予感というものであったが、夢についての若き日の詩や文章に表されている。依然としてゲーテやフィヒテ、シェリング、ドイツ・ロマン派などに感化されていたが、それはドイツ社会へ同化する方法としてではなく、文化的多義性の表明方法としてなのだった。彼女はまた、ベルリンのシオニスト活動にも加わっている。市内のユダヤ人に危機が迫っていると予感した彼女は——とはいえあれほど極端な危機が迫るとは思っていなかったわけだが——周囲のユダヤ人が自分から動かないのに我慢ならなかったのだ。アンネ・メンデルスゾーンも、のうのうと暮らし続けるなんて「狂っている」と声を荒げられたという。先々の見通しがないのは愚かだと彼女に叱られた者も少なくなく、ハンナの夫はこうした激烈な活動に彼女が期待したほど理解があるわけではなかったようだ。

結婚生活に亀裂が広がっていく。その根底にあるものは、あまりにも明らかだった。ハイデガーへの手紙にも、彼女はこう書いている。

三〇年九月
マルティン

今日あなたを見送ったとき——ごめんなさい、わたしはただちにその手筈を考えたのです。けれどもそのおなじ瞬間に、想像図が稲妻のように脳裏をかすめました——あなたとギュンターがいっしょに窓辺に立ち、わたし自身はプラットフォームに立っている図。そしてわたしは、想像どおりのことが悪魔的な明確さで起きていくのを、避けることができなかったのです。お赦しください。(22)

ハイデガーに対しては明らかに女としてしおらしくしているというならば、彼女の夫に対する振舞いは正反対である。ギュンターにとっての悩みの種は、彼女の強すぎる自己主張だ。たとえば、祖父の旧友から彼女が黒ハバナ葉巻を贈られた際、夫はそれを「男っぽい趣味」だと文句をつけたが、彼女はギュンターを無視して、とにかく吸うのである。かたやハイデガー宛の手紙で、彼女は夫には見せたこともない敬意を込めて、このように続けている。「たくさんのことが重なって、わたしを混乱の極に追いこみました。あなたのお姿を見ると、かならずそうなるのですが、わたしの人生のもっとも明白でもっとも切実な連続性を知り、わたしたちの愛の連続性——どうかそう呼ばせてください——を知っているわたしの心に、いつも火がつくのです」(23)。高まっていくユダヤ人としての意識とは裏腹に、ハイデガーに対して揺れ動く心も、破局以後ますます強くなっていき、次のようにせがむ彼女の姿は、まるで父に対する娘のようである。

それだけではありません。わたしはすでに何秒かあなたの前に立っていました、あなたは本当はわたしを見た——目をあげてさっとあたりをごらんになったのですから。それでいてわたしだとお気づきにならなかった。小さな子どもだったころ、母が〔…〕同じようなことをしてわたしをひどく怯えさせたことがあります。〔…〕いまでもそのときのやみくもな恐怖がなまなましく記憶にのこっています、わたしはひたすら叫びました、でもわたしはお母さんの子よ、わたしはあなたのハンナよ、と。(24)

そして様々な出来事がハンナとギュンターに襲いかかる。ハンナがちょうど二十七になった一九三三年、ヒトラーがドイツ国民によって首相に選出される。そして二月にベルリンで起きた国会議事堂火災のあと、左翼が一斉に検挙され逮捕されるに至って、ハンナの夫は怯え出す。自分の名前がそのときゲシュタポに捕まったベルトルト・ブレヒトのアドレス帳にあったことがわかっているからだ。ギュンターはパリへ逃亡する。

名前がブレヒトのメモに含まれていなかったハンナ自身は、闘うために踏みとどまった。ベルリンにある自分のアパートを、ヒトラーの反ユダヤ運動から逃れてきた人々の隠れ家として、夜通し提供したのだ。彼女は母親や女友だちとともに、お尋ね者となった共産主義者を自宅に匿い、官憲の手からもかろうじて逃れてきたのだが——ある折にある共産主義者が、裏切って自分が三人の「向こう見ずな」女性たちの世話になっていることを、ほのめかしたのだ。

とうとう我の強いハンナも、その活動のため官憲に逮捕される。そしてマルティン・ハイデガーがフライブルク大学の総長に昇進した一九三三年の春、彼女は母親とともに投獄され、一週間以上にわたる尋問を受けた。ハイデガーは彼女の人生から消え去り、ギュンターの出立とともにひとりで生きてゆくことを余儀なくされたハンナだったが、なんとか看守の目をごまかして、母を連れて抜け出す。

着の身着のまま、たいした金銭も食料もないままに、ふたりは刑務所のみならずドイツから逃げ出さなくてはならなかった。

ふたりの逃走経路はびっくりするくらいわかりやすい。親身になってくれた家族の住む家屋は、玄関側がドイツで、裏口側がチェコスロヴァキアだったのだ。だから暖かい食事をもらって一晩お世話になったあと、こっそりと裏口から抜け出して、あとは安全のため山々を越えていくというわけだ。幸い深い緑の森があったために、無事チェコスロヴァキアに出ることができた。エルツ山地を抜けるこのルートは左翼やユダヤの人々に重宝され、〈グリーン・フロント〉の伝説として今でも記録に残っている。

一九三三年の秋、ハンナはパリでギュンターを見つける。本人があわてて出国したために置き忘れてきた、彼の大事な処女作〈ファシズムへの風刺小説〉を、彼女は携えていた。べとべとした肉包みに巻いた厚切りベーコンと一緒に小説を屋根裏に隠し、そのままこっそりとうまくプラハ、ジュネーヴ、そしてフランスと運んできたため、ベーコンのきつい臭いにまみれていたが(25)。

こうしてハンナは亡命し、のちの人生のほとんどを亡命者として生き続けることとなる。もし別の形で来ていれば、パリの町並みは実に魅力的なものだっただろう。町には、宝石のような建築と歴史的大建造物のあいだに、避難民がひしめき合っており、逃げてきた芸術家や知識人、作家たちという錚々たる面々が住んでいた。ジャン゠ポール・サルトルやベルトルト・ブレヒト、著名な作家のレイモン・アロンのほか、大勢のユダヤ人思想家が、集会や社交場、路上で彼女の前を横切っていった。だが、ハンナが入れ込むのはただ、シオニズム運動と、同時期に同じくフランスへ亡命して友人となったヴァルター・ベンヤミンばかりであった。

やがてもうひとり増えた知り合いが、ハインリヒ・ブリュッヒャー、目もくらむほど魅力的な政治活動家であった。褐色の蓬髪は、なめらかな眉の上で几帳面に分けられており、その広い口と穏やかで優しい性格もあってか、ハインリヒは彼女にとってただ心を惹かれる賢い人物であっただけでなく、ハイデガーに対する解毒剤としても作用したのである。何よりもまず、彼の方からハンナに惚れ込み、彼女のことを尊重した。さらに、彼女が常に焦がれていたように、父親のように彼女を支えてくれる、落ち着きあるしっかりした人格者でもあった。政治にも関心ある熱い人物で、ナチズムに対しても公然と反対し、ヒトラーのみならずナチスを擁護するあらゆるものに立ち向かうことのできる、価値観と考え方と言葉を併せ持っていた。決め手は、普段は鬼神のごとき彼女も、安らげる相手だということだ。ハンナは心から愛していた。今や彼女は激烈一辺倒のやり方をやめ、ハインリヒを通して、物を明確に表現するためには適切な物言いがあるということに気づいた。政治活動に邁進するなか、ハンナはハインリヒのなかに魂の共鳴を見つける。ふたりはすぐ恋仲となり、彼女はギュンターと円満に離婚したのだった(26)。

ハンナは、ハインリヒの友人だった人気歌手のローベルト・ギルベルトの歌を褒め称えている。そこには一九二〇年代・三〇年代の空気がうまく捉えられている。

ポケットには一銭もない
失業手当の番号があるだけ
服の穴を通して

日の光がのぞく(27)

この歌はハンナのお気に入りだった。ハインリヒとパリの街路を散歩する彼女もやはり素寒貧であったが、図太く生きていたのだ。

一九三〇年代も終わりに近づくにつれ、パリにいる一万五千人の避難民の空気も重くなっていった。一九三八年、ヒトラーがオーストリアを併合すると、このフランスの首都にもさらにどっとユダヤ人が流れ込んできたのだ。恐ろしいまでに増え拡がっていくユダヤの住民は再びゲットーへ戻ることはできないかと思うようになる。ところがハンナはそれに反対の立場を取る。これまで以上に残忍になったナチスに立ち向かう勇気を得た彼女は（ハイデガーへの反抗心もあって）、ユダヤ人同胞に怯むことなく今まで以上に強くあれと訴えたのだ。闘わなければならない、と。

そして実行あるのみ。一九三八年のクリスマス、パリの避難民を助けようと、彼女はユダヤ人機関のために働き、ハインリヒと母とともに、大義のために泊まり込んで、次の詩行を呪文のようにつぶやきながら活動したという。

やわらかな水も動いていれば
やがては強大な岩を砕くこと
つまり、堅いものがついには屈する(28)

ところが一九三九年、逮捕されたハインリヒが、〈敵性外国人〉としてオルレアン近郊のヴィルマラールの収容所へ抑留されてしまう。命令は陳腐きわまりない。〈敵性外国人〉は、二日間だけの食料と、自分用の食器、三十キロ以下のスーツケースしか持つことを許されなかった。ハンナはこのことに触れて、「現代史によって作り出された新種の人類」であり、「敵には強制収容所に入れられ、友には抑留所に送られる」人々なのだと言った(29)。二ヶ月後にハインリヒが解放され、にわかに安堵したためか、彼とハンナはすぐさま結婚した。ところがその直後、今度はハンナと母親が捕まり、抑留されてしまう。今回ばかりはハンナも不運に見舞われ、看守の目をだまくらかすことは出来ずじまいだった。

　パラジウムの巨大なガラス屋根が鮮やかなパリの夏空を捕まえる。冬期競輪場《ヴェロドローム・ディヴェール》はパリにあるコンサート・見世物用の開催地であったために、思いつくイメージといえば、かつては豪華、歓喜、娯楽といったものだった。しかし、このなかに押し込まれたハンナや大勢の女性たちにとっては、もはやそうではない。一同は〈敵性外国人〉と見なされ、ここに様々な理由から連れてこられたが、真相はいったんここに集め、見定めたあと、フランス内のどこか別の抑留所に移送させる算段だった。内部では、壁に照り返された空の青色が、つややかなコンクリートの床に鈍く跳ね返り、そしていたるところに散らばった黄麻布のずだ袋が陰を作っている。馬の毛を詰められたこの袋が、今後女性たちのベッドとなるものだった。

　日中は熱気で息が詰まり、夜には頭上に轟く飛行機の音に震え怯える。ドイツ軍の爆撃が恐ろしいのだ。頭上を守ってくれるのは、ただの暗闇と一枚の大きなガラス板だけなのだから。ついには整列させられた女性たちがセーヌ川に沿って移送され、ルーヴルを抜けてリヨン駅へ到着、ここで臭い立ちこめる満員列車に次々と詰め込まれる。フランスの最南西端にあるギュル抑留所行きの列車だ。

総計六三五六人の女性と幾らかの子どもたちが、施設に収容されたという。一同は一面の深く不快な泥のなかを歩かされた。季節特有の雨がピレネー山脈から降り注ぎ、そのせいで周辺の平原には水が溢れていた。ハンナには、ベッド用の藁袋と、毎晩自分でからにする必要のある便器用の桶、主に干物からなる栄養に乏しいまずい食事があるだけだったが、絶望には陥るまいと必死で抗っていた。自分を哀れむことは決してしない。時折周囲でなされる自殺の話にも耳を傾けず、毎朝同じ女性たちが口にする譫言のような楽観論も同様だった。長く熱い夏のあいだ、外にいる夫や親族からなんとか必要な書類を確保し、アーリア人としてナチス・ドイツに戻ったり、あるいは幸いにもフランスに家族がいるなら逃げ出してそのどこかなりで暮らしたり、また助けを得てヨーロッパを出てアメリカへ行ったり、そういった女性たちもいるにはいた。ところがハンナにはそんな書類はなく、フランスに覆い被さるヒトラーの影に怯えるしかなかった。

ある朝起きた彼女は、恐れていた知らせが届いたことに思わず固まってしまう。一九四〇年六月、ついにフランスが陥落したのだ。だが結果として訪れた混乱は、逃げ出すわずかばかりのチャンスを与えてくれる。すべての通信が途絶えるなか、彼女はまんまと仲間たちとともに釈放書を手に入れ、施設を抜け出す。頼れるようなフランスの地下活動はまだなかったから、できるだけ施設から遠く離れられるよう、暗闇に紛れて全速力で駆け抜けるしかなかった。当日中に施設も再び整えられるため、脱出に二度目はありえない。たった一度のチャンスをつかんだのだ。残った女性たちはそののち、ヴィシー政府の承諾を取ったナチのアドルフ・アイヒマンによって、バーデンやザールプファルツからひそかに運ばれた六千人のユダヤ人たちと合流させられることになる。計一万人となったが、そのあと強制収容所に転じた施設の凄惨な日々を生き抜いた人々も、ドイツの絶滅収容所に移送されてしまう。ハンナは首の皮一枚で、ガス室を逃れたのだった。

ナチスに怯えながら、危険な道を進む何日ものあいだ、避難先を求めてさすらう何千人のひとりとして、彼女はヒッチハイクと徒歩とを繰り返す。ついにハンナは目的地にたどり着き、南フランスのマントーバンに住む友人ロッテのもとに身を寄せる。何日も道を歩き通したため、ひどい疲労とリウマチ熱に苦しんだが、なんとか一時小康を得る。そのあと不安な月日を過ごすが、なんと奇跡的にも、路上で文字通り夫とぶつかったのだ。何千人もの亡命ユダヤ人や共産主義者、農夫や一般市民で入り乱れるなか、目の前にハインリヒが立っていたのである。

ふたりはしばらく歓びの日々を過ごした。ハンナは夜も昼も、夫の確かな存在感に癒やされた。自分たちを抑圧するものはないかのごとく、ふたりは南フランスをサイクリングしては、おのが身の自由とローズマリーの香り漂う暖かな田園のすばらしさを満喫した。とはいえ、ふたりの住まいは屋根裏と頼りなく、ヴィシー政府の動向をただ見守るしかない。反ユダヤ主義活動は増加の一途で――監視の目も強まり、文書がさらにばらまかれ、ゲットーも増えていくばかり。フランスは陥落し、イングランドにも脅威が迫り、ヒトラー＝スターリン条約もまだ有効であり、世界の二大凶悪秘密警察部隊は今もがっちりと連携を取っている。これはまさに、ハンナの言う、ヨーロッパの「最も暗い時代」であった(30)。

この暗い時代がおそらく最も痛烈な形で言及されるのは、その頃には親友となっていたヴァルター・ベンヤミンの最期においてだろう。パリで彼は貴重な遺稿を彼女に託している。それが彼の最後の作品になること、そして彼女が脱出してきた場所のほんのすぐ近くで自死を図ることなど、知る由もなかった。ベンヤミンの作品に注釈をつけ、編集・出版することが、その後の彼女の大きな課題となるが、その献身的な作業の結果、ベンヤミンはその死後に二十世紀の文化を象徴する人々のひとりとして認識されるに至るのである。

一九四一年のことだった。ハンナ三十五歳。かつては長かったウェーブのかかった髪も、短めに切りそろえられていた。姿態も細身になり、容貌も険しさが増す。若い頃の夢見がちな性格も、次第に研ぎ澄まされた知性に取って代わり、自分の置かれた状況に対しても積極的に関わるようになっていった。そういった行動第一の性質が、このときまさに発揮されたのだ。ヴィシー政府が臨時に治めるフランスは、ユダヤ人にはもはや安全な場所ではなかった。彼女とハインリヒは何とか必要な書類を手に入れ、母をつれてフランスから南下し、リスボンへ向かい、そのあと船に乗って大西洋を渡り、ついに合衆国へと至る。

潮風と、船のエンジンからする石炭の臭いが混じり合っているところへ、とうとう慌ただしい港の悪臭までもが加わる。埠頭には、疲れ打ちひしがれた避難民たちが溢れており、ナチの支配するヨーロッパから延々と逃げてきたためか、気が立ったりそわそわしたりしている。頭上で鳴くカモメはいつまでもぐるぐると回り続け、空に円模様を描いている。こうした亡命者のひとりとして、ハンナは一九四一年の五月、ニューヨークへ到着する。祖父ヤーコプがユダヤ人迫害を逃れてきたときから、ちょうど一世紀がたとうとしていた。彼女にあるのは、夫と、お互いのポケットに入れた二十五ドルと、アメリカ・シオニスト機構からもらったわずかな月給だけ。手頃な料金の滞在先を探し始め、やがて高層だが部屋が狭苦しく、それどころか地盤沈下のために傾いてさえいる下宿を見つける。この西九十五丁目が、これから十年ほど一行の住まいとなるわけだが、ふたりで一室、母に一室を借りることにした。この窮屈でろくな明かりもなく、使い込まれた共用キッチンがあるだけの場所で、ハンナは二十世紀の傑作のひとつである『全体主義の起原』を著すことになる(31)。

彼女は、同じく亡命していたユダヤ人哲学者テオドーア・アドルノを訪ねる。先夫の論文を却下した男だ。(アドルノは、ハンナのことをあまりにハイデガーに近すぎる人物だと思い込んでいたため、彼女の知的態度を認められずにいた。)西一一七丁目、ここに再建されたフランクフルト社会研究所が居を移していたのだが、彼女はある原稿を委ねに来たのだった。ヨーロッパを発つ船を待っているあいだにハインリヒと一緒に読んだその原稿は、ヴァルター・ベンヤミンの貴重な遺稿であり、自分の手で何とか国外に持ち出したものだった。ベンヤミンの死を聞いた彼女は、ただ「W・B」とだけ題した弔辞を書いている。

はるかな声、身近な悲哀。
あれは生者たちの声、これは死者たち。
われわれをまどろみへと導くために、
われわれが先触れとして派遣した者たち。(32)

結果としてアドルノは、自分の短文を添えてベンヤミンのテクスト『歴史哲学テーゼ』を出版したのだが、ハンナは、出版に至るまであまりに時間がかかっているとして烈火のごとく怒り、よりにもよってアドルノに道徳の講義をしてもいいのだぞと脅したという。とはいえ、パレスチナのユダヤ人との連絡については取れるまで辛抱強く待つなど、臨機応変に対応していたようだ。ともかくベンヤミンの遺稿集は一九五五年に出ることになる(33)。

しかしそれは後のことだ。まずは一九四〇年代の話だが、ハンナは「ユダヤ社会研究」や「現代ユダヤ資料」といったユダヤ系のジャーナルに文章を発表し始める。その著作もますます政治的になり、「政治学評論」のような学術誌には、人種やドイツのアイデンティティ、ヨーロッパ史などを論点に書くようになる。その多くが、のちに『全体主義の起原』の草稿の骨子にもなった。この書物には情念がにじみ出ており、追い立てられた人々の苦悶がありありと表されている。とはいえ、ハンナに出会ったすべての知識人が、彼女を好意的に受け止めたわけではない。アイザイア・バーリンは戦時中に彼女と会っているが、彼女の名はすぐさま彼の〈大嫌い〉リストの上位を占めることになる。バーリンの回想によると、「彼女に初めて会ったのは一九四二年だが、〔…〕その狂信的ユダヤ・ナショナリズムが、覚えている限りでは、私の目に余ったのだ。〔…〕ユダヤ人がテーマになると、彼女はちょっとおかしくなる」(34)。バーリンは続けてこう記している。「そのイデオロギー的著作は、どこか頭のなかだけで自由に連想しているかのようで、私にはとてもついて行けない。ただし、前提が不正確で、結論が承服しがたいようだということは、私にもわかる」(35)。ハンナにとって幸いなことに、バーリンの意見に接したのは、オックスフォードの同僚に限られていた。

一九四〇年代初頭、ニューヨークにいながら、彼女は、ナチのヨーロッパにおける残虐行為の全容を確かめようとし始めた。〈最終的解決〉の噂は、彼女にも届き始めていたのだ。リバーサイド・パークで長い散歩をしながら、彼女はよく、思索しつつも悲しい恥辱の気持ちに襲われていたという。「森林地帯の沼の上の宝石のような、愛し合うカップルを乗せた漕ぎ舟」に囲まれながら(36)。亡命者用のドイツ語新聞「構築《アウフバウ》」への寄稿では、ユダヤ人問題に取り組み、論争を引き起こしつつも、考えたことを激しく主張し、人気を得ると同時に悪評をも獲得する[37]。一九四二年十二月十八日付の「構築」は、かつてハンナが収容されていたギュル抑留所から、ユダヤ人が強制移送されたことを伝えている。氏名一覧が長々と公表されていて——そのユダヤ人全員が絶滅収容所に送られたのだ。ユダヤ人編集者たちは、キリスト教世界は今こそ行動を起こすべきだと訴えていたが、アメリカ国内の報道機関は、〈最終的解決〉の報は本当に根拠のあるものなのかと懐疑的だった[38]。

　とすれば、彼女の政治分析は、とち狂ったユダヤ女の怒号として黙殺されていたかもしれない。だがヨーロッパでは一九四五年、ついにドイツが敗北する。ユダヤ人虐殺が今や全世界に明らかなものとなった。だが遅すぎた。絶滅計画は実行されてしまっていたのだ。ここからハンナは、ヒトラーの没落に祝杯を挙げるのはわずかな時間にとどめ、猛烈に執筆へ励むこととなる。

9

殉教者――クルト・フーバー

ヒトラーが思い描いた夢とは、自分の支配を力ずくのみならず、精神面でも押し広げることであった。かくして、大したものでもない自分の考えをドイツ国民全体に押しつけたのである。それはひとまず成功を収め、一九三〇年代が進むにつれ、あらゆるユダヤ人思想家やユダヤ人学者が大学から排除されていった。外国人と目されるか、ナチスに反対するかした者も、亡命・殺害・自然死いずれせよ、いなくなっていった。エドムント・フッサールをはじめ、ヴァルター・ベンヤミン、テオドーア・アドルノ、ハンナ・アーレントなど数えきれない人々が一掃されてしまう。三〇年代が終わる頃には、ヒトラーはアルフレート・ローゼンベルクを通じてその夢を達成していた。ユダヤ人がいなくなり、もはや反対の声を上げる者は残っておらず、民主主義、ましてや人道主義を叫び立てる者さえいなかった――本当に?

残った〈アーリア人〉哲学者にしても、たいていは元同僚たちに親身になるというより、自らの保身や偏見、野心を大事にしていた。ローゼンベルクの取り組みは、アルフレート・ボイムラー、エルンスト・クリークといったナチ党員、またカール・シュミットやマルティン・ハイデガーなどの協力者に後押しされ、熱心に受け入れられたのである。政権与党の理念を不服とする教授がごく少数いたとしても、きっと自分の意見を秘密にしておいただろうし、仮にそれとなく異議を申し立てても、それはただ無視されるだけである。そうなると、熱狂的なナチ党員となる哲学者グループがある一方で、そうでない人々はいっそう抽象的な学問の世界に引きこもるだけとなり、時が経つにつれ、沈黙が濃い霧のように覆い被さることとなる。ただごくまれに、この霧にかすかな光の差すことがある。その一例が、恐れずに声を上げた勇敢な一哲学者とその教え子たちの物語である。彼らは大学のナチ化に対して高らかに反対した。しかしこのわずかばかりの勇気も、またたくまに、恐ろしいやり方で摘み取られてしまうのだった。

それは、一九四三年七月、高温多湿のある日、ミュンヘン・シュターデルハイム刑務所でのことだった。日が出てすぐに降り始めた霧雨が、小雨に変わりつつあった。用務員は悪態をつく――蒸し暑いと自分の仕事がうんざりしたものになるからだ。死刑は午後五時に執り行われる予定だったが、汗まみれでへとへとになりながら彼は、一日の仕事が終わるのを今かと待ち望んでいた。そのとき、SS将校数人が最後の執行に立ち会いたいという知らせが届く。ということは執行が遅れることになる。男は唾を吐く。将校たちめ、なんて血も涙もないやつらなんだ。おれの労働時間が一時間以上延びることになるのがわからないのか。もちろん、追加手当もなしだ。それ以上に大きいのが、やつらが来る前に、器具をしっかりきれいにしておかなければならないことだ。ギロチンを二つに折りたたんで、血痕がみな拭えているか確かめる。すると髪が刃に絡みついていて、擦り取るのにかなり難儀しそうだった。消毒剤が不足していたため、汚れや人体の垢を取り除こうにも、ただ懸命に擦るしかない。

もしちゃんと仕事をしなければ、将校連中は文句をたれるだろうし、それ以外にやることがない。とはいえ、そんな彼のことを気にしている者など誰もいなかった(1)。

夏の雨が、敷地内を斜めに横切っていく。湿気こもるなか、鈍い光が一角にある粉々の石材を照らしている。破片の山に吹き付ける西風。用務員が器具を固定しているところへ、ひとりの若いSS将校が姿を現す。顔は剃刀を当てたばかりで、髪は後ろにきっちりなでつけられていた。ほどなく他の連中もやってくる。一行を迎えるため、刑務所長と執行主任も出てきた。いくつもの質問が浴びせられ、用務員は向こうから聞こえてくる会話の端々を盗み聞く。死刑執行方法の詳細や、死ぬまでにかかる時間を知りたいらしい。熱心に死刑プロセスの改善について意見していたが、どうも囚人が絞首刑にされる前提で考えているらしい。執行人が死刑はギロチンで行うことを伝えると、SS将校たちはひどく苛つき出し、自分たちの時間を無駄にさせたと怒鳴りつける。用務員は、SSと会話するのが自分の役目でなくて良かったと、ほっとする。手違いを埋め合わせようと、将校たちはギロチン室を訪れ、機械が実際にどう動くかについて、懇切丁寧な説明を受ける。するとまた彼らは効率の問題や、刃の落ちる速度、刃の重量、金属の種類、刃を研ぐ頻度、人体から頭部を切り離すのに最適な威力といった技術的なあれこれについて、気をもみだす。必要とする情報が得られるとやっといなくなる。用務員も自分の仕事を終えることができる。あと二人の囚人をさっさと片付けて、器具をきれいにしてからうちへ帰るのだ(2)。

細身で長身の二十代の若者が、黄褐色の髪を生やした頭をすっくともたげ、堂々と構え、最後の勇ましさを見せようと、敷地内を進んでいく(3)。教誨師が刑務所棟の窓から見守るなか、若者は処刑室にたどり着き、そのドアが閉められる。用務員が外で待っていると、やがてズドンと音がする。絞首刑なら今より汚れずに済むし、仕事も簡単になって、妻だってずっと制服を洗濯してくれてただろうし、自分も妻の文句を聞かずに済んだのに。そのあと、五十前後の小男が、脚を重く引きずりながら、敷地内をゆっくりとやってくる。彼もまた、威厳に満ちあふれた様子で進んでいた。再びズドンと音がしたあと、用務員は屍体の片付けに入る。彼がその屍体を、ひとつめと同じく嫌々ながらも抱えて運ぶあいだ、屍体の手はだらんと下がり、敷地内の丸石の舗道を引っ掻いていく。そして最後に石の床から残片をみな清掃してしまうと、夕食のことを考え始める。

このとき、ふたりめに処刑された囚人であるクルト・フーバーは、逮捕前の春のある日、家族とともに自宅にいた。ピアノの練習をしている十二歳の娘のため、楽譜をめくっていたのだ。それが終わると、彼は娘の長く柔らかい髪をなでる。そして身をかがめて娘のおでこにキスをしながら、子どもの髪に残る香りから、妻の作っている夕食は何かなと考える。こうしたいつもの日常が彼には愉快であった。

彼の背はちょうど五フィート六インチ〔約一六八センチ〕。処刑へ向かうため敷地を横切るときには、右脚を後ろに引きずっていた(4)。また教誨師に微笑みを向けたとき、その手は震えてもいた。恐怖に慣れっこであった教誨師も、その囚人の手が終生震えていたこと、その喉が以前にも一度裂かれていたことは、知る由もなかっただろう(5)。

子どもの頃、フーバーはジフテリアにかかり、治療の手立てが他にはないということで、喉を切るという緊急手術を施されていたのだった(6)。その病気と外科手術の後遺症とが彼にいつまでも残った。その手は、職務中でも、外出中でも、友人に会うときでも、いつも震えていた。例外はピアノを弾くことで、そのときだけは、求められるのは鍵盤への集中力、つまり自分がその周囲に生み出す音の世界以外は何も怖いものがなく、必要ですらなかったから、夢中になって、その手を鍵盤の上を行ったり来たりさせることができた。

一九四三年のある冬の日、南ドイツにあるミュンヘン大学の大講堂は、木製の鏡板を並べたその壁に明るい光を反射させていた。処刑室から伸びる舗道に引きづられたその手も、その七ヶ月前には、聞きほれる聴衆の前でさかんに振られていた。目の前の空間を切り裂くその震える手の持ち主は、学生に大人気のフーバー教授その人である。そのとき、彼は学内でいちばん大きい講堂で講義を行っており、学生は押し合いへし合い、廊下に人が溢れるほどの超満員であった(7)。教授は慎重に言葉を選びながら、国民の誇りに不可欠である抽象的観念の世界を、言語でもって構築していた。哲学と音楽はドイツ国民に等しく愛されているものであり、それこそ国民精神の息吹であるが、彼はそのどちらをも熟知していた。若い学生たちはみな彼から学びたがり、穏やかな感性と鋭い知性が見えるその世界に、誰もが心奪われていた。教壇に立つフーバーの姿は、身体障害のために不自然に曲がっていたし、その話し方も不明瞭だった。しかしいったん本題に入ると、その声は雄弁かつよどみないものになる。ミュンヘン大学の哲学者かつ音楽学者たるクルト・フーバーは、優れた知性を有した控えめな男で、そのあり方は学知と技芸の双方を修めていることでなおさら際立っていた——哲学のみならず数理論理学も講義できたし、また民俗音楽の世界的権威でもあったのだ。その骨張った顔は、顔の半面麻痺から生じた非対称性という悩みの種さえなければ、目もくらむほどの美形だったのではと思わせる点でも興味深い。瞳は、頬骨が出ているために奥まって見えるが、顔つきには力がみなぎっているため、情感豊かに繰り返すあの身振り手振りがなければ、もっと厳めしく見えていたことだろう。そして薄くなりつつある髪が、彫りの深い顔や尖った鷲鼻を、よりくっきりと見せている(8)。

フーバーは、一八九三年十月二十四日、スイスのクールで生まれた。両親はどちらもドイツ人で、彼の生まれた四年後には家族は祖国へ戻ったから、彼が育ったのは南西部のシュトゥットガルトだった。一九〇三年にはエーベルハルト＝ルートヴィヒ＝ギムナジウムに入学し、勉強熱心で成績も良かったが、父が死んだことで残された家族はミュンヘンへ引っ越すことになる。その地の大学でフーバーは音楽学、心理学、哲学を学び、一九一七年に博士号を取得する。三年後、薄給ながらも母校の大学で教え始め、カントやヘーゲル、シェリングといったドイツ観念論の哲学者たちのほか、十七世紀の哲学者にして数学者であるゴットフリート・ヴィルヘルム・フォン・ライプニッツについて、極めて洗練された斬新な講義を行った(9)。

一九二九年、フーバーはクラーラ・シュリッケンリーダーと結婚、まもなく長女ビルギットをもうける。一九三三年、ヒトラーが首相に選ばれたとき、ビルギットはまだ三歳であった(10)。嵐の雲が周囲に集まっていたが、それでも家族はまだ幸せな日々を送っていた。クラーラは一人娘を溺愛したが、そこにもうひとり、ヴォルフという名の息子がまもなく加わる。一九三〇年代、クルトはミュンヘンの自宅で、南ドイツの山々で過ごした時分に収集した魅惑的な曲の数々を編纂し、注をつけるという幸せな仕事にしばらく取り組むことになる。

クルト・フーバー，1941 年頃

アルプスの精神は、スイス出身の彼が生まれながらに持っていたもので、彼は樅《もみ》の森に分け入って登り、涼しくさわやかな山の空気を吸いながら、その曲がりくねった山道を一歩ずつ進んでいくのを何よりも愛していた。都会の喧噪を離れて孤独を求め、自然の繊細な音色に耳をそばだてる。フーバーが山に引き込まれたのは、農夫たちとその習わしである。彼はこう記している。「民謡のメロディとは、その地域の精神から生まれたもので、そこに住む人々に密着した形で、詩と音楽の独自性が表れるのである」、と(11)。ミュンヘン・ドイツ学士院のために伝統的なバイエルン民謡を収集したわけだが、心を配って編集・出版したあとに地元に帰ってみると、第一集はたいへんな人気で、たった数年で三版が完売したという。続編をとの声に応え、のちフーバーは一九三六年に続編を刊行、これもまた好評に迎えられた。

ミュンヘン大学の講堂の教壇に立っていた一九四三年の冬の日、彼が語っていたのはライプニッツだった。フーバーにとってのライプニッツの魅力は、悪の存在、すなわち慈悲深い神がいる一方で悪が存在するという矛盾をどう解消するかについて、深く関心を抱いているという点にあった。悪とは、かたや完璧な世界にある欠陥であって、美しい協奏曲にある外れた音なのだというライプニッツの主張に、フーバーは従う。実際、フーバーはライプニッツの校訂版を作ろうともしていた。この哲学者は十八世紀および十九世紀の偉大な思想家であるカントとヘーゲルにも大きな影響を与えていた。これらの哲学者はヒトラーやハイデガーからも奉られていたが、フーバーはまったく別の形で、その思想を読んでいたのである。

学生を感化させることにかけては、フーバーに及ぶ者はなかった。その日の聞き手には、学生のなかでもトップクラスの才媛ゾフィー・ショルも含まれていた。ゾフィーは、フーバーの講義に正面切って取り組んでいることを、友人に書き送っている。

ウルム発、フリッツ・ハルトナーゲル宛
一九四三年一月一日

いとしいフリッツ！

私は今〔兄の〕ハンスと同じ屋根裏の小部屋で寝ているのだけれど、眠り込む前に二人のどちらからともなくポツリ、ポツリと話をすることがあるの。その一日振り返ってみて、どういうことがあったかとか、話をしたり、読んだりしたことから新たに生れてきた疑問だとか。昨日の夜ハンスは（今私がライプニッツの弁神論を読んでいるので）ライプニッツは神の全能に制限を加えた最初の人間だと言い出したの。ライプニッツの言によれば、神は善しか行わず、悪なるものを行うことができないのだからって。私は、それは「できない」んじゃなくて「しない」のだと言ったの。でも、これはちょっと持ちこたえられなかったから、こういうたとえを使ったの。悪であることに関する神の無能力は、賢者が愚かであることについて無能であるに等しいって。〔…〕神の欠点は欠点をもちえないというところなのよ。〔…〕

あなたのゾフィー(12)

ある学生は、フーバーの持つ影響力について、こうも述べている。「フーバーは、穏やかな小男でありながら、自分が持っている音楽研究の熱意を、その演習や授業の参加者に感じ入らせる類まれな力を持っている」。そしてフーバーは、「知性の輝きを直接伝える力を有し、学生から、そして同僚からも高く評価されている」、と(13)。

ミュンヘンは、民俗音楽に魅了されたフーバーにとって理想郷であった。確かに一九四三年まで、彼はこの分野をリードする世界的権威であり、その音楽を生み出した自然の風景について語る彼は、学生を引きつけてやまない。郷土とその山を深く愛する男で、その愛の深さは講義全体を通じて現れていた。バイエルン・アルプスを歩き回り、革ズボンと羽帽子を身につけた屈強な若い農夫の歌について著すのを実に楽しんでやっているということが、学生を感化するのである(14)。

フーバーは保守的なナショナリストで、しかもロマン主義の人物であったから、ナチスには格好の人材だった。さらに民俗音楽は、ヒトラーが熱心に追い求めた主題でもある。だからこそ、フーバーは一九三六年、バルセロナで開かれた国際音楽学会のドイツ代表に選ばれたのだ。一九三八年、彼はベルリン大学に新設された民俗音楽研究所の名誉あるポストに就かないかという心躍る申し出を受けた。家族を支えるための収入が必要であったため、フーバーはこの申し出を承諾したが、まもなく期待された仕事がナチのプロパガンダであることに勘づく。これはジレンマでもあった。というのも、ナチスに抵抗すればポストを失うことになるばかりか、家族はやりくりに苦労することになる。それでいて、ナチスの要求に答えたなら、彼の人生で最も大事な、倫理と知性というふたつのものの価値を汚し、無意味なものにしてしまうことになる。家族と長いあいだ相談した結果、選ぶことのできる唯一の道を取り、自らの信念に従うことにする。自分の研究対象を愚弄し、本物の民謡をナチの国歌に変えるなど言語道断、ドイツ農民の魂を改竄し、政治的利益のための茶番につきあうことは断固として拒否する、と。他の哲学者が誰一人としてする覚悟のなかったことを、フーバーは行なった。そしてそのために、彼はそのポストから即刻解任されることになる(15)。

役を解かれたあと、愛するミュンヘンでの教授職復帰がフーバーに許されたのは、ただ「国民社会主義ドイツ労働者党が、イデオロギー不全のために公職を失った人々にも生計を立てる手段を寛大にも認めている」からである。とはいえ、彼のキャリアはもはやずたずたであった。アルフレート・ローゼンベルク配下の役人どもはすぐさま、ドイツの出版社に対して、彼の著作をこれ以上公刊しないように圧力をかけ始めた。優れた〈古典〉として学者たちに言及される、ルネサンスの音楽家イーヴォ・デ・ヴェントについての博士論文は絶版扱いとなり、最新の論文であった「民謡研究における民俗学的手法」も、「次巻で完結予定」の第二部を残したまま、続刊されることはなかった。哲学であれ音楽学であれ、いかなる分野でも過去の著作が認められることはなく、新著にしても何も発表できなくなった。音楽の才でさえ無視された。その暴政に刃向かったことを理由に、ナチ当局が彼のキャリアをひそかに潰していることは明らかだったが、要因は別にもうひとつあった。当局が彼を拒むそのほかの理由として、彼の身体障害がある。脚が悪く、言語障害のために、ナチスはフーバーを肢体不自由者と見なし、そのせいで将来の〈支配人種〉の一員たりえないと考えていたのだ。家族を養うため昇給を求めたとき、当局は面と向かってこう述べたという。「われわれは、将校になり得る人材しか昇給させない」、と(16)。

ヒトラーのイデオロギーに反対する者たちとは対照的に、フーバーは左翼でもなければユダヤ人でもなかった。彼は、伝統を尊いものと、そして民族を大切なものと信じる、保守的なナショナリストであった。むろんドイツ文化の偉業を心から誇ってもいた。だが、フーバーはいかなる類の暴力も激しく嫌っていたし、ヒトラーをドイツ社会の価値観を体現する者ではなく、破壊する者だと捉えていた。ハイデガーとは違って、フーバーはヒトラーの話しぶりに惑わされることはなく、大学にいる多くの同僚たちとは逆に、彼は声に出したのだ。個人の権利、また宗教や同胞への思いやりの大切さをそれとなく唱えるといったように、フーバーの抵抗はさりげないウィットのなかに隠されていた。危険であるにもかかわらず、ヒトラーに対する辛辣な言葉を抑えることができない。講義の内容にユダヤ人が出てくるときも、皮肉を込めてこうコメントするのだ。「気をつけなさい、彼はユダヤ人だ！くれぐれも汚染されないように」、と(17)。こんなささいな類の抵抗でさえ口にすることは危険であったのだが、こうした言葉を聞いたナチの将校が、それを皮肉と取ったのか、巧みに偽装されたただのレトリックと受け取ったのかは、今となってはわからない。

フーバーは、学問においてもユダヤ人の存在をはっきりと認める立場を取ろうとした。たとえばスピノザのような、当時禁句であったユダヤ人哲学者についても、彼は公然と講義した。フッサールが放逐されたあとでも、あるいは誰かが投獄されたり処刑されたり亡命したりしていても同様で、フーバーは、ほとんど消えかかっていたユダヤの知的源流に、勇敢にも火をともしたのだ。

フーバーの情熱は、ドイツ観念論のカントやヘーゲルにも大きく向けられていた。こういった人々が彼の講座の主柱であったが、読み方はヒトラーが主張したようなものとはまったく異なっていた。フーバーがカントの講義をするのは、ヒトラーに抵抗せよという本当のメッセージを学生に伝えたかったからだ。あらゆる人間が理性を用いる能力を持ち、人間にはその能力を行使する自由があるべきだと信じていたカントのことを、偉大な道徳哲学者であると彼は強調する。理性とは、どのような権威にも屈しない道徳の根本である。生前のカントは、どのようなものであれ、考えもせずに服従することには反対で、独立した合理的思考こそが善行の基礎であると繰り返し主張していた。カントが十八世紀に乗り越えようとした旧来の不合理な信念と、ヒトラーのイデオロギーとのあいだに、フーバーは明晰に類似点を描いてみせる。事実、ナチズムに知性で抵抗する際、フーバーが主たる武器としたのはカントであって、講義のなかでもフーバーは最大限触れられるようにしたという(18)。

フーバーの信念が、その知性のなかで次第に強まっていく。同時に彼が嫌悪していたのはナチスの反宗教的立場で、戦時中に行われた残虐行為を知るに及んで、彼は激怒したという。授業こそが唯一の表現手段であり、幸いそのさりげないウィットによって、彼の抵抗は初めのうち、うまくカモフラージュされていた。また、夫・父親としての責任もあって、湧き上がる敵意にもかかわらず、彼はいつも慎重な振る舞いを取っていた。だがヒトラーの支配が年々進んでいくにつれ、彼の抑えられていた怒りも自宅では折に触れ表に出るようになる。たとえば、新たなナチの暴虐についに我慢できなくなり、とうとう声を荒げるといったように。そのとき献身的な妻であるクラーラは、家中の窓という窓を閉めて回り、「やめてクルト、あなたまでダッハウに連れてゆかれてしまう」と、しきりに小声で言うのである(19)。とはいえ、用心していても、学生たちはフーバーの真意に気づいており、その学生たちの理想主義的行動が、彼自身の破滅をもたらすことになる。そうした学生のひとりが、ゾフィー・ショルであった。

一九二一年、コッハー河と古い鉄道を抱いた、ブドウ畑広がる谷間にあるコッハー河畔フォルヒテンベルク——そこでゾフィーは生まれた。ミュンヘンで演説するヒトラーが六千人を越える人々を集めたのと同年のことだ。彼女が通ったのは、ドナウ河の岸辺近くにある女子中等学校だった。やがて父の仕事の関係で、家族はアルベルト・アインシュタインの生地であるウルムに引っ越すことになる。この時期に、彼女はドイツ女子青年同盟、すなわちヒトラー青年団《ユーゲント》の〈女子部隊〉に入ることを余儀なくされる。ゾフィーの姉であるインゲ・ショルは後年こう回想している。「私たちの耳には、祖国についてさまざまなことばが聞こえてきました。同胞とか、国民共同体《フォルク》とか、郷土愛とか。それは私たちを威服させ、私たちは感激して聞きほれました、[…]われわれは一つの偉大なことに献身すべきである、という講話もありました」(20)。

ナチスの真意や意向が明らかになれば、感激はたちまち不快感へと変わるだろう。しかしこれも後年のことで、一九三三年、十一歳のゾフィーはヒトラー・ユーゲントとともにその団歌を歌っていたと思われる。

進め！　進め！
りゅうりょうと勇壮なラッパは鳴りわたる。
進め！　進め！
ユーゲントは恐れを知らぬ。〔…〕

僕らはヒトラーのために進軍する、闇と苦しみをおかして、
ユーゲントの旗をかざして、自由とパンのために。
僕らの旗は先頭にひるがえって行く。
僕らの旗は新しい時代だ。〔…〕
そうだ、旗は死以上のものだ！

ユーゲントよ！　ユーゲントよ！
僕らは未来の兵士だ。〔…〕
僕らに逆らうものは、

僕らの拳に倒れるのだ。
総統よ、僕らは総統のものだ。
僕ら戦友は、総統のものだ。(21)

やがてゾフィーはミュンヘン大学で哲学と生物学を学ぶ学生になる。二十一歳になる頃には、自分の主専攻を哲学としていた。彼女はフーバーの講義の常連で、講堂の後ろの方で静かに座り、周囲の学生と見比べてもさして目立つ方ではなかっただろう。騒々しいわけでもなく、また人目を引く容貌を持っているわけでもなかったが、ただ注意して見れば、物思いにふける大きな黒目を持ち、たびたび遠くを見つめる若い女性が目に入るに違いない。ゾフィーの顔はあどけなさを残しており、その頬もまだ丸く、肌つやも滑らかで、柔らかな茶色の髪は片側に寄せられ、肩には届かない長さだ。物静かで詩人肌という意味では、確かに有無を言わせないものがある。自分にも無知で、むろん自分を待ち受ける恐ろしい運命もまだ知らない。

その独特の性格は友人たちには有名で、その早すぎる死の三年前、彼女は親友のフリッツにこのような手紙を書いている。

ウルム発、フリッツ・ハルトナーゲル宛
一九四〇年七月十九日

本当に豊かになって戻ってきたのよ。後で足りなくなるなんて心配をしないで、あるものを存分に楽しめるっていいわね。森や野原や雲が、私たち人間とは違って、いつでも変わらずにいてくれるのは本当にありがたいわ。［…］間もなくすべては滅びるに違いないと思うようなことがあっても、次の晩になればやっぱり月は空に懸るのよ。鳥たちだっていつも変わらず甘い声で熱心に歌いつづけ、こんなことをして何の役に立つのか、なんて考えたりはしないんだわ。小鳥たちが歌ってるとき、どれほど夢中になってかわいい頭をかしげながら天にさしのべているか、あなたはごらんになったことある？　小さな喉をどんなにふくらませているか。いつでもそういうふうなんだって、すばらしいわ。あなたにとっても私にとっても、それは全然変わったりしないのよ。それを思うと喜ばずにはいられないわ。ちがう？

あなたのゾフィー(22)

しかし自分の生きる喜びでさえも、生の本質に関わる複雑かつ悩ましい問いからゾフィーを引き離すことはできない。彼女は、道徳や実存といった問題にこだわっていたのだろう。はにかみのために、教授には近づきこそしなかったが、その心のなかでは次々と疑問が生まれ、溢れんばかりであった。兄や共通の友人たちとともに、第三帝国が現在行っている虐殺について語り合っていたのだろう。彼らは、どうして自分たちの国がこのような邪悪へ堕ちたのかが、どうしてもわからなかった。ましてや、一九四一年の夏には、精神病院や施設等々で特別な秘密計画が進められているという噂が広がっていた。人種、遺伝、罪科といった〈病〉を隔てなく清め取り除くという噂で——断種計画が精神障害者や身体障害者を対象に始まっていたのだ。そして引き続き、安楽死計画も始まる。〈役に立たない穀潰し〉が〈雑草〉のように抜き取られてゆく(23)。その対象は学校カリキュラムにも及び、病気の者のほか、ユダヤ人やロマ、同性愛者までもが含まれていった。また毒ガス室の噂も大学内に広まっていた。ゾフィーと学友たちは、打ちひしがれながらも答えを見つけようと、ドイツの歴史をさかのぼったり、またカトリック思想や聖アウグスティヌス、トマス・アクィナスなどと向き合ったりもしてみた。この当時、ミュンスターのカトリック司教であるクレメンス・アウグスト・ガレンが、もはやその残虐行為に目をつむってはいられないと、声を上げ始めたのだ。彼の説教は郵便受けを通じて拡散され、ドイツ全土に広まっていった。これに対して、ヨーゼフ・ゲッベルスは、司教の絞首刑を確約するに至る(24)。

フーバーのように保守的なカトリック教徒にとって、こうした出来事は目に余るばかりか、到底我慢ならないものであった。その怒りは講義中にも、言葉の綾やブラック・ユーモアとして節々に現れた。これにゾフィー・ショルは、魂が共鳴したとして慕うようになる。やがて兄や友人をフーバーの講義に誘うようになり、さらには一同は意を決してフーバーその人に近づき、一九四二年、ミュンヘンに住む知人メルテンス博士夫人の自宅で行われた読書会へ彼を招くに至る。このささやかな集まりには、作家たちや出版者らのほか、フーバーの講義に出ている学生たちもいた。ゲーテやニーチェらの作品も読み上げられ、なんとニーチェの哲学についてはそこで熱い議論が交わされた。その夜の討論の要点は三つあった。基本的徳目としての友情の解釈、群衆の時代における脱個人化の傾向に抵抗することは偉大な個人の義務であるという主張、そして「神は死んだ」という主張。この会では、最後の論点は無神論の標語と捉えずに、非人道的な政体を後押しするような教会においては神も死ぬだろう、という予言であると解釈し直されるなどし(25)、張り詰めた空気となった。明かりは暗く落とされ、第三帝国を批判するささやき声が交わされ始める。そのときフーバーは、踏み込んだ危険な発言をした。「何かがなされなければならない、そしてそれは今なされなければならないのだ」。本人は知る由もないが、彼が発言したこの集まりは、〈白バラ〉として知られるレジスタンス集団の秘密会合だったのだ(26)。

白バラとの最初の接触のあとまもなく、学生団員らはロシア戦線で戦うため徴兵されてしまう。そこで送別会を開くことになるのだが、そこへ再びフーバーが招かれた。会が持たれたのは、七月二十二日の夕べ、ミュンヘン北部のシュヴァービングにあるアトリエでのことである。ボヘミアン的な集まりで、以前に同じく出版者や作家、芸術家から知識人までもが参加していた。むしろ保守的な家庭人であるフーバーは、どこか居心地悪そうであったが、薄暗い部屋のなか、床のあちこちにたくさん転がされた様々な色のクッションや枕に囲まれて、ひとまず落ち着いていた。グラス入りのキャンドルライトの光にきらめく火酒やワイン。オリエント風の器のほか、橙・赤・黄といった色の皿に盛られた菓子や軽食。フーバーはつとめてこの都会的でおしゃれな人々のなかでくつろごうとした。おそらくそこで気を張りすぎたのだろう、会話が政治に移るや、抑えていた気持ちがたちまちはじけて表に現れる。溜まっていたものが爆発するような激しさで、あやふやなおしゃべりを遮って、はっきりと非難の言葉を口にし、道徳的な怒りを露わにして、行動を呼びかけたのだ。

この会合のあとまもなく、ゾフィー・ショルの兄とその友人らは連名で、ロシア戦線からフーバーに宛てて手紙を書いている(27)。

ロシア発、クルト・フーバー宛
一九四二年八月十七日

尊敬措くあたわざる先生!

道中さまざまなことがあり、長くもかかりましたが、二週間前われわれ全員ヴィアスマの東方にある小都市に到着いたしました。［…］ワルシャワまでわれわれ学生中隊は団体で移動しておりました。私はワルシャワで先生にお葉書を出したいと思っていたのですが、あまりにもあわただしく、果たせませんでした。しかしワルシャワの街、ゲットーおよびその周辺で行われているあれやこれやのすべては、たいへん印象的でした。国境を越え、ロシアに入ったその日に襲いかかってきたものに関しましては、だいたいのことを申し上げることさえできないありさまです。何から始めればよいのか途方に暮れてしまうのです。ロシアというのはまったくどういう意味でも大きく、限りがありません。［…］この国にとっては戦争は雷雨のようなものです。［…］われわれの北方からも南方からも強力なロシア軍の進撃が伝えられておりますが、実際それがどういう結果になるかまだわかりません。

お元気で！

敬具

ハンス・ショル
アレグザンダー・シュモレル
ヴィリー・グラーフ
フーベルト・フルトヴェングラー(28)

署名はいずれも白バラの学生団員のもので、ほぼ全員が一年以内に処刑されることになる(29)。ゾフィーとハンスのショル兄妹は、自分たちが白バラの団員であると、ついに素性を明かす。フーバーもこの集まりに加わり、秘密の会合が持たれてゆく。場所は学生の下宿や空調のない屋根裏部屋

など で、妻や家族が外出している時にはフーバーの自宅でも行われた。白バラは、哲学に強い関心を持った学生活動家が主体となった、結束の固い小グループである。ミュンヘンから両親へ送った一九三九年四月十七日付の手紙で、ハンス・ショルは次のように書いている。「実際文科の学生のなかに、医学生は僕一人っていう講義もたくさんあります」。白バラ団員は誰もがみなドイツ哲学を深く愛しており、ナチス嫌いを表明するときにも、その考え方はその遺産から活用されたものである。一同はとりわけニーチェを好んでいて、同じ手紙でショルはこう続けている。「ニーチェを勉強するには本当いってニーチェ全集がないと困るんです。パパがどこかの古本屋さんで安く買ってくださるといいんだけど……」(30)ハンス・ショルは一揃いを手に入れ、ニーチェ全集を通読するが、「彼のなかにあった、妹いわく〈燃えさかる空虚〉を冷ますものは何も見つからなかった」(31)。

白バラは勇敢であるとともに、非暴力を貫き、自分たちにできる唯一の手段、〈言葉〉でもって抵抗した。一同は、理想に満ちた力強いビラを配布し、ドイツの人々に抑圧と暴力に対して立ち上がるよう呼びかけた。ヒトラーの支配下では、こうした行為は難しく危ういことであった。外へ出て、用紙や謄写器を見つけること、さらにナチズム打倒を呼びかけるビラを運んで配ることなど、危険きわまりない恐ろしい企てで、やるにはかなりの勇気が必要となる。

ポーランド征服以来、彼の地で三十万人のユダヤ人が、残虐非道な方法で殺害された。ここにわれわれは、人間の尊厳に対する恐るべき犯罪、全人類史上、比類なき犯罪をまのあたりにしている。[…] このことは、ドイツ人の最も素朴な人間的感情がすさみはてた証しだというのか?

これは、一九四二年六月の第三週に白バラの制作した第二のビラである。このビラの終わりでは、「誰もが有罪、有罪、有罪なのだ！」との声を上げている(32)。フーバーがグループへ参加したときには、すでに五つのビラが南ドイツの大学のみならず広範囲に配布されていた。そして第六のビラを考えるにあたり、率先してフーバーはその執筆に関わろうとした(33)。

一九四三年の初めのこと、停電が常態化するなか、フーバーはカーテンを引き、なけなしの石炭をストーヴに入れる。並べた自著から事実や表現をうまく拾い上げていき、オイルランプの火がゆらめくそばで、タイプライターに指を当てる(34)。怖くはなかったが、ただそのことに自ら驚いてはいた。妻や子らは寝静まっており、戸外から夜の穏やかな音が聞こえるばかりだ。消灯の合図のあとは、物音もなくなる。冬の霜が地面を薄く覆って音をかき消しているのだろうか。書いているこの時期は、まさにスターリングラード陥落の直後。二十万のドイツ人が殺され、九万人がシベリアに抑留された。みな若者たちで、フーバーの教えた学生たちもなかにはいた。彼らの人生が残酷にも浪費されたのだ。ヒトラーに反感を抱いて十年、そのあいだ彼の内側で膨らみ続け、それでも抑えてきた怒りが、ついに炸裂する。ゆっくり丁寧に言葉を紡ぎ、全身全霊をかけ、聞き手である学生に向かって、起こったばかりの残虐行為を事細かに伝えていく。ある意味では、普段と同じことをやっていたとも言える。いつも早朝に、講義の草稿をタイプライターで打っていた。今違うのは、その文章が人を焚きつけるための秘密の言葉であったことだ。

第六および最後のビラ

女子学友諸君！　男子学友諸君！

わが国民は、スターリングラードの兵士の壊滅を前に愕然としている。第一次世界大戦上等兵の天才的な戦略によって、三十三万のドイツ兵が無意味かつ無責任に死と破滅へと追い立てられていった。総統よ、われわれはあなたに感謝する！

「総統《フューラー》よ、われわれはあなたに感謝する《ヴィーア・ダンケン・ディア》！」――これはナチスの野外集会で繰り返し用いられた合い言葉で、大きな旗にも記されたりしたものだ。文の続きには、こうある。

ドイツ国民の胸中には疑念が渦巻いている。われわれは今後もなお、一人の素人軍人《ディレッタント》にわれらが軍の運命を託し続けようというのか。権力の臭いをかぎつけた党の低劣な輩に、残るわれらの青年を生け贄として捧げようというのか。断じてそのようなことはしない！　決着をつける日がきた。わが民族がこれまで被ったなかでも、最も唾棄すべき独裁制に、ドイツの若者が決着をつけるべき日が。われわれは、全ドイツ民族の名において、アドルフ・ヒトラーの国家に対し、個人の自由という、ドイツ人にとって最も貴重な財産の返還を要求する。この財産を、われわれはヒトラー国家にみじめにもだまし取られたのである。

あらゆる言論の自由を容赦なく弾圧する国家でわれわれは育ってきた。ヒトラー・ユーゲント、突撃隊、親衛隊が、われわれの人生で最も実り多き学業の時期に、われわれを画一化し、扇動し、麻痺させようとした。「世界観学習」と称する軽蔑すべき方法により、自立した思考や自尊心の芽生えを無意味な空言のなかで圧殺しようとした。この上なく悪魔的で愚昧な総統の取り巻きが、各地の指導者養成所で、未来の党のボスどもを、神も恥も良心も知らぬ搾取者、殺人者、目を閉ざした愚鈍な総統の追従者に育てあげている。われわれ「頭脳労働者」こそ、この新しい支配階級の行く道をはばむべき者なのである。〔…〕大管区長官(35)は、卑猥な冗談で女子学生たちの名誉を傷つけている。ミュンヘン大学のドイツの女子学生諸君は、その名誉の冒瀆に対して品格ある回答をつきつけ、ドイツの男子学生諸君は、学友である彼女らのために戦い、守り抜いた。このことは、われわれの自由な自己決定を勝ち取る戦いの第一歩である。そして、それなくしては、精神的な価値を創造することはできないのだ。輝かしい先例をみせてくれた、勇敢なる男女学友諸君に、感謝を捧げる！

フーバーは続けて言う、選びうるのはただ一つのことだけであると。

われわれにとって、合い言葉はただ一つ。党と戦え！　われわれになおも政治的発言を禁じて、黙させようとする党組織を離脱せよ！　親衛隊の上級、下級幹部どもや、党に追従する輩の演説場から脱け出せ！　われわれの関心事は、真の学問であり、純粋な精神の自由なのだ！　どんな脅迫も、大学の閉鎖でさえも、われわれをおびえさせることはできない。これは、われわれ一人一人が、道徳的責任を自覚した国家において、おのれの未来、おのれの自由と名誉を勝ち取るための戦いなのだ。

自由と名誉！　十年の長きにわたり、ヒトラーとその仲間が、この二つのすばらしいドイツ語を押しつぶし、叩きのめし、ねじ曲げて、忌わしいものにしてしまった。それはディレッタントどもにしかできないやりかたで、一国民が有する最高の価値を豚に投げ与えるに等しい行為だ。

彼らにとって自由と名誉が何を意味するかは、あらゆる物質的、精神的な自由、ドイツ国民のあらゆる道徳的な本質が破壊されたこの十年に十分示された。いかに愚かなドイツ人といえども、ドイツ国民の自由と名誉という名目でナチが全ヨーロッパで行なった、そして日々行い続けているおそるべき流血に、目が覚めただろう。ドイツの若者が今こそ立ち上がり、復讐すると同時に罪をつぐない、おのれをしいたげる者を打ち砕き、新しい精神のヨーロッパを立ち上げなければ、ドイツの名は未来永劫恥ずべきものとされ続けるだろう。

彼は、学生たちに自省を促す。かつてのドイツ人がナポレオンから祖国を救い出したように、君たちがナチズムから救国せんと行動を起こすことを、人々は今かと待っているのだと。そして高らかに訴える。「スターリングラードの死者たちがわれわれに懇願している！『わが民よ、立ち上がれ、狼煙があがっている！』」(36)。

街を覆う夜が明け始め、カーテンの切れ目から淡い灰色の光が差し込んでくる。目覚めつつある街のざわめきが、家族のどたばたする物音と混じり始める。クラーラが彼の部屋に入ってきて、ひとりきりの空間が出し抜けに破られた。彼女は、書かれたものを目にすると息を詰まらせる。その使命が逃れられない現実として、突如目の前に現れるのだった。

むろん恐怖はあったが、それでもフーバーはビラを配った。一万部がドイツ全土に出回り、列車で運ばれたり、郵便受けに入れられたり、学生の目につくようドイツ中の大学で講義後に積まれたりした。余った少数のビラがトランクの底に眠っていたため、ハンスとゾフィーの兄妹は一九四三年二月十八日、ミュンヘン大学の本館から意を決してビラの束を放り投げた。窓の下に立っていた用務員が、鳩のように舞い下りるビラの数々を目撃している。たいへんなことが起きたことに気がついて、その人物はあわててゲシュタポに通報、その通報に従ってハンスとゾフィーは追い詰められ、逮捕されるに至る。次々と尋問が畳みかけられ、その間そのほか多くの学生も見つけ出されてしまうが(37)、ゲシュタポの捜査はそれだけでは済まなかった。

大学にいるフーバーにも、ゲシュタポによる逮捕者が続出しているという知らせが届いたが、それでも自分の名はバレないでくれと、一縷の希望を抱いていた。そのとき妻は幼いヴォルフとともに家を出ていて、家族のために家財の物々交換で食料を得ようと地元を離れていた。取り調べの一報を耳にしてあわてて家に帰ると、彼は十二歳の娘ビルギットの驚く目の前で、書類・文書の類を燃やし、本を火にくべた。

その翌週のあいだ、フーバーはビルギットと自宅でふたり、毎晩そわそわと床板をきしませながら、眠れぬ時間を過ごした。ある朝、五時に呼び鈴が鳴った。ビルギットは応答しようと階下へ走り降りる。母や兄が恋しくてたまらず、予定を切り上げて帰ってきてくれたのではと思ったのだ。だが、戸口に立っていたのは身なりのいい三人の男で、丁重にお父上はご在宅かと尋ねる。彼女はもじもじしながら、横目で返事をした、「ベッドでお休みしてます」。すると一行は彼女をどけて押し入り、階段を上っていく。怖くなって、彼女は男たちを追い越して父親に知らせようとしたのだが、男たちが道を阻む。しかしその手を彼女は頭を引っこめてかわし、手すりを強く叩いて、大声を上げた。「パパ、パパ、お巡りさんが来た!」(38)。ところがその父親は、前夜寝ないで警戒していたため、くたびれてぐっすり眠り込んでいる。過労に耐えかね、高まる不安も襲いかかる眠気には勝てなかったのだ。娘の言葉はもうろうとした意識に響き、いつもの朝と同じように彼はびくっとシーツを引き寄せる。

暗い空を半分隠すように引かれたいつものカーテン、楢《オーク》の衣裳戸棚についた楕円形の鏡、自分を取り囲む見慣れた自宅の壁、自分の子どもの金切り声。一瞬、間があって、彼はまっすぐに身体を起こす。連中が彼の元に来たのは、一九四三年二月二十六日金曜日のことだった。

娘をひとり自宅に残し、三人の男に家を連れ出されることに、彼はたいへん心を痛めた。裁判にかけられ、投獄されるのだ。それに、これから待ち受ける出来事の重さに全身が震えもした。胸中は激しく乱れ、ただ息をすることさえままならない。やがて目の前にシュターデルハイム刑務所が現れる。周囲にそびえ立つ壁、しっくいも塗られず塗装もはげている煉瓦、鉄格子のついた窓、食事の残り香なのかかび臭さの染みついた毛布、誰かの命の終わり——同じくいわれのない罪を押しつけられたという親近感。

フーバーは知る由もないが、二日前の二月二十四日水曜日、ナチ党は、綱領の創設記念日ということで沸き立っていた。この記念日をありありと示すのは、ヒトラーが「〔党〕運動の首都」と見なすミュンヘンに送った布告文である。この日付の文書で彼はこう吠えている。「党は恐怖を十倍の恐怖で打ち砕かねばならぬ。〔…〕たとえ誰であれ、いかに擬装していようと、裏切り者は抹殺せねばならない」。この布告には大学のことも触れられており、また続く二月二十七日には、ゲッベルスが「敵対的大学構成員は体罰の無制限行使を受けるべし」という要求を出していた(39)。これはクルト・フーバーにも白バラにとっても、タイミングが悪かったというしかない。

やがてフーバーは、ハンス・ショルとゾフィー・ショルがギロチンで処刑されたこと、白バラのその他のメンバーも同じ運命を辿ったことを知る。最後に講義で顔を合わせたあと、学生たちは溌剌と語り合い、そして大学の廊下を話しながら去って行った(40)。刑務所で妻と家族の面会を受けたことにも彼は胸を痛ませる。疑念と罪悪感、恐怖のなかに、希望と、自分に対して誇らしいと思う気持ちがない交ぜになっていた。感情はまったく言うことを聞かなかったが、平静を取り戻すためにできることは、彼の知る限りひとつしかなかった。すなわち精神世界に退却するのである。クララに頼んで、ライプニッツ用の研究ノートを持ってきてもらい、ゲシュタポが起訴準備をしているあいだに、彼は自分の最高傑作を書き上げる――ヒトラーが二十年前に短期間投獄されていたのと同じく刑務所のなかで。彼は獄中執筆するというヒトラーと同じ行動を取ったわけだが、有志からの差し入れはなかったし、看守からの特別な取り計らいもなかった(41)。さらに、フーバーの紡いだテクストはヒトラーのものとは比較にならない。総統のものが憎悪と激しい支配欲に満ちた下卑たものであったのに対し、フーバーは、神の被造物に固有の善について述べた高尚な論文の下書きをものしたのだ。また悪の存在に対しても解き明かそうとした。

フーバーの公判準備には数ヶ月がかかり、一九四三年の春と長い夏が過ぎていった。そのあいだ、彼の家族は恩赦の嘆願をしたのだが、軍の最上層部に届くまで長々と時間がかかったあげく、返事は「いかなる恩赦嘆願をも却下する」というもので、アドルフ・ヒトラーの署名があった(42)。ついに裁判に呼び出されたとき、フーバーは五人の裁判官のなかに悪名高いローラント・フライスラーがいることに気がついた。この人物は、権力を被告に振りかざし、とことんまで下劣な侮辱の限りを尽くすサイコパスのような輩であった。実際、彼は、フーバーのような知識人が落ちぶれるさまを目のあたりにするのが、楽しくてたまらないのだ。被告人席に入る際、フーバーは「神々に愛された者を彼らは罰するのだ」と自分に小声で言い聞かせた(43)。フーバーにとってさらに不幸だったのは、彼の人となりを証言する人物が「街の外」にいて不在だったことで、また十四時間も続いた裁判のあいだ、

人民法廷長官ローラント・フライスラー，1942-45 年の「ヒトラーの首つり裁判」

ほとんど飲まず食わずで我慢しながら、ずっと立ったままでいなければならず、弁護人もまったく仕事を放棄していた。彼に味方はひとりとしていなかった。

白バラの最後のビラが、法廷で読み上げられた。ナチのお手盛りで選ばれた傍聴人たちは、その内容に激怒する。フライスラーはフーバーを嘲り、フーバーが証言台に立つよう命じられたときにも野次を飛ばす始末だった。フーバーは姿勢を正し、そして自分を弁護するために用意していたメモを手に取り、落ち着き払ってこう告げた。「私が目指したものは、学生たちの覚醒でした。組織を通してではなく、率直な言葉によって。何らかの暴力的行為に訴えるのではなく、日々おこなわれている政治がかかえる重大な欠陥を道徳に基づいて洞察することができるように」。最後にフーバーは、総統のお気に入りであるドイツ人哲学者ヨーハン・ゴットリープ・フィヒテを引用する。「そして、汝、行為せよ。汝と汝のおこないのみが、ドイツの運命を左右するように。

さすれば、責任は汝が両肩にあり」(44)。さも誠実そうにフライスラーは手を叩き、続けてせせら笑いと、辱める発言、そして嘲りの仕草をしてみせ、「フーバー教授もフーバー博士も知らぬ。そこにいるのは、ただのフーバー被告だ。彼にドイツ人である権利などない、ろくでなしめ」と笑う(45)。すでにナチスはフーバーから博士号と教授の地位を剝奪していたのだ。あとは彼の命を奪うだけだ。「死刑は右の奥へ、懲役刑は左の奥へ」と看守が声を張り上げる。フーバーは右へと案内された。ライプニッツの論文は、脱稿したいという理由では死刑執行の延期がナチスには認められなかったため、未完成のまま残されることとなった。

　フーバーはひとりで死に向き合うことを余儀なくされたが、そんなことはほとんど気にしていなかった。気がかりなのは家族のことだった。力もなく手も差し伸べられない立場としては、〈罪人の家族〉がよく受けるという、ナチによる迫害の巻き添えを恐れていたのだ。十四歳の息子と幼い娘を守ってやれる自分もおらず、いったいどんな苦難にふたりは直面するのだろうか。こうした不安と戦いながら、心の底から湧き上がる家族への愛を実感した彼は、自分の人生を豊かで美しいものにしてくれた家族へ感謝の手紙をしたためる。「愛する山々から送ってくれたお前たちの最後のあいさつのしるし、アルペンローゼが、いま、しおれてぼくの前にある。ぼくは二時間後に、一生をかけて戦い求めた真の山の自由へとはいって行く。[…]全能の神がお前たちを祝福し、お前たちを守ってくださいますように！　愛するお前たちの父」(46)。

　一九四三年七月十三日、フーバーの死刑執行が命じられる。ギロチンの場所へ行くには中庭を通らなければならず、足を引きずりながら、手を震わせて何とか歩くのは、実に難儀なことであった。望むべくもない、我慢のならない最後の屈辱だった。教誨師は微笑み、フーバーも同じ表情をしようと口の筋肉を動かした。七月、高温多湿の日中、中庭では灰色の敷石が延々と続いている。熱心に取り組んだ遺稿からも引き離された彼がいま求めるのは、残された最終の目的地、肉体の苦しみを離れた知性の世界だった。その魂の永続を願う家族への想い、そしてこの期に及んでも心から信じていたドイツ精神の深みだった。

その哲学者の死後、家族は遺族年金の支払いを拒否される。学生や友人らは遺族のために募金活動をしたが、ナチスはこれを没収し、この反社会的活動に従事した者を現行犯で逮捕した。そののち、ゲシュタポはクラーラのもとを日々の職務通り訪問し、〈ギロチンの使用料〉として給与二ヶ月分相当の金額の支払いを命じた(47)。

10 ニュルンベルク裁判とその後

十年の支配を経て、ヒトラーの夢は実現したかのように見えた。ローゼンベルク、ボイムラー、クリークといったナチ協力者たちが大学間を越えて結託し、その一方でベンヤミン、アドルノ、アーレント、フーバーといった対抗者らは、国外退去させられたり、発言力を奪われたり殺されたりするなどした。ドイツの知性に対する征服計画は、完遂されたのだった。

だが帝国は千年も続きえない。クルト・フーバーやヴァルター・ベンヤミンももう数年生き延びられていれば、ヨーロッパが一面屍体の山に覆われるさまを目の当たりにしたことだろう。一九四五年が明けた冬、太陽が空の低いところにあり、地面に長い陰を投じているこの季節に、連合国はドイツ諸都市を徹底爆撃し、光という光がほぼ消し尽くされてしまう。巨大な塵雲が舞い、その下の混沌と残骸を覆い隠す。そして不自然なほどに暗い冬が春になると、わずかに和らいだ季節が芽吹き始める。

敗北が不可避となり、将校らから指導力に疑問を持たれ始めると、ヒトラーもにわかに取り乱し出す。ベルリンにある地下壕で、間違いなど犯し得ないと思われていたこの偉大なる〈哲人総統〉は、狂ったかのように荒れた。やがて自分をまだ支持し続けるという面々に向き直り、ただちに自らの今後を一通り決断する。エーファ・ブラウンとの結婚もそのひとつだった(1)。ふたりの結婚のあと、あるニュースが彼に届く。ベニート・ムッソリーニがイタリアのパルチザンに拘束され、処刑されたあげく、屍体がミラノの市場で公衆の面前につるされ晒されたというのだ。一九四五年四月二十八日のことで、そのあと彼の屍体は激怒した群衆に石を投げられ、殴る蹴るの扱いをされたらしい(2)。これを耳にしたヒトラーは、ここで再度命令を出す。自分とエーファ・ブラウンの遺体は「跡形もなく」処分すること、と。「自分は敵の手に落ちることを望まぬ。興奮した群衆を娯しませようと、ユダヤ人に手配された見世物を必要とするような輩にはな」(3)。四月三十日、ベルリン市街戦が地上で繰り広げられるなか、ヒトラーは最後の流血沙汰に及ぶ。

怪物の死とはいつも憶測や神話に覆われているもので、むろんこの総統の末期にも、あることないことさまざまであり、謀殺を主張したりその目撃を証言したりする者があるほどだった。もっとも信頼できる説によれば、手元に青酸カリのカプセルがあり、実際に効き目があるかを、ヒトラーはアルサシアン犬のブロンディで試したという――まもなくそのペットは恐ろしい死を遂げる(4)。それから彼は新妻に毒物を渡し、ふたりは地下壕にある私室へと入った。マルティン・ボルマンにゲッベルス、ハインツ・リンゲ(総統の従者)らがドアの外に控えていた。しばらくあって、一同が部屋に入ると、「ヒトラーは血にまみれたソファの上に横たわっていた。彼は自分で口から射ぬいたのであった。エーファ・ブラウンも、やはり死体になって、ソファの上に横たわっていた。拳銃が彼女のそばに転っていたが、彼女はそれを使ってはいなかった。彼女は毒薬を飲んだのだった。時間は午後三時半だった」(5)。

そのあとまもなく「二人の遺骸は〔…〕ならべて置かれ、〔…〕ガソリンがそそがれた」。ガソリンに浸された布に火がつけられ、遺骸に放り投げられる。「たちまち遺骸は一面の焔につつまれた」(6)。ヒトラーが最後に願った遺体の処分というわがままは、こうして叶えられたわけだ(7)。

総統の死亡後、ベルリンのドイツ軍はとうとう敗北を認めた。一九四五年五月七日、ドイツは無条件降伏に同意し、その翌日がVE、すなわちヨーロッパ戦勝記念日となった。太陽が雲のあいまから顔を出し、現代史の最も恐ろしい時代が終わりを迎えたのだ。だが、すぐにその亡霊が姿を現す。ガス室を有する強制収容所が多数あることが明らかになり、白日のもとにさらされたホロコーストの全容は、全文明世界を戦慄させるにじゅうぶんだった。そしてその衝撃を受け止めきれずにいるなか、戦争犯罪者への責任追及が進められていく。

バイエルン州ニュルンベルク市の裁判所は、世界的な注目の的となった。第三帝国の要人たちが、国際軍事法廷の場で〈主要戦争犯罪人〉として起訴されることになっていたのだ(8)。

裁判所で主に用いられた法廷には高い天井があり、そこから冷たい色の光が強く部屋に差し込んでいる。壁は美麗な彫刻つきの鏡板だが、それ以外の箇所は実に控えめなもので、教会のように、むき出しの床と素朴な木製の傍聴席があるだけだった。裁判官席の背後には、ソ連・英国・アメリカ・フランスの国旗が懸けられている。木製の机には書類が積み上げられ、上から当たる強烈な光を照り返していた。左側に被告人席、その前面がドイツ側弁護団――皆かつてのナチス弁護士会員だった。ガラス仕切りの裏では、ヘッドホン越しに通訳が耳を澄ませており、その反対側に裁判長がいる。中央では検事が立っていて、その前に証人席があった。連合軍の兵士らが、様々な国の軍服に身を包んで、部屋の壁際に並んでいる(9)。

一九四五年十一月二十日の午前十時、法廷じゅうが静まりかえるなか、裁判が始まる。主任検事の

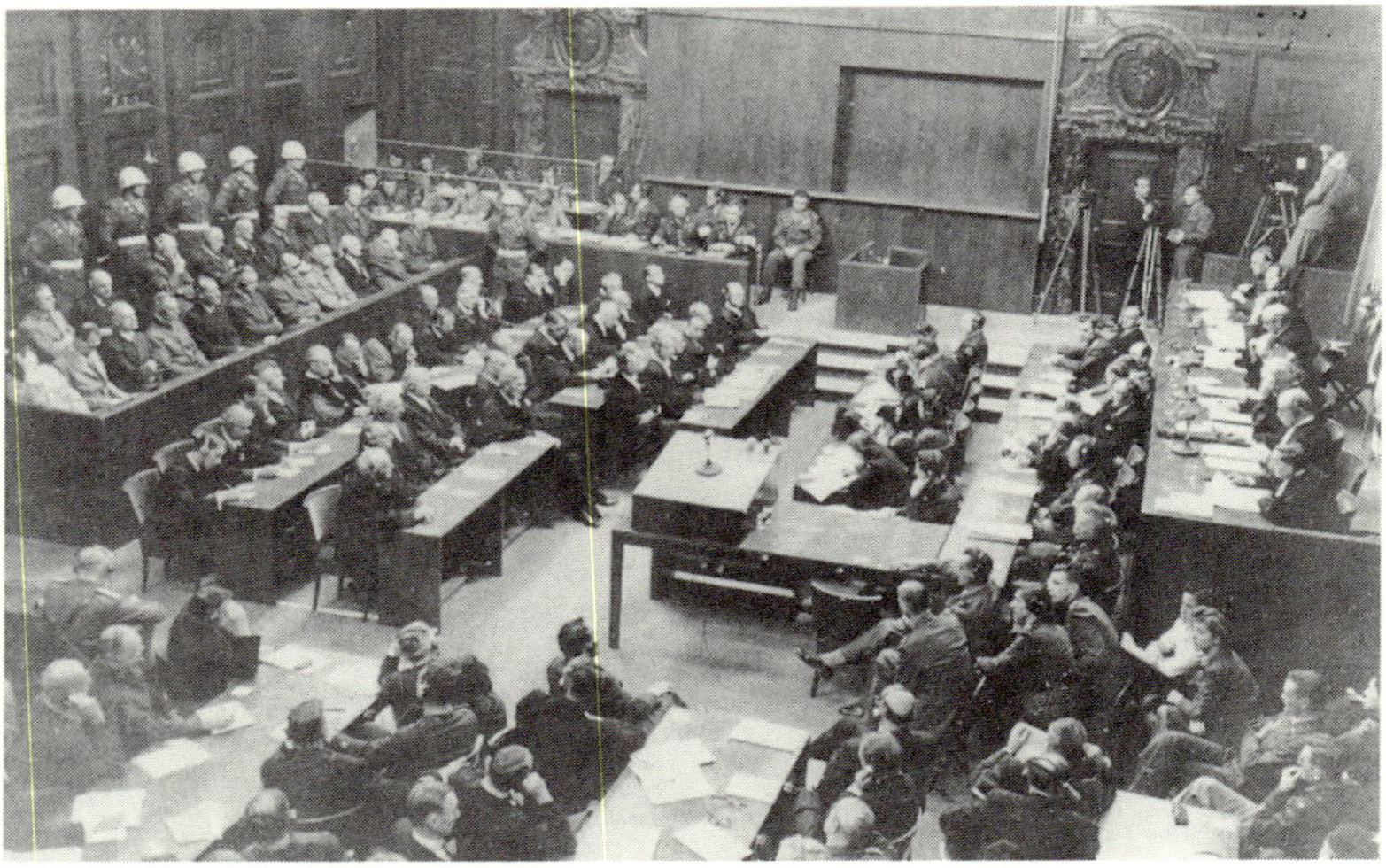

ニュルンベルク裁判所法廷内部，1946 年 9 月 30 日

ロバート・H・ジャクソンは、法廷に立ち、冒頭陳述のために用意した書類を整える。彼は切り出した。「歴史は、かつてこれほど多くの人を迫害した犯罪を、かつてこれほど計算された残虐性でもって実行された犯罪を、記録していない」(10)。裁判にかけられたのはヒトラーの将校たちであった。ヒトラー自身と同様に、裁きの場に出されるのを回避した者もある。たとえばローラント・フライスラーは、クルト・フーバーを白バラのメンバーとともに死刑宣告した加虐趣味《サディスト》の裁判官であるが、一九四五年二月三日、アメリカの爆撃機から三千トンに近い爆弾を落とされた際に死亡している。報告によれば、フライスラーは「ベルリン、ベレヴュー通り十五番地、人民裁判所外の舗道で血を流して死んでいた」という(11)。

　ナチス指導層のほとんどが法廷へと突き出され、凄惨な証拠が並べ立てられたあと、人道に対する罪で起訴されていった。副総統で、ランツベルク刑務所で総統が『我が闘争』をタイプ打ちするのを見守っていたルドルフ・ヘスも、裁判にかけられている。次々と「対オーストリア、対チェコスロヴァキア、対ポーランド侵攻に加担」した彼は、「ユダヤ人迫害の各種命令に署名」してもいた。「党機構の保守管理エンジニア」と呼ばれた彼だったが、精神異常が申し立てられ、そのためか死刑を免れている。「被告ルドルフ・ヘス、有罪となった起訴状の訴因に基づき、国際軍事法廷はあなたに終身刑を言い渡します」(12)。

東部占領地域大臣アルフレート・ローゼンベルクもまた法廷に立たされた。ローゼンベルクの著書『二十世紀の神話』が、『我が闘争』とともにナチス最高のバイブルであったことは、裁判のあいだじゅう誰しも認めるところだった。彼は同時代のドイツ人をイデオロギー的に洗脳し、ユダヤ人迫害を推し進めた張本人である。彼の指令があってこそ、ゲットーの解体が進められ、大量殺人が促進されたのだ。平和に対する罪、侵略戦争の計画・開始・実行、戦争犯罪、人道に対する罪の四つを犯した共同謀議の責任があるとして、彼は有罪とされた。彼への判決は、以下の通り。「被告アルフレート・ローゼンベルク、有罪となった起訴状の訴因に基づき、国際軍事法廷はあなたに絞首刑を言い渡します」(13)。

一九四六年十月十六日朝、ニュルンベルク、ローゼンベルクの最後の瞬間として伝えられているのは、次のような恐ろしい情景である。

黒塗りの絞首台がみっつ、屋内競技場のなかに立っていた。部屋幅およそ三十三フィート、漆喰の壁の高さ八十フィート、壁にはいくつも亀裂が入っている。この競技場は、三日前、アメリカ人警備兵らによってバスケットボールの試合で使用されたばかりであった。ふたつの絞首台が交互に用いられた。みっつめは必要に応じて用いられる予備だった。男たちは一度にひとりずつ首をくくられたが、処刑を速やかに終わらせるため、先行する囚人がロープの端にまだぶら下がっているうちから、憲兵は次の囚人を連れ込むのであった。

［…］千年続くはずのヒトラー帝国随一の男たちが、木の十三段を歩き、高さ八フィート、広さ八平方フィートの壇上へと登る。

ロープは二本の支柱に支えられた横桁からつり下げられている。各人に新しいものが用いられた。

落とし戸が開くと、囚人は絞首台の内部へと落ちて見えなくなる。その底は三面が板張りされており、残りの一面は暗幕で遮蔽されていた。であるから、つるされ、首を折られた男たちの死の苦しみは、誰からも見えないようになっていた。

［…］絞首台が、アルフレート・ローゼンベルクのために準備される。

ローゼンベルクの動きは鈍く、頬もこけていた。屋内競技場を見回す彼の顔色は、生気のない土気色だったが、気が乱れている様子はなく、着実な足取りで絞首台を登っていった。

自分の名前を名乗り、何か言い残すことはないかという問いにも、ただ「ない」と答えただけで、他には一言も発しなかった。無神論を公言していたにもかかわらず、彼はプロテスタントの牧師に付き添われており、牧師はあとから絞首台を登ると、彼のわきに立ち、祈りを口にする。ローゼンベルクは一度、牧師の方を見たが、その顔は無表情だった。九十秒後、彼はロープの端からつるされることとなった。囚人のなかでも、最速の処刑執行だった。(14)

主たる審理が一九四六年十月一日に終了したのち、さらなる案件のために継続裁判が開かれた。法曹関係者、医療関係者、高官らが多数、自らの残虐行為に責任があるとして召喚された。こうした〈狭義の戦争犯罪人〉の裁判は、合衆国ニュルンベルク軍事法廷にて、管理委員会法第十号を根拠に遂行された。その罪状リストは、やはり読むだに恐ろしいものであった。

ところが、ヒトラーを支持したその他大勢のドイツ人はどうなったのか——教員や公務員、学者たちは？　何よりも、ローゼンベルクとともにナチのイデオロギーの発展・確立に寄与した、協力的哲学者らはどうなったのか。ローゼンベルクは上級党員であった上に、実際に大虐殺を実行することが彼の信念であった。だが、他の協力的学者らは、法廷から過失の度合いが低いと見なされていたのだ。彼らの罪は思想犯罪のみであったが、ナチス支配下で事実苦しんだ生存者たちからすれば、全国民の意識を変えようとしたことが、実際の銃を用いることより罪が軽いなどとは到底思えなかった。

ニュルンベルク裁判で政権の指導者層の訴追が進められているあいだ、すなわち一九四五年の秋から一九四六年秋に至るまでに、連合国軍は非ナチ化委員会を発足し、査問を進めていった(15)。この委員会はそののちドイツ側に引き継がれ、非ナチ化法廷として知られる各地市民による査問機関へと発展してゆく(16)。報道・司法・文化機関におけるナチスの影響を取り除くために設置されたものだが、むろん教育にも焦点が当たっており——大学を含む全機関が審査された。まずナチ党員だったものがリストアップされ、そのなかには哲学者が大勢入っていた。ところが、たちまち多くの名前が挙がったために、連合国軍では処理しきれず、個別案件を元にした共謀関係の査定方式を変えることになる。そこで協力者をランク付けし、最悪のものを重罪者として、以下関与の度合いによって、積極分子（容疑者）、軽罪者（準容疑者）、同調者と下がっていく(17)。

とりわけふたりの哲学者が、精査を受けることになった。ローゼンベルクの共犯者のなかでも最も熱烈であった、ボイムラーとクリークである。第一に、アルフレート・ボイムラーが連合国軍に逮捕され、ナチの区分でも最凶の〈重罪者〉と査定された。だが、ローゼンベルクが遂げたような恐ろしい最期からは免れ、ただ三年の刑とされて、ハンメルブルク刑務所に禁固される。

ハンメルベルクは、アメリカ一有名な将軍ジョージ・パットン中将を通じて有名になった。というのも、義理の息子であるジョン・K・ウォーターズ中佐がそこで抑留されていたからだ。戦後その同じ場所へボイムラーが投獄されるとは、いくぶん皮肉な話である(18)。そのあと彼は、シュトゥットガルトから約十二マイル北のネッカー河にほど近い、バーデン゠ヴュルテンベルク州のルートヴィヒスブルクという都市でも禁固されている。ルートヴィヒスブルクも、ユダヤ人への誹謗中傷で悪名高いナチのプロパガンダ映画『ユダヤ人ジュース』(一九四〇)に出てくる都市であるため、また名の知れた場所であった(19)。

ボイムラーは拘禁後わずか三年で釈放され、ロイトリンゲンに近いエニンゲン・ウンター・アハルムに移り住んでいる。そこで膨大な量の原稿を著したが、その七五二部ある文書は、ほとんどが手書きであった。ナチズムには反対であったと主張するものらしいが、その戦後の著作は現在、公には閲覧不可能であり、「財産相続人との協議」を経なければ利用できないものとなっている(20)。彼は一九六八年に亡くなった。

ボイムラーは速やかに身柄が確保されたが、反対にエルンスト・クリークはそうでなかった。だがほどなく足取りが分かり、合衆国占領軍によって拘禁される。裁きを待つ身の彼がいたのはモースブルクの収容所だったが、ここには暗い過去があった。第二次世界大戦勃発直後の一九三九年、第七A

捕虜収容所がその地に設立され、戦争終結までにこの収容所では八万人の捕虜が抑留されていた。ぐるりと巡らされた外壁の角には、わかりにくいがかつての見張り塔と木製の銃座があり、そこからナチの兵士たちがかつての戦争捕虜を監視し、死の待ち受けるダッハウやブーヘンヴァルトの強制収容所へ大勢の人々が移送されるのを眺めていたのだ(21)。戦後から一九四八年まで、この収容所は民間人抑留所第六号として用いられ、最大一万二千人がいたという(22)。

クリークは、囚人制作の木製寝台が置かれた小部屋をあてがわれ、そこで裁判を待った。部屋の窓から南方、有刺鉄線のついた塀の向こうを眺めやると、モースブルクの街に教会の尖塔が二本あった。おそらく自分より先に収容された者に降りかかった恐ろしい裁きからは免れえただろうに、裁判の開始を待つあいだの一九四七年三月十九日に彼は死亡してしまう(23)。審理は行われることなく、何らの評決にも達し得なかった。クリークの死の状況については正確なことがほとんどわかっていないが、単なる自然死だったと思われる。

クリークが死に、ボイムラーがかなり軽い刑を受けた一方で、残るナチ哲学者らはどうだったのか。一九四五年に自殺したライプツィヒ大学哲学教授のエルンスト・ベルクマン博士を例外として(24)、非ナチ化委員会による調査および訴追を待つ状況だったと思われる。イェーナ大学の哲学・法科学・社会学教授であったマックス・ヒルデベルト・ベーム(25)は、一九四五年七月十二日、連合国軍の委員会から免職の通達を受ける(26)。ケーニヒスベルク大学総長のハンス・ハイゼも、一九四五年にその役職から公的に罷免された(27)。だが、ベームもハイゼも、その直後から何らかの形で学者を続けている。ベームは州の支援を受けてリューネブルクに北東ドイツ学士院を設立し、そこで一九六〇年代まで、奇妙なことにドイツの難民政策を主な研究領域としていたらしい(28)。かたやハイゼも、どうやら正式な引退は一九五三年だったようだ(29)。

ドイツじゅうの哲学教員らが、有罪を免れようと、ずる賢く立ち回った。そのなかには、ナチ時代にハイデルベルク大学「哲学部の独裁者として君臨」した、オイゲン・フェールレもいた(30)。逃亡したものの結局捕まった彼は、カールスルーエ病院に二年間抑留された。一九四八年一月五日、非ナチ化委員会は彼を、大学での人種差別的人事および奨学金の政治目的利用のかどで告発する(31)。「大学の由緒ある科学精神の破壊に根本的な影響」を及ぼしたとされ(32)、フェールレは〈重罪者〉と分類された。だが彼は戦後、ドイツ各地の大学にいる同僚たちから宣誓供述書を必死に集めて回り、さらに腕利きの弁護士団を雇って、自分のナチ分類を〈同調者〉まで格下げしたのだった(33)。非ナチ化委員会を巧くだまくらかした彼は、一九五〇年十月、バーデン州文化省からハイデルベルク大学名誉教授の地位が認められ、続く十年のあいだ復権された立場を満喫したという(34)。

一九四五年に多数進められた法的手続きについて、残された公的記録は乏しい。それでいてニュルンベルク裁判、そして当初連合国軍が請け負った非ナチ化委員会の成果にもかかわらず、ナチ協力者の過去の記録は、ドイツそのものが復興プロセスに入ると、隠蔽・ごまかしの対象となってしまう(35)。哲学者たちは不誠実にも、自分がナチに協力した事実をひた隠し、関与の度合いも隠蔽した。捕まっても裁判で長々延々と争う。邪悪な政権を後押ししたというのに、彼らは逃げ隠れ、嘘をついて、自分の過去・経歴を改竄する――起死回生のためならできることは何でもしたのだった。

ユダヤ系知識人たちは激怒した。著名なイディッシュ語学者マックス・ヴァインライヒは――ナチの軍靴に踏みにじられてポーランドからアメリカへの亡命を余儀なくされた人物だが(36)――法的責任のあるなしが連合国軍法廷で取りざたされているが、それを言うならまさにドイツ学術界の過失は

「世界の良心としての決断」を怠ったという点にある、と述べている(37)。そこでニュルンベルク裁判開廷中の一九四五年から一九四六年まで、ユダヤ人学者の一団が、まだかろうじて残っていた喫茶店や図書館、大学施設などで会合を持った。嵐から避難するかのごとく身を寄せ合ったのだ。ヴァインライヒに導かれて、静かな声で問いかける。「ドイツの知的指導者たちは人道に対する罪の共同謀議で有罪なのか」「政治・軍事指導者らとともに、差別・奴隷化・殺害プログラムを準備・制定し、賛美したのか」(38)。そうして一団はドイツじゅうの図書館、大学、出版社、旧ナチス機関をくまなく調べ回り、証拠となる論文を集め、戦後ぼろぼろで明かりもままならない状況のなか、早くから議論し、有罪を立証する資料を読んでいたのだ。今にも崩れそうな廃墟に立ち入り、ナチの収容所、拷問室、帝国裁判所のただなか、文書保管所に埋もれていた資料をかき集め、何千という書類から、十年間にわたって隠されていたものをいくつも見つけ出した。そのあと一同は調査結果を大西洋の向こう、アメリカにいるヴァインライヒへと送り、彼が学術出版物として体系的な文書にまとめ上げる。やがてニュルンベルク裁判が最終週に入り、非ナチ化委員会が裁きを下そうと悪戦苦闘していた頃には、世界に調査結果を知らしめる準備もヴァインライヒにはできていた(39)。「ガス室や死の焼却炉を発明した技術者らの名前だけはわからないままだ」と付記されているが(40)、学者については皆わかっていたということでもあろう。

ミュンヘン大学教授オットー・ヘーフラー博士は、かつてナチのイデオロギーを称揚し、古代ゲルマン文化が今日の民間伝承に継承されていると声高に主張していた(41)。だからこそこのときヴァインライヒは彼の名前を明らかにしたのだが、真実は暴露し得ても彼には裁く力がなかった。戦後の公式査定では、ヘーフラーはただ〈同調者〉とされただけだった。故郷のオーストリアに戻り、一九五一年から七一年までウィーンに住みながら、研究職を続けた。戦後在任中も、その考え方は明らかに差別主義的でありつづけたが、そのことが著作の公表の妨げになることはなかった。たとえば一九七八年、ウィーンのオーストリア科学アカデミーは、彼が引き続き研究していたゲルマンの民間伝承の著作を出版している(42)。

ハンス・ゲアハルト・ヨーハン・ハーゲマイヤー(ハンス・ハーゲマイヤー)は、アルフレート・ローゼンベルクの側近にして、思想情報担当部に権限を持つ高官であり、ローゼンベルクの反ユダヤ組織の幹部でもあった(43)。だが、ヴァインライヒの氏名公表も及ばず、裁判が行われたという記録は残っていない。戦後、ソ連占領地域に移り住んだハーゲマイヤーは、年金受給者としてブレーメンで暮らした(44)。

ボン大学教授エーリヒ・ロータカーは、かつて熱烈なナチで、ドイツ哲学に対するヒトラーの貢献を本気で論じたほどの人物だった(45)。戦争終結後、「教職の一時停止」を受けただけで、そのままボン大学の教授を続け、引退する一九五六年まで哲学文献の執筆・公表は自由であり、多くの有名哲学者とも共同研究を行った。六五年に七十七歳で亡くなったあと、その研究資料はハンス゠ゲオルク・ガダマーに受け継がれた(46)。

テュービンゲン大学教授マックス・ヴント(有名な心理学者・哲学者のヴィルヘルム・マックス・ヴントの息子)は、フィヒテ思想の発展を研究する哲学者だった(47)。献身的なナチであった彼は、昇進して一九二九年から四五年までテュービンゲンで教授の地位に就いている。ヴァインライヒの暴露にもかかわらず、戦後一九四〇年代後半から五〇年代にかけてもヴントが執筆・発表を続けていたことは、最新の記録でも明らかだ。アーカイヴには、彼の生涯にまつわる資料が収められているが、なかには両親への手紙、戦争の回顧録、肖像写真数枚に、哲学史・人種史の原稿などが見つかっている(48)。彼を記念して、一九六四年にはヒルデスハイムの出版社から、ナチ時代に大評判となった論文が復刻もされているほどだ(49)。

ヴァインライヒが明らかにした大勢のナチ協力者リストには、次のような名もあった。インスブルック大学哲学教授ヴァルター・シュルツェ＝ゼルデ博士(50)、ミュンヘン大学哲学教授ハンス・アルフレート・グルンスキー博士（哲学分野のユダヤ人に人種差別的非難を加えた人物）(51)、フライブルク大学哲学准教授ゲオルク・シュティーラー（ハイデガーの同僚）(52)、アウグスト・ファウスト博士（ヒトラーを熱狂的に支持）(53)。だが彼らの戦後の消息はほとんど知られておらず、今や手がかりもない。

ニュルンベルク後のドイツでは、何を辿るのも至難の業だった。裁判所の鏡板の壁が四方に黒くぬっと立っている。施設の明かりはかつてほどきつくはなく、ほこりも溜まり、木製の傍聴席も湿って、体温も残っていない。色とりどりの国旗ももはやなく、記者やカメラ、職員らの声や音をさわがしく響かせることもない。軍事法廷の検事という重苦しい影さえもない。主法廷だった部屋にはそうした妙な沈黙が漂っていた。審理中の下級案件が、それを正常に戻そうとしているにもかかわらず、法廷の空気は重いままだった。ニュルンベルク裁判記念館がその上の屋根裏部屋にできるのは、ずっと後のことである。

戦後長らくにわたって、ユダヤ人学者たちは正義を求めて苦闘を続けたが、元ナチの経歴を大目に見るという風潮がドイツ全体に広まっていた。大学講堂の悪魔払いについて、学術界はほとんど何もしなかった。例を挙げると、かつてエドムント・フッサールの助手であったオスカー・ベッカー(54)

は、フッサールの停職後、ナチに協力している。なかでも有名な講義『美のはかなさと芸術家の冒険性』は、典型的なナチのスタイルで「北欧の形而上学」を論じたものだ。亡命した哲学者らには敬遠された一方で、戦後の彼は責任を取らされた様子がない。むしろ一九五〇年代には、論理学の仕事で絶賛を浴びている(55)。

ナチス支配下にフライブルク大学法学部長であったエーリク・ヴォルフもまた、軽い罰で済んでいたようだ。ハイデガーの影響下で極端なナチとなっていた彼は、同じくナチであったエルンスト・フォルストホフ経由で、シュミットの全体主義思想を取り入れている(56)。ヴォルフに対する裁判はどうあれ、彼は戦後ドイツでもそのまま妨げられることなく旺盛な執筆活動を続けていたことは、彼の著述一覧からも明らかである。一九四〇年代後半から五〇年代を通じて、数々の著作がテュービンゲンで発行されている(57)。

これにてこの件は終わり、ヒトラーの哲学者たちはあっさりと裁きを回避しおおせました、と考えられれば、それはそれでよいかもしれない。だが、それ以上に悪いことが、起ころうとしていたのだ。一九五〇年代、東西ドイツ双方の各大学で、元ナチ党員の再登用が始まる。ヨハネス・クーンは、かつて人種差別的哲学に熱心に打ち込み、ヒトラーが総統にいるあいだ戦争支持を公言していた人物だが、一九四五年直後の時期を穏やかにやり過ごしたあと、ハイデルベルク大学哲学部に復帰している。一九五二年という早い時期に復職したクーンに続くのは、ヘルムート・マインホルトだった。マインホルトは戦時中、東部ドイツ労働者研究所に勤めていたナチの要人で、クラクフでは「ポーランドの人口削減・再定住計画」に携わっていた人間だ。一九五七年、彼はハイデルベルク大学に復帰したばかりか、学科長にまでなっている。実は、一九五七年までにこの哲学部はほぼ旧ナチ党員に掌握されており、なかにはエーリク・マシュケ、ラインハルト・ヘルビヒ、ヴェルナー・コンツェなどもいた(58)。ある著名な学者によれば、「一九五〇年代半ばまでに、［ハイデルベルク大学］哲学部は、旧ナチスあるいは親ナチスの牙城となっていた」という(59)。こうした筋書きが、東西ドイツ全土で繰り返された。ある体制下で栄えた旧ナチ党員たちが、別の体制下になっても責任ある地位へ巧みに入り込んでいたのだ。

ヒトラーの哲学者たちはことさらに隠し立てし、けっして自分たちの過去を論じようとはしなかった。事実、ナチ問題を持ち出そうものなら、処罰されるおそれがあったほどだ。

一九三三年の出来事を振り返ろうとしても、人は、そんなことで言葉を無駄に弄する必要がないと考えるとされている。なぜなら、現在の大人世代のほとんどが、［…］悪人ということになるに違いないからだと。［…］だが、私が一九五二年から五四年にかけて経験したことが、このことが断じて真実ではないと教えてくれる。国民社会主義の全行為は、忘却の彼方にあるか、無視の対象になっていたのだ。(60)

沈黙というヴェールが大学講堂にかかっており、この状況が一九六〇年代にもまだ続いていた。次世代の学生は、自分たちの将来が、かつてナチだった教師たち次第であったため、自分の先生を糾弾したがらず、むしろ擁護することの方が多かった。そして一九四五年から六〇年代に至るまで、ドイツじゅうの哲学部が凶悪な過去を隠匿し続けるという泥沼にはまっていた。エルンスト・クリーク、オイゲン・フェールレ、アルフレート・ボイムラーといったナチの要人が狂信者として身代わりにされる一方で、全身全霊で協力した者たちは精査を逃れ、ナチの過去に触れることをしっかりとタブーにしたのである(61)。

さらに不安なのが、元ナチの哲学者たちが、戦後長く過去を隠蔽しながらも、その考えをまったく改めないままだったということだ。大学の哲学部局は、親ナチ的共感と広範な反ユダヤ主義の網にがんじがらめになっていた。特別討論会や集団討議、団体設立など、その状況を変えるために色々なことがなされた——まるで自分たちが特別な論点を見つけ出したかのような態度だ。その一例が、皮肉なことに〈倫理の学堂〉という名前のハイデルベルク大学内の支援ネットワークであり、カール・シュミットの弟子エルンスト・フォルストホフに運営されていた(62)。

では、協力的哲学者のなかでも、世評の高い学者たちはどうなったのか。名のあまり知られていない者は、匿名で隠れることもできるが、それに対して有名な思想家は人の目につきすぎて、その過去を隠匿することなど不可能ではないのか。

一九四五年のある晴れた日、ヒトラーを支えた法哲学者カール・シュミットの目を覚まさせたのは、軍人の叩く自宅玄関ドアの重い音だった。アメリカ側は、シュミットがナチの犯罪に対して潜在的に関与していると勘づいており、そこで彼の身柄を確保しようとその自宅を訪ねたのだった。(ニュルンベルクでナチの主要指導者たちが裁かれる二ヶ月前のことである)それから一年以上ものあいだ、彼は収容先の抑留所を転々としながら、裁かれるか否かについての決定を待った。場数を踏んでいるシュミットは尋問にも慣れたもので、その主張も判断に苦しむものばかりだった。ナチ協力者の例に漏れず、自分の役割や、体制から受けた恩恵の度合いを控えめに申告したのだ。法学者としての自分は強制され、いて第三帝国のための仕事をしたのだと、当人は主張するが、彼のナチ的刊行物や反ユダヤ主義著作の規模を考えると、とても納得できることではなかった。こういう理由から一九四七年三月、彼の戦争犯罪を裁くために身柄がニュルンベルクへ移されるに至る。だが、報復という脅威が現実味を帯びてきたこのとき、ある目的をもってシュミットは自分の才能を発揮させる(63)。

なおこの時点で、ホロコーストという残虐行為の規模も明るみに出つつあり、男女、子ども合わせて六百万のユダヤ人が殺されたこともわかってきていた。マックス・ヴァインライヒが説明するように、「もし殺された人を直立姿勢で一列に並べていくと、その死者の列はニューヨーク＝サンフランシスコ間を往復したあと、さらにNYからシカゴに届くほど」であった(64)。こうした調査結果を踏まえて、シュミットは自分の過失についての見解をまとめる。「私がその責任を問われている行為は、[…]本質的には多くの実り豊かな討論を生んできた学問的意見の発表というものである」と(65)。

シュミットは、他のナチス高官らと同じ運命は辿らなかった。彼の公判は行われず、そのまま釈放された彼は、故郷のプレッテンベルクという街に戻され、そのあとプレッテンベルク＝パーゼルにある彼の家政婦アニ・シュタントの家へと移された。あらゆる非ナチ化の試みを拒んだ彼だったが、その彼への制裁といえば、学術界から排除されたこと、それのみであった。しかも、学会の主流から外れたことなどお構いなしに、当人は著述活動を続け、そしてその元には途切れることのない訪問客の列ができ、なかにはエルンスト・ユンガー、ヤーコプ・タウベス、アレクサンドル・コジェーヴといった著名な知識人も含まれていた。

一九五〇年代以後、シュミットはドイツで哲学と国際法の研究を再開した。公職追放されていたが、その著作はドイツ有数の大学で熱烈な支持を受けており、それは、一九五一年ハイデルベルク大学哲学部に復職したナチの、エルンスト・フォルストホフの功績によるところが大きかった。とりわけこのフォルストホフの存在が、シュミットの思想を西洋の学術界に伝える役割を果たしたのである(66)。一九六二年、シュミットはフランコ独裁下のスペインで講義を行って、大きな喝采を浴びた――アメリカのある出版社によれば「二十世紀最大の法・政治思想家のひとり」と呼ぶにふさわしいと考えられるのだそうだ(67)。シュミットの著作は、西洋・東洋ともに世界的に広まっており、日本語や韓国語を含む多くの外国語に訳されている。

シュミットは、巡り合わせが悪く損しているといつもぼやいており、パトロンのメディチ家の不興を買って亡命したニッコロ・マキャヴェッリの館にならって、自宅を〈サン・カシアーノ〉と名付けていた。シュミットはナチズムへの関与も謝罪せず、ホロコーストの観点から見たその刊行物の反ユダヤ主義性についても弁明することはなかった。長生きした末、彼は一九八五年四月七日、九十七歳で死去している。

さて、シュミットが自己弁護していた一方で、ドイツ一崇拝される哲学者にしてヒトラーの〈超人〉たるマルティン・ハイデガーはどうなったのか。一九四五年初春、連合国軍がフライブルクに進軍すると、ハイデガーは自らの哲学部を、ドナウ川上流の渓谷にある中世の砦ヴィルデンシュタイン城へと移した。まるでおとぎ話のようだが、そこへの疎開には、彼の学生のひとりとしてザクセン＝マイニンゲン公家の美しい姫も同行しており、ふたりは恋愛関係にあるという噂さえあった。その年の夏、フライブルクはずっとフランスの占領下にあったが、ハイデガーの哲学教室はその物語じみた隠れ処で続けられたのだ。一九四五年六月、まだ哲学教授であったハイデガーが講義でこう語っている。「われわれにあっては一切が精神的なものへ収斂します。われわれは貧しくなっておりますが、それは豊かになるためなのです」(68)。彼にとっては、ナチスの敗北が「貧しくなる」ことと同じ意味だったのである。

フライブルクを占領していたフランス植民地軍は、ナチ協力者のリストを作成しており、地元では「典型的ナチ」として知られていたハイデガーもそのリストに入っていた。最初に取られた措置は、大学から提供された宿舎の接収で、そのなかにはレーテブック四十七番地にあるハイデガーの自宅も含まれていた(69)。フライブルク大学哲学部が元の街に戻ると、ハイデガーは自分の縄張りを守ろうと、なりふり構わず釈明書を書いている。

いかなる法的根拠に基づいてそのような前代未聞の措置に私が該当するのか、私には見当がつきません。私は自分の人格と自分の研究がこのように差別されることに対して、断固として異議を申し立てます。なぜまさに私が、住居差し押さえといった類のことによってばかりか、私の仕事場の完全な剝奪によってまで罰せられ、フライブルク市民の前で——それどころか、私は全世界の人々の前で、と言いたいのですが——名誉を傷つけられねばならないのでしょうか。私はけっして党内で職を占めてはおりませんでしたし、また党内あるいはその支部のどこでも活動を行ったことは一度たりともありませんでした。(70)

こうして異議申し立てしたものの、ハイデガーはフライブルクの非ナチ化委員会の査問をしっかり受けている(71)。激怒していた彼は、自分に加えられた迫害に抗議したあとで、念入りな弁明にかかる。一九三三年から四五年までの経歴と人生を、第三帝国への関与をできるだけ少なくした形で構成し直したのだ。「ヒトラーの『我が闘争』を読んだことがあるかどうか」という尋問を受けた彼は、「内容に対する抵抗感」があった、と答えている(72)。そして尋問中には、クルト・フーバーや〈白バラ〉を引き合いに出して同情してまで、自己弁護したのである(73)。驚くことに、フランスの軍当局はこのすべてを真に受けたのだ。ただの〈同調者〉と査定されたハイデガーは、また大学名誉教授の座を提示されたが、これを受ければ教える権利もそのまま残されることになる。

フライブルク大学の民主的な新理事たちは異議を申し立てた——多くの若手学者を道に迷わせたこの知的世界の笛吹き男が、甘い処分しか受けないなど、実にふざけた話だと(74)。こうした動きをかぎつけたハイデガーは、名誉教授の地位を確保しようと焦り出す。だが流れが変わり、哲学者カール・ヤスパースに報告書の作成が依頼されることとなった。かつては誠実な友人同士であったというのに、ナチ時代には、妻がユダヤ人であったがためにハイデガーから黙殺された人物である。ヤスパースはハイデガーを高く評価していたこともあったが、協力者としてのハイデガーの関与の度合いを少なく見積もることなど、その良心からできなかった。ヤスパースはこう結論づけている——カール・シュミットやアルフレート・ボイムラーとともに、この三人は「精神面でナチ的な運動の頂点に立とうと試み」たのだと(75)。

最終的に、大学はハイデガーの授業を禁止するほかなかったが、そのまま名誉教授の地位は残されることになった。一時は金銭面でも制裁が課されたが、そのうちこれも解除された。だが自宅に関する限り、他の家族と共有するという不便は強いられた。とはいえ連合国によるハイデガーの扱いは、かつてのユダヤ人同僚らの苦しみに比べれば馬鹿らしいほどに甘いものだった。だがそれでもハイデガーは傷ついたらしく、そのあとしばらくバーデンヴァイラーにあるハウス・バーデン療養所に滞在し、鬱と闘ったという。ドイツ〈国民《フォルク》〉の名の下に大量虐殺するという思想にもひるまなかったこの男が、自分の学問的地位が危険にさらされる段となったときには、精神的に追い詰められてやすやすと挫けてしまうのだった。

復調すると、まずは当人が、それからそこへ妻も加わって、支援の手を辺り構わず集めようとした——かつてのユダヤ人の教え子やユダヤ人の同僚にまで。結果としてハイデガーは、まったく見込みのなさそうなところからも味方を得て、学術界へのつながりをうまく取り戻すに至った(76)。

一九五〇年、ハンナ・アーレントは戦争終結以来はじめてドイツへ帰国する(77)。彼女は、相反する感情を抱えながらも、マルティン・ハイデガーのもとを訪ねるつもりであった。アーレントの物の考え方に影響を与えた人物ではあるが、ユダヤに身を捧げた彼女としては、彼には反感を抱かざるを得ない。彼女は長らく触れずにいたが、戦後の一九四六年、公刊著作ではじめて彼の名を引き合いに出す。ハイデガーが「彼の恩師にして友人、その教授の地位を彼が引き継いでいたフッサールにたいして、学部への立ち入りを禁じたのは、フッサールがユダヤ人だったからである」、と(78)。フッサールを解雇する書類に署名するくらいなら、ハイデガーは辞任した方がよかった、と彼女はたびたび語っている。「そしてこの書簡とこの署名が彼〔フッサール〕をほとんど死に追いやるところだったと知っているからには、ハイデガーを潜在的な殺人者だとみなさざるをえないのです」(79)。

二月七日、フライブルクに着いたアーレントはその足でホテルに向かい、そこからメッセージを送った。署名もなくただ簡単に「私はここにいます」、と(80)。少しして、旧ヨーロッパ風の装いで現れたハンナは、ロビーで待つことにする。待ち時間は長いようにも思えた。まもなく、正装に身を包んだ口ひげに白髪交じりの男が、入口に姿を見せる。ハンナは驚いたが、すぐに外面だけは取り繕う

——二十年間自分に影響を与え続けた男を目に捉えたとき、内心は十八歳の少女のそれへと戻っていたのだ。

再会の直後、彼女はこう書いている。

ヴィースバーデン
アレクサンダー街六―八
一九五〇年二月九日

お宅を出て車に乗り込んで以来、ずっとこの手紙を書いています。でも夜の更けたいま、もう書くに書けません（タイプライターを使っています、万年筆はこわれているし、わたしの手書きは読めたものではなくなっていますから）。

昨晩と今朝は、全人生を確認してくれるものとなりました。ほんとうのところまったく予期していなかった確認です。ボーイがあなたの名を告げたとき（わたしはじっさい、あなたのおいでを予期していませんでした、お手紙はまだ受け取ってなかったのです）、突然、時間が止まってしまったかのようでした。[…]

ハンナ

彼女にハイデガーがすぐによこした返信は、「マルティン・ハイデガーからハンナ・アーレントに捧ぐ五つの詩」と題した一連の詩であった。そのなかのひとつは次のようなものだった。

異郷の女《ひと》、
きみ自身にとってもよそびと、
彼女は
歓喜の山、
苦悩の海、
熱望の荒野、
ある到来の曙光。
異郷とは、世界を開始させる
あの一つのまなざしの故郷。
はじまりは犠牲なのだ。
犠牲は忠誠のかまど、
すべてが燃えて灰になったあとも
なおも微光をのこし、そして――
発火する。
穏かさのほむら、
静寂のきらめき。
異郷のまた異郷人であるきみよ――
始まりに住まいせよ。
女友だちのそのまた女友だちのために(81)

再会を経たアーレントは、その筆致を急激に変えている。〈殺人鬼〉は去り、その代わり天才が現れた。天才は、過去についてささいな詮索をされて煩わされるべきではないのだ(82)。そのあとハンナは、現代哲学の様相を一変させる計画に手をつける。世界の檜舞台へハイデガーを復権させる手助けをしたのだ。その達成のために、よりにもよって彼女はユダヤ系出版社とのコネを使って、世界中で彼の本が手に入るようにしようとする。次の手紙がその一例である。

ニューヨーク、一九七二年二月二一日

親愛なマルティン
今日は、もしかするとあなたが関心をおもちになるかもしれない出版社のことで、お便りいたします。[…]とりわけ彼〔出版者〕が執心しているのは全集の出版をなんとか実現させることで、[…]自分はいますぐにでもやりたい、未公刊のものすべてを（それがどれほどあるのか彼は知らなかったのですが）ふくめて出版しよう、あなたには一〇〇万マルクの前金を払うと。[…]
もちろん、あなたがそもそも関心をおもちかどうかも、[…]わたしにはまったくわかりません。もし関心をおもちでしたら、きっと彼はあなたとお話しするためによろこんで参上するでしょう。彼はあなたにお手紙を差しあげたほうがよければ、ひとことそう言ってください、わたしから彼にそれに伝えます。あなたが直接彼に連絡とりたいとお考えなら、彼の住所は1ベルリン六一区リンデン街七六番地、電話は1911（1）[…]
おふたりともどうぞお元気で

ハンナ(83)

ハンナに加えて、予想だにしない思想家がもうひとり、ハイデガーの支援を始める。自由フランスのジャン＝ポール・サルトルが、自身ナチスの戦争捕虜であったにもかかわらず、すでにハイデガー哲学を自分の思想に取り入れていたのだ。サルトルの大きな後ろ盾もあって、戦後の舞台にハイデガーはしっかりと返り咲くことができた。アーレントとサルトルが力を合わせた結果、ハイデガーの人生に新時代が告げられる。彼はトートナウベルクの山荘に再度引きこもり、また執筆活動を始める。今回は詩と言葉とがテーマだった。「私たちが言葉を話すのではなく、言葉が私たちを話しているのだ」と、謎《クリプティック》めいた調子で彼は述べている。言語は、我々と我々の世界、そしてその理解全部を作り出している。サルトルの言葉を後ろ盾に、ハイデガーは「灰のなかから［…］不死鳥のようによみがえった」のだ(84)。

ナチ体制との関与について虚像を伝え、自分の協力がさも重要でなかったかのように見せかけ、罪の最大の証拠でもある著作や演説も細かく改竄・除外し、ハイデガーは無実の難解な哲学者の役を演じた。アーレントやサルトルのほか、世界中の多くの知識人が、その言い訳をうのみにし、その才能を言祝いだ。だがハイデガーは、自分が原因となった危害のことで詫びることも、ヒトラーの犠牲者の苦しみに同情を示すことも、一切なかった。ホロコーストへの意見を求められた彼は、ユダヤの人々の失われた命など戦闘中に殺されたドイツ人と同じ、とばかりに発言し、さらには罪の懺悔を迫る周囲の圧力のなかでも、保守愛国の作家エルンスト・ユンガーを相手に、ヒトラーは自分の名誉を傷つけたと、ハイデガーは愚痴っている。「ヒトラーは私に謝罪すべきじゃないかね？」と逆に問い返してもいる(85)。

数年後、ハイデガーはトートナウベルクに詩人パウル・ツェラーンを招く。ツェラーンはユダヤ人で、ヒトラー支配下ではゲットーに閉じ込められ強制労働に従事させられた上、強制収容所にも抑留されていた。両親ともに強制収容所で亡くなっており、母親が射殺、父親はおそらくチフスによる病死だった。ツェラーンはホロコースト後のトラウマに苦しんでいたが、ハイデガーの招待には何か深い償いの意味でもあるのかと考えていた。そこで一九六七年七月二十五日、彼はその哲学者に面会する。トートナウベルクの来客帳に記録されていたのは、詩人による次の言葉だ。「井戸の上にある外の星を眺めながら、私の胸中に来たるべき言葉への希望に満ちて」。その言葉がやってくることはなかった。この対面のあとまもなく、ツェラーンはセーヌ河に入水し、自ら命を絶った(86)。

そんなことすら、大事ではないかのようだった。一九五一年、ハイデガーはフライブルク大学に教授として再任される。その後何十年にもわたって、彼は名誉教授として人前に出て、各地へ赴き、学会や研究会に出席し、著作に傾注するなどした(87)。一九五九年九月二十七日にはメスキルヒの名誉市民として顕彰され、一九六〇年五月十日にはドイツでもヨーハン・ペーター・ヘーベル賞を受賞する(88)。正式なナチ党員であった過去など、戦後ドイツのめざましいキャリアを満喫することには、何の障害にもならないかのようだった(89)。

ナチの哲学者の大半が裁判を回避したとすれば、生き残ったユダヤ人思想家はどうなったのか。無事復職できたのか。国外に出た彼らはドイツへ帰ったのか。

戦争終結までの永遠にも思える時間を待ち続け、生き延びた数少ないユダヤ系ドイツ人哲学者たちは——ドイツ、イスラエル、アメリカ、またはヨーロッパのどこか安全なところなど、居場所はどうあれ――言葉には表せないほどの安堵を感じていたことだろう。全世界の人々を今にも飲み込まんばかりだったあの力、「千年続くはずのヒトラー帝国」は、ついに潰えた(90)。生き残った人々は祝杯を挙げるが、そのあとすぐに望郷の念に駆られ、ここでいくつかの疑問がその心のなかに生まれる。自分たちは帰れるのか。何を見ることになるのか。どういう気持ちになるのか。

ある哲学者にとっては、帰郷する必要などまったくなかった。そもそも出国していなかったからだ。精神科医にして哲学者のカール・ヤスパースは、かつてハイデガーの友であり、当時もハンナ・アーレントの親友であったが、第三帝国の時代もずっとドイツにとどまっていた。ヤスパースは、ユダヤ人の妻ゲルトルートのため〈汚染〉されていると、ナチスから指摘されていた。彼はありとあらゆる手を尽くして抵抗し、けっしてナチには屈さなかったため、一九三七年に早期退職を余儀なくされる。もはや哲学部教授という地位は、はっきりと、軍事政策や軍事科学を専攻する教授のものなっていたのだ。ヤスパースは失職したばかりか、一年後の一九三八年にはあらゆる著作の公表が禁止されてしまう。夫妻は、強制収容所送りといういつ終わると知れない脅威を相手に、恐怖が増すばかりの十年間をずっと耐え続けた(91)。戦争が終わりに向かおうとしていたそのとき、ヤスパースの恐れていたことが現実となる。妻の名前が、ゲシュタポの強制移送リストに載ったのだ。ちょうどそこへ、アメリカ軍の到着が間に合ったのである(92)。

一九四五年のヤスパースは楽観視していた。ドイツは元通りになり、かつてナチであった者は責任に問われるものと思っていたのだ。ハイデルベルク大学復興の責任者のひとりとなった彼は、その立場から、ナチの過去を持つ教授らの復職に反対した。だが、ヒトラーの支配下、存在を脅かされつつも長年生き抜いてきたヤスパースその人も、ナチ哲学者の多くが戻ってきたのを目の当たりにし、そして気付けば自分自身も無視されていたとあっては、打ちのめされざるを得ない。一九四八年、彼は母国を後にし、抵抗の意味合いから自分のドイツ市民権を放棄する。スイスのバーゼル大学に移った彼は、そこで残りの人生を過ごしたのだった(93)。

また別の者にとっても、ドイツに帰るという問題がそもそも起きえなかったが、これはまったく違う理由からだった。著名な文化哲学者のエルンスト・カッシーラーは、ヒトラーが政権を取った際にハンブルク大学総長を辞任しており、そのあとドイツを脱していた(94)。最初の避難先はオックスフォードだったが、常勤職を得るのに失敗したあと、また出国するほかなくなり、結果的にスウェーデンのヨーテボリ大学の教授に落ち着く。だが一九四一年には、中立国スウェーデンではあまりにも不安だと考え、その国も出ることになった。身の安全を求め続け、アメリカで職探しを継続するが、結局、故郷の海岸が帰ってこいと招くそのときには間に合わなかったのだ。一九四五年四月十三日に彼は亡くなる。ナチスの完敗まであと一ヶ月とない日のことだった(95)。

ヒトラーの終焉を言祝ぐユダヤ系ドイツ人哲学者がもうひとり――ヘルベルト・マルクーゼだ。アドルノの友人でもあるこの人物には、『エロス的文明』『一次元的人間』といった主著があるが、多くのユダヤ人知識人と同様、彼はアメリカ合衆国に安息地を見出した。マルクーゼは、一九四〇年に合衆国の市民権を得て、一九四〇年からはＣＩＡの前身となる機関で諜報員として対ナチス活動に従事した(96)。戦争が終わったとき、帰国するという選択肢を現実問題として考えはしたが、結局彼は固辞し、合衆国内に留まり続けた(97)。

ベンヤミンの大親友であるゲアハルト・ショーレムは、ベルリン出身だった。ドイツを脱出した彼は、イェルサレム・ヘブライ大学で、初めてのユダヤ神秘主義専攻の教授となった。第三帝国時代、ショーレムの兄は殺害され、ベンヤミンはじめ親友の多くが似たような運命をたどった。幼年期に過ごした場所に対して、彼がどんな個人的感情を抱いていたにせよ、本心は迫害の年月のもとに埋もれてしまっている。ショーレムが帰国することはなかった(98)。

一九四五年五月八日、ハンナ・アーレントはシャンパンのボトルを空け、ドイツの新しい門出を祝った。祖国が安全となったその日、彼女は、ホロコーストの起源を分析する大作の執筆のただなかにあった。母や夫と同居しているニューヨークのアパートで、彼女は精力的に仕事をしていたのだ。十年ものあいだ、窮地に置かれたユダヤ人のため積極的な活動をし、自らユダヤ系知識人の声、熱心な代弁者の役を買って出ていた。だからこそ、アーレントは戦後になっても、すべてを捨ててドイツに帰るといったことはせず、アメリカで仕事を続けることにしたのだ。恩師カール・ヤスパースと定期的に連絡を取っていた彼女は、彼からドイツの状況を直接耳にしていた。「息が出来ないほど空気が悪い」のなら、わざわざ危険を冒してまで帰るつもりはなかったし、自分がユダヤ人の声を代弁するいちばんの人物ということになるならなおさらだった。アーレントはさらに六年間アメリカに亡命者として留まり、一九五一年には帰化市民となっている(99)。その大著『全体主義の起原』『人間の条件』はすぐに刊行され、一躍時の人となったアーレントだったが、こののちユダヤ人への忠誠心が問われることになる。

一九六〇年、イスラエルの特務機関《モサド》が、SS中佐のアドルフ・アイヒマンの身柄を拘束する。ユダヤ人の絶滅収容所移送についての責任者であった。アイヒマンが虐殺のため強制移送したユダヤ人のなかには、ハンナがギュルでともに収容された女性たちも含まれており、運良く逃げ出すことができなければ、彼女も同じ運命をたどっていたことになる。拘束の翌年、アイヒマンはイスラエルで裁判にかけられ、その現場へアーレントは「ニューヨーカー」誌の特派員として赴き、裁判を傍聴する。そのときの連載記事を元に、のちに増補改訂されたのが『イェルサレムのアイヒマン』である。この彼女の報告が、大きな怒りを買うことになった。

『イェルサレムのアイヒマン——悪の陳腐さについての報告』でハンナは、ユダヤ人コミュニティの形成が能率的であったがために、かえって大虐殺のプロセスに意図せず加担してしまったとして、ユダヤ人指導層に対して批判的な態度を取っている。さらにユダヤ人自身が抵抗を示さなかったことについても否定的なニュアンスで書いており、ナチスと闘わなかったことを厳しく非難している。こうした意見は、ホロコーストを直接体験した多くの人々には（むろんアーレントは経験していないので）やはり心外なものであったが、人々を激怒させたのは何よりもその書名と全体の結論だった。アーレントは、大量死を命じた怪物であるはずのアイヒマンが、一見ごく普通の人間であったために、拍子抜けしたのだ。実際目の前にしたアイヒマンには、すごみや迫力もなく、知性も感じられず、個性も見えなければ、悪にも何にも思えない。あまりの「陳腐さ・凡庸さ」に唖然としたのである。彼には、はっきりとわかるイデオロギー的動機もなければ、格別の加虐嗜好《サディズム》があったわけでもなく、ましてやユダヤ人を嫌悪してすらいなかった。彼は職務をただ忠実に遂行する愚鈍な官僚としか見えなかった。このことから彼女は、悪とは、本質としてその邪悪さが外に出されるものでも外に見えるものでもなく、ごく平凡なものなのだ、と主張するに至る。この「悪の陳腐さ」というフレーズは、繰り返し引き合いに出されるようになる。だがこうした結論は、アイヒマンのような男の残虐行為を直接経験したホロコーストの生存者を、傷つけてしまう。連中のことを凡庸だとはどうしても思えなかったのだ。

彼女の擁護をすると、アドルノやベンヤミン同様、アーレントは権威至上の大規模組織を疑わしいものだと考えていた、とひとまず言えよう。その規模と能率性があれば、官僚は甚大な力を行使できてしまう。これに加えて彼らには、実際の人と向き合うことなく、書類という抽象的なものだけで作業できるという特徴があった。だからこそ悪の実行が潜在的に可能だったと言え、このことこそが、彼女が『全体主義の起原』で詳しく論じた要点でもある。彼女にとってアイヒマンは、大量の行政手続きを忠実にこなすことでかえって悪業を果たしてしまう思考停止した官僚であり、その意味ではうってつけの人物だった。だがアイヒマン自身は裁判中、別の見方を提示している。彼は自分の抗弁で（よく取りざたされる点ではあるが）、思考停止の行動を否定するのではなく、ただカントの道徳哲学、正確にはカントの定言命法に従っただけだ、と主張したのだ。彼のカント解釈では、道徳律とは特定の条件つきで守られるものではなく、それが法であるというだけで守られなければならない、そういうものだった。道徳的行為とは、善の表出としてではなく、純粋な義務の遂行として理解されるべきなのだと。「人の義務とは［…］自分の義務を遂行することである」。アイヒマンにとってこれは、総統の意志には従う義務がある、ということでもある。まさにこの義務が命令（定言命法）であるからこそ、彼は思考停止できたのである。アイヒマンのカントは、他のナチの考えるカント同様、相当に歪められてしまっている。だがヒトラーと同じく、ここにもカントを引用するナチがいる、という事実には変わりがない。こうなると、哲学をナチズムとの関与から切り離すのは、ますます難しくなってくる。だがアーレントは、そのふたつを切り離すと心に決めたのだ。彼女がそうしたのは、どこかかつての恋人を許そうとしたからではないだろうか(100)。

そして決定的な点がもうひとつ。世界中のユダヤ人が、自分たちのものだと称する土地のために躍起となり、その土地を得ようとしてどつぼにはまっているのに対して、アーレントははっきりとシオニズムに反対するようになっていったのである。アイヒマン裁判傍聴のためイェルサレムを訪れていたときには、新イスラエル警察をナチスになぞらえるなどということまでしている。こうしたアーレントの行動は、作家ソール・ベローに『サムラー氏の惑星』（一九六九）で知識人を皮肉らせるきっかけにもなっているし、同じようにアイザイア・バーリンも、彼女の心境の変化に気付いていた。「彼女に初めて会ったのは一九四一年だが、今や正反対の立場になっているその狂信的ユダヤ・ナショナリズムが、覚えている限りでは、私の目に余ったのだ」(101)。一九五〇年のハイデガー訪問が、彼女のユダヤへの情熱を変えてしまったのだろうか。

ハイデガーへの気持ちのために、心がどう揺れ動いていたかはわからないが、ハンナはドイツに戻って生活することはなかった。アメリカに居続けた彼女には論争が絶えなかったが、その極めつけは一九七五年の彼女の死にまつわるものである。彼女の葬儀は無宗教で行われ（そして遺灰はブリュッヒャーが教えていたニューヨーク州のバード大学に埋葬され）、ニューヨーク・タイムズの訃報にも簡潔に「無宗教」だったと記されている。アーレントに関して不確かなことは色々あるが、ひとつだけはっきりしていることがある。死ぬときでさえ、彼女は「わが家」に帰ろうとしなかったということだ。

ユダヤ人亡命者は誰も「わが家」に帰ろうとしなかったかのように見える。それまでの恐怖があまりにも大きかった上に、社会の浄化がほとんど行われなかったからだ。彼らは依然として、アメリカやイスラエル、ヨーロッパに散らばったままだった。だが例外として、第三帝国に踏みにじられた土地へ戻ろうとするだけの勇気なり決意なりのあった人々が、ごく少数存在していた。国外追放された人々のわずか四パーセントではあるが、彼らは覚悟を決めて、過去と向き合おうとしたのである(102)。

このなかには、ハイデガーの教え子であったドイツ系ユダヤ人哲学者のカール・レーヴィットもいた。ナチスを逃れた彼は長年、日本とアメリカで過ごしていたが(103)、一九五二年、レーヴィットは帰国し、ハイデルベルク大学哲学教授として教え始める。周りがかつての親ナチに囲まれていることにも、彼は言及している。ヒトラーの網張りを手助けした輩と隣り合わせで仕事をするというこの不快な空気に、どう耐えたのだろう。

アドルノの親友にしてフランクフルト学派の領袖、マックス・ホルクハイマーもまたドイツに帰国している。合衆国へ亡命していた彼がフランクフルトに戻ったのは一九四九年で、その翌年、フランクフルト研究所が意気揚々と再開される。まもなくホルクハイマーはフランクフルト大学の総長となり、そこで組織・著述両面からドイツ哲学に大きな貢献をした。だが彼がそうした活動を続けるうちにも、暗い影が再び濃くなってきていたのだ。

こうして祖国に帰ったドイツ系ユダヤ人哲学者のなかでも、いちばんの著名人はテオドーア・アドルノだった。国へ帰る際、彼はフランスを経由している。

一九四九年十月二十八日
パリ　二五七

愛するママへ

まずは無事到着したことをお伝えします［…］航海中荒れましたが――丸一日の延着です――新しい薬のおかげで、船酔いもありませんでした。

一二年ぶりにパリを見て、深い感動に包まれています。自分が貧しいせいか、信じられないほど

美しいのです［…］

テディ(104)

一九四九年冬、やってきたアドルノは、一面廃墟となった故郷を目の当たりにする。戦争が終わって四年経っていたが、フランクフルトには、ちゃんと立っている家屋が四分の一しかなく、残りは、柱がむき出しになっているか、崩れているか、瓦礫かのいずれかだった。旧市街は壊滅的で、マイン河に架かる橋は大半が砕かれ、オペラハウス、証券取引所、大学のどれもが、爆撃でまともに機能していなかった。こうした廃墟のただなか、それこそ大勢の疎開者、亡命者、追放者が「わが家」に帰ってきたのである(105)。アドルノはこう書いている。

まず都市部は、ボッケンハイム駅付近ではそこまでひどい状況だとは思えなかったが、旧市街の中心部は、何もかもが荒れ果て尽くした暗い夢でも見ているかのようだった。たとえばファールガッセはもはや跡形もなかった。今の今まで自分たちの家を見るのは避けてきたが［…］すべてはどうあれ、それはやはりフランクフルトで、わが家へ行きたいという気持ちは他の何よりも強かったのだ。奇跡と言おうか、四分の三が破壊されたにもかかわらず、この都市はほぼ正常だという気持ちにさせてくれる。食事は見事で、部屋は暑すぎる——大学の広い自室もまたそうなのだ。人々の服だけはみすぼらしく、優雅な女性はひとりとしていないけれども。(106)

アドルノ一家の家は、ナチス時代に捨て値で売却されてしまっていた。所有者と対峙したときのことを、彼はのちに手紙にしたためている。「激しい衝撃」を受け、「私が冷静さを失ったのは、このただ一度だけでした。私は、[…]彼をナチだとか人殺しだとか呼んでいました」。実際の家屋は焼夷弾で爆破されており、昔を偲ぶものとして唯一残っていたのは、一階の室内にあった寄せ木張りの床で、アドルノは「その床に母親のグランドピアノの痕跡をまだなお確かめることができた」という(107)。その痕跡には、失われた年月の名残があったのだ。

そのときの気持ちは母親に打ち明けられており、このように書かれている。

ママの素敵な古い化粧台はまだオーバーラートにありました。私たちのものも他にあれこれ(玄関の絵やアグネス・マイヤーホフの絵も)。廃墟のなかでも、それだけは特別なもののようでした。庭にも、それに加えて所有物がたくさん転がっていて——とても違和感がありました。宿屋のシェーン・アウスジヒト周辺の地域がなかでもいちばん悲惨でした——家屋ばかりか道の端から端まで破壊されていたために、ふいに見覚えのある、マンスコップ家のような一軒家に気付いたりしなければ、もうどう進んでいいかもわからないくらいでした。九番地には完全に何もなし。七番地は、まったく新しい建物に替わっていました。(108)

ちょうど昔住んでいた家にあったピアノの名残のように、建物や人の残骸のなかにアドルノは昔ながらのドイツ文化を——音楽・芸術・文学・思想の豊かさを垣間見る。昔ながらのヨーロッパらしさとは、どんな人にも心や頭のなかにはっきりとあるものとされていたが、多年の亡命生活を経て、そのことが彼にも納得できるようになってきていた。

だが、ドイツに戻って暮らしたいという願いだけではどうにもならない。再び職に就くことが何よりもまず必要だったのだ。一九三三年に大学講師という職から追放されたアドルノだったが、復職の望みを捨ててはいなかった。ところが得られたのは、ホルクハイマーの代理という一時的なポストだけで、一九五〇年まで依然として定職にはつけないままだった。大学は、ナチスにその職を追われた人間に対し、何の保障をする様子もなかった。実際、アドルノの経験したことは、当時の風潮としても当たり前のことだった。「大学にしても、戦後の州にしても政府にしても、［ナチによる］追放の被害者をドイツに戻そうという計画的努力は、一切なされることがなかった」(109)。

他の方面へ力を注ぐことにしたアドルノは、マックス・ホルクハイマーとともにフランクフルト社会研究所の再建に乗り出し、著書『ミニマ・モラリア』は出版されるや絶賛された。だが、フランクフルトにいても雇われる見込みがはっきりあるわけでなく、アメリカでの権利をまた失ってしまうのが怖かったため、再び出国し、もう一度大西洋の向こうへと引き返すことを余儀なくされる。「私は底なしに沈鬱な心持ちで出発します」、と文章にしたためている(110)。多くの亡命者同様、アドルノはドイツ国内に支援者とのつながりもなければ影響力もなかった。そして元ナチが大学に再登用されてゆく一方で、アドルノは大学に復職しようと頑張るが、それは実につらいものだった。アドルノのもとを訪ねたホルクハイマーは、「忘却することと冷ややかな欺瞞というのが、ナチスの相続人を最も好意的に評価している精神風土です」と指摘している(111)。そして神経のすり減るアドルノの前に、さらにきつい試練が立ちはだかる。

ホルクハイマーの大きな助けもあり、またアドルノの出した本の高評価も相まって、とうとう大学もこれ以上彼を拒めなくなる。一九五七年、フランクフルトに戻った彼は、フランクフルト大学の正教授に就任する。元ナチのヘルムート・リッターは、教授会が終わったすぐあとに、大声で次のようなことを言ったという。フランクフルトで出世するには、ホルクハイマーの弟子で、ユダヤ人でなくてはならないのだな、と。それに激怒したホルクハイマーは、抗議として辞職してしまう。大学でなお続く反ユダヤ主義に腹を据えかね、ホルクハイマーは一九五八年に早期退職してしまったのだ(112)。

こうしてあとに残されたアドルノは、ユダヤ系ドイツ哲学の炎を絶やさないよう、ひとり奮闘することになる。そしてそれが行動となって現れたのが、ホルクハイマーとの共著『啓蒙の弁証法』、そのほか単著『本来性という隠語』『否定弁証法』『美の理論』といった傑作群で、その多くが亡命中に書かれたものだった。また、ドイツ連邦共和国の新しい民主主義の再構築にも知恵を貸すだけでなく、さらにバッハに始まりベートーヴェン、シューベルトからヴァーグナー、オッフェンバックにラヴェル、マーラーやシュトラウス、シベリウスの研究を通じて、西ドイツの音楽文化にも貢献する教養人でもあった。また同時代の作曲家にも興味を持ち、バルトーク、ベルク、シェーンベルク、ヴェーベルンのほかにも、ハンス・アイスラーやクルト・ヴァイル、エルンスト・クシェネクの音楽にも考えを深めていった(113)。思考する勇気、とりわけ外見だけに目を奪われず、批判的に物を考える勇気こそ、悪の政権に騙されるのを防ぐ手立てのなかでも最重要のものである、とアドルノは主張する。批判的によく考えるといったささいなことを虐殺と闘う最大の武器とする、そういったことの重要性を彼は絶えず声高に唱えていたのである。依然として激しい反ユダヤ主義を尻目に、地中には恐ろしい秘密など隠しきれないとばかりに、虐殺のために用意された集団墓地が次々と新たに発見されていく。そのようななか、彼の思想は〈憂鬱〉だと見なされるようになった。それは、どうせ蛮行という脅威には社会は自浄作用を持ち得ないと、彼が悲観的に考えていたからである(114)。

『グループ実験』（一九五五）でアドルノは、ナチ的態度――反ユダヤ主義を受け入れ、思考停止したまま何かに従ってしまうあり方――が、民主化されたばかりのドイツにはまだ根強く残っていることを明らかにする。この研究を酷評したのが、元ナチの社会心理学者ペーター・R・ホーフシュテッターで、彼は、アドルノが国民に罪を背負わせたがっているのだと非難した(115)。それに対するアドルノの返答は痛烈だ。「犠牲者は、アウシュヴィッツの残酷さを引き受けなければならなかった人々であるが、［…］その残酷さを認めたがらない人々ではない」(116)。またアドルノはハイデガー批判にも取り組み、元ナチの考え方は単に「本来性という隠語」なのだと評して、次のように書いている。「この衰弱が、［…］ハイデガーの哲学に進駐してくる。〈本来性〉は、衰弱の意識を慰めてくれるとされているわけだが、にもかかわらず、やはり、衰弱に類似している」(117)。しかしこのハイデガー批判が、またもやアーレントの怒りを引き起こしてしまう。彼女は、アドルノが深く傷つくこと――ベンヤミンとの関係に焦点を当てて、激しく非難した。アドルノとしても、アーレントがしているハイデガーへの肩入れや、ハイデガー印の哲学を今でもずっと続けていることが我慢ならず、彼女のことをうかつにも、ナチズムを哲学に持ち込んでいる者だと見なしていた。このふたりのドイツ系ユダヤ人亡命者は、共通点がたくさんあるにもかかわらず、かけ離れた存在であったのだ。

アドルノは、フランクフルトのアパートで時折ピアノを弾いたが、その部屋の装飾は簡素かつ控えめで、これ見よがしなものを避けていた。そのアパートは、パウル・クレーの「新しい天使」を中心とした住まいであり、その絵は今は亡き親友ヴァルター・ベンヤミンの所有していたオリジナルの複製品であった。彼とグレーテルのこの住まいには多くの人々が訪れ、なかにはゲルショム・ショーレムやマックス・ホルクハイマー、そのほかフランクフルト学派の面々もいた。多年の恐怖のため、またナチの蔓延する空気のなかへと戻ってきたストレスのために、彼の健康はひどく悪化していた。高血圧と傷心を抱えながらも、アドルノは平穏を切望してやまなかった。だがこれは叶うべくもなかった。

一九六〇年代の半ばから末にかけて、アドルノは過激派の学生から示威運動《デモ》のターゲットとされてしまう。サミュエル・ベケット宛の手紙に、彼はこう書いている。「いきなり反動主義者と非難されて、正直なところ意表を突かれた気持ちでいます」(118)。だが事態は悪化の一途をたどる。大勢で取り囲まれたり付きまとわれたりしていたアドルノだったが、とうとうある日、女学生らが集団で、彼の上がる教壇をふさいでしまったのだ。そして彼女らは上半身裸になり、乳房を露わにして彼に屈辱を与えようとしたのである。アドルノは、こうした過激派を、ナチズムと同じく弱者を虐げる心理を持つ者たちとして恐れ、その恐怖のためにさらに体調を崩してしまう。浅い考えのからかいが、悲劇のきっかけとなってしまったのだ。ヴァルター・ベンヤミンの不幸を繰り返すかのごとく、アドルノは山のなかへと逃げ込む。そしてそこで、ナチスから逃げたベンヤミンが何十年も前になったように、彼は強い動悸に悩まされることになった。一九六九年八月六日、アドルノは心臓発作で亡くなる。六十五歳だった。

生涯を通じて、ヒトラーの哲学者たちはずっと支配者であり、ユダヤ人思想家はどこまでも撤退を余儀なくされる。そうだとしても、死後ははたしてどうなのか。確かに時とともに、価値あるものとそうでないものが明らかになるものではあるし、たとえ存命中に正義が果たされずとも、少なくとも歴史は公平であろう。澱がすべて沈澱し、時という容赦ない選別を経たあとでは、いったいどちらの評判が下がり、どちらの名声が持ちこたえることになるのか。

「カール・シュミットは有名である。おそらく最も議論の対象となるドイツ人法学者だ」と、ある著名な学者が二十一世紀の初めに公言している。戦後何十年にもわたって、ドイツ、合衆国、フランス、イタリアのほか各地の学者がそれこそこぞって、シュミットについて長々と物を書いてきた。書誌はふくれあがり、含まれる項目は今や一六〇〇を越えている。さらに、二十世紀後半には「シュミット・ルネサンス」が到来し(119)、著作の大規模な再評価さえなされた。しかも世界の最も権威ある大学・研究機関のいくつもが、その舞台となったのである(120)。シュミットの名前は現在、アメリカや英国のほか、西欧の数多くの大学学位課程で、そのカリキュラムに現れている。「ハーパーズ」誌は二〇〇七年八月に彼の特集を組んでいるし、主要な学術誌でも彼は褒め称えられ、その著作の特集号が出されるほどだ(121)。『大地のノモス』の近年の翻訳書につけられた惹句《ブラーヴ》によれば、シュミットは「新しい世界秩序の展望」と「ヨーロッパの偉業を守るために論理的でありながら情熱的な議論」を提示し、さらには「国際法を地球規模でまさしくはじめて整理・構築する際」にもその一助となるらしい(122)。そして新発見されたシュミットの重要記事を集めて再刊する「シュミッティアーナ」という定期雑誌さえあるという。そこでは書簡から回顧録、書誌に噂話までもがみな、熱心な学術的解説の対象となるのだ(123)。

シュミットのナチズム関与は、不幸な時代ということで大目に見られ、そのことから彼の学術思想の重要性については、色眼鏡を通して見てはならないことになっている。地位のある学者たちがこぞってシュミットの反ユダヤ主義を擁護までして、本人の弁にもあるように、ナチズムを生き抜くために必要な手段だったに過ぎない、と言い張る。であればいくら悪く言っても、罪はその日和見主義だけとなるからだ。だが近年、勇気ある批評家が次のように反論している。「シュミットの反ユダヤ主義はその著作の核心部分にある――ナチ時代の前も、間も、その後も。幅をきかせている彼の友敵理論なるものは［…］〈ユダヤ人〉を敵対視するという型どおりの概念から出てきたものなのだ」(124)。そしてさる大思想家からは、「一九三三年以後に書かれたシュミットのユダヤ人論は［…］全体としてナチの意図と自作の両面から基本的重要性を有して」おり(125)、「彼の反ユダヤ的態度は、まさにシュミットの思想・分類法の基礎・構造に通底するもの」と指摘されている(126)。一九四〇年代半ばの、大きな穴に投げ込まれる人々の屍体と向き合ってみると、シュミットの真意についての議論が、細かいところばかりで要点を外しているのではないかと疑問に思えてくる。ヴァインライヒが評するように、「もし戦争がもう一年長引いていれば、おそらくヨーロッパにいるユダヤ人はひとりとして生き残れなかったに違いない」のだから(127)。

ハイデガーが生前の段階で、シュミットをはるかに凌駕して、二十世紀一有名な思想家となっていたことはほぼ間違いない。「マルティン・ハイデガーはおそらく二十世紀最大の思想家であり、その刺激的な著作は、現代思想においても独創的かつ魅力的である」(128)。ドイツでは、ハイデガーが時代遅れになることはなかった。一九五〇年代以降、彼はほぼ間違いなく、ドイツで最も崇拝され、最も影響力のある思想家となっている(129)。

ドイツを越えて、ほとんどサルトルのお墨付きのおかげではあるが、フランスのようなかつての被占領国にも、〈メスキルヒの巨匠〉への帰依が広まっている(130)。

さる著名な学者の説明によれば、「フランスでは一九四五年以後、ハイデガーの思索がまったく特殊な仕方で根づいているが、哲学者ハイデガーの政治的プロフィールはどちらかといえば影が薄く、思索上の意義のためにかすんでしまっていた」のだという(131)。ルイ・アルチュセールやミシェル・フーコーをはじめとする有名人が、ハイデガーという聖火をさらに二十世紀後半へと渡し、それからポール・ド・マンが「ハイデガーのアメリカひいては全世界への展開を可能にして、〈大陸哲学〉と呼ばれるものの第一人者として登場させた」(132)。英国やアメリカの大学が彼をカリキュラムの中心に据え、そしてハイデガーは国境を越えて、ラテン・アメリカやアフリカ、アジア——とりわけ日本——のような遠く離れた地域でも、崇拝されるに至っている(133)。彼の〈帝国〉は哲学を越えて、文学や神学、心理学や映画にまでその範囲を広げている。映画『イースター〔ドナウ川の古名で、ヘルダーリンの詩の題名〕』では彼の〈天才ぶり〉が称賛されているし、BBCも彼の生涯をテーマにドキュメンタリーを制作している(134)。

一九七六年に死んだ後ももちろん存命中にも、ハイデガーは、ナチ過激派もリベラル派も、革新派も保守派も一様に魅了する。擁護派や修正主義者が彼のナチ加担を弁明したり否定したりするが、これまでハイデガー研究が衰えたことはなく、それどころか知的賞賛が潜在的な道徳的嫌悪感を上回ることの方が多いほどだ。

ハイデガーが現在、大陸哲学のスターであるのなら、ゴットロープ・フレーゲは西欧分析哲学の礎となっている。フレーゲは、自分の哲学のなかで政治観・道徳観を採り上げたことはなかった。彼はまったくの論理学者で、批評的考えと、信念としての個人的見解を厳密に区別していたのだ。著作のなかでは厳格だった。だが個人的見解となると、彼の生きた場所・時代においても、最悪の部類の陳腐な偏見を無批判に抱いていた。「アドルフ・ヒトラーはいみじくも書いている〔…〕ドイツにはこれまで明確な政治的目標を持ってこなかったと」(135)。だが、その反ユダヤ主義やヒトラーへの崇拝があったにもかかわらず、フレーゲは、バートランド・ラッセルやルートヴィヒ・ヴィトゲンシュタインといった大物に影響を与えている。ある百科事典の項目には、こうある。「彼は現代論理学の祖のひとりとされ、数理論理学の確立に大きく貢献した。哲学者としては、一般には分析哲学の父と目されている」(136)。分析哲学が西欧各地の大学で盛んなことを考え合わせると、この伝統の祖たるフレーゲが、倫理的にぞっとするような見解を有していたことが、心配になってくる——それればかりか、大半の学生にはこの問題はこれまで提起すらされていないのだ(137)。

一方で、ヒトラーの対抗者たちは、二十一世紀の哲学の現場において、どういう扱いを受けているのか。殉教者クルト・フーバーの哲学・音楽学は今や絶版になっている。フーバーは、積極的にナチに抵抗した唯一の哲学教授だったが、西欧世界のどこを見ても、大学哲学専攻のシラバスにはその名前は見当たらないし、死後出版されたライプニッツ論も、音楽学・美学への大きな貢献も、採り上げられていない。ただ彼の勇気がいくつかの学部で簡単に言及されているばかりで、その知的業績はヒトラー時代と変わらず西欧世界では話題になっていない。

二十世紀のユダヤ系ドイツ人思想家たちは、フランクフルト学派の面々と同様、政治批評・哲学批評・懐疑主義の伝統が、権威主義への緩衝材をもたらそうとする流れに根付きつつあるというのに、哲学講義の主題に採用されるかどうかの瀬戸際で苦戦している。ヴァルター・ベンヤミン、ハンナ・アーレント、テオドーア・アドルノは、その数多くの偉業にもかかわらず、英語圏では哲学の不朽の名作というほどにはまだ認められていない。ホルクハイマー、マルクーゼ、カッシーラーも他の学問分野へと追いやられているし、カール・ヤスパース、ゲアハルト・ショーレム、カール・レーヴィットはほぼ完全に忘れ去られてしまっている。

したがってヨーロッパの知的文化の現状は、一考の余地があると言っていい。英国・アメリカ・大陸の大学で今日、シュミットやハイデガーの思想が流布し、フレーゲが権威とされているという現実が、苦い後味の残る問題として残されているのだ。このような暗部がドイツの知的遺産のなかに残っていること自体、ほとんど言及されることがない。ユダヤ系ドイツ人思想家の多くが、哲学の主流から脇へと追いやられていることもまた、問題である。学科で教えられる思想の文脈を、偉大な思想家たちが多数から不快に感じられるはずのことにかつて関与していたという事実を、多くの学生たちは無邪気にも気付いていていない。哲学は〈道徳学〉《モラル・サイエンス》の子孫である。そしてそれを相続するという意味でも、哲学に関わる者はその通ってきた不穏な道筋を意識し続ける必要があるのだ。

エピローグ

私はこの歴史物語をある記憶から始めたのだった。サフォークの祖母の庭で遊んでいた一九七〇年代、子供時代の記憶。私たちは曲がりくねった小道の終点、庭の裏手に、何年も埋もれていた遺骸の一部を掘り起こしたのだった。また私は、祖父母の語る第二次世界大戦の記憶から始め、医学の講義を思い出していた。私たち学生には倫理上のディレンマが示されていた。たしかに人命を救える情報がある。だが、それがユダヤ人に行われたナチの人体実験から得られた情報だった場合、私たちはそれを活用すべきや否や、というディレンマだった。

哲学のうちには多くの問題が眠ったままである。もっとも魅力のある思想、もっとも広まった思想を基礎づけた何人かは、専門家、例えばハイデガーだが、この人はホロコーストを弾劾することがまったくなかった。私たちは彼らの思想を教授すべきだろうか。無邪気にも学生に『存在と時間』を読めと励ますべきだろうか。あるいはシュミットの著書、フレーゲの論理学を、彼らの術語が生まれたコンテクストなど気にも留めずに読めと言うべきなのだろうか。むろん哲学においては、この課題こそが中心にある——もしこの分野が倫理規範を示し得ないのなら、ではどの分野が為しえるというのか。ましてや、人類の統治形態のうちでもこの残虐極まるものを批判的に反省できないような人間の思考などに、どれほどの価値があるのか。

これらは読者諸賢にじっくり考えていただきたい問いである。本書の課題は、第三帝国に仕え、第三帝国内部において、あるいは第三帝国以後に活動したドイツの哲学者の人生とコンテクストを明るみに出すことにあった。子供時代、古い遺骸の手がかりを求めて、土を掘り返すのに夢中になっていたのと同じである。

サフォーク海岸に沿って家族で散歩するとき、私たちは古い防御陣地《ピルボックス》に入り込んでは、そこに長時間身を潜めた兵士たちのことを想像していた。ヒトラーの侵攻を恐れながら、彼らは冷たい土と硬いコンクリートの中に潜んでいたのだ。防御陣地はナチスからの防御用に設計されていたが、思想の侵入を阻むことはできなかった。気をつけなければ、謎めいた《クリプティック》言葉が偏見を覆い隠し、さらにはヒトラー哲学の種子が次世代に繰り越される恐れがあるのではなかろうか。

訳者あとがき

本書は、Yvonne Sherratt, *Hitler's Philosphers*, Yale University Press, 2013の全訳である。原題を直訳すれば「ヒトラーの哲学者たち」となるが、内容（と原題が第一部にしか当てはまらないこと）を鑑みて、原題の訳をそのまま第一部に冠し、日本語版の書名としては『ヒトラーと哲学者——哲学はナチズムとどう関わったか』とした。なお刊行から一年後にペーパーバック版が出され、いくつかの修正が加えられているが、この翻訳でもそれをできるかぎり反映させている。

著者のイヴォンヌ・シェラットは一九六六年英国に生まれ、ケンブリッジ大学で博士号を取り、現在ブリストル大学で上級講師を務めている。大陸系哲学やフランクフルト学派の研究がその主専攻であり、大学では〈社会と空間〉および〈知識の地政学——ナチ系・ユダヤ系知識人〉を講じているという。もとは医学を志していたという著者が、医療の発展と戦争のあいだにある倫理的問題に接するうち哲学に興味を抱き始めたことが、本書執筆の遠因になっている。

原著は刊行後、ナチに関与した学者らやナチから追われた思想家たちをドキュメンタリータッチで活写した読み物として、好評をもって迎えられている。ナチスの蛮行については、その〈思想〉の引き起こした結果としてのホロコーストだけがこれまで着目されてきた。本書はむしろその〈思想〉が形づくられていった過程を辿りつつ、思想を醸成したはずの禍々しくも蠱惑的な一九三〇年代のドイツへと読者を引き込んでいく。全体の構成としては、ナチ思想の成立史を扱う第一部と、ヒトラーに抗った知識人を取り上げた第二部からなる。第一部では他ならぬ〈道徳学《モラル・サイエンス》〉に端を発するはずの哲学がヒトラーに手を貸し、哲学教授らがナチ思想の形成浸透に協力していたという事実が検証されていき、第二部では、ヒトラーの同時代者であり主に迫害される側だったユダヤ系知識人たちが反ナチ思想・反ヒトラー哲学を構築していく様子が描かれてゆく。そしてそれぞれの人物の行動や生涯、時代背景を生き生きと描写するその語りかけるような筆致のために（また巻頭の登場人物一覧といったドキュメンタリードラマとしての行き届いた配慮もあって）、本書は近現代哲学に精通しない読者もじゅうぶん楽しめるものに仕上がっている。

自身ナチに追われ幼いころにアメリカへ亡命してきたユダヤ人でもある批評家ジョージ・スタイナーは、二〇一三年二月二十二日付の「タイムズ文芸付録」紙で当書を取り上げ、いつもの辛口を交えながら、なかでも白バラ抵抗運動の一員であったクルト・フーバーについて書かれた章を「感動的な記述」と評しているが、彼の批評の立脚点もまた、ナチスというすさまじい暴力を人文学が擁護してしまったという事実を認めることにある。

われわれは〈あとに〉きた。人間というものは、夕べにゲーテやリルケを読み、バッハやシューベルトを演奏しながら、朝《あした》にはアウシュヴィッツで一日の業務につくことができるものであることを、〈あとに〉きたわれわれは知ってしまった。そんなことができる人間は、ゲーテ読みのゲーテ知らずだとか、そんな人間の耳は節穴も同然だとか、逃げ口上をいうのは偽善である。こういう事実を知ってしまったということ——このことは、いったい文学や社会とどういうかかわりをもつのか。プラトンの時代、マシュー・アーノルドの時代このかた、ほとんど公理になっているあの希望――《教養は人間を人間らしくする力である》、《精神のエネルギーは高位のエネルギーに転ずることができる》という希望は、〈あとに〉きたために知ってしまったこの事実と、いったいどういうかかわりをもつのか。さらにいえば、既成の文明伝達機関《メディア》――大学・学芸・書物の世界――は、政治的野獣性にたいして適切な抵抗をすることができなかったというだけではない。これらの機関が、しばしば、政治的野獣性を歓迎し、儀式を行ない、弁護までしたのだ。なぜであろうか。

（ジョージ・スタイナー『言語と沈黙』、由良君美訳より）

シェラットが描くのは、こうしたある種の教養主義の挫折、〈人文学の敗北〉である。教養を修めたはずの人間たちが、教養主義からすれば素晴らしい人間になるはずの人々が、不条理な暴力を認めるばかりかそこへ加担したという事実。本や音楽に感動しつつもなお、現実に繰り広げられる地獄を黙殺してしまう人たち。曲学阿世という言葉だけでは片付けられない学者たちの言行を、本書の第一部は資料に基づきながらつぶさに追いかけていく。

この暗黒の蛮行は、ゴビ砂漠から発生したものでも、アマゾンの雨の密林から発生したものでもなかった。じつに、ヨーロッパ文明の内部から、ヨーロッパ文明の核心から立ち現われたのである。虐殺された人びとの悲鳴は諸大学にも聞こえるあたりで響き、サディズムは劇場や博物館をぬけでて往来をまかり通ったのだ。一八世紀の末に、ヴォルテールは自信満々、拷問もいずれ跡を絶つだろうと期待し、イデオロギーから生ずる大量虐殺も、いずれは追放され、ただの影になるだろうと期待した。ところが、われわれ自身の時代に、文学・哲学・芸術的表現という高尚な場は、ベルゼン強制収容所の書き割りと化した。（前掲書）

スタイナーの言葉には、本書のテーマと通ずるところがある。シェラットによれば、ナチの思想は、ドイツ哲学の遺産や、ヒトラーによるその剽窃的受容、さらには周囲を取り巻く有名・無名の哲学者たちの言動から成り立つものだ。ヒトラーをして〈哲人総統〉と自称せしめた一九三〇年代ドイツの精神的雰囲気は、まさしくドイツ哲学の淵源から来るものである。

英国BBC放送の歴史番組の元プロデューサーでもある歴史家ローレンス・リースは、本書を単なる二部構成の書物と見ていない。第二部で取り上げられるのは、大学や学問の場から追放されていくユダヤ人知識人たちの姿、そして自らのモラルに従ってナチズムに抗った人々の生き様だ。章題通りには「対抗者」であるが、その抵抗は勝利に終わったわけではない。国家や国民によって〈役立たず〉と認定された学問や学者はもはや不要であるとされ、それに反発した者でさえも処分される。そして本が焼かれる。

――「あそこで本を焼いているが、これは前触れにすぎない。最後には人間も焼いてしまうだろう」（ハインリヒ・ハイネ、本書一一五頁）。

著書の焼かれた哲学者のなかには、今では読まれなくなり、その思想さえ忘れられた者も少なくない。本書が二部構成である理由は、ヒトラーの哲学者たちの名声が戦前戦後を通じて揺るがなかったのに反して、抵抗勢力の哲学が忘却されるばかりだという危機意識が他方にあるからだ。火は本そのものだけでなく、そのなかの思想も灰にしてしまうのである。

マークース・ズーザックの小説『本泥棒』では、主人公の少女がそうした焚書のなかから一冊の本を抜き出す。本を読んだ者たちが本を焼き、本を読んだことのない者が本を盗むという、ひとつの逆説がそこにはある。ただ少なくとも言えるのは、〈本を読んだ〉とは、〈本を読むのをやめた〉と同義であるということだ。

＊＊＊

最後に、翻訳方針についても触れておきたい。訳者二名の分担としては、本論部分である第一章〜第三章とプロローグ、序章、エピローグを三ッ木が、哲学者たちの伝記部分である第四章〜第九章と総括の第十章を大久保が受け持った。そののち互いに読み合わせをした上で、推敲を加えている。

また引用箇所はできる限り邦訳を調べ参照している。とりわけ野村修および山本尤両先生の訳業には大いに助けられた。そのほか様々な先行訳から恩恵を受けている。ここで訳者諸氏に感謝申し上げたい。実際に参照引用した訳書・訳者名については、参考文献のしかるべき所に挙げさせていただいたが、ただいずれの引用も、本文の記述に合わせて修正したところがあり、その点は容赦いただきたい。本文中の National Socialism の訳語は池田浩士先生にならって〈国民社会主義〉としたが、文脈によっては〈ナチズム〉としたところもある（なお〈ナチ党〉〈ナチス〉等の呼称の揺れは、おおむね原書のままとした）。原著の単純なミス、誤記や誤認に関しては、訳文では特に断らず訂正してある。同時に、ドキュメンタリー風の文章という特性上、あえて読みやすく処理したところもある。あらかじめ諒とされたい。

翻訳作業にあたっては、担当編集者である稲井洋介氏をはじめ、ほかにも多くの友人、同僚から有益な助言をいただいた。あらためて感謝申し上げる。にもかかわらず、訳文に不備が残るとすれば、それはみな訳者らの責任である。読者諸氏からのご叱正を待ちたい。
日本でもここ数年、科学者のあり方がさまざまに問題となっているが、本訳書が人文学をめぐる社会的倫理の議論の一助になれば幸いである。

二〇一四年十二月

訳者識

白水社の本

ヒトラーの最期
——ソ連軍女性通訳の回想

エレーナ・ルジェフスカヤ著
松本幸重訳

ドイツ語通訳として従軍した独ソ戦最前線での体験、兵士と市民の様子、ベルリン陥落までの苦闘の日々を描く。ヒトラーの遺体と歯形X線写真探索にも関わり、意外な真相が明かされる。

ナチ戦争犯罪人を追え

ガイ・ウォルターズ著
高儀 進訳

悪名高きアイヒマン、メンゲレなど、「ナチ・ハンター」による執念の追跡劇の真相とは？ 冷戦時代の裏面で繰り広げられた、欧州から南米に及ぶ捜索の全容を、手に汗握る筆致で描く！

第二の罪
——ドイツ人であることの重荷

ラルフ・ジョルダーノ著
永井清彦／片岡哲史／中島俊哉訳

ナチスの罪を心理的に否定し抑圧する戦後ドイツ人の精神風土を指弾した衝撃作。批判の矢は保守主義のみならず司法、行政から一般市民にまで及ぶ。〈日本問題〉を考える上でも好適。

独裁者は30日で生まれた
——ヒトラー政権誕生の真相

H・A・ターナー・ジュニア著
関口宏道訳

なぜヒトラーは首相になれたのか？ 大資本がヒトラー独裁を準備したというマルクス主義的見解を徹底批判し、米独歴史学界で大論争を巻き起こした碩学が辿りついた結論。本邦初訳。

ドイツの歴史教育
［シリーズ《ドイツ現代史》Ⅳ］

川喜田敦子著

ドイツはナチの過去を繰り返さないために、次世代への歴史教育を重要視した。本書は加害の歴史と向き合うために続けられた対話の歩み。「過去に目を閉ざす者は現在にも盲目になる」

訳者紹介

三ッ木道夫（みつぎ みちお）

1953年埼玉県生まれ。1985年上智大学大学院博士後期課程単位取得退学。独語独文学・翻訳思想専攻。博士（比較社会文化）。広島大学助手を経て現在同志社大学教授。日本通訳翻訳学会会員。

主要著書：『翻訳の思想史』（晃洋書房、2011）

主要訳書：『思想としての翻訳－ゲーテからベンヤミン、ブロッホまで』（編訳、白水社、2008）

大久保友博（おおくぼ ともひろ）

1982年滋賀県生まれ。2012年京都大学大学院博士後期課程単位取得退学。翻訳論・翻訳史専攻。修士（人間・環境学）。同志社大学ほかで非常勤講師。大久保ゆう名義ではエンターテイメント系の翻訳のほか、近代文学やデジタルアーカイヴ等の評論も手がける。日本通訳翻訳学会会員。

主要訳書：スコット『アート オブ ロバート・マッギニス』（マール社、2014）、ウィットラッチ『幻獣と動物を描く』（マール社、2013）、ラヴクラフト『クトゥルフ神話』（パンローリング、2012）、ガネット『エルマーのぼうけん』（パンローリング、2011）など

ヒトラーと哲学者　哲学はナチズムとどう関わったか

2015年1月30日第1刷発行
2015年7月10日第4刷発行

著者　イヴォンヌ・シェラット
訳者 ©　三ッ木道夫
　大久保友博
発行者　及川直志
印刷所　株式会社三秀舎

発行所　株式会社白水社
101-0052東京都千代田区神田小川町3の24
電話 03-3291-7811（営業部），7821（編集部）
http://www.hakusuisha.co.jp
乱丁・落丁本は、送料小社負担にてお取り替えいたします。

振替 00190-5-33228　Printed in Japan　株式会社松岳社

ISBN978-4-560-08412-0

人名索引

あ行

アーレント、パウル　262
アーレント、ハンナ　11, 13, 15, 16, 18, 157, 158-162, 169, 179, 209, 259-282, 331-337, 339-342, 348, 353
アーレント、マックス　262, 263
アーレントの母　263, 264, 271, 274, 275, 278
アイスラー、ハンス　233, 234, 236, 347
アイヒマン、アドルフ　276, 339-342
アインシュタイン、アルベルト　149, 293
アウグスティヌス　267, 297
アガーテ（アドルノのおば）　243, 244
アクィナス、トマス　297
アドルノ、グレーテル　224, 225, 227, 228, 234, 235, 238, 239, 242, 248, 249, 256, 348
アドルノ、テオドーア　13, 15, 18, 179, 201, 210, 213, 214, 221-250, 257-259, 268, 279, 282, 311, 338, 341, 343-349, 353
アドルノ、マリーア　243, 248, 345
アリストテレス　266
アルチュセール、ルイ　352
アレクサンドル二世　262
アロン、レイモン　272
アンデルス、ギュンター（・シュテルン）　157
イエス　75
イエンシュ、エーリヒ　171
イプセン、ヘンリク　193
ヴァーグナー、エーファ　16, 84
ヴァーグナー、リヒャルト　15, 41, 55-57, 73, 74, 76-78, 82, 84, 102, 136, 347
ヴァーグナー、ローベルト　165
ヴァイル、クルト　347
ヴァインライヒ、マックス　15, 130, 320-323, 327, 351
ヴィーゼングルント、ベルンハルト　253
ヴィトゲンシュタイン、ルートヴィヒ　353
ウィリアムズ、バーナード　254
ヴィルヘルム大帝　191
ウィングフィールド、バーナード・T　253
ヴェーベルン、アントン　251, 347
ヴェント、イーヴォ・デ　291
ウォーターズ、ジョン・K　318
ヴォルフ、エーリク　324
ヴント、ヴィルヘルム・マックス　322
ヴント、マックス　15, 118, 126, 127, 322
エイヤー、A・J　254
エールカース、フリードリヒ　175
エッカート、ディートリヒ　45, 46
エルザ　236
エンゲルス、フリードリヒ　115
オーピー、ヘレン　256
オーピー、レドヴァス　256
オッフェンバック、ジャック　200, 347

か行

カーショー、イアン　37
カール、グスタフ　34, 35
ガウ、ヴィルヘルム　117
ガダマー、ハンス＝ゲオルク　151, 157, 322
カッシーラー、エルンスト　15, 253, 338, 353
カルプルス、マーガレット　248　→アドルノ、グレーテル

ガルボ、グレタ　222
ガレン、クレメンス・アウグスト　297
カント、イマヌエル　11, 12, 15, 16, 37, 41, 42, 46, 54, 57, 60, 62-71, 75, 78, 89, 102, 113, 127, 134, 147, 155, 156, 179, 235, 261, 265, 287, 288, 292, 341
キーツ、ジョン　199
キャグニー、ジェームズ　225
ギュンター、ハンス・フリードリヒ・カール　15, 40, 92
キルケゴール、ゼーレン　250
ギルベルト、ローベルト　273
クーン、フリッツ　232
クーン、ヨハネス　324
クシェネク、エルンスト　347
クビツェク、アウグスト　40, 41
グラーフ、ヴィリー　299
グラウ、ヴィルヘルム　15, 131
クラカウアー、ジークフリート　183, 247, 251
クラフト、ロバート　255
クラマー、ヘドヴィヒ　99
クリーク、エルンスト　12, 15, 84, 108-110, 116, 118-120, 122, 123, 125-130, 132, 140, 147, 171, 174, 176, 178, 183, 282, 311, 318, 319, 325
グルンスキー、ハンス・アルフレート　15, 114, 118, 126, 323
クレー、エルンスト　128
クレー、パウル　348
ケインズ、ジョン・メイナード　252
ゲーテ、ヨーハン・ヴォルフガング・フォン　15, 41-43, 136, 193, 234, 269, 297
ゲーリング、ヘルマン　43, 141, 143
ゲッベルス、ヨーゼフ　149, 227, 297, 306, 312
ケルナー、ドーラ・ゾフィー　195-197
ニコライ一世　262
コーン、ヤーコプ　262
コジェーヴ、アレクサンドル　327
ゴビノー、アルチュール・ド　83, 102
コンツェ、ヴェルナー　325

さ行

ザルカ（アドルノの知人）　222
サルトル、ジャン＝ポール　272, 335, 351
シェイクスピア、ウィリアム　37, 193
シェーンベルク、アルノルト　225, 235, 236, 239, 240, 248, 251, 347
ジェファソン、トマス　37
シェリング、フリードリヒ・W・J・フォン　269, 287
シベリウス、ジャン　347
ジャクソン、ロバート・H　314
シュヴィン、ヘルマン・マックス　232
シュヴェーラー、ヴィクトール　169
シューベルト、フランツ・P　347
シュタイラー、ゲオルゲ　126
シュタウディンガー、ヘルマン・フリートベルク　166
シュタント、アニ　327
シュティーラー、ゲオルク　167, 323
シュテカー、アドルフ　127
シュテルン、ギュンター　268, 270-273
シュトイアーマン（アドルノの知人）　222
シュトライヒャー、ユーリウス　173
シュトラウス、リヒャルト・G　347
シュトラウス、レオ　157
シュペングラー、オスヴァルト　16, 40, 93
シュミット、アニマ　137
シュミット、カール　12, 16, 132-147, 149, 172, 174, 176, 282, 324, 326-328, 330, 350, 351, 354, 355
シュモレル、アレグザンダー　299
シュリッケンリーダー、クラーラ　287
シュルツェ＝ゼルデ、ヴァルター　16, 119, 126, 323
ショーペンハウアー、アルトゥーア　11,

16, 41, 45, 46, 48, 54, 57, 72, 76, 77, 102, 115, 147
ショーレム、ゲアハルト（ゲルショム） 16, 184, 186, 194, 195, 205, 207, 208, 212, 338, 339, 348, 353
ショル、インゲ 293
ショル、ゾフィー 16, 288, 289, 293-297, 299, 304-306
ショル、ハンス 289, 298-300, 304-306
シラー、ヨーハン・クリストフ・フリードリヒ・フォン 16, 21, 27, 41-43, 57, 100, 193
スターリン、ヨシフ 277
スピノザ、ベネディクト（ベネディクトゥス・デ） 16, 114, 118, 149, 292
ソクラテス 116
ゾフィー、ドーラ 184, 185, 210

た行

ダーウィン、チャールズ 11, 12, 16, 79, 86-89, 92, 133
タウベス、ヤーコプ 327
チェンバレン、ヒューストン・スチュワート 16, 39, 40, 57, 84, 94, 99, 102, 104, 105
チャーチル、ウィンストン 146
チャイルズ、ハーウッド 122
チャップリン、チャーリー 221, 223
チンギス汗 41
ツェラーン、パウル 336
ディートリヒ、マレーネ 226, 227
ディケンズ、チャールズ・J・H 37
ディズニー、ウォルト 232
ディターレ、ウィリアム 231
ディターレ夫妻 225, 232
ティリッヒ、パウル 115, 250, 251
デューラー、アルブレヒト 82, 92
デント、エドワード 253
ドイチェンバウアー（ヒトラーの知人） 25
ドイプラー、テオドーア 135, 136
トウェイン、マーク 37
トドロヴィッチ、ドゥシュカ 137
トマス（十二使徒） 46
トライチュケ、ハインリヒ・フォン 16, 40, 84
トレイシー、スペンサー 226
ドロティッチ、パウラ 136

な行

ナポレオン（・ボナパルト） 41, 70, 304
ニーチェ、エリーザベト 17, 50, 51, 81-83
ニーチェ、フリードリヒ・ヴィルヘルム 11, 12, 15-17, 37, 39, 41, 45, 48-54, 57, 60, 62, 74-83, 92, 100, 102, 106, 107, 127, 133, 136, 147, 148, 156, 179, 235, 242, 297, 300
ニコライⅠ世 262
ニュートン、アイザック 86

は行

ハーゲマイアー、（ヨーハン・ゲアハルト）ハンス 17, 126, 322
ハーディ、トマス 81
バーリン、アイザイア 254, 280, 342
ハイゼ、ハンス 16, 127, 128, 174, 319
ハイデガー、エルフリーデ 112, 155, 175, 331
ハイデガー、マルティン 11-13, 15-17, 18, 107, 112, 120, 122, 136, 140, 147, 150-176, 179, 183, 194, 200, 201, 242, 265-271, 273, 274, 279, 282, 288, 291, 323, 324, 328-337, 342, 343, 348, 351, 352, 354, 355
ハイネ、ハインリヒ 115, 141, 149
バウラ、モーリス 255, 256
パットン、ジョージ 318
バルトーク、ベーラ 225, 236, 347
ハルトナーゲル、フリッツ 289, 295
ハワード、レスリー 157

ハンフシュテングル、エルンスト　21, 35, 48, 53
ビスマルク、オットー・フォン　80, 107, 129, 133
ヒトラー、アドルフ　8-18, 20, 22-28, 30-62, 65, 67, 69, 73-75, 82, 84, 85, 90, 91, 94, 95, 97, 100-102, 104-110, 113, 115-117, 119, 120, 122, 125, 127-130, 132, 133, 135, 136, 139-152, 165, 166, 168-170, 172-174, 176, 178, 179, 181, 211, 212, 221, 232, 237, 239, 241, 250, 252, 255, 257, 259-261, 271, 273, 274, 276, 277, 281, 282, 287, 288, 290-293, 300-303, 306-308, 311-314, 316, 317, 322-326, 328, 330, 335-338, 341, 343, 349, 352, 353, 356
ヒトラー、アロイス　29, 31, 32
ヒムラー、ハインリヒ　92
ヒルデブラント、クルト　172
ファウスト、アウグスト　17, 123-125, 130, 323
ファルンハーゲン、ラーエル　268
フィッシャー、オイゲン　93
フィトコ、リーザ　216, 217
フィヒテ、ヨーハン・ゴットリープ　17, 44, 47, 57, 70, 83, 171, 269, 308, 322
フィンケンシュタイン、フォン　268
フーコー、ミシェル　352
フーバー、ヴォルフ　287, 305, 309
フーバー、クラーラ　293, 304, 305, 307, 310
フーバー、クルト　13, 17, 282, 285-293, 295, 297-301, 303-309, 311, 314, 330, 353
フーバー、ビルギット　285, 287, 305, 309
フェールレ、オイゲン　320, 325
フェルスター＝ニーチェ、エリーザベト　17
フェルレ、オイゲネ　128
フォイエルバハ、ルートヴィヒ・アンドレアス　72
フォルストホフ、エルンスト　324, 326, 328
フッサール、エドムント　17, 107, 110-113, 115, 125, 154, 166, 173, 174, 201, 253, 282, 292, 323, 324, 331
フッサール、ゲアハルト　112, 166
フライスラー、ローラント　17, 307-309, 314
ブラウン、エーファ　312
プラトン　102, 127, 128
フランク、ヴァルター　127, 131
フランク、ハンス　172
フランコ、イ・バアモンデ　328
フリードリヒ、カスパル・ダフィット　49
フリードリヒ大王　41, 63, 65
ブリュッヒャー、ハインリヒ　15, 209, 269, 273-275, 277-279, 342
プルースト、マルセル　198
ブルーメンタール、ヘルベルト　195, 196
ブルック、アルトゥーア・メラー・ファン・デア　93
フルトヴェングラー、フーベルト　299
フレーゲ、ゴットロープ　94, 352-355
プレッツ、アルフレート　92
ブレヒト、ベルトルト　183, 184, 209, 233, 234, 236, 237, 248, 271, 272
プロイス、フーゴー　138
フロイト、アンナ　115
フロイト、ジークムント　13, 115, 149, 235, 241, 242, 250
ブロッホ、エルンスト　183, 198, 248, 251
ベーグン、レーニ　187
ヘーゲル、ゲオルク・ヴィルヘルム・フリードリヒ　17, 37, 44-46, 48, 52, 60, 62, 70, 71, 84, 102, 107, 138, 235, 242, 287, 288, 292
ベートーヴェン、ルートヴィヒ・ヴァン　236, 244, 245, 347
ヘーフラー、オットー　17, 126, 321

ベーム、マックス・ヒルデベルト　17, 126, 319
ベケット、サミュエル　349
ヘス、ルドルフ　17, 27, 28, 32, 41, 44, 117, 315
ベッカー、オスカー　323
ヘッケル、エルンスト　17, 87-92
ペトリ、エルフリーデ　154
ヘニー（リーザ・フィトコの友人）　217
ベルク、アルバン　248, 250, 251, 256, 347
ベルクマン、エルンスト　18, 126, 319
ベルタ（エルンスト・ヘッケルの知人）　87, 88
ヘルダーリン、ヨーハン・クリスティアン・フリードリヒ　173, 174, 234
ヘルビヒ、ラインハルト　325
ベロー、ソール　342
ベンダースキー、ジョーゼフ　143
ベンヤミン、ヴァルター　11, 13, 18, 115, 179, 180, 182-205, 206-221, 248, 251, 259, 268, 273, 277-279, 282, 311, 338, 339, 341, 348, 349
ベンヤミン、ゲオルク　181, 186-188
ベンヤミン、シュテファン　181, 182, 184, 185, 196, 197, 210
ベンヤミン、ドーラ　181, 185, 187, 196, 197
ボイムラー、アルフレート　11, 12, 18, 106-110, 115-118, 120, 122, 123, 125-127, 130, 132, 140, 147, 149, 172, 174, 176, 178, 183, 282, 311, 318, 319, 325, 330
ボードレール、シャルル　198
ホーフシュテッター、ペーター・R　348
ホメロス　102
ホリッチャー、W　27
ホルクハイマー、マックス　18, 210, 214, 238-244, 251, 255-257, 343, 346-348, 353
ボルマン、マルティン　312
ポロック、フリードリヒ　242, 243

ま行

マースコフ（リサ・ミンゲッティの夫）　237
マーラー、グスタフ　347
マイアベーア、ジャコモ　73
マイヤーホフ、アグネス　345
マインホルト、ヘルムート　324
マキャヴェッリ、ニッコロ　328
マシュケ、エーリク　325
マッキンダー、サー・ハルフォード　41
マル、ヴィルヘルム　84, 103
マルクーゼ、ヘルベルト　18, 157, 242, 243, 338, 353
マルクス、カール　13, 39, 72, 73, 115, 149, 241, 242
マンスコップ（アドルノの旧隣人）　345
マン、トーマス　107, 225, 238-240
マンハイム、カール　253
マン、ポール・ド　352
ミュラー、カール・アレクサンダー・フォン　117, 127, 131
ミンゲッティ、リサ　237
ムッソリーニ、ベニート　172, 312
メイスン、ジェームズ　157
メルテンス博士夫人　297
メンデルスゾーン、アンネ　265, 269
メンデルスゾーン＝バルトルディ、アルブレヒト　113
メンデルスゾーン、フェリックス　73, 113
メンデルスゾーン、モーゼス　18, 113, 115, 149, 265
モーツァルト、ヴォルフガング・アマデウス　245
モンロー、マリリン　226

や行

ヤスパース、カール　18, 113, 152, 160, 169, 267, 330, 337, 339, 353
ヤスパース、ゲルトルート　337

ヤハマン、ラインホルト・ベルンハルト　65, 66
ユンガー、エルンスト　327, 335
ヨーゼフ（ヘニーの息子）　217
ヨナス、ハンス　157

ら行

ライヒャルト夫人（ヒトラーの知人）　25
ライプニッツ、ゴットフリート・ヴィルヘルム・フォン　287–289, 307, 309, 353
ライル、ギルバート　253
ラインハルト、マックス　225–227
ラヴェル、ジョセフ・モーリス　347
ラウシュニング、ヘルマン　49, 53
ラガルデ、パウル・デ　39, 57, 83, 84, 102
ラッセル、バートランド　353
ラテ、リリー　227, 228
ラング、フリッツ　225, 226–228, 233
ラングベーン、ユリウス　18, 40, 83, 84
リースマン、ヒルダ　99
リーフェンシュタール、レニ　45, 47, 232
リスト、フランツ　236
リッケルト、ハインリヒ　194
リッター、ヘルムート　347
リルケ、ライナー・マリア　194, 268
リン、ヴェラ　146
リンゲ、ハインツ　312
ルーデンドルフ、エーリヒ　35
ルーニー、ミッキー　225
ルカーチ、ジェルジ　115
ルソー、ジャン・ジャック　53
レーヴィット、カール　18, 157, 173, 265, 343, 353
レーヴェンタール、レオ　245, 248
レーニン、ウラジーミル・イリイチ　136
レーマン、J・F　40
レッシング、テオドーア　18, 115, 193
レンブラント（ハルメンス・ファン・レイン）　24, 40
ローゼンベルク、アルフレート　17, 18, 74, 84, 100–105, 108, 110, 113–119, 122–127, 130, 132, 147, 171, 172, 174, 176, 178, 282, 291, 311, 315–318, 322
ローゼンベルク、イレーネ　99
ロータカー、エーリヒ　18, 119, 126, 172, 174, 322
ローレ、ペーター　254
ロッテ（ハンナ・アーレント友人）　277
ロベスピエール、マクシミリアン・F・M・I　53
ロンメル（ラテン語教師）　228

わ行

ワーズワース、ウィリアム　199

作品名・事項索引

あ行

アーリア人（種）　24, 33, 54, 89, 90, 102, 105, 111, 118, 126, 166, 251, 252, 276, 282
愛国防衛同盟　26
「アウグスティヌスとプロテスタンティズム」　268
『アウグスティヌスの愛の概念』　267
アスファルト文学　115　→大都会文学
「新しい天使」　198, 348
『アンチ・クリスト』　78
「イースター」　174
『イースター』　352
『イェルサレムのアイヒマン』　340
『イスター』　352
『一次元的人間』　242, 338
『一方通行路』　198
『ヴァイオリン・ソナタ第二番』　236
『ヴァレンシュタイン』　43
『ヴィルヘルム・テル』　43
『映画のための作曲』　233
SA　149, 183, 186, 187, 260　→突撃隊
SA 学生部隊　167
SS　144, 186, 283, 284, 339　→親衛隊
SD　128
『エロイカ』　123
『エロス的文明』　242, 338
「黄金の兜の男」　24
『音楽の中のユダヤ精神』　73

か行

『怪人マブゼ博士』　227
『概念記法』　94
鉤十字　108, 117, 125, 163, 179, 232
「蔭」　267
『カントと形而上学の問題』　151
「騎士と死と悪魔」　82
『騎士と死と悪魔—英雄の思想』　92
『教育者としてのレンブラント』　40, 83
『教育の哲学』　109, 110
強制収容所　125, 130, 131, 183, 184, 188, 211, 260, 275, 276, 281, 313, 319, 336, 337
「強制収容所のなかの戦士たちに」　183
『偶像の黄昏』　78
『グループ実験』　348
軽罪者　317
『形而上学入門』　152
「形而上学入門」（講義）　172
「啓蒙とは何か」　66
『啓蒙の弁証法』　235, 347
「ゲーテ『親和力』について」　198
『賢者の崇敬』　152
『権力への意志』　107
国民社会主義　22, 28, 33, 40, 45, 56, 91, 106, 116, 118, 140, 150, 151, 170, 171, 174, 325
　→ナチズム
　—学生同盟　149
　—教員連盟　109
　—大学教官同盟　174
　—ドイツ法学者連盟　142
　—ドイツ労働者党　99, 109, 116, 140, 173, 290　→ナチ党
『孤独な心』　233
『この人を見よ』　78

さ行

『サムラー氏の惑星』　342
『死刑執行人もまた死す』　233
『自然創造史』　89

『実践理性批判』 65, 66
社会進化論 17, 87, 90-93, 95, 103, 120, 127
→ダーウィニズム
『十九世紀の基礎』 84, 99
重罪者 318, 320
『種の起源』 86
『純粋理性批判』 65, 66
白バラ 13, 16, 17, 298, 299, 300, 301, 306, 308, 314, 330
親衛隊 110, 128, 302, 303 → SS
『新音楽の哲学』 239
人種主義 84, 87, 94, 95
新ドイツ史帝国研究所 116, 127
『政治神学』 137
『政治的ロマン主義』 138
『精神現象学』 70
『生物の驚異的な形』 89
『世界の謎』 89
積極分子 317
『善悪の彼岸』 78
『一九〇〇年頃のベルリンの幼年時代』 188
『全体主義の起原』 279, 280, 339, 341
『存在と時間』 151, 156, 157, 173-175, 355

た行

ダーウィニズム 48, 134 →社会進化論
大学 →ハイデルベルク大学、フライブルク大学、フランクフルト大学、ミュンヘン大学
—とクリーク 108-110, 116
—とシュミット 138, 139, 142-146
—とボイムラー 108, 116
—とユダヤ系学者 110-115, 124, 125, 166, 282
—のナチ化 108, 110-131, 150, 164-176, 283 →ナチ化
第三帝国 8, 12, 13, 46, 48, 49, 55, 56, 82, 103, 110, 114, 116, 120, 122-124, 128, 142, 150, 167, 172, 176, 179, 184, 221, 253, 259, 297, 313, 327, 328, 337, 339, 342, 356
『第三帝国』 93
『大地のノモス』 350
大都会文学 114, 115 →アスファルト文学
第二次世界大戦 7
大量虐殺 9, 87, 103, 330
「タウベルトの子守歌」 243
「単なる理性の限界内での宗教」 67
血と大地 40, 154
超人 79, 81, 82, 95, 104, 147-149, 151, 172, 176, 328
『ツァラトゥストラはこう語った』 78, 81
『哲学の決断』 110
『哲学への寄与』 152
〈哲人指導者〉 37, 58, 59, 62, 97
〈哲人総統〉 11, 178, 311
「ドイツ交響曲」 234
「ドイツ国民に告ぐ」 70
『ドイツ国民の理想』 109
ドイツ・シオニスト機構 261
ドイツ女子青年同盟 293
『ドイツ人の人種形態学』 40
『ドイツ精神に対するユダヤ精神の勝利』 84, 103
『ドイツの革新』 94
『ドイツ悲劇の根源』 198
ドイツ文化による反ユダヤ闘争同盟 108, 109
『ドイツ論集』 39
同調者 317, 321, 322, 330
道徳学（モラル・サイエンス） 9, 354
『道徳の系譜学』 78
『独裁』 136
「ト短調交響曲」 245
突撃隊 34, 60, 260, 302 → SA
『トリスタンとイゾルデ』 55-57

な行

ナショナリズム　12, 32, 33, 40, 43, 54, 70, 82-84, 92, 94, 95, 109, 135, 169, 170, 280, 290, 342
ナチ化　127, 130, 150　→大学のナチ化
ナチス　10, 13, 18, 49, 98, 100, 101, 108, 120, 122, 138-141, 144, 145, 147, 152, 170, 172, 173, 180, 183, 185, 188, 193, 208, 213, 218, 221, 225-227, 232, 238, 251, 258, 261, 273, 274, 276, 277, 282, 290, 291, 293, 294, 300, 302, 309, 310, 313-315, 317, 321, 324, 325, 327, 329, 335, 337, 338, 340, 342-346, 349, 356
ナチズム　9, 10, 56, 62, 87, 104, 105, 107, 122, 140, 142, 152, 163, 168-170, 173, 179, 235, 246, 261, 273, 292, 300, 304, 318, 328, 341, 348-350　→国民社会主義
ナチ政治教育研究所　126
ナチ党　9, 18, 32-34, 49, 93, 105, 127, 164, 226, 232, 236, 306　→国民社会主義ドイツ労働者党
『ナチ入門』　120, 121, 122
ニーチェ文書館（アルヒーフ）　17, 50, 51, 81, 82, 172
『二十世紀の神話』　104, 118, 315
ニュルンベルク裁判　13, 311, 314, 315, 317, 320, 321, 323, 326, 327
『人間的、あまりに人間的』　78
『人間の条件』　339
『人間の由来』　87

は行

バーデン令　111, 125, 166, 169
「バイオリンソナタ」　245
ハイデガー全集　175
ハイデルベルク大学　15, 109, 110, 118, 126, 128, 129, 320, 324-327, 337, 343
『パサージュ論』　198
『花咲く乙女たちのかげに』　198
『華やぐ知恵』　78
「ハリウッド」　238
「ハリウッド・ソングブック」　234
「巴里風景」　198
『反時代的考察』　78
反ユダヤ主義　11, 18, 56, 69, 72, 73, 80, 82-84, 93-95, 97, 98, 100, 102, 103, 118, 127, 130, 131, 139, 144, 169, 170, 173, 175, 230, 241, 246, 258, 260-262, 271, 277, 322, 326-328, 347, 348, 350-352
『悲劇の誕生』　78
『否定弁証法』　347
『美的次元』　242
「ピアノとバイオリンのためのソナタ」　244
ヒトラー青年団（ユーゲント）　120, 293, 294, 302
ヒトラーの首つり裁判　17, 308
非ナチ化　175, 317, 327
　—委員会　319-321, 329
『美のはかなさと芸術家の冒険』　324
『美の理論』　347
『ファウスト』　123, 141
『ファウストゥス博士』　240
フィヒテ全集　45
「複製技術時代の芸術作品」　211
『ブッデンブローク家の人々』　238
フライブルク大学　111, 126, 149, 151, 153, 154, 162-172, 194, 242, 271, 323, 324, 328-331, 336
ブラックリスト　114, 115
フランクフルト学派　15, 18, 115, 215, 241, 242, 251, 255, 268, 343, 348, 353
フランクフルト社会研究所　210, 241, 242, 251, 279, 343, 346
フランクフルト大学　110, 242, 250, 251, 268, 342, 346
『フランクフルトの教育科学と教育学』　110

『フリードリヒ大王』 21
焚書 115, 140, 141, 149, 150, 251, 260
分析哲学とフレーゲ 94, 352
ヘッツェンドルフ・グループ 26
『ヘルダーリンの讃歌「イースター」』 152
『ベルリン年代記』 202
『ベルリンの幼年時代』 202
『法哲学』 70, 71
「北方の海」 203
「ホルスト・ヴェッセルの歌」 164
ホロコースト 11, 313, 327, 328, 335, 336, 339, 340, 355 →民族大虐殺
『本来性という隠語』 347

ま行

『真夏の夜の夢』 225
『魔の山』 238
マルクス主義（ヒトラー理解の） 39
「マルティン・ハイデガーからハンナ・アーレントに捧ぐ五つの詩」 332
『ミニマ・モラリア』 346
ミュンヘン一揆 20-22, 35
ミュンヘン大学 15, 17, 286-290, 295, 303, 304, 321, 323
民族大虐殺 10 →ホロコースト
『民族的政治的人間学』 110
「民謡研究における民俗学的手法」 291
メスキルヒの親方 153, 157
メスキルヒの巨匠 153, 351
メスキルヒの魔術師 157, 265
『メトロポリス』 226
「模倣の能力について」 197

や行

ユダヤ（人） 8, 12-18, 33, 39, 42, 54, 63, 67-74, 80, 83, 84, 93, 94, 97, 104, 105, 109-118, 121, 124, 125, 128-132, 139-141, 143, 144, 149, 157, 158, 169, 170, 173, 178-182, 185, 186, 194, 195, 210, 217-219, 221, 223, 225, 226, 229, 231-233, 236, 237, 241, 242, 247, 251-254, 257-262, 265, 268-270, 272-274, 276-282, 291, 292, 296, 300, 312, 318, 320, 321, 323, 326, 330, 331, 334-343, 347-349, 351, 353-355
—教 67, 69, 113
『ユダヤ人ジュース』 318
ユダヤ人問題研究所 117
ユダヤ人問題研究部局 126
「ユダヤ人問題によせて」 72
「ヨハネの黙示録」 34

ら行

『ラーエル・ファルンハーゲン—あるユダヤ女性の生涯』 268
『ライン悲愴曲』 21 →『フリードリヒ大王』
ラガルデの『ドイツ論集』 39
ランツベルク 17, 23, 24, 26, 27, 33, 42, 50, 54, 55, 60, 100, 101
—刑務所 22, 25, 36, 40, 44, 50, 52, 55, 57-59, 314
『リルケ「ドゥイノの悲歌」』 268
「類似性の理論」 197
『歴史哲学テーゼ』 279
「歴史の概念について」 212
ロマン主義（ロマン派） 15, 49, 78, 83, 92, 94, 95, 100, 127, 136, 148, 152, 170, 171, 198-200, 241, 265, 268, 269, 290
『論理学研究』 111

わ行

『我が闘争』 11, 28, 31, 32, 36, 43, 44, 46, 52, 56-58, 144, 169, 171, 314, 330
『わが民族の美点と弱者保護』 92
『我等の生涯の最良の年』 223

原　注

序 章

1. この問題については、たとえばCornwell, 2000などを参照。説得的かつ学問的に取り扱われている。
2. カントはドイツ国民国家が形成される以前のプロイセンに生きた人物だが、通例「ドイツ」の哲学者と見做されている。

第1部

第1章

1. E. Hanfstaengl 2005, p. 85.
2. エルンスト・ハンフシュテングルは、ヒトラーとの親交やナチ党での役割から、のちに重要人物となる。彼はピアノ演奏に才能を示し、ヒトラーはその演奏を聴くのを好んだ。
3. See G. D. Rosenfeld 2000. ミュンヘンの建築物と戦中の運命に関して、優れた分析がある。
4. これはのちにヒトラーが『我が闘争』において表明する言葉である。See A. Hitler 1980, p. 597.
5. E. Hanfstaengl 2005, p. 85.
6. Ibid.
7. この記述は1924年ハインリヒ・ホフマン（Heinrich Hoffmann）撮影の写真「ランツベルク刑務所」（白黒）による。
8. See M. Deiler, 'Landsberg Prison Documents 1923/1924: Adolf Hitler's Imprisonment', in *Civil Association for the Study of Contemporary Landsberg,* Issue 1, 2005. ヒトラーの時代の刑務所地図については、See *Lageplan Festungshaftanstaltz* vom 31. Marz 1924, in the same publication series.
9. これらの記述は1924年ハインリヒ・ホフマン撮影の写真「要塞刑務所の娯楽室および共同作業室」（白黒）による。
10. 「ヒトラーは人にどんな印象を与えたか」という質問への回答。H. Rauschning 2004, p. 13.
11. この記述は、1924年ハインリヒ・ホフマン撮影の写真「ランツベルク要塞刑務所のアドルフ・ヒトラー」（白黒）に基づく。
12. E. Hanfstaengl 2005, p. 64.
13. これはヒトラーのレンブラント絵画観からの引用。See E. Hanfstaengl 2005,

p. 64.
14. E. Hanfstaengl 2005, pp. 121-2.
15. A. Hitler 1973, p. 110.
16. Ibid., p. 105.
17. Ibid., p. 111.
18. H. Frank 1953, pp. 46-7.
19. ヘルマン・フォプケ（Hermann Fobke）はランツベルクでのヒトラーの日常を記述しているが、この点は W. Jochmann 1963 を参照。I. Kershaw 1998, p. 240 から引用。
20. 『我が闘争』に関する最近の研究では、第一巻はヒトラー自身がタイプしたもので、口述筆記させたものでないことが明らかになった。第二巻はたしかに口述筆記させたものだが、その刊行は 1926 年の後半になってからのことである。See Othma Plöckinger（重要な部分は I. Kershaw 2009, p. 147 に要約されている）。
21. 「二十年後、彼の内科侍医のテオ・モレル博士は、彼の病は心因性のものかもしれない、と診断した」。A. Hitler 1973, p. 326.
22. E. Hanfstaengl 2005, p. 123.
23. ヘスはカール・ハウスホーファー教授（英国の地理学者ハンフリード・マッキンダーの弟子）とともに学んでいる。See H. Trevor-Roper 1988, p. xxxi; and also G. Kearns 2009.
24. E. Hanfstaengl 2005, p. 123.
25. A. Hitler 1980, p. 3.
26. Ibid., p. 3.
27. Ibid., p. 4. 強調は筆者による。
28. Ibid.
29. Ibid., p. 26.
30. H. Rauschning 1940, p. 89. ラウシュニングの描くヒトラー像は疑わしく、歴史研究者から従来、その真贋が厳しく問われ、それらはみな「長いあいだ偽物とみなされてきた」ことに注意されたい。ヒュー・トレヴァ＝ローパー（Hugh Trevor-Roper）はこうコメントしている。「これが本物であることをなお疑う人があるにせよ、現在公刊されている巻を読んでみれば、そうは判断しないだろう」。Trevor-Roper は『ヒトラーのテーブルトーク』に言及し、ラウシュニングが初期のヒトラーの食卓語録を録音するのを任された一人だった点を指摘している。私のラウシュニングからの引用は、総統の性格を再現するという意味では、トレヴァ＝ローパーが保証している Martin Bormann の証言などと矛盾していない。
31. A. Hitler 1980, p. 5.

32. アドルフの妹（パウラ・ヒトラー）の1938年12月8日付の証言。国立文書館（ワシントンDC）。I. Kershaw 1998, p. 20. による。
33. See A. Hitler 1980, p. 32.
34. Ibid., p. 5.
35. Ibid., p. 584.
36. 1923年4月10日付のヒトラーの演説。A. Hitler, vol. 1, 1942, pp. 42–4.
37. ヒトラーの「演説集」（1933年刊）122頁。リプリント（A. Hitler, vol. 1, 1942, pp. 86–7.）
38. A. Hitler 1980, p. 21.
39. Ibid.
40. ドイツ語の文書。『ドイツ政治文書集』第1巻（1935）, 28–9頁。本書で用いた翻訳は英語の公式翻訳 *The New Germany Desires Work and Peace*（新生ドイツは仕事と平和を欲する）19頁の字句を適宜変えたもの。A. Hitler, vol. 1, 1942, 568頁に引用あり。
41. See I. Kershaw 1998, p. 250.
42. A. Hitler 1980, p. 392.
43. I. Kershaw 1998, p. 252. See A. Hitler 1980, pp. 387–94.
44. I. Kershaw 1998, p. 252.
45. Ibid., p. 240.
46. Ibid., p. 84.
47. A. Hitler 1980, p. 141.
48. 1933年3月23日、ヒトラーの国会演説。N. H. Baynes, vol. 1, 1942, p. 264.
49. ラガルデ（1827–1891）はこう書いている。「ユダヤ人は、現在二百万人を数えるが、とうてい同化させられない」。A. S. Lindemann 2000, 69頁より。あるいは、ドイツ人と一緒に「ユダヤ人が暮らすのを許されるなど、考えられない」。T. W. Ryback 2010, 139頁より。
50. T. W. Ryback 2010, p. 140.
51. チェンバレンの著作は貴重な文献になり、ヒトラー自身の生涯にわたるコレクションの一部となっていた。See ibid., pp. 134 and 97. 初期の段階、つまりヒトラーのランツベルク収監以前に、このような特殊な影響を及ぼしていたのは友人であり指導者でもあったディートリヒ・エッカートだった。
52. 1980年刊。See T. W. Ryback 2010, p. 134.
53. むろんレンブラントはオランダ人である。See H. J. Hahn 1995, p. 193.
54. T. W. Ryback 2010, p. 67.
55. See ibid., p.50. シュペングラーは著書『西洋の没落』でニーチェと単純な生物学の考えを結び付けてしまう。その考えは疑似ダーウィニズム由来のもので、ニーチェは「支配のための闘い」としての生命体の気晴らし（avocation）と

一緒にされてしまう。H. J. Hahn 1995, p. 196.
56. A. Kubizek 1973, p. 188. これはどうやらウィーンのカール・マルクス・ホーフの図書館のことをいっているらしい。後年の戦時中には大変な被害を蒙っている。See I. Kershaw 1998, p. 41.
57. H. Rauschning 1940, p. 255.
58. T. W. Ryback 2010, p. 69.
59. Ibid., p. 132.
60. H. Trevor-Roper 1988 or I. Kershaw 1998.
61. A. Kubizek 1973, p. 188.
62. A. Hitler 1980, p. 392.
63. Ibid., p. 20
64. Ibid., p. 33.
65. A. Hitler 1988, p. 720.
66. Ibid., p. 89.
67. 1936 年 3 月 13 日、カールスルーエ。ヒトラーの選挙キャンペーン開始の演説。N. H. Baynes, vol. 1, 1942, p. 633. (強調は筆者による)。
68. H. Rauschning 1940, p. 255.
69. A. Hitler 1988, p. 291.
70. E. Hanfstaengl 2005, p. 342.
71. A. Hitler 1988, p. 316.
72. E. Hanfstaengl 2005, p. 234.
73. H. Rauschning 1940, p. 255.
74. S. P. Tansey and N. Jackson 2008, p. 75.
75. 1937 年 11 月 27 日、軍事科学部創設の際に行われた演説の一部。See A. Hitler, vol. 1, 1942, p. 600. 強調は筆者による。
76. F. McDonough 2003, p. 56.
77. R. B. Downs 2004, pp. 328-9.
78. T. W. Ryback 2010, p. 130.
79. Given on 22 June 1933. T. W. Ryback 2010, p. 122.
80. A. Hitler 1988, p. 20. カーショーもこの主張が正しいとしている。See I. Kershaw 1998, p. 91.
81. A. Hitler 1988, p. 720. 言うまでもなくヒトラーの半可通ぶりは、ここでも明白となる。ヘーゲル哲学が、功利主義ではなく、ドイツの観念論伝統に根ざしていることくらい、ドイツの人文系学生なら誰でも知っていたはずなのだ。
82. R. B. Downs 2004, pp. 328-9.
83. A. Hitler 1988, p. 358.
84. E. Hanfstaengl 2005, p. 361.

85. E. Hanfstaengl 1994, p. 206.
86. A. Hitler 1988, p. 720.
87. 1938年9月6日、「ニュルンベルク文化大会」でのヒトラーの言葉。A. Hitler, vol. 1, 1942, p. 598.
88. Ibid.
89. 「第二回ドイツ芸術展覧会開会式」(1938年7月10日ミュンヘン)におけるヒトラーの演説。A. Hitler, vol. 1, 1942, p. 605.
90. 1938年9月6日、「ニュルンベルク文化大会」におけるヒトラーの演説。A. Hitler, vol. 1, 1942, p. 597. 綴りの誤りは原資料のまま。
91. H. Rauschning 1940, p. 254.
92. F. McDonough 2003, p. 56.
93. See W. Shirer 1960.
94. E. Hanfstaengl 2005, p. 223.
95. Ibid., pp. 223-4.
96. J. Giblin 2002, p. 46.
97. A. Hitler 1988-89, pp. 389-416.
98. E. Hanfstaengl 2005, p. 224.
99. Ibid., p. 290.
100. H. Rauschning 1940, pp. 254-6.
101. A. Hitler 1988, p. 720.
102. H. Rauschning 1940, p. 275.
103. 本書の観点から、皮のズボンをバイエルンの伝統衣装とみなしている。だが実際の歴史はもう少し込み入っている。
104. F. Wagner 1948, pp. 8-9.
105. E. Hanfstaengl 2005, p. 352.
106. A. Hitler 1980, p. 16.
107. A. Hitler 1988, p. 241.
108. Ibid., p. 240.
109. Ibid., p. 206.
110. Ibid., p. 241.
111. 1937年7月18日「ドイツ芸術館」開館式での演説。ミュンヘン。Hitler, vol. 1, 1942, p. 584. より引用。
112. I. Kershaw 1998, p. 252.
113. A. Hitler 1980a, p. 294; 22-23 February 1942, ただし I. Kershaw 1998, p. 47. より引用。
114. E. Hanfstaengl 2005, p. 54.
115. W. Shirer 1960, p. 102.

116. A. Hitler 1973, p. 113.
117. E. Hanfstaengl 2005, p. 124.
118. W. Schwarzwaller 1989, p. 193.
119. A. Hitler 1980, p. 416.
120. Ibid., p. 414. 強調は筆者による。
121. H. Rauschning 1940, p. 8.
122. J. Giblin 2002, p. 48.
123. A. Hitler, vol. 1, 1942, p. 134.
124. See, J. Giblin 2002, p. 48.
125. A. Hitler, vol. 1, 1942, p. 136. 強調は筆者による。
126. Ibid., p. 137.
127. Ibid., p. 134. 強調は筆者による。
128. Ibid., pp. 138–39. 強調は筆者による。

第２章

1. 本書において「ドイツ」という術語は、のちにドイツ国家の基礎となった文化的、社会的また言語的な共同体を指すために用いられる。
2. 1701 年から 73 年まで「プロイセンの州」として知られるが、ケーニヒスベルクは、より活気のある都市が他にもあったにも関わらず、プロイセンの首都だった。
3. M. Kuehn 2001, p. 65.
4. Ibid., p. 66.
5. Ibid., pp. 115–16.
6. R. Scruton 1982, pp. 4. 7.
7. M. Kuehn 2001, p. 109.
8. カントの教え子、Reinhold Bernhard Jachmann。R. Scruton 1982, pp. 3–4 による。
9. ヤハマン、R. Scruton 1982, p. 4 による。
10. M. Kuehn 2001, p. 114.
11. See E. Cassirer 1981, p. 227。カッシーラーはカントを「自由の思想について、つねに正確な、深い理解力」の持ち主だったと見ている。
12. Jachmann、R. Scruton 1982, p. 4 による。
13. P. L. Rose 1990, p. 93. カントを擁護する側からは、他の著作ではカントはユダヤ人に対していささかも反感を抱いていないという指摘がなされる。そうかもしれないが、カントは上記のような深いダメージを与える主張を撤回しようとはしなかった。さらに言うなら、まさにカントの理性の定義そのものが、ユダヤ的なものの考え方を排除するものだったのだ。カントにとって人間生活の

すべて、倫理や政治などの価値の基礎をなすのが理性であったことを考えると、これはたしかに有効なものなのだ。

14. I. Kant, 1997b〈倫理学講義〉p. 27. ヘルダーはカントが講義でこう語ったと報告している。See M. Mack 2003, p. 5.

15. I. Kant, *Anthropologie*, in *Werke*, 12: 517ff. 著作集第12巻517ページ以下。P. L. Rose 1990, p. 94.

16. 後年ユダヤ系ドイツ人哲学者は、ドイツ啓蒙主義とその複合的で避けようのないナチの蛮行との繋がりに関して深い考察をしている。See M. Horkheimer and T. Adorno 1992.

17. I. Kant 1996, p. 276.

18. M. Mack 2003, pp. 39–40.

19. I. Kant, 1997a, p. 133.

20. See P. L. Rose 1990, pp. 117–32.

21. T. Ryback 2010 p. 129.

22. Ibid., pp. 129–30.

23. J. G. Fichte 1995, p. 309. フィヒテの反ユダヤ主義をめぐる議論については、See P. L. Rose 1990 p. 120。

24. G. W. F. Hegel 1988, p. 90.

25. G. W. F. Hegel 1977. See also P. L. 1990 Rose p. 109, pp. 110–18.

26. Y. Yovel 1998, p. xii.

27. G. W. F. Hegel 1978, pp. 182–3.

28. G. Ritter 1965, p. 59.

29. A. Schopenhauer 1974, II, pp. 261–4; P. L. Rose 1992, p. 92.

30. See L. Feuerbach 1957, and P. L. Rose 1990, p. 254.

31. カール・マルクス自身はむろんユダヤ人だが、伝えられるところでは「自己嫌悪的な」反ユダヤ主義者だった。のちにヒトラーは社会主義をすべてユダヤ主義に結び付けて考えていた。

32.「ユダヤ人問題に寄せて」は最初、1844年の『独仏年鑑』（Deutsch-Französische Jahrbücher）に掲載された。See K. Marx 2000. 反ユダヤ主義的傾向はマルクスの初期にだけ見られるものだと考える研究者もそれなりにいることに注意されたい。より詳細な擁護については J. Carlebach 1978. を参照。

33. 1866年4月29日付のR・ヴァーグナーの手紙。S. Spencer and B. Millington 1987 所収。See also P. L. Rose 1992, p. 105.

34. R・ヴァークナー。P. L. Rose 1992, p. 37.

35. 最初は偽名で1850年に公刊された著作。See, R. Wagner, 'Judaism in Music,'（「音楽におけるユダヤ主義」）。E. M. Brener 2006, pp. 301–17. による。

36. R. Wagner, 'Judaism in Music', in E. M. Brenner 2006, p. 302.

37. A. Rosenberg 1933, p. 132. D. J. Goldhagen 1996, p. 398 による。
38. 写真「プロイセン領ザクセン地方、ロッケンの牧師館。1844 年 10 月 15 日ニーチェ誕生」による記述。R. Hayman 1995, p. 200. ただし建物を後ろから写したもの。
39. ニーチェ。R. Safranski 2003, p. 352. による。
40. Ibid.
41. See R. Hayman 1995, pp. 13–25.
42. R. Safranski 2003, p. 43.
43. R. Hayman 1995, pp. 128–33.
44. Ibid., p. 316.
45. 写真「シルス・マリーアにおける、ニーチェの簡素な設えの小部屋」による記述。R. Hayman 1995, pp. 200–1. による。
46. 議論の的となった『権力への意志』はニーチェ自身が書いたものではなく、その死後「ニーチェ文書館」によって、ニーチェの人生のいろいろな時期のものと伝えられるノート類から編まれたものである点に注意されたい。この著作の公刊時期についても、またニーチェの考えを表しているかどうかについても複雑な問題が存在している。
47. See K. Ansell-Pearson 2002. 信頼できる優れたニーチェ解釈といえる。
48. 彼の矛盾した性格を表現している。ニーチェは別の個所で民主主義を弁護してもいる。
49. これはむろん、ごく手短にまとめたものであり、多数ある複雑な問題を要約したに過ぎない。R. Safranski 2003 ではニーチェ思想の発展が見事に記述されている。
50. Nietzsche, in R. Hayman 1995, pp. 128–9.
51. R. Hayman 1995, p. 128.
52. Nietzsche, in R. Hayman 1995, p. 79.
53. Ibid., p. 358.
54. R. Hayman 1995, p. 129.
55. Nietzsche, in R. Hayman 1995, p. 142.
56. Nietzsche, in R. Safranski 2003, p. 339.
57. S. E. Aschheim 1992.
58. R. Safranski 2003, p. 329.
59. S. E. Aschheim 1992, p. 128.
60. T. Hardy in *The Daily Mail*, 27 September 1914; *Manchester Guardian*, 7 October 1914, quoted in S. E. Aschheim 1992, p. 130.
61. 彼女はこの時点で、有名な反ユダヤ主義者のベルンハルト・フォルスターの未亡人となっている。

62. F. Nietzsche, *Der Wille zur Macht*, section 982 (note of 1884) in R. Hayman 1995, p. 359. See K. Ansell-Pearson 1997. ニーチェの言う「生物学的人間」という観点はナチスが盗用した観点とは大変異なっていることがわかる。
63. ニーチェ『権力への意志』セクション 981 (1887 年のノート)。R. Hayman 1995, p. 359 より。
64. S. E. Ascheim 1992, p. 152. ニーチェからヴァークナーに贈られたのはアルブレヒト・デューラーの「騎士と死と悪魔」だった。R. Hayman 1995, p. 133 より。
65. F. Stern 1961, pp. 279, 284. 以下の前提条件に留意されたい。すなわちニーチェが、高潔さをともなった深く自己省察的な哲学者だったのに対して、これら他の「ナショナリスト」思想家は表面的で雑駁な素人哲学者にすぎなかった。
66. P. de Lagarde in F. Stern 1961, p. 61. n. 12.
67. ラングベーンのニーチェ傾倒ぶりは大変なもので、ニーチェが精神的に瓦解したのちにも彼の世話をすると申し出たほどだった。See F. Stern 1961, pp. 107–8.
68. J. Langbehn in F. Stern 1961, p. 141. n. 5.
69. *Rembrandt*, 第 49 版。pp. 348–51. F. Stern 1961, p. 141.
70. 1879 年刊。See A. Lindemann 2000, p. 128.
71. G. Ritter 1965, p. 118.
72. Ibid., p. 59.
73. Ibid., p. 118.
74. F. Stern 1961. p. 295.
75. この点で「ドイツ主義」というものはドイツ人の感覚に基礎をおいていた。つまり共通の言語、歴史、芸術および精神をもつ文化的な共同体という感覚である。ユダヤ人は彼らが〈文化的に見て〉余所者だという限りにおいて排除されていた。すべてが変わりつつあったのだ。
76. E. J. Browne 1995, p. 6.
77. C. Darwin 1958, p. 24.
78. See A. J. Desmond and J. R. Moore 1994.
79. R. C. Bannister 1989.
80. E. J. Browne 1995, pp. 244–6.
81. W. Bolsche 1906, p. 28.
82. Ibid., pp. 26. 7.
83. Ibid., p. 19.
84. Ibid., p. 18. 強調は筆者による。
85. E. Haeckel 1883.
86. W. Bolsche 1906, p. 309.

87. See D. Gasman 1971, pp. 82–104.
88. Ibid., p. 95.
89. E. Haeckel 1876, p. 170.
90. G. J. Stein 1988, p. 56.
91. D. Gasman 1971, p. 161.
92. W. Bolsche 1906, p. 320.
93. Ibid., p. 320.
94. Ibid., p. 321.
95. Ibid., p. 15.
96. J. Keegan 1988, p. 8; K. J. Bade and A. Brown 2003, pp. 167–8.
97. T. W. Ryback 2010 pp. 89–90; G. Ritter 1965, p. 118.
98. D. Gasman 1971, p. 172.
99. See T. W. Ryback 2010, pp. 132–3.
100. 彼はヘッケルの学生とともに学んでいた。
101. D. Gasman 1971, p. 150.
102. Ibid., pp. 150–1. See also J. Cornwell 2003. 進化論思想は軍事科学にまで影響していた。
103. この本は「保守派願望の人間がもっていた憤怒を最終的に纏め上げたもの」であり、ドイツ右派の「情緒的な残虐さ」という兆候への反論となっていた。See F. Stern 1961, pp. xxix. x.
104. Moeller , F. Stern 1961, p. 257, n. 23 による。
105. F. Stern 1961, pp. 282–3.
106. ラガルデもダーウィンに影響されている。
107. H. J. Hahn 1995, p. 196, n. 85.
108. J. Glover 2001, p. 376.
109. Ibid., pp. 376–7.
110. Ibid., p. 377.
111. 「知的生活における最大の成果を、異邦出身の民族が生みだすことなど決してない。それはアーリア人の、あるいはドイツ人の精神に触発された人々だけが生み出せるものなのだ」。N. H. Baynes 1942, vol. 1, p. 728.「このドイツにいるユダヤ人知識階級の与える影響は、いたるところで破壊的効果を生み出している。この理由から、破壊プロセスの広がりを阻止するために必要な対策とは、このふたつの人種を明確にすっきりと分離させることなのだ」。ibid., p. 733.

第3章

1. Video, US government archive, 18 SFP 9231 INSK.
2. Ibid., 18 SFP 186-9231 INSK.

3. R. Cecil 1972, p. 14.
4. 本書が焦点を当てるのは、哲学上のものの見方である。ナチが思想世界を制覇した点に関しては、より広範な考察がある。Richard Evans の優れた著作を参照されたい。R. J. Evans, 2006.
5. R. Cecil 1972, p. 4.
6. 国民社会主義・ドイツ・労働者党 Nationalsozialistische Deutsche Arbeiterpartei — NSDAP.
7. H. Hartle ed., 1970, p. 69.
8. R. Cecil 1972, p. 52.
9. Ibid., p. 9 n. 19.
10. ローゼンベルクの弱点に関するヒトラーの主張を、皆がみな信じていたわけではない。See R. Cecil 1972, p. 43.
11. H. Hartle ed., 1970, p. 278.
12. Sir W. Teeling. Typescript in Archives of the Royal Institute of International Affairs, Chatham House, London.
13. R. Cecil 1972, p. 101.
14. Ibid., p. 14.
15. Ibid., p. 67.
16. A. Rosenberg 1930, p. 525.
17. H. Hartle, ed., 1970, p. 89.
18. A. Rosenberg 1930, Introduction.
19. R. Cecil 1972, p. 72.
20. Sir W. Teeling Typescript in Archives of the Royal Institute of International Affairs, Chatham House, London.
21. R. Cecil 1972, p. 93.
22. S. Krosigk 1951, p. 261.
23. A. Speer 1970, p. 110.
24. R. Cecil 1972, p. 102.
25. N. Lebovic 2006, p. 31.
26. See A. Baumler 1923.
27. See A. Baumler 1931, pp. 180-3　原著では強調はイタリック体。
28. See A. Baumler, H. Brunträger, H. Kurzke 1989, p. 185.
29. ふつうハイデガーの支持者たちは、彼はボイムラーを酷評していたと言う。ニーチェ文書館へのニーチェの妹の関与から、この作品『権力への意志』が編まれたこと、またそれは必ずしもニーチェ自身の思想を反映してはいないこと、この2点について留意されたい。See C. Diethe 2003.
30. L. Poliakov and J. Wulf 1959.

31. See J. Schriewer 1982; W. Helmut 2000.
32. E. Klee 2005, p. 341.
33. Ibid.
34. この中には、新生ドイツ史帝国研究所およびナチ講師連合も含まれていた。
35. See M. Natanson 1973.
36. See H. Ott 1993, p. 174.
37. Ibid., p. 176.
38. エルフリーデは前途有望な哲学者、マルティン・ハイデガーの妻である。
39. H. Ott 1993, pp. 175–6.
40. Ibid., p. 175.
41. Ibid.
42. R. Safranski 1998.
43. Ibid., p. 174.
44. M. Weinreich 1999, p. 19.
45. S. P. Remy 2002, p. 80. 1937年ヤスパースが免職になると哲学部のこのポストは、これみよがしに軍事政策と軍事科学の教授ポストに振り替えられ、歴史学者のパウル・シュミッテナーがその座を占める。この人物は「戦争史講座」を創設することになる。See S. P. Remy 2002, p. 38.
46. ヒトラー時代には、数百の楽譜や手稿、書簡、フェリックス・メンデルスゾーンが描いた絵などが密かにワルシャワとクラクフに運び出され、ドイツのポーランド占領後には世界中に散らばっていくのだった。
47. M. Weinreich 1999, p. 57.
48. 「ブラックリスト編集上の一般原則」. W. Herrmann, (Berlin Librarian), 日付未記入のタイプ原稿。コブレンツの連邦文書館蔵。reprinted in G. Sauder 1983, pp. 100–26.
49. Ibid.
50. V. Weidermann 2008.
51. R. Cecil 1972, p. 146.
52. H. Heine 1820, Almansor in H. Heine and M. Windfuhr (ed.), 1994.
53. これはドイツ国外で行われた、ナチ反対派への最初の政治的暗殺事件であり、世界中に憤激を巻き起こした。See R. Marwedel, 1987.
54. M. Weinreich 1999, p. 25.
55. Ibid., p. 27.
56. Ibid., p. 46.
57. C. Koonz 2003, p. 201.
58. M. Weinreich 1999, p. 49.
59. See A. E. Steinweis 2006, p. 105.

60. M. Weinreich 1999, p. 23 n. 39.
61. Ibid., pp. 270, 287.
62. R. Cecil 1972, p. 146.
63. E. Krieck in M. Weinreich 1999, p. 21.
64. Ibid., n. 35; 強調は原資料による。
65. Ibid., p. 16.
66. V. Farias 1989, p. 80, n. 5.
67. Ibid., p. 76.
68. H. L. Childs 1938, p. 62.
69. Ibid.
70. Ibid., pp. 77–8.
71. Ibid., p. xxxvi.
72. R. Cecil 1972, p. 154.
73. 彼の前に広げられた文書はドイツの大学教授連が書いたもので、この問いが強調されていた。この文書の序文に署名したのがファウスト教授だった。
74. M. Weinreich 1999, pp. 124–5. 強調は筆者による。
75. 「ユダヤ・ヴァーチャル・ライブラリー」（ブレスラウ）参照。Jewish Virtual Library, A Division of the American-Israeli Cooperative, 2012.
76. 全国ユダヤ人公職追放令は、バーデン州では当地風に「バーデン令」と呼ばれていた。
77. S. P. Remy, 2002, p. 110.
78. See A. Gallin 1986, pp. 96–99.
79. See D. J. Goldhagen 1996.
80. M. Weinreich, 1999, pp. 46–50.
81. Ibid., p. 46.
82. Ibid., p. 45.
83. Ibid., p. 25.
84. ハイゼは 1891 年 3 月 8 日ブレーメンに生まれている。
85. See R. Wolin, 'Fascism and Hermeneutics', in W. Bialas and A. Rabinbach 2007, p. 119.
86. H. Heyse 1933, p. 12.
87. 当時の哲学部には今日の学部から見れば、民俗学のような学際分野の教員も含まれていた。
88. S. P. Remy 2002, p. 184.
89. Adolf Hitler, 30 January 1939, in N. H. Baynes, ed. and trans., 1942, vol. 1, pp. 740–1. 強調は筆者による。
90. E. Krieck in M. Weinreich 1999, p. 74, n. 100. 強調は筆者。演説が行われた

のはクリークの言う1938年ではなく、1939年である。

91. M. Gilbert in M. Weinreich 1999, p. xi.
92. M. Weinreich 1999, p. 240.
93. R. Cecil 1972, pp. 147-8.
94. A. Bäumler cited in M. Weinreich 1999, p. 24. 強調は筆者による。
95. M. Weinreich 1999, p. 49.

第4章

1. J-W. Muller 2003, p. 18.
2. G. Schwab 2007, p. 4.
3. C. Schmitt 1963, p. 46. [同箇所、『政治的なものの概念』田中・原田訳では「なぜなら、交戦権は、このような自由に処理する権能を含んでいるからである。それは、自国民に対しては死の覚悟を、また殺人の覚悟を要求するとともに、敵方に立つ人びとを殺りくするという、二重の可能性を意味する」となっている。]
4. J. W. Bendersky 1983, p. 15.
5. C. Koonz 2003, p. 57.
6. Ibid., p. 57.
7. Ibid.
8. Ibid., pp. 56-61.
9. J. W. Bendersky 1983, p. 45.
10. F. Blei 1936, p. 1, 218.
11. J. W. Bendersky, 1983, p. 130.
12. C. Schmitt in E. Husmert 2005, p. 199.
13. Ibid., p. 194.
14. Ibid., p. 197.
15. 絵葉書「ベルリン、シャーロッテンブルクのカフェ・クッチェラ」(1911)を元にしたイメージ。See also G. Balakrishnan 2002, p. 76.
16. See J-W. Müller 2003, p. 37.
17. C. Schmitt, 個人アーカイヴ、出典は V. Farias 1989, p. 138.
18. J. W. Bendersky 1983, p. 204. クーンズの示す298, 860はおそらく誤り。C. Koonz 2003, p. 58.
19. C. Koonz 2003, pp. 58-9.
20. 詳細については See J. W. Bendersky 1983, p. 204.
21. *Westdeutscher Beobachter*, 1933, pp. 1-3, in J. W. Bendersky 1983, p. 204.
22. H. Goering in D. J. Goldhagen 1996, p. 457.
23. C. Schmitt 1933, pp. 9-10.

24. Ibid., pp. 11-12, 21.
25. C. Schmitt 1940, pp. 199-203. 原著は 1934, pp. 945-50.
26. J. W. Bendersky 1983, p. 218.
27. M. Weinreich 1999, p. 40.
28. C. Koonz 2003, pp. 207-8.
29. Ibid., pp. 208-9.
30. J. W. Bendersky 1983, p. 224.
31. C. Schmitt 1936a, p. 185.
32. C. Schmitt 15 October, 1936b, p. 1, 198.
33. M. Weinreich 1999, p. 74.
34. J. H. Kaiser, 1968 Bd. 2, 319-31.
35. Ibid.

第5章

1. A. Hitler 1988, p. 720.
2. V. Farias 1989, p. 116.
3. S. Friedlander 1997, p. 57.
4. V. Farias 1989, p. 116.
5. Ibid., p. 84.
6. R. Safranski 1998, p. 241.
7. H. Sluga 1993, p. 3.
8. ハイデガーが第三帝国内で高い地位にあったことを示す証拠は十二分にある。ある講演などはヒトラーやローゼンベルクのものと同時刊行された。See E. Faye 2009, p. 53.
9. 総長就任が認められたのは 1993 年 4 月 21 日。
10. 同じ学生のリーダーシップによって、焚書運動が取り仕切られた。V. Farias 1989, p. 116.
11. H-G・ガダマー「思考不可能なものを考える」、ＢＢＣドキュメンタリー『人間的、あまりに人間的』(1999)、強調は筆者による。
12. V. Farias 1989, pp. 75-6.
13. Jaspers in V. Farias 1989, p. 118.
14. R. Safranski 1998, p. 3.
15. H. Ott 1993, p. 180.
16. たとえば See, E. Faye 2009, pp. xvi, 30, 69.
17. H. Arendt and M. Heidegger 2004, p. 7.
18. 『存在と時間』の優れた分析については See S. Mulhall 1996; ハイデガーの定評ある明快な説明については See M. Inwood 2000.

19. このことは、空間を重要視していたカントの否定を意味するが、そのカントも「純粋悟性概念の図式」では時間を重要視しているふしがある。In I. Kant 1999.
20. J. Fritsche, 1999, p. 341.
21. ほかにも何人か〈お相手〉たる女性がいた。そのひとりである知識人のエリーザベト・ブロッホマンはユダヤ人であり、マイケル・インウッド（2011年9月15日付私信）によれば、ハイデガーは彼女が英国に行く手助けをしたという。
22. 1925年3月21日付トートナウベルクからの手紙。In H. Arendt and M. Heidegger, 2004, p. 9.
23. Ibid., p. 3.
24. Ibid., p. 22.
25. Ibid., p. 26.
26. Ibid., p. 29.
27. Ibid., p. 31.
28. Ibid., p. 3.
29. Ibid., p. 4.
30. Ibid., p. 5.
31. Ibid., p. 6.
32. Ibid., p. 22.
33. Ibid., p. 6.
34. Ibid.
35. Ibid., p. 27.
36. Ibid., p. 50.
37. ベルリンでドイツ系ユダヤ人哲学者の本が焼かれた、ほんの17日後のこと。
38. See V. Farias 1989, pp. 96-112.
39. Ibid., p. 99.
40. Ibid., p. 108, ハイデガーはプラトン『国家』を引用している。
41. 「ホルスト・ヴェッセルの歌」は、1930〜1945年のナチ党の党歌で、1933〜1945年にはドイツの第二国歌的扱いだった。See G. Boderick 1995, pp. 100-27.
42. H. Ott 1993, p. 152.
43. V. Farias 1989, p. 113.
44. H. Ott 1993, part III; J. Young 1997.
45. V. Farias 1989, pp. 119-20, 1934年2月10日。
46. 戦後、ハイデガーはこうした自分の罪を示すような手紙を念入りに隠匿した。
47. V. Farias 1989, p. 117.

48. H. Ott 1993, p. 157.
49. Ibid., p. 156.
50. V. Farias 1989, p. 117; 強調は筆者による。
51. H. Ott 1993, p. 164.
52. E. Faye, 2009, p. 34.
53. Ibid., p. 38.
54. H. Ott 1993, p. 254.
55. Ibid., p. 243.
56. 彼が言うには「新ドイツの実在たる指揮系統は、民族の歴史的かつ政治的な発展に同じく依存した〈遺伝〉と〈健康〉という原則に基づくべきである」とのこと。W. Bialas and A. Rabinbach 2007, p. 103.
57. Ibid.
58. H. Ott 1993, p. 242.
59. V. Farias 1989, p. 191.
60. E. Faye 2009, pp. 252-3.
61. M. Heidegger 2000, p. 199. 強調は筆者による。
62. R. Safranski 1998, pp. 319-20.
63. H. Ott 1993, pp. 291-2.
64. See E. Faye 2009.
65. H. Ott 1993, p. 277.
66. Ibid., p. 281.
67. Ibid., p. 277.
68. Ibid., p. 295.
69. V. Farias 1989, p. 277.
70. Ibid., p. 260.
71. Ibid., p. 84.
72. この点の優れた研究については See E. Faye 2009.
73. H. Ott 1993, p. 137.

第2部

1. オーストリア系ユダヤ人思想家たちについての興味深い話もたくさんあるが、それはまた別の本で語ることにして、ここではドイツ系ユダヤ人思想家の話に限定する。たとえば1937年ナチスを逃れるためウィーンを離れたカール・ポパー。敵性外国人として抑留されているあいだに（英国からニュージーランドに移っていた）、『開かれた社会とその敵』が書かれたが、ナチスに反対し、政治哲学の主流にあったプラトン、ヘーゲル、マルクスら様々な思想家たちと全体主義との関係について根本的な疑問を突きつけたものとして読めないことも

ない。若手哲学者としてのポパーの人生、それから初期の政治的著作には、ナチスの台頭が深く影を落としている。二十世紀の偉大な哲学者には、(少なくともヒトラーの定義における)ユダヤ人が多くいる。たとえば、ウィトゲンシュタイン、ポパー、クリプキ、エイヤーなどが挙げられよう。

第6章

1. 「1933年以後ドイツから放逐されたユダヤ人たち」(写真、Bildarchiv Preussischer Kulturbesitz、ベルリン)を元に描いた情景。
2. W. Benjamin 2006, pp. 110–11.
3. ネッティ・ケルナー撮影の白黒写真を元にした描写。出典は優れた伝記である M. Broderson 1996, p. 117.
4. W. Benjamin and G. Scholem 1992, p. 36.
5. Kürschners Deutscher Literaturkalender, 1930 の記述で、出典は M. Broderson 1996, p. 190.
6. J. Selz 1991, p. 355.
7. M. Broderson 1996, p. 202.
8. Ibid.
9. B. Brecht 1976, p. 218.
10. W. Benjamin and G. Scholem 1992 p. 27.(このときすでにショーレムはパレスチナに移住していた。)
11. Ibid., p. 47.
12. Ibid., p. 61.
13. 強調は筆者による。
14. W. Benjamin and G. Scholem 1992, p. 34.
15. H. Benjamin 1977, p. 210.
16. W. Benjamin and G. Scholem 1992, pp. 46–7.
17. Ibid., p. 54.
18. W. Benjamin 2006, pp. 37–42.
19. M. Broderson 1996, pp. 1–6.
20. G. Scholem 1983, p. 130. [原著では注番号が重複]
21. W. Benjamin, vol. 3, 1972. 89, pp. 194–9; M. Broderson 1996, p. 21.
22. W. Benjamin 2006, pp. 71–2.
23. Ibid., p. 59.
24. Ibid., p. 125.
25. M. Broderson 1996, pp. 93–4.
26. 1917年7月30日付のG. ショーレム宛の手紙。In W. Benjamin 1994, p. 91.
27. W. Kratf 1973, p. 71.

28. C. Wolff 1980, p. 66.
29. この関係については、ベンヤミン自身は7月30日付の手紙で「チューリヒで潰えた」と言及している。M. Broderson 1996, p. 97.
30. M. Broderson 1996, p. 100.
31. W. Benjamin 1995-2000, vol. 1, p. 271. [原著の英訳に疑義があるが、最小限の修正にとどめる。]
32. G. Scholem 2003, p. 12. [原著の出典に疑義があり、一部カット]
33. W. Benjamin 1995-2000, vol 1, pp. 289, 296.
34. E. Leslie 2007, p. 51.
35. U. Marx, G. and M. Schwarz, and E. Wizisla, eds, 2006, p. 112.
36. Ibid.
37. 1920年頃のエルンスト・ブロッホの発言。In M. Broderson 1996, p. 100.
38. W. Benjamin 2006, pp. 97-8.
39. W. Benjamin and T. Adorno 1999, p. 100.
40. E. Leslie 2007, p. 104.
41. W. Benjamin 1999, p. 621.
42. W. Benjamin 2006, p. 93.
43. E. Leslie 2007, p. 104.
44. W. Benjamin 1999, p. 598.
45. W. Benjamin 1972-89, vol. 4, 1, p. 383.
46. E. Leslie 2007, p. 108.
47. Ibid., p. 105.
48. W. Benjamin 1992, pp. 61. 9.
49. W. Benjamin and G. Scholem 1992, p. 65.
50. Ibid., pp. 68-70.
51. Ibid., pp. 70-3.
52. Ibid., p. 77.
53. Ibid., p. 76.
54. Ibid., p. 82.
55. 1938年11月1日付グレーテル・アドルノ宛の手紙での表現。See W. Benjamin 1994, p. 578.
56. M. Broderson 1996, p. 244.
57. Ibid.
58. W. Benjamin and G. Scholem 1992, p. 259.
59. Ibid., p. 263.
60. M. Broderson 1996, p. 250.
61. W. Benjamin and T. Adorno 1999, p. 340.

62. Ibid., p. 340.
63. リーザ・フィトコ「老ベンヤミンの話」、In W. Benjamin 1974-89, vol. 5, pp. 1, 185-6.
64. M. Broderson 1996, p. 254.
65. W. Benjamin 2006, p. 100.

第７章

1. T. Adorno 2006, p. 170.
2. Ibid.
3. Ibid., p. 312.
4. Ibid., p. 40.
5. Ibid., p. 74.
6. Ibid., p. 81.
7. Ibid., p. 354. 強調は筆者による。
8. See J. D. Riva and G. Stern 2006, p. 24; p. 162.
9. T. Adorno 2006, p. 138.
10. T. Adorno 1991-92. p. 301.［出典表示に疑義あり］
11. T. Adorno 2006, p. 298.
12. Ibid., p. 298.
13. Ibid., p. 48.
14. Ibid., p. 40.
15. Ibid., p. 5.
16. Ibid., p. 114.
17. Ibid., p. 69.
18. Ibid., p. 70.
19. Ibid., p. 36.
20. Ibid., p. 40-1.
21. Ibid., p. 41.
22. Ibid., p. 50.
23. Ibid., p. 93.
24. Ibid., p. 95.
25. E. Bahr 2007, p. 5.
26. 「ロサンゼルス・タイムズ」（2006 年 5 月 14 日付 B2 面）In E. Bahr 2007.
27. T. Adorno 2006, pp. 117-19, オリジナルの手紙はタイプ原稿、レターヘッドは印刷、追伸は手書き。
28. Ibid., p. 50.
29. Ibid.

30. Ibid., p. 53.
31. M. Horkheimer and T. Adorno 1992.
32. T. Adorno 2006, p. 73.
33. Ibid., p. 108.
34. Ibid., p. 171.
35. Ibid., p. 47.
36. Ibid., p. 322.
37. Ibid., p. 133.
38. Ibid., p. 123.
39. Ibid., p. 167.
40. Ibid., p. 56.
41. Ibid., p. 80.
42. B. Brecht in T. Adorno 2006, p. 106.
43. Ibid.
44. Ibid., p. 131.
45. Ibid., p. 144; p. 153.
46. Ibid., p. 150.
47. Ibid., p. 151.
48. Ibid., p. 152.
49. Ibid., p. 50.
50. Ibid., p. 54.
51. Ibid.
52. たとえばアドルノには『三つのヘーゲル研究』『カントの「純粋理性批判」』という著作がある。
53. T. Adorno 2006, p. 6.
54. Ibid., p. 5.
55. Ibid., p. 85.
56. S. Müller-Doohm 2005, p. 17.
57. Ibid., pp. 18-19.
58. T. Adorno 1970, pp. 117ff.
59. S. Müller-Doohm 2005, p. 28.
60. L. Lowenthal 1987, p. 203.
61. S. Müller-Doohm 2005, p. 32.
62. E. Pfeiffer-Belli 1986, p. 51.
63. S. Müller-Doohm 2005, p. 37.
64. T. Adorno 2006, p. 137.
65. S. Müller-Doohm 2005, p. 44.

66. R. Becker-Schmidt 1991, p. 210.
67. S. Müller-Doohm 2005, p. 159.
68. Ibid., p. 129.
69. T. Adorno 1971, p. 49.
70. ヨハン・ヴォルフガング・ゲーテ大学フランクフルトの哲学部学部長室アーカイヴにあるアドルノの個人書類。出典は S. Müller-Doohm 2005, p. 177.
71. S. Müller-Doohm 2005, p. 178.
72. フランクフルト・アム・マインのテオドーア・W・アドルノ・アーカイヴから。
73. S. Müller-Doohm 2005, p. 188.
74. T. Adorno and A. Berg 1994-2003, p. 297; E. Wilcox 1997, pp. 365ff.
75. T・アドルノ「ホルクハイマー宛書簡、1934年11月2日」、In M. Horkheimer 1995, vol. 15, p. 262, 1985-96. See also L. Jager 2004.
76. I・バーリンのバーナード・ウィリアムズ宛未公開書簡、1982年9月12日付、オックスフォード大学ウルフソン・カレッジのアーカイヴ。
77. Ibid., 19 May 1989.
78. I・バーリンのロバート・クラフト宛未公開書簡、1965年10月28日付、オックスフォード大学ウルフソン・カレッジのアーカイヴ。
79. アンソニー・クイントンの近刊から。オックスフォードのH・ハーディとの私信（2009年2月28日）に引用されたもの。
80. L. Mitchell 2009, p. 78.
81. Ibid., p. 79.
82. ヘレン・オーピーによる著者宛の私信（2009年10月16日(金)）。
83. T. Adorno and A. Berg 1994-2003, p. 296.
84. T. Adorno 1992, p. 7.
85. M. Horkheimer 1995, vol. 16, p. 392, in S. Fischer 1985-96.
86. Adorno, 2006, p. 56.

第8章

1. 1933年2月27日の国会議事堂の火災は、放火によるもの。
2. ダッハウは常設強制収容所の第一号で、1933年ナチスにより設立。See H. Marcuse 2001.
3. 1933年5月10日、ベルリンには4万人を超える人々が〈非ドイツ的〉書物を焼くために集まった。See United States Holocaust Memorial Museum, Washington, DC.
4. H. Arendt 1964.
5. ハンナの家庭の事情や幼年・少女時代は、労作であるエリザベス・ヤング＝

ブルーエルの伝記（2004）の第1章pp. 5-42から。See also chapter 1, pp. 13-22 of Derwent May 1986.

6. E. Young-Bruehl 2004, p. 6.
7. Ibid., pp. 8-9.
8. M. Arendt 2004.
9. 'The Metro', in H. Arendt and M. Heidegger 2004, p. 296.
10. K. Lowith 1986, pp. 42-3.
11. R. Safranski 1998, p. 133.
12. H. Arendt 1996, p. 190.
13. R. Wolin 2004, p. 96.
14. E. Young-Bruehl 2004, p. 53.
15. H. アーレント「蔭」。In H. Arendt and M. Heidegger 2004, pp. 12-16.
16. E. Ettinger 1995, pp. 21-8.
17. See H. Arendt 1996.
18. D. May 1986, p. 29.
19. E. Young-Bruehl 2004, p. 56.
20. H. Arendt 1997.
21. Ibid., p. 3.
22. H. Arendt and M. Heidegger 2004, p. 51.
23. Ibid.
24. Ibid.
25. E. Young-Bruehl 2004, p. 116.
26. D. May 1986, p. 47.
27. H. Arendt 1972.
28. H・アーレント「ベルトルト・ブレヒト：1898-1956」、In Arendt 1968, p. 245. ヴァルター・ベンヤミンもこの詩に言及している。In W. Benjamin 1973.
29. H. Arendt 1943, p. 70.
30. See H. Arendt 1968.
31. H. Arendt 1951.
32. E. Young-Bruehl 2004, p. 162.
33. このあたりの議論についてはそれぞれSee E. Young-Bruehl and S. Müller-Doohm.
34. I・バーリンのバーナード・クリック宛未公開書簡、1963年11月4日付、オックスフォード大学ウルフソン・カレッジのアーカイヴ。
35. I・バーリンのサム・バーマン宛未公開書簡、1963年7月19日付、およびウィリアム・フィリップス宛未公開書簡、1963年5月7日付、オックスフォード大学ウルフソン・カレッジのアーカイヴ。

36. H・アーレントによる無題の詩（1943）In E. Young-Bruehl 2004, p. 185.
37. たとえば H. Arendt 1942 年 11 月 20 日付。
38. E. Young-Bruehl 2004, p. 181.

第9章

1. 処刑前のフーバーについては、資料が少ない。次に描かれるのは再構成したものであり、その基となる記述は A. Dumbach and J. Newborn 2006, pp. 176–9 および R. Hanser 1979, pp. 300–1. 刑務所や日付その他、SS 将校たちについての記述も同様。用務員のくだりは、筆者による再現。
2. R. Hanser 1979, pp. 300. 1, and A. Dumbach and J. Newborn 2006, pp. 176–9.
3. 白バラ抵抗運動の一員、アレグザンダー・シュモレル。
4. A. Dumbach and J. Newborn 2006, p. 85.
5. 教誨師の証言。In ibid., p. 178.
6. Ibid., p. 85.
7. See ibid., p. 86.
8. ある白黒写真を元にした記述。Ibid., p. 142.
9. Ibid., pp. 87–8.
10. Ibid., p. 88.
11. W. H. Rubsamen 1944, p. 229.
12. I. Jens, 1987, p. 264.
13. アメリカからの訪問学生ウォルター・ラブサメンが、彼の処刑後に公表した追悼文でこのように書いている。See W. H. Rubsamen 1944.
14. Ibid., p. 226.
15. A. Dumbach and J. Newborn 2006, p. 88.
16. W. H. Rubsamen 1944, pp. 231–2.
17. R. Hanser 1979, p. 168.
18. Ibid., pp. 168–9.
19. A. Dumbach and J. Newborn 2006, p. 89.
20. Ibid., p. 25.
21. Ibid., p. 28.
22. I. Jens 1987, p. 80.
23. A. Dumbach and J. Newborn 2006, p. 66.
24. Ibid., pp. 66–7.
25. I. Jens 1987, p. 18.
26. A. Dumbach and J. Newborn 2006, p. 90.
27. I. Jens 1987, p. 216.

28. Ibid.
29. 白バラのメンバーで生き残ったのはゲオルク・(ユルゲン・) ヴィテンシュタインただひとりだった。See G. J. Wittenstein 2004.
30. I. Jens 1987, p. 18.
31. R. Hanser 1979, p. 88.
32. A. Dumbach and J. Newborn 2006, p. 191.
33. R. Hanser 1979, p. 242.
34. 屋内には電気が通っていたが、連合国軍の深夜爆撃のため 1940 年以後は石炭や油、蠟燭が用いられることが多かった。
35. ナチ党の地域指導者のこと。
36. A. Dumbach and J. Newborn 2006, pp. 201-3.
37. R. Hanser 1979, pp. 254-6.
38. A. Dumbach and J. Newborn 2006, p. 166.
39. Ibid., p. 162.
40. R. Hanser 1979, pp. 283-4.
41. 本書第 1 章参照。
42. A. Dumbach and J. Newborn 2006, p. 177.
43. Ibid., p. 170.
44. Ibid., p. 173.
45. Ibid.
46. Ibid., p. 177.
47. Ibid., pp. 182-3. 1944 年 10 月 13 日、ユダヤ人とのハーフで化学研究所の学生だったハンス・ライペルトが、裁判で死刑を宣告されている。クルト・フーバー教授の未亡人を支援するための資金集めをしていたために通報され、1945 年 1 月 29 日に処刑された。Ibid., p. 181.

第 10 章

1. H. Trevor-Roper 1947, pp. 184, 190.
2. Ibid., pp. 213-14; I. Kershaw 2000, p. 822.
3. I. Kershaw 2005, p. 47.
4. トレヴァ = ローパーはヒトラーが愛犬に毒を盛ったと主張している。
5. H. Trevor-Roper 1947, p. 218.
6. Ibid., pp. 220-1.
7. ヒトラーの自殺は当初、当時流布していた数多くの噂のひとつにすぎなかったが、すぐに死の謎について情報が漏れ、蛮行に疲弊しきった世界の想像力に再び火がついた。ソ連は否定的な見解を出していたが、オックスフォード大学の歴史家ヒュー・トレヴァ = ローパーが自殺とその方法について最終的に裏を

取っている。H Trevor-Roper 1947, p. 218. 他にもいろいろの説が折に触れて広まっており、たとえば See H. Linge 2009, pp. 197–208.

8. 詳細については See P. Calvocoressi, 1948; R. E. Conot 1983 or G. M. Gilbert, 1947.
9. 白黒写真「IMT 被告人と弁護団」(1945年12月10日)および「IMTの3日目、ナチの指揮系統の訴追、再審理」(1945年11月22日)を元にした描写。In Nuremberg Trials Project, Archive of Law School Library, University of Harvard, Cambridge, MA.
10. M. Weinreich 1999, p. 240. ジャクソンの発言は裁判2日目になされた。
11. See H. W. Koch 1989, pp. 126–74; 死の詳細については The Jewish Virtual Library.
12. K. Smith 2003.
13. Ibid.
14. Ibid.
15. S. P. Remy 2002, pp. 146–7.
16. Ibid., p. 177.
17. Ibid., p. 178.
18. D. E. Showalter 2006, pp. 404–5.
19. See S. Tegel 2007.
20. Alfred Baumler collection, Philosophical Archive, University of Konstanz (Constance, on the Giessberg), Universitätsstrasse 10 (G 5 tract Building, Room G 511–G 514).
21. B. Jackson 2004; T. P. Griffin 2003, pp. 168–75.
22. A. Alckens 1973.
23. J. Schriewer 1982, pp. 36–8.
24. エルンスト・ベルクマンも1930年以来ナチ党員であった。See G. Leaman and G. Simon 1993, pp. 261–92, and also M. Weinreich 1999, p. 62.
25. See M. Weinreich 1999, pp. 175. 6; B. Oberkrome 2007, p. 208.
26. See U. Prehn 2005; U. Prehn 2003/2004.
27. ハイゼのナチズムの詳細については See E. Faye 2009.
28. See U. Prehn 2005; U. Prehn 2003/2004. ベームは1968年11月9日にリューネブルクにて老衰で死去。
29. See G. Leaman and G. Simon 1994, pp. 443–69; and E. Klee 2005, p. 254.
30. See S. P. Remy 2002, p. 133, and also S. P. Remy 2007, p. 28.
31. S. P. Remy 2002, p. 181.
32. Ibid., p. 133. 哲学部におけるフェールレやクリークの教え子であるヴィルヘルム・クラッセン、ヴィルヘルム・ガンザー、ヴァルトラウト・エッカートも、

学問の価値の破壊に協力した。

33. Ibid., p. 184.

34. See E. Faye 2009, p. 42; and also S. P. Remy 2002, pp. 180–5. フェールレの民俗関連の主著は1950年代も刊行され、死後の70年代にも出されていた。当人は1957年に77歳で死去。

35. S. P. Remy 2002, p. 177.

36. ヴァインライヒはヨーロッパの主要大学で研究教育に携わっており、ユダヤ文化のカリキュラムを進めていたが、ナチによるポーランド侵攻を機に、アメリカへの避難を余儀なくされた。

37. M. Weinreich 1999, p. 242.

38. Ibid.

39. M. Gilbert in M. Weinreich 1999, p. x.

40. Ibid., p. xi.

41. M. Weinreich 1999, p. 56, p. 271.

42. See O. Hofler 1978.

43. See M. Weinreich 1999, p. 270.

44. E. Klee 2005, p. 218.

45. See E. Rothacker 1934; M. Weinreich 1999, p. 16.

46. W. Perpeet 2005, pp. 117–18; and E. Klee 2005.

47. M. Wundt in Neue Deutsche Biographie, 16, 1990, p. 421.

48. Papers, 1854–1949, inventory signature UAT 228, Archives, University of Tübingen.

49. See M. Wundt 1964.

50. M. Weinreich 1999, p. 21, p. 282.

51. Ibid., pp. 48, 56–7, 270.

52. V. Farias 1989, p. 86; R. Safranski 1998, p. 253; H. Ott 1993 pp. 151, 155.

53. 1895年7月24日生まれ、ブレスラウ大学哲学教授。See M. Weinreich 1999, p. 124.

54. Born in 1889.

55. See E. Faye 2009, especially pp. 18–19, 262–6. Also A. Gethmann-Siefert and J. Mittelstrass, eds, 2002.

56. E. Faye 2009, p. 176.

57. たとえば See E. Wolf 1950–1954.

58. S. P. Remy 2002, p. 221.

59. Ibid., pp. 227–8.

60. Greta von Ubisch、未出版の回顧録（1955年頃）。In ibid., p. 218. フォン・ウビシュはハイデルベルク大学の植物学者で、その大学で博士号を取り教鞭を

とった初めての女性である。1933 年人種を理由に解雇された。Ibid., pp. 18-19.

61. Ibid., pp. 218-33.
62. Ibid., p. 223.
63. 彼は元ナチの多くを擁護するためにもその法の知識を活用した。See E. Faye 2009.
64. M. Weinreich 1999, p. 241.
65. Carl, Schmitt, Interrogations by Robert Kempner, 1947, in J. W. Bendersky 1983, p. 272.
66. S. P. Remy 2002, p. 223.
67. G. L. Ulmen, による C. Schmitt 2003 のカバーに引用された書評。
68. H. Ott 1993, p. 305.
69. Ibid., p. 313.
70. ibid., p. 315.
71. 結局開始され、1945 年 7 月 23 日、ハイデガーの案件の査問が始まっている。
72. H. Ott 1993, p. 321.
73. V. Farias 1989, p. 277.
74. 1945 年 10 月 9 日、総長室宛書簡、See H. Ott 1993, p. 328.
75. H. Ott 1993, p. 342.
76. Ibid., p. 348.
77. E. Ettinger 1995, p. 68.
78. Ibid., p. 66.
79. アーレントのヤスパース宛書簡、強調は筆者による。L. Kohler and H. Saner 1985, p. 79.
80. D. May 1986, p. 76.
81. H. Arendt and M. Heidegger 2004, p. 64.
82. L. Kohler and H. Saner 1985, p. 79.
83. H. Arendt and M. Heidegger 2004, p. 193; 強調は筆者による。
84. H. Ott 1993, p. 348.
85. R. Wolin 2003, p. 181. See also V. Farias 1989, p. 282; pp. 281. 7.
86. R. Wolin 2003, p. 3. See also H. Ott 1993, pp. 367-8.［ツェラーンの詩「トートナウベルク」も参照のこと。］
87. See S. Mulhall 1996, p. ix. ハイデガーの主要作の見事な詳解となっている。
88. M. Heidegger, (1910-1976), volume 16 GA.
89. ハイデガーの初期著作と講演の書き起こしが、全集として刊行予定である。100 巻近いものになる計画とのこと。
90. K. Smith 2003.

91. S. Kirkbright 2004.
92. 強制移送の予定日は 1945 年 4 月 14 日、部隊の到着が 4 月 1 日だった。S. P. Remy 2002, p. 115.
93. S. Kirkbright 2004.
94. A. Gallin 1986, pp. 96-9.
95. E. Skidelsky 2008.
96. J. Durham Peters, and P. Simonson, 2004, p. 485.
97. B. Katz 1982.
98. See G. Scholem 2008.
99. D. May 1986, p. 73.
100. 詳細については See C. Bagge Laustsen and R. Ugilt, 'Eichmann's Kant', in *The Journal of Speculative Philosophy*, New Series, vol. 21, no. 3, 2007.
101. I. Berlin, Letter to Bernard Crick, 1963.
102. S. P. Remy 2002, p. 141.
103. See K. Lowith 1994.
104. T. Adorno 2006, p. 374.
105. S. Müller-Doohm 2005, p. 329.
106. T. Adorno 2006, p. 375.
107. S. Müller-Doohm 2005, p. 330.
108. T. Adorno 2006, p. 377.
109. S. P. Remy 2002, p. 141.
110. S. Müller-Doohm 2005, p. 348.
111. Ibid., p. 330.
112. Ibid., pp. 368-9.
113. See *Philosophy of Modern Music; Introduction to the Sociology of Music; Mahler: A Musical*; Paddison, 1993, p. 24. *Physiognomy*; and for literary criticism, *Minima Moralia, Notes to Literature*, vols. 1 and 2.
114. T. Adorno 2006, p. 377.
115. ナチへの心酔にもかかわらず、ホフシュテッターは 1945 年グラーツ大学に着任し、そのあとアメリカでも仕事をした。See W. Bergmann 1997.
116. S. Müller-Doohm 2005, p. 384.
117. T. Adorno 1986, p. 122.
118. Adorno to Samuel Beckett, 4 February 1969, Theodor W. Adorno Archive, Frankfurt am Main (Br 76/7).
119. R. Gross 2007, p. 3.
120. たとえばケンブリッジ大学出版局刊の「ライデン国際法ジャーナル」にはカール・シュミットについての記事・論文がいくつもある。

121. たとえば Telos Press.
122. C. Schmitt 2003.
123. See R. Gross 2007, pp. 3–16.
124. Ibid., 2007. 強調は筆者による。
125. A. Rabinbach による書評、前掲書裏表紙に引用。
126. S. E. Aschheim による書評、前掲書に引用。
127. M. Weinreich, 1999, p. 241.
128. R. Wolin 2003.
129. スティーヴン・レミーの論によれば、ドイツではナチの過去については今も沈黙・否定するのが世間一般の常識だが、そのことは何ら驚くべきことでもないという。See S. P. Remy, 2002, p. 245.
130. ハイデガーの影響は、メルロ＝ポンティ、リオタール、デリダ、フーコー、ラクー＝ラバルテ、リクールなど多くの人物に及んでおり、彼の著作はフランスでも様々な書籍で解説されている。
131. H. Ott 1993, p. 8.
132. E. Faye 2009, p. 320.
133. ラテン・アメリカでは、ホセ・オルテガ・イ・ガゼットがその思想を立脚点にしている。ハイデガーの日本での影響については See G. Mayeda 2006 and G. Parkes 1987.
134. 「思考不可能なことを考える」『人間的、あまりに人間的』BBC, 1999.
135. J. Glover 2001, p. 377.
136. Wikipedia, Frege の項目 , 2012.
137. Richard Evans, *Lying About Hitler*（リチャード・エヴァンズ『ヒトラーにまつわる嘘』）では、「忘却」するだけでなく真実を故意に歪めるという問題がさらに深く考えられている。See R. J. Evans 2001.

参考文献

Adorno, T. Letter to Samuel Backett, 4 February, 1969, Theodor W. Adorno Archive, Frankfurt am Main (Br 76/7).

Adorno, T. *Erziehung zur Mündigkeit: Vorträge und Gespräche mit Hellmut Becker 1959–1969*, ed. G. Kadelbach. Frankfurt am Main: Suhrkamp, 1970. [アドルノ『自律への教育』中央公論新社 (2011) 原千史・小田智敏ほか訳]

Adorno, T. 'Die Freudische Theorie und die Struktur der Faschistischen Propaganda', in *Kritik: Kleine Schriften zur Gesellschaft*, ed. R. Tiedemann. Frankfurt am Main: Suhrkamp, 1971.

Adorno, T. *The Jargon of Authenticity*. London: Routledge and Kegan Paul, 1986. [アドルノ『本来性という隠語—ドイツ的なイデオロギーについて』未來社 (1992) 笠原賢介訳]

Adorno, T. 'Aus Dem Grunen Buch', West Drayton, 27 April 1934, *Frankfurter Adorno-Blätter II*, Munich, 1992.

Adorno, T. 'A Title', *Notes to Literature*, vol. 2. Trans S. Weber Nicholsen. New York: Columbia University Press, 1991–92.

Adorno, T. *Theodor W. Adorno: Letters to his Parents*, ed. C. Godde and H. Lonitz, trans. H. Hoban. Cambridge: Polity Press, 2006.

Adorno, T. and Berg, A. *Briefwechsel 1925–1935*, ed. H. Lonitz 1997. Theodor W. Adorno Archive, Frankfurt am Main: Suhrkamp, 1994–2003.

Akehurst, T. L. 'The Nazi Tradiation: The Analytic Critique of Continental Philosophy in Mid-Century Britain', *History of European Ideas* 34, 2008, 548–57.

Akehurst, T. L. *The Cultural Politics of Analytic Philosophy: Britishness and the Spectre of Europe*, in Continuum Studies in British Philosophy, 2010.

Alckens, A. *Moosburg an der Isar. Eine kurze Stadtgeschichte*. Moosburg: Stadtverwaltung, 1973.

Aly, Götz and Heim, Susanne (trans. A. G. Blunden). *Architects of Annihilation: Auschwitz and the Logic of Destruction*. Princeton, NJ: Princeton University Press, 2002.

Ansell-Pearson, K. *Viroid Life: Perspectives on Nietzsche and the Transhuman Condition*. London: Routledge, 1997.

Ansell-Pearson, K. *Nietzsche and Modern German Thought*. London: Routledge, 2002.

Arendt, H. 'Die Krise des Zionismus, 3', *Aufbau*, 20 November 1942, p. 17.［アーレント『アイヒマン論争　ユダヤ論集 2』みすず書房（2013）齋藤純一・山田正行ほか訳］

Arendt, H. 'We Refugees', *Menorah Journal* 31, January 1943, pp. 69–77.［前掲書］

Arendt, H. *The Origins of Totalitarianism*. New York: Harcourt, Brace and Co., 1951.［アーレント『全体主義の起原』みすず書房（1972–1974）大久保和郎・大島かおり訳］

Arendt, H. Interview with Günter Grass, 'Was bleibt? Es bleibt die Muttersprache', in Günter Grass, *Zur Person*. Munich: Feder, 1964.［アーレント『アーレント政治思想集成 1』みすず書房（2002）齋藤純一・山田正行ほか訳］

Arendt, H. *Men in Dark Times*. New York: Harcourt, Brace and World, 1968.［アーレント『暗い時代の人々』筑摩書房（2005）阿部齊訳］

Arendt, H. 'Nachwort' for Robert Gilbert, *Mich Hat Kein Esel Im Galopp Verloren*. Munich: Piper, 1972.

Arendt, H. *Love and St. Augustine*, ed. J. Vecchiarelli Scott and J. Chelius Stark. Chicago, IL: University of Chicago Press, 1996.［アーレント『アウグスティヌスの愛の概念』みすず書房（2012）千葉眞訳］

Arendt, H. *Rahel Varnhagen: The Life of a Jewess*, ed. L. Weissberg, trans. C. and R. Winston. Baltimore, MD: Johns Hopkins University Press, 1997.［アーレント『ラーエル・ファルンハーゲン―ドイツ・ロマン派のあるユダヤ女性の伝記』みすず書房（1999）大島かおり訳］

Arendt, M. *Unser Kind*, diary, Arendt Papers, Library of Congress, Washington, DC, trans. E. Young-Bruehl, in Young-Bruehl 2004.

Arendt, H. and Heidegger, M. *Letters*, 1925–1975, ed. U. Ludz, trans. A. Shields. Orlando, FL: Harcourt Books, Inc., 2004.［アーレント/ハイデガー『アーレント＝ハイデガー往復書簡』みすず書房（2003）木田元・大島かおり訳］

Aschheim, S. E. *Nietzsche, Anti-Semitism, and the Holocaust*, in J. Golomb, ed. *Nietzsche & Jewish Culture*. New York: Routledge, 1997.

Aschheim, S. E. *The Nietzsche Legacy in Germany 1890–1990*. Berkeley and Los Angeles, CA, and Oxford: University of California Press, 1992.

Axelrod, T. *Holocaust Biographies: Hans and Sophie Scholl, German Resisters of the White Rose*. Costa Mesa: Saddelback Publishing Inc., 2000.

Bade, K. J. and Brown, A., trans. *Migration in European History: The Making of Europe*. Oxford: Blackwell, 2003.

Bagge Laustsen, C. and R. Ugilt 'Eichmann's Kant' in *The Journal of Speculative Philosophy*, New Series, vol. 21, no. 3, 2007.

Bahr, E. *Weimar on the Pacific: German Exile Culture in Los Angeles and the*

Crisis of Modernism. Berkeley, Los Angeles, CA and London: University of California Press, 2007.

Balakrishan, G. *The Enemy: An Intellectual Portrait of Carl Schmitt*. London: Verso, 2002.

Bambach C. *Heidegger's Roots: Nietzsche, National Socialism, and the Greeks*. Ithaca, NY, and London: Cornell University Press, 2003.

Bannister, R. C. *Social Darwinism: Science and Myth in Anglo-American Social Thought*. Philadelphia, PA: Temple University Press, 1989.

Bäumler, A. *Kants Kritik der Urteilskraft, ihre Geschichte und Systematik*, 2 vols. Halle Saale: Niemeyer, 1923.

Bäumler A. *Nietzsche, der Philosoph und Politiker*. Leipzig: Reclam, 1931. [ボイムレル『ニイチェ：その哲學觀と政治觀』愛宕書房（1944）龜尾英四郎譯]

Bäumler, M. Brunträger, H. and Kurzke, H. *Thomas Mann und Alfred Baeumler* (:eine Dokumentation). Würzburg: Königshausen & Neumann, 1989.

Baynes, N. H., ed. and trans. *The Speeches of Adolf Hitler April 1922–August 1939*, vols. 1–2. Oxford: Oxford University Press, 1942.

Becker-Schmidt, R. 'Wenn die Frauen erst einmal Frauen sein könnten', in J. Früchtel and M. Calloni, eds, *Geist gegen den Zeitgeist-erinnern an Adorno*. Frankfurt am Main: Suhrkamp, 1991, pp. 206–24.

Beistegui, M. de. *Heidegger and the Political: Dystopias*. London: Routledge, 1998.

Bendersky, J. W. *Carl Schmitt: Theorist for the Reich*. Princeton, NJ: Princeton University Press, 1983. [ベンダースキー『カール・シュミット論　再検討への試み』御茶の水書房（1984）宮本盛太郎・古賀敬太ほか訳]

Bendersky, J. W. 'Carl Schmitt's Path to Nuremberg: A Sixty-Year Reassessment', *Telos* 139, summer 2007. New York: Telos Press Publishing.

Benjamin, H. *Georg Benjamin: Eine Biographie*. Leipzig: 1977.

Benjamin, W. *Gesammelte Schriften*, eds. H. Schweppenhäuser and R. Tiedemann. Frankfurt am Main: Suhrkamp, 1972–89. [ヴァルター・ベンヤミン著作集 1–15　晶文社（1969–1981）野村修ほか訳]

Benjamin, W. *Understanding Brecht*. London: New Left Books, 1973. [ベンヤミン『ブレヒト』晶文社（1971）石黒英夫ほか訳]（『ヴァルター・ベンヤミン著作集』9）

Benjamin W. 'Unpacking my Library: A Talk about Book Collecting', in *Literarische Welt* 1931, reprinted in *Illuminations*, introduction H. Arendt. London: Fontana Press, 1992. [ベンヤミン「蔵書の荷解きをする　蒐集の話」『ベンヤミン・コレクション 2　エッセイの思想』筑摩書房（1996）浅井健二郎訳]

Benjamin, W. The *Correspondence of Walter Benjamin, 1910–1940*, ed. G. Scholem and T. Adorno, trans. M. R. and E. M. Jacobson. Chicago IL, and London: University of Chicago Press, 1994.［ヴァルター・ベンヤミン著作集 14–15『書簡 1・2』晶文社（1972, 1975） 野村修編集解説］

Benjamin, W. *Gesammelte Briefe*, 6 vols., ed. C. Godde and H. Lonitz. Frankfurt am Main: Suhrkamp, 1995–2000.

Benjamin, W. *Selected Writings*, 2:2, 1927–34, ed. M. W. Jennings. Cambridge, MA: The Belknap Press of Harvard University Press, 1999.［ベンヤミン「北方の海」『ベンヤミン・コレクション 3 記憶への旅』筑摩書房（1997）浅井健二郎ほか訳］［ベンヤミン「ベルリン年代記」『ベンヤミン・コレクション 6 断片の力』筑摩書房（2012）浅井健二郎ほか訳］

Benjamin, W. *Berlin Childhood Around 1900*. Cambridge, MA: The Belknap Press of Harvard University Press, 2006.［ベンヤミン「一九〇〇年頃のベルリンの幼年時代」『ベンヤミン・コレクション 3 記憶への旅』筑摩書房（1997）浅井健二郎ほか訳］

Benjamin, W. and Adorno, T. *The Complete Correspondence 1928–1940*. London: Polity Press, 1999.［ベンヤミン/アドルノ『ベンヤミン／アドルノ往復書簡』〈上〉〈下〉みすず書房（2013）野村修訳］

Benjamin, W. and Scholem, G. (also ed.). *The Correspondence of Walter Benjamin and Gershom Scholem*. Cambridge, MA: Harvard University Press, 1992.［ベンヤミン/ショーレム『ベンヤミン―ショーレム往復書簡 1933–1940』法政大学出版局（1990）山本尤訳］

Bergmann, W. *Antisemitismus in offentlichen Konflikten: kollektives Lernen in der politischen Kultur der Bundesrepublik 1949–1989*. Frankfurt am Main: Suhrkamp, 1997.

Berlin, I. Letter to Sam Behrman, 19 July 1963, Archive, Wolfson College, Oxford.

Berlin, I. Letter to William Phillips, 7 May 1913, Archive, Wolfson College, Oxford.

Berlin, I. Letter to Bernard Crick, 4 November 1963, Isaiah Berlin Archive, Wolfson College, Oxford.

Berlin, I. Letter to Robert Craft, 28 October 1965, Archive, Wolfson College, Oxford.

Berlin, I. Letter to Bernard Williams, 12 September 1982, Archive, Wolfson College, Oxford.

Bialas, W. and Rabinbach, *A. Nazi Germany and the Humanities*. Oxford: Oneworld Publications, 2007.

Blei, F. 'Der Fall Carl Schmitt, Von einem, der ihn kannte', *Der Christliche Standestaat*, 25 December 1936.

Boderick, G. 'The Horst-Wessel-Lied: A Reappraisal', *International Folklore Review*, vol. 10, 1995.

Bölsche, Wilhelm. *Haeckel: His Life and Work*. London: T. Fischer Unwin, 1906.

Brecht, B. *Poems* trans. J. Willett. London: Methuen, 1976.［ブレヒト『ブレヒトの詩　ベルトルト・ブレヒトの仕事』3　河出書房新社（2007）野村修・長谷川四郎訳］

Bredekamp, Horst. 'From Walter Benjamin to Carl Schmitt, via Thomas Hobbes'. Trans. Melissa Thorson Hause and Jackson Bond. *Critical Inquiry* 25（1999）: 247-66.

Brener, E. M. *Richard Wagner and the Jews*. Jefferson, NC: McFarland, 2006.

Brennecke, Fritz, trans. H. Childs. *The Nazi Primer: Official Handbook for Schooling the Hitler Youth*. New York and London: Harper and Brothers Publishers, 1938.

Broderson, M., trans. Malcolm R. Green and Ingrida Ligers. *Walter Benjamin: A Biography*. London: Verso, 1996.

Browne, E. J. *Charles Darwin: Voyaging*. New York: Alfred A. Knopf, 1995.

Calvocoressi, Peter. *Nuremberg*. New York: Macmillan, 1948.

Carlebach, J. *Karl Marx and the Radical Critique of Judaism*, Littman Library of Jewish Civilization. London: Routledge, 1978.

Cassirer, E. *Kant's Life and Thought*, trans. J. Haden. New Haven, CT, and London: Yale University Press, 1981.［カッシーラー『カントの生涯と学説』みすず書房（1986）岩尾龍太郎ほか訳］

Cecil, R. *The Myth of the Master Race*: Alfred Rosenberg and Nazi Ideology. London: B. T. Batsford Ltd., 1972.

Childs, H. L. trans. *The Nazi Primer: Official Handbook for the Schooling of the Hitler Youth*. New York and London: Harper and Brothers Publishers, 1938.

Conot, Robert E. *Justice at Nuremberg*. New York: Harper & Row, 1983.

Cornwell, J. *Hitler's Pope: The Secret History of Pius XII*. Harmondsworth: Penguin 2000.

Cornwell, J. *Hitler's Scientists: Science, War and the Devil's Pact*. London: Viking, 2003.

Darwin, C. *The Autobiography of Charles Darwin*, 1809-1882. New York: W. W. Norton and Co., 1958.［ダーウィン『ダーウィン自伝』筑摩書房（2000）八杉龍一・江上生子訳］

Deiler, M. 'Landsberg Prison Documents 1923/1924: Adolf Hitler's Imprison-

ment', in *Civil Association for the Study of Contemporary Landsberg*, Issue 1, 2005.

Desmond, A. J. and Moore, J. R. *Darwin*. New York: W. W. Norton and Co., 1994.

Diethe, Carol. *Nietzsche's Sister and the Will to Power: A Biography of Elisabeth Forster-Nietzsche*. Chicago, IL: University of Illinois Press, 2003.

Donohoe, James. *Hitler's Conservative Opponents in Bavaria, 1930–1945*. Leiden: Brill, 1961.

Dow J. R. and Lixfeld, H., eds, *The Nazificiation of an Academic Discipline: Folklore and the Third Reich*. Bloomington, IN: Indiana University Press, 1994.

Downs, R. B. *Books that Changed the World*. London: Signet Classic, 2004.

Dumbach, A. and Newborn, J. *Sophie Scholl and the White Rose*. Oxford: Oneworld Publications, 2006.［ショル『白バラは散らず』未來社（1964）内垣啓一訳］［ザール『ヒトラー・ユーゲント』日本図書センター（1991）高橋健二訳］［ブライナースドルファー『「白バラ」尋問調書』未來社（2007）石田勇治・田中美由紀訳］［シュタインバッハほか『ドイツにおけるナチスへの抵抗 1933–1945』現代書館（1998）土井香乙里ほか訳］［ペトリ『白バラ抵抗運動の記録』未來社（1971）関楠生訳］

Durham Peters, J. and Simonson, P. *Mass Communication and American Social Thought: Key Texts, 1919–1968*. Lanham, MD: Rowman and Littlefield, 2004, p. 485.

Ettinger, E. *Hannah Arendt, Martin Heidegger*. New Haven, CT, and London: Yale University Press, 1995.［エティンガー『アーレントとハイデガー』みすず書房（1996）大島かおり訳］

Evans, R. J. *Lying About Hitler: History, Holocaust and the David Irving Trial*. New York: Basic Books, 2001.

Evans, R. J. *The Third Reich in Power, 1933–1939: How the Nazis Won Over the Hearts and Minds of a Nation*. London: Penguin, 2006.

Farias, V. *Heidegger and Nazism*. Philadelphia, PA: Temple University Press, 1989.［ファリアス『ハイデガーとナチズム』名古屋大学出版会（1990）山本尤訳］

Faye, E. Heidegger: *The Introduction of Nazism into Philosophy*, trans. M. B. Smith. New Haven, CT, and London: Yale University Press, 2009.

Feuerbach, L. *The Essence of Christianity* (1841), trans. G. Eliot. New York: Harper and Brothers, 1957.［フォイエルバッハ全集 9/10 『キリスト教の本質』〈上〉〈下〉 福村出版（1975）船山信一訳］

Fichte, J. G. 'A State Within a State' (1793), in *The Jew in the Modern World: A Documentary History*, ed. P. Mendes-Flohr and J. Reindharz. New York: Oxford University Press, 1995.

Frank, H. *Im Angesicht des Galgens*. Munich: Graefelfing, 1953.

Friedlander, H. *The Origins of Nazi Genocide: From Euthanasia to the Final Solution*. Chapel Hill, NC: UNC Press Books, 1997.

Friedländer, S. *Nazi Germany and the Jews*, vol. 1. London: HarperCollins, 1997, p. 57.

Fritsche, J. *Historical Destiny and National Socialism in Heidegger's 'Being and Time'*, Berkeley, CA: University of California Press, 1999.

Gallin, A. *Midwives to Nazism: University Professors in Weimar Germany, 1925–1933*. Macon, GA: Mercer University Press, 1986.

Gasman, D. *The Scientific Origins of National Socialism*. London and New York: Macdonald and American Elsevier Inc., 1971.

Gethmann-Siefert, A. and J. Mittelstrass, eds, *Die Philosophie und die Wissenschaften. Zum Werk Oskar Beckers*. Munich: Fink, 2002.

Giblin, J. *The Life and Death of Adolf Hitler*. New York: Clarion Books, 2002.

Gilbert, G. M. *Nuremberg Diary*. New York: Farrar, Straus, and Giroux, 1947.

Glover, J. *Humanity: A Moral History of the Twentieth Century*. London: Pimlico, 2001.

Goldhagen, D. J. *Hitler's Willing Executioners*. London: Little, Brown and Company, 1996. [ゴールドハーゲン『普通のドイツ人とホロコースト—ヒトラーの自発的死刑執行人たち』ミネルヴァ書房（2007）望田幸男監訳]

Golomb, J., ed. *Nietzsche & Jewish Culture*. New York: Routledge, 1997.

Griffin, T. P. *Fast Track to Manhood*. Bloomington, IN: Trafford Publishing, 2003.

Gross, R. *Carl Schmitt and the Jews*. Madison, WI: University of Wisconsin Press, 2007. [グロス『カール・シュミットとユダヤ人』法政大学出版局（2002）山本尤訳]

Günther, N. and Kettering E., eds. *Martin Heidegger and National Socialism*: Questions and Answers: New York: Paragon House, 1990.

Haeckel, E. *The History of Creation: Or the Development of the Earth and Its Inhabitants by the Action of Natural Causes*. New York: Appleton, 1876. [ヘッケル『自然創造史』〈1〉〈2〉晴南社（1946）石井友幸訳]

Haeckel, E. *History of Creation, Vol. 1*. London: Kegan Paul, 1883.

Hahn, H. J. *German Thought and Culture*. Manchester: Manchester University Press, 1995.

Hanfstaengl, E. *The Missing Years.* New York: Arcade Publishing, 1994.
Hanfstaengl, E. (R. J. Evans Introduction). *The Unknown Hitler: Notes from the Young Nazi Party.* London: Gibson Square Books Ltd, 2005.
Hanser, R. *A Noble Treason: The Revolt of the Munich Students Against Hitler.* New York: G. P. Putnam's, 1979.
Hartle, H., ed. *Grossdeutschland: Traum und Tragodie.* Munich: Selbstverlag, 1970.
Hayman, R. *Nietzsche: A Critical Life.* London: Phoenix, 1995.
Hegel, G. W. F. *Phenomenology of Spirit,* trans. A. V. Miller. Oxford: Oxford University Press, 1977. [ヘーゲル『精神の現象学』岩波書店（2002）金子武蔵訳]
Hegel, G. W. F. Hegel on *Tragedy,* ed. A. and H. Paolucci. Westport, CT, and London: Greenwood Press, 1978.
Hegel, G. W. F. *Introduction to the Lectures on the History of Philosophy,* ed. and trans. T. M. Knox and A. V. Miller. Oxford: Oxford University Press, 1988. [ヘーゲル『ヘーゲル哲学史講義』〈上〉〈中〉〈下〉 河出書房新社（1992-1993）長谷川宏訳]
Heidegger, M. *Sein und Zeit.* Tübingen: Max Niemeyer, 1927. [ハイデッガー『存在と時間』筑摩書房（1994）細谷貞雄訳]
Heidegger, M. *Reden und andere Zeugnisse eines Lebensweges* (1910-1976), vol. 16. Frankfurt am Main: Vittorio Klostermann, 2000.
Heidegger, M. *Introduction to Metaphysics,* Yale University Press, 2000. [ハイデッガー全集 第40巻『形而上学入門』創文社（2000）岩田靖夫・ブフナー訳]
Heine, H. and Windfuhr, M. (eds) in vol. 5 of *Historisch-kritische Gesamtausgabe der Werke / Heinrich Heine. Hrsg. von Manfred Windfuhr.* Hamburg: Hoffmann und Campe, 1994.
Helmut, W. *Die Politische Pädagogik von Ernst Krieck und Ihre Würdigung Durch die Westdeutsche Pädagogik.* Frankfurt am Main: Peter Lang, 2000.
Heyse, H. *Die Idee der Wissenschaft und die Deutsche Universität.* Königsberg: Königsberg: Press, 1933.
Hinton, A. L., ed. *Annihilating Difference: The Anthropology of Genocide.* Berkeley, CA: University of California Press, 2002.
Hitler, A. *The Speeches of Adolf Hitler, April 1922-August 1939,* vols 1. 2 trans. and ed. Norman H. Baynes. Oxford: Oxford University Press, 1942.
Hitler, A. *Hitler's Letters and Notes,* ed. W. Maser. London: Heinemann, 1973.
Hitler, A. *Mein Kampf.* London: Hutchinson and Co. Ltd., 1980. [ヒトラー『わが闘争』〈上〉〈下〉 角川書店（2002-2003）平野一郎・将積茂訳]

Hitler, A. *Adolf Hitler: Monologe im Führer — Hauptquartier 1941–1944. Die Aufzeichnungen Heinrich Heims*, ed. W. Jochmann. Hamburg: A. Knaus, 1980a.

Hitler, A. *Hitler's Table Talk, Hitler's Conversations Recorded by Martin Bormann*, introduced by Hugh Trevor-Roper. Oxford: Oxford University Press, 1988.［ヒトラー『ヒトラーのテーブル・トーク：1941-1944』〈上〉〈下〉 三交社（1994） ヒュー・トレヴァー＝ローパー解説/吉田八岑監訳］

Hitler, A., in Weber, M. *The Journal of Historical Review*, vol. 8, no. 4 (winter 1988–89).

Höfler, O. Siegfried, *Arminius und der Nibelungenhort*. Vienna: Verlag der Österreichischen Akademie der Wissenschaften, 1978.

Horkheimer, M. *Briefwechsel 1913–1936*, 1995, vol. 15, in *Gesammelte Schriften*. Frankfurt am Main: S. Fischer, 1985–96.

Horkheimer M. and Adorno, T. *Dialectic of Enlightenment*. London: Verso, 1992.［ホルクハイマー/アドルノ『啓蒙の弁証法：哲学的断想』岩波書店（2007）徳永恂訳］

Huber, Kurt. *Leibniz*. Munich: Verlag Von R. Oldenbourg, 1951.

Hüsmert, E., *Carl Schmitt Tagebücher Oktober 1912 bis February 1915*. Akademie-Verlag, Auflage 1, 2005.

Inwood, M. Heidegger: A *Very Short Introduction*. Oxford: Oxford University Press, 2000.

Jackson, B. *A Wartime Prison Camp Log, Stalag VII-A, Germany*. Albany, New York: Xiteq Books, 2004.

Jäger, L. Adorno: *A Political Biography*, trans. Spencer S. New Haven, CT, and London: Yale University Press, 2004.［ローレンツ・イェーガー『アドルノ—政治的伝記』岩波書店（2007）大貫敦子・三島憲一訳］

Jens, I., ed. *At the Heart of the White Rose: Letters and Diaries of Hans and Sophie Scholl*. New York: Harper and Row Publishers, 1987.［イェンス編『白バラの声 ショル兄妹の手紙』新曜社（1985）山下公子訳］

Jochmann, W. *Nationalsozialismus und Revolution*. Frankfurt am Main: Europäische Verlag (anstalt), 1963.

Joll, J. 'The English Friedrich Nietzsche and the First World War', in *Deutschland in der Weltpolitik des 19. und 20. Jahrhunderts*, ed. I. Geiss and B. J. Wendt. Düsseldorf: Bertelsmann Universitätverlag, 1973.

Kahle, P. *Bonn University in Pre-Nazi and Nazi Times: 1923–39*. London: private printing, 1945.

Kaiser, J. H. 'Europäisches Großraumdenken: Die Steigerung geschichtlicher

Größen als Rechtsproblem', in Hans Barion, Ernst-Wolfgang, Bockenforde, Ernst Forsthoff and Werner Weber (hrsg), *Epirrhosis. Festgabe für Carl Schmitt.* Berlin: Dunker & Humblot, 1968, Bd. 2, pp. 319–31.

Kant, I. *Philosophical Correspondence*, 1759–1799. Chicago: University of Chicago Press, 1986.

Kant, I. *Religion and Rational Theology*, trans. and ed. A. W. Wood and G. Di Giovanni. Cambridge: Cambridge University Press, 1996.

Kant, I. *Critique of Practical Reason*, trans. and ed. M. Gregor. Cambridge: Cambridge University Press, 1997a. ［カント『実践理性批判』岩波書店（2012）波多野精一ほか訳］

Kant, I. *Lectures on Ethics*, ed. P. Heath and J. B. Schneewind, trans. P. Heath. Cambridge: Cambridge University Press, 1997b.

Kant, I. *Critique of Pure Reason*, trans. and ed. P. Guyer and A. W. Wood. Cambridge: Cambridge University Press, 1999. ［カント『純粋理性批判』〈上〉〈中〉〈下〉 岩波書店（1961–1962）篠田英雄訳］

Kardoff, U. von. *Berlin: Diary of a Nightmare, 1942–1945.* London: Rupert Hart-Davis, 1960.

Katz, B. *Herbert Marcuse*. London: Verso, 1982.

Kaufmann, W. *Nietzsche*. Princeton, NJ: Princeton University Press, 1974.

Kaufmann, W. *Goethe, Kant, Hegel: Discovering the Mind. Piscataway*, NJ: Transaction Publishers, 1991.

Kearns, G. *Geopolitics and Empire*. Oxford: Oxford University Press, 2009.

Keegan, J. *The First World War*. London: Hutchinson, 1988.

Kershaw, I. *Hitler, 1889–1936: Hubris*. Harmondsworth: Allen Lane, 1998.

Kershaw, Ian. *Hitler 1936–1945 Nemesis*. Harmondsworth: Allen Lane, 2000.

Kershaw, I. *Death in the Bunker*. London: Penguin, 2005.

Kershaw, I. *Hitler, the Germans and the Final Solution*. New Haven, CT and London: Yale University Press, 2008.

Kershaw, I. *Hitler*. London: Penguin, 2009. ［カーショー『ヒトラー　権力の本質』白水社（2009）石田勇治訳］

Kirkbright, S. *Karl Jaspers: A Biography. Navigations in Truth*. New Haven, CT, and London: Yale University Press, 2004.

Klee, E. *Das Personenlexikon zum Dritten Reich*, Frankfurt am Main: Fischer Taschenbuch Verlag, 2005.

Koch, H. W. *In the Name of the Volk: Political Justice in Hitler's Germany. London*: I. B. Tauris, 1989.

Köhler, L. and Saner, *H. Hannah Arendt/Karl Jaspers Briefwechsel, 1929–*

1969. Munich: Piper, 1985. [アーレント/ヤスパース『アーレント＝ヤスパース往復書簡』みすず書房（2004）大島かおり訳]

Konieczny, A. *Tormersdorf, Grüssau, Riebnig, Obozy Przejsciowe dla Zydow Dolnego Slaska z lat 1941–1943*. Wroc. aw, Wydawnictwo Universy. etu Wroc. owskiergo, 1997.

Koonz, C. *The Nazi Conscience*. Cambridge, MA: Belknap Press of Harvard University Press, 2003. [クーンズ『ナチと民族原理主義』青灯社（2006）滝川義人訳]

Kratf, W. *Spiegelung der Jugend*. Frankfurt am Main: Suhrkamp, 1973.

Krosigk, S. *Es Geschah in Deutschland*. Tübingen: Rainer Wunderlich Verlag, 1951.

Kubizek, A. *Young Hitler*. London: Mann, 1973.

Kuehn, M. *Kant: A Biography*. Cambridge: Cambridge University Press, 2001.

Lacoue-Labarthe, P. *Heidegger, Art, and Politics: The Fiction of the Political*. London: Blackwell, 1990. [フィリップ・ラクー・ラバルト『政治という虚構—ハイデガー、芸術そして政治』藤原書店（1992）浅利誠・大谷尚文訳]

Leaman, G. and Simon, G. 'Deutsche Philosophen aus der Sicht des Sicherheitsdienstes des Reichsführers', in C. Klingemann, M. Nemann and K-S. Rehberg, *Jahrbuch für Soziologiegeschichte*, VS Verlag, Auflage 1, 1993, pp. 261–92.

Leaman, G. and Simon, G. 'Die Kant-Studien im Dritten Reich', in *Kant-Studien* 85, 1994, pp. 443–69.

Lebovic, N. 'The Beauty and Terror of Lebensphilosophie: Ludwig Klages, Walter Benjamin and Alfred Bäumler', in *South Central Review*, vol. 23, no. 1 (spring), pp. 23–39. Baltimore, MD: Johns Hopkins University Press, 2006.

Leslie, E. *Walter Benjamin*. London: Reaktion Books, 2007.

Librett, Jeffrey S. *The Rhetoric of Cultural Dialogue: Jews and Germans from Moses Mendelssohn to Richard Wagner and Beyond*. Stanford, CA: Stanford University Press, 2000.

Lindemann, A. S. *Anti-Semitism Before the Holocaust*. Harlow, Essex: Pearson, 2000.

Linge, H. *With Hitler to the End: The Memoir of Hitler's Valet*. London: Frontline Books, Skyhorse Publishing, Inc., 2009.

Lowenthal, L. *An Unmastered Past*, ed. M. Jay. Berkeley and Los Angeles, CA, and London: University of California Press, 1987.

Löwith, K. *My Life in Germany Before and After 1933*. Chicago, IL: University of Illinois Press, 1994.

Löwith, K. *Mein Leben in Deutschland vor und nach 1939*. Stuttgart: Metzler,

1986.［レーヴィット『ナチズムと私の生活―仙台からの告発』法政大学出版局（1990）秋間実訳］
Macintyre, B. *Forgotten Fatherland: The Search for Elisabeth Nietzsche*. New York: Farrar Straus and Giroux, 1992.
Mack, M. *German Idealism and the Jew: The Inner Anti-Semitism of Philosophy and German Jewish Responses*. Chicago, IL: University of Chicago Press, 2003.
Marcuse, H. *Legacies of Dachau: The Uses and Abuses of a Concentration Camp, 1933-2001*. Cambridge: Cambridge University Press, 2001.
Marwedel, R. *Theodor Lessing*. Frankfurt am Main: Luchterhand, 1987.
Marx, K. *On the Jewish Question, Part 1*. Open University, 2000.［マルクス『ユダヤ人問題によせて・ヘーゲル法哲学批判』岩波書店（2013）城塚登訳］
Marx, U., Schwarz, G. and M., and Wizisla, E., eds. *Walter Benjamin's Archive*. Frankfurt am Main: Suhrkamp, 2006.
May, D. *Hannah Arendt*. Harmondsworth: Penguin Books, 1986.
Mayeda, G. *Time, Space and Ethics in the Philosophy of Watsuji Tetsuro., Kuki Shuzō, and Martin Heidegger*. New York: Routledge, 2006.
McDonough, F. *Hitler and the Rise of the Nazi Party*. Harlow, Essex: Pearson Education, 2003.
Meier, H. *Carl Schmitt and Leo Strauss: The Hidden Dialogue*. Trans. H. J. Lomax. Chicago: University of Chicago Press, 1975.
Michalczyk, J., ed. *Confront: Resistance in Nazi Germany*. New York: Peter Lang, 2005.
Milchman, A. and Rosenberg, A. *Martin Heidegger and the Holocaust*. Atlantic Highlands, NJ: Humanities Press International, 1996.
Mitchell, L. *Maurice Bowra: A Life*. Oxford and New York: Oxford University Press, 2009.
Müller, G. *Ernst Krieck und die nationalsozialistische Wissenschaftsreform : Motive und Tendenzen einer Wissenschaftslehre und Hochschulreform im Dritten Reich*. Weinheim: Beltz Verlag, 1978.
Müller, J. -W. A *Dangerous Mind*. New Haven, CT and London: Yale University Press, 2003.［ミュラー『カール・シュミットの「危険な精神」―戦後ヨーロッパ思想への遺産』ミネルヴァ書房（2011）中道寿一訳］
Müller-Doohm, S. *Adorno: A Biography*, trans. R. Livingstone. Cambridge: Polity Press, 2005.［ミュラー＝ドーム『アドルノ伝』作品社（2007）、徳永恂監訳］［アドルノ『ミニマ・モラリア』法政大学出版局（2009）三光長治訳］
Mulhall, S. *Heidegger and Being and Time*. London: Routledge, 1996.

Natanson, M. *Edmund Husserl: Philosopher of Infinite Tasks*. Evanston, IL: Northwestern University Press, 1973.

Noack, Paul. *Carl Schmitt: Eine Biographie*. Berlin: Ullstein, 1996.

Oberkrome, B. 'German Historical Scholarship under National Socialism', in W. Bialas and A. Rabinbach, eds, *Nazi Germany and the Humanities*. Oxford: Oneworld Publications, 2007.

Ott, H. Martin *Heidegger: A Political Life*, trans. A. Blunden. London: Harper Collins, 1993.［オット『マルティン・ハイデガー—伝記への途上で』未來社（1995）北川東子ほか訳］

Paddison, M. *Adorno's Aesthetics of Music*. Cambridge: Cambridge University Press, 1993.

Parkes, G. *Heidegger and Asian Thought*. Honolulu: University of Hawaii Press, 1987.

Paulsen, F. *Immanuel Kant: His Life and Doctrine*. Whitefish; MT. : Kessinger, 2007.［パウルゼン『イムマヌエル・カント—彼の生涯とその教説』春秋社（1925）伊達保美・丸山岩吉共訳］

Perpeet, W. 'Rothacker, Erich', in *Neue Deutsche Biographie* 22, 2005, pp. 117–18［Online version］.

Pfeiffer-Belli, E. *Junge Jahre im Alten Frankfurt*. Wiesbaden and Munich: Limes, 1986.

Poliakov, L. *The History of Anti-Semitism. Volume IV, Suicidal Europe*, 1870–1933. Oxford: Oxford University Press, 1977.［ポリアコフ『自殺に向かうヨーロッパ』筑摩書房（2006）小幡谷友二・高橋博美・宮崎海子訳］（『反ユダヤ主義の歴史』第 4 巻　筑摩書房）

Poliakov, L. and Wulf, J. *Das Dritte Reich und seine Denker*. Berlin, 1959.

Prehn, U. 'An der schmalen Grenze zwischen Wissenschaft und Politik: Max Hildebert Boehm und die Gründungsgeschichte der（Nord-）Ostdeutschen Akademie', in *Deutsche Studien* 39 2003/2004, H. 149, S. 27–51.

Prehn, U. 'Die wechselnden Gesichter eines Europa der Völker im 20. Jahrhundert. Ethnopolitische Vorstellungen bei Max Hildebert Boehm, Eugen Lemberg und Guy Heraud,' in Heiko Kauffmann, Helmut Kellershohn and Jobst Paul（Hrsg. ）, *Völkische Bande. Dekadenz und Wiedergeburt. Analysen rechter Ideologie*. Münster, 2005, S. 123–57.

Pulzer, P. *Jews and the German State*. Oxford and Cambridge, MA: Blackwell, 1992.

Quinton, A. *From Wodehouse to Wittgenstein*. Manchester: Carcanet Press, 1998.

Rauschning, H. *Hitler Speaks: A Series of Political Conversations with Adolf Hitler on his Real Aims*. London: Thornton Butterworth Ltd., 1940a.

Rauschning, H. *The Voice of Destruction: Conversations with Hitler*, 1940b. Whitefish, MT: Kessinger Publishing, 2004.［ラウシュニング『ヒトラーとの対話』學藝書林（1972）船戸満之訳］

Remy S. P. *The Heidelberg Myth: The Nazification and Denazification of a German University*. Cambridge, MA: Harvard University Press, 2002.

Remy, S. 'Humanities and National Socialism at Heidelberg', in W. Bialas and A. Rabinbach, eds. *Nazi Germany and the Humanities*. Oxford: Oneworld Publications, 2007.

Ritter, G. 'German Professors in the Third Reich', *Review of Politics* 8, April 1946, pp. 242–54.

Ritter, G. *The German Problem*, Columbus, OH: Ohio State University Press, 1965.

Riva, J. D. and Stern, G. *A Woman at War: Marlene Dietrich Remembered*. Detroit, MI: Wayne State University Press, 2006.

Rose, P. L. *Revolutionary Anti-Semitism in Germany from Kant to Wagner*. Princeton, NJ: Princeton University Press, 1990.

Rose, P. L. *Wagner, Race and Revolution*. London: Faber and Faber, 1992.

Rosenberg, A. *Der Mythus des 20. Jahrhunderts*. Munich: Hoheneichen, 1930.［ローゼンベルク『二十世紀の神話』中央公論社（1938）吹田順助訳］

Rosenberg, A. *Die Protokolle der Weisen von Zion und die Judische Weltpolitik*. Munich: Deutsche Volksverlag, 1933.

Rosenfeld, G. D. *Munich and Memory: Architecture, Monuments, and the Legacy of the Third Reich*. Berkeley, CA: University of California Press, 2000.

Rothacker, E. *Geschichtphilosophie. Handbuch der Philosophie*. Munich: Oldenbourg, 1934.

Rubsamen, W. H. 'Kurt Huber of Munich', in *The Musical Quarterly*, vol. 30, no. 2, April 1944, pp. 226–33.

Russell, B. and Wyatt, W. *Bertrand Russell Speaks his Mind*, London: World Publishing Company, 1960.

Ryback, T. W. *Hitler's Private Library*: The Books that Shaped His Life. London: Vintage, 2010.

Safranski, R. *Martin Heidegger Between Good and Evil*. Cambridge, MA: Harvard University Press, 1998.

Safranski, R. *Nietzsche*: *A Philosophical Biography*, trans. S. Frisch. London: Granta, 2003.［ザフランスキー『ハイデガー──ドイツの生んだ巨匠とその時

代』法政大学出版局（1996）山本尤訳]

Santaniello, W. *Nietzsche, God, and the Jews*. Albany, NY: State University of New York Press, 1994.

Sauder, G. *Die Bücherverbrennung. Zum 10. Mai 1933*. Munich and Vienna: Carl Hanser, 1983.

Schleunes, Karl A. *The Twisted Road to Auschwitz*. Urbana and Chicago, IL: University of Illinois Press, 1990.

Schmitt, C. *Staat, Bewegung, Volk: Die Dreigliederung der politischen Einheit*. Hamburg: Hanseatische Verlagsanstalt, 1933.

Schmitt, C. 'Der Fuehrer schutz das Recht', *Positionen und Begriff im Kampf mit Weimar, Genf-Versailles, 1923-1939*, Hamburg, 1940; also in Carl Schmitt, 'Der Fuehrer schutz das Recht', *Deutsche Juristen Zeitung*, Jg. 39, Heft 15, 1 August 1934. [シュミット「総統は法を護持する」『カール・シュミット時事論文集―ヴァイマール・ナチズム期の憲法・政治論議』風行社（2000）古賀敬太ほか訳]

Schmitt, C. 'Aufgabe und Notwendigkeit des deutschen Rechtsstanden', *Deutsches Recht*, Jg. 6, Heft 9/10, 15 May, 1936a, pp. 181-5.

Schmitt, C. 'Die deutsche Rechtswissenschaft im Kampf gegen den judischen Geist: Schlusswort auf der Tagung der Reichsgruppe Hochschullehrer des NSRB vom 3. und 4. Oktober 1936', *Deutsche Juristen Zeitung*, Jg 41, Heft 20, 15 October, 1936b, pp. 1, 193-9.

Schmitt, C. *Der Begriff des Politischen*, 4th edn. Berlin: Duncker & Humblot, 1963. [シュミット『政治的なものの概念』未來社（1970）田中浩・原田武雄訳]

Schmitt, C. *The Nomos of the Earth: In the International Law of the Jus Publicum Europaeum*. New York: Telos, 2003. [シュミット『大地のノモス』慈学社出版（2007）新田邦夫訳]

Scholem, G. *Walter Benjamin und Sein Engel. Vierzehn Aufsätze und Kleine Beitrage*, ed. R. Tiedemann. Frankfurt am Main: Suhrkamp, 1983.

Scholem, G. *Walter Benjamin — The Story of a Friendship*. New York: Columbia University Press, 2003. [ショーレム『わが友ベンヤミン』晶文社（1978）野村修訳]

Scholem, G. *Lamentations of Youth: The Diaries of Gershom Scholem, 1913-1919*. Cambridge, MA: Harvard University Press, 2008.

Schopenhauer, A. 'On Jurisprudence and Politics', in *Parerga and Paralipomena* II. Trans. E. F. J. Payne. Oxford: Clarendon, 1974. [ショーペンハウアー「第9章　法学と政治によせて」『哲学小品集 IV』白水社（1996）秋山英夫訳]（『シ

ョーペンハウアー全集』13　白水社）
Schriewer, J. 'Krieck, Ernst', in *Neue Deutsche Biographie*, Band 13. Berlin: Duncker & Humblot, 1982, pp. 36–8.
Schwab, G. in C. Schmitt, *The Concept of the Political*. Trans. G. Schwab. Chicago, IL: University of Chicago Press, 2007.
Schwarzwaller, W. *The Unknown Hitler: His Private Life and Fortune*. Washington DC: National Press Books, 1989.
Scruton, R. *Kant*. Oxford: Oxford University Press, 1982.
Selz, J. 'Benjamin in Ibiza', trans. M. M. Guiney, in *On Walter Benjamin: Critical Essays and Recollections*, ed. G. Smith Cambridge, MA: MIT Press, 1991.
Shirer, W. *The Rise and Fall of the Third Reich*. New York: Simon and Schuster, 1960.［シャイラー『第三帝国の興亡』東京創元社（2008）松浦伶訳］
Showalter, D. E. *Patton and Rommel: Men of War in the Twentieth Century*. New York: Berkeley Publishing Group, 2006.
Skidelsky, E. *Ernst Cassirer: The Last Philosopher of Culture*. Princeton, NJ: Princeton University Press, 2008.
Sluga, H. *Heidegger's Crisis: Philosophy and Politics in Nazi Germany*. Cambridge MA: Harvard University Press, 1993.
Smith, K. 'The Execution of Nazi War Criminals 16 Oct 1946', in J. Carey, ed., *Eye witness to History*. New York: Perennial, 2003, pp. 641–8.
Spencer, S. and Millington, B. *Selected Letters of Richard Wagner*. London: Dent Publishers, 1987.
Speer, A. *Inside the Third Reich*, London: Macmillan, 1970.
Stein, G. J. 'Biological Science and the Roots of Nazism', *American Scientist* 76:1 (1988), pp. 50–8.
Steinweis, A. E. *Studying the Jew: Scholarly Anti-Semitism in Nazi Germany*. Cambridge, MA, and London: Harvard University Press, 2006.
Stern, F. *The Politics of Cultural Despair*. Berkeley and Los Angeles: University of California Press, 1961.
Stuckenberg, J. H. W. *The Life of Emmanuel Kant*. Bristol: Thoemmes Antiquarian Books Ltd., 1990.
Tansey, S. P. and Jackson, N. *Politics: The Basics*. London: Routledge, 2008.
Teeling, Sir W. Unpublished typescript in Archives of the Royal Institute of International Affairs, Chatham House, London.
Tegel, S. *Nazis and the Cinema*. London: Continuum Books, 2007.
Tobias, F. *The Reichstag Fire: Legend and Truth*. London: Secker and Warburg, 1963.

Trevor-Roper, H. *The Last Days of Hitler*. London: Macmillan and Co. Ltd. 1947. ［トレヴァー＝ローパー『ヒトラー最期の日』筑摩書房（1975）橋本福夫訳］

Trevor-Roper, H. 'Introduction' in A. Hitler, *Hitler's Table Talk, Hitler's Conversations Recorded by Martin Bormann*. Oxford: Oxford University Press, 1988.

Wagner, F. *The Royal Family of Bayreuth*. London: Eyre and Spottiswoode, 1948.

Wagner, R. *Selected Letters of Richard Wagner*, ed. B. Millington, trans. S. Spencer. London: Dent, 1987.

Weidermann, V. *Das Buch der verbrannten Bücher*. Cologne: Kiepenheuer und Witsch, 2008.

Weindling P. *Health, Race and German Politics Between National Unification and Nazism 1870–1945*. Cambridge: Cambridge University Press, 1993.

Weinreich, M. *Hitler's Professors*. New Haven, CT, and London: Yale University Press, 1999.

Weiss S. F. *Race Hygiene and National Efficiency: The Eugenics of Wilhelm Schallmayer*. Berkeley, CA: University of California Press, 1987.

Wilcox, E. 'Alban Berg's Appeal to Edward Dent on Behalf of Theodor Adorno, 18 November 1933', *German Life and Letters* 50, 1997, pp. 365–8.

Wittenstein, G. J. 'The White Rose, A Commitment', in J. J. Michalczyk, *Confront! Resistance in Nazi Germany*. Frankfurt am Main: Peter Lang, 2004, pp. 191–210.

Wolf, E. *Griechisches Rechtsdenken*, 3 vols. Tübingen: J. C. R. Mohr, 1950–1954.

Wolff, C. *Hindsight: An Autobiography*. London: Quartet, 1980.

Wolin, R. *Heidegger's Children: Hannah Arendt, Karl Löwith, Hans Jonas, and Herbert Marcuse*. Princeton, NJ: Princeton University Press, 2003. ［ウォーリン『ハイデガーの子どもたち—アーレント／レーヴィット／ヨーナス／マルクーゼ』新書館（2004）平田裕之ほか訳］

Wolin, R. *The Seduction of Unreason: The Intellectual Romance with Fascism from Nietzsche to Postmodernism*. Princeton, NJ: Princeton University Press, 2004.

Wundt, M. *Die Deutsche Schulphilosophie im Zeitalter der Aufklärung*. Hildesheim: Olms, 1964.

Young, J. *Heidegger, Philosophy, Nazism*. Cambridge: Cambridge University Press, 1997.

Young-Bruehl, E. *Hannah Arendt: For Love of the World*, 2nd edn. New Haven, CT, and London: Yale University Press, 2004. ［ヤング＝ブルーエル『ハンナ・

アーレント伝』晶文社（1999）原一子・宮内寿子ほか訳］
Yovel, Y. *Dark Riddle: Hegel, Nietzsche, and the Jews*. London: Polity Press, 1998.

本参考文献には邦語への翻訳文献も加えたが、その際には主として国立情報学研究所のデータベース・サービス「CiNii」を活用した。併せて原書の参考文献中に見られるドイツ語標記等に関しても、「CiNii」上の標記にしたがって補正した。

図版一覧

1. アドルフ・ヒトラーの部屋、ランツベルク、1923年。Getty Images, photograph 24.08.1923.
2. ＳＡ隊服で読書するヒトラー、ミュンヘン、1931年。Bayerische Staatsbibliothek, Munich/Fotoarchiv Hoffmann
3. レニ・リーフェンシュタールの献辞、ヒトラー宛、ヨハン・ゴットリープ・フィヒテ『全集』(初版1848年)。Library of Congress, Prints and Photographs Division
4. フリードリヒ・ニーチェ像を見つめるヒトラー、1931年4月12日。Bayerische Staatsbibliothek, Munich/Fotoarchiv Hoffmann
5. ニーチェ文書館前でエリーザベト・ニーチェに会うヒトラー、ヴァイマール、1935年。© bpk, Berlin
6. 壇上のカール・シュミット、1930年。Ullstein Bild
7. 焚書、ベルリン、1933年5月10日。© bpk, Berlin/Bayerische Staatsbibliothek/Heinrich Hoffmann
8. ナチズム支持大集会のハイデガー、ドイツ人教授たちとともに、1933年11月11日。Ullstein Bild
9. 国立図書館（パリ）のヴァルター・ベンヤミン、撮影：ジゼル・フロイント、1937年。© Centre Pompidou, MNAM-CCI, dist. RMN/Gisele Freund/Guy Carrard
10. 机につくアドルノ、カリフォルニア州サンタモニカ、イェール通り、1949年。T.W. Adorno Archiv, Frankfurt am Main/photographer: Franz Roehn
11. ハンナ・アーレント、1930年頃。Granger Collection/TopFoto
12. クルト・フーバー、1941年頃。© Gedenkstatte Deutscher Widerstand
13. 人民法廷長官ローラント・フライスラー、1942–45年「ヒトラーの首つり裁判」。Bundesarchiv, Bild 151-39-23/photograph: o.Ang.
14. ニュルンベルク裁判所法廷内部、1946年9月30日。Bundesarchiv, Bild 183-H27798/photograph: o.Ang.

謝　辞

本書は、多くの友人・同僚から、厚意・知識の面でその恩恵を受けている。Keith Ansell-Pearson, Cliff Davies, Ian Drury, Helen Dunmore, Mark Griffith, Henry Hardy, John Hatcher, Roger Hausheer, John Herod, Eric Hobsbawm, Mike Inwood, Edward Kanterian, Ian Kershaw, Ben Mason, Robert Mayhew, Hans-Joerg Modlmayr, Thomas Moffatt, Alan Montefiore, Stephen Mulhall, New College, Oxford, Helen Opie, Michael Rosen, Gerd Simon and Nigel Simmondsに最大限の感謝を評したい。またYale University PressのRobert Baldock, Rachael Lonsdale, 担当編集者のRichard Mason, 匿名校正者たちにも、感謝申し上げる。